BECK'SCHE SONDERAUSGABEN

Walter Andrae

Das wiedererstandene Assur

*Zweite, durchgesehene und erweiterte Auflage
herausgegeben von Barthel Hrouda*

Verlag C. H. Beck München

Nachdruck der 9. Sendschrift der Deutschen Orientgesellschaft
Erste Auflage J. C. Hinrichs Verlag, Leipzig 1938

Mit 255 Abbildungen

CIP-Kurztitelaufnahme der Deutschen Bibliothek

Andrae, Walter
Das wiedererstandene Assur. – 2., durchges. u.
erw. Aufl. / hrsg. von Barthel Hrouda. – München :
Beck, 1977.
  (Becksche Sonderausgaben)
ISBN 3 406 02947 7

ISBN 3 406 02947 7

© C. H. Beck'sche Verlagsbuchhandlung (Oscar Beck), München 1977
Satz und Druck: Georg Appl, Wemding
Printed in Germany

Inhalt

Vorwort zur ersten Auflage 7
Vorwort zur zweiten Auflage 9
Einleitung des Herausgebers 10

Erster Teil

Assur zur Zeit des Königs Sanherib. Erlebnis eines Zeitgenossen aus dem Westen 19

Zweiter Teil

Assur im geschichtlichen Werden 87

Stadtfürsten und Fremdherrscher 103
   Die archaischen Ischtar-Tempel 103

Der altassyrische Staat 119
   Der Assur-Enlil-Tempel 121
   Die große Zikkurrat 129
   Der Alte Palast 138
   Die Stadtmauer 140

Das 15. Jahrhundert 141
   Der alte Sin-Schamasch-Tempel 141
   Die Stelenreihen 145

Das 13. Jahrhundert 151
   Der Ischtar-Tempel Tukulti-Ninurtas I. 152
   Der Neue Palast Tukulti-Ninurtas I. 162
   Der Assur-Tempel 165
   Die Stadtmauer 170
   Kar-Tukulti-Ninurta 174
   Die alt/mittelassyrischen Wohnhäuser und Gräber 180

Das 12. Jahrhundert 186
   Der Anu-Adad-Tempel Tiglatpilesars I. 188
   Der Ischtar-Tempel 191

Das 10. bis 9. Jahrhundert (Jungassyrische Zeit) 193
   Die Königsgrüfte 194
   Die Stadtmauer 201

Der Ischtar-Tempel	215
Die große Zikkurat	217
Assur unter den spätassyrischen Herrschern	218
Das Festhaus	219
Der Assur-Tempel	224
Der Sin-Schamasch-Tempel	226
Das Prinzenpalais	228
Der Nabû-Ischtar-Tempel	232
Der Untergang des Assyrer-Reiches	237
Die parthische Schicht	249
Der Assor-Tempel	250
Akropolis und Agora	255
Der Partherpalast	261
Die parthischen Gräber	268
Die Schrifturkunden	273
Die Ausgrabung	273
Ausgrabungsbeginn und Anlaß	273
Ausgrabungsverlauf	275
Der Raum von Assur	282
Wasserverhältnisse	286
Gebirge	287
Gestein	288
Fauna und Flora	289
Besiedelung	291
Völkisches	292

Dritter Teil

Anmerkungen	297
Bibliographie zu den Keilschrifttexten aus Assur	315
Bibliographie der archäologischen Veröffentlichungen über Assur	319
Abkürzungsverzeichnis	321
Technische Ausdrücke zu Befestigungsanlagen	323
Verzeichnis der Abbildungen	325
Register	331

Vorwort zur ersten Auflage

Assur lag hingestreckt in tausendjährigem Ruinenschlaf. Die Ausgrabung hat es wiedererweckt. Für uns ist es aber noch nicht auferstanden, wenn wir seine Mauern wieder senkrecht stellen und bedachen. Erst wenn wir vor unserem inneren Auge wieder Menschen in ihm handeln und wandeln und dem, was dort unter Dach und Fach steht und liegt, Sinn und Bedeutung geben sehen, werden wir das „wiedererstandene Assur" haben. Man wird sagen, daß dazu Phantasie gehöre und daß Phantasie allzu leicht irreleite, wenn wir an das Wesen von Menschen heranzukommen beabsichtigen, die fünf, drei und zwei Jahrtausende vor uns lebten. Das wäre wahr, wenn wir nichts wüßten von der Entwicklung der Menschheit und des Menschen. Fehler begeht unsere Phantasie, wenn wir sie anwenden, als gäbe es nur einen heutigen Wesensbestand des Menschen, als hätte es für ihn nicht in jedem Jahrhundert ein anderes Verhältnis zu Gott, zur Natur, zu sich selbst gegeben. Die Fehler werden geringer, wenn man den großen Gang dieser Metamorphosen weiß. Das äußere Auge, die Sinnesbeobachtung, sieht ihn vorgezeichnet auf dem Wege, den die Völker über diese Erde nahmen und den sie kennzeichneten mit ihren *Werken*. Auch da wird man Fehlerquellen wittern. Denn die Werke, „an denen wir sie erkennen sollen", sind ja angeblich tot, sie unterliegen, sagt man, sich gleichbleibenden Gesetzen und seien nur selten so bezeichnet, daß man ihnen ein literarisches Zeugnis ihrer Absicht, ihres Sinnes ablesen könne. Man sei also wieder einmal auf ein subjektives Deuten angewiesen, das seine Gefahren in sich berge. Würde man aber nur einmal zu Ende gedacht haben, daß ein *Werk* irgendwelcher Art, im höchsten Sinne insbesondere das Kunst*werk,* die Bestimmung hat zu *wirken,* so verliert sich ohne weiteres das Tote. Man kann es ja *auf sich wirken* lassen und wird etwas an sich verspüren vom Wesen dessen, der das Werk erschaffen hat. Wenn ich also nicht verstehe, was es will und wirkt, liegt die „Schuld" wahrscheinlich mehr bei mir als bei ihm. Wir können sicherlich auf diesem Wege sehr viele Schritte weiter hinein in das vergangene Leben wagen, als wenn wir uns nur auf starre „Akten und Dokumente" stützen wollten und immer gerade da aufhören weiterzuschreiten, wo das zugehörige Leben zu fließen beginnt.

So können wir nun auch eine Stadt in unser Blick- und Gedankenfeld rücken, die uns, wie selten eine, in ihrer *Gänze* wiedergeschenkt wurde, nämlich so vollständig, daß nicht nur die wesentlichen Teile ihres Organismus in unsere Hand gegeben sind, sondern daß sogar ein dreitausendjähriger Gang der Metamorphose ihrer einstigen Bewohner vor uns ausgebreitet wird; ausgebreitet in der Kette ihrer Werke, die jene Metamorphose widerspiegeln.

Dies wird nun hier zu gestalten versucht in einem Querschnitt und in einem Längsschnitt; nämlich einmal so, als sei der Zeitstrom an einem Punkte angehalten und erlaube uns den Zustand von Assur in der Breite zu betrachten. Dafür ist eine Zeit gewählt, in der Assur noch einen letzten großen Aufschwung genommen hat und Werke schuf, die eindrucksvolle Reste hinterließen: die Zeit des Königs Sanherib, etwa fünfundsiebzig Jahre vor dem Untergang des Assyrerreiches. Das andere Mal versuchten wir dem Strome von der Urzeit bis zur Gegenwart, die wir selbst erlebten, zu verfolgen und aufzuzeichnen, was wir bei der Reise durch diese fünf Jahrtausende gesehen – und wiederum erlebt haben. Denn auch dabei gehen wir an den *wirkenden* Werken entlang, sehen sie sich verändern und die sie schaffenden Menschen mit ihnen.

Wem diese doppelte Betrachtungsweise zu „romanhaft" ist, der kann sich an den wissenschaftlichen Veröffentlichungen über Assur die gewünschten genauen Belege holen, soweit sie vom Ausgräber und allen mitforschenden Bearbeitern mit aller Sorgfalt niedergelegt wurden. Die dazu nötigen Hinweise gibt unser Literaturverzeichnis am Schlusse.

Es ist notwendig, hier die Namen derer zu nennen, die das Schicksal bestimmt und, wie man bei den meisten von ihnen sagen kann, damit beschenkt hat, daß sie an dieser Stätte mitarbeiten durften. Sie sind an deren Schicksal mitbeteiligt, ein gutes Teil dieses Schicksals hing von ihrer Arbeit ab.

Robert Koldewey, der die Grabung 1903 eröffnete, aber bis zu ihrem Schlusse (1914) dann ganz dem Verfasser überließ, betreute sie von Babylon aus mit seinem Rat. Auf Qal'at Schergât arbeiteten mit: Julius Jordan 1903–13, Ernst Herzfeld 1903–05, Georg Stephan 1906–07, Paul Maresch 1906–14, Conrad Preußer 1907–14, Walter Bachmann 1908–14, Walter Th. Hinrichs 1909–11, Hans Lührs 1912–14, Fritz Lücke 1912–14, Herbert Vollrath 1912–14, Hugo Prinz 1912.

Um die Inschriften bemühten sich auf kurzen Besuchen in Assur Friedrich Delitzsch und Otto Weber, mit der Herausgabe derselben waren in Berlin betraut: Friedrich Delitzsch, Leopold Messerschmidt, Otto Schröder, Erich Ebeling, Walter Andrae, Mark Lidzbarski, Ernst Weidner.

Nicht vergessen werden wir die treuen Hausgehilfen der Expedition, obenan Ismael ibn-Djasim aus Hille, ohne dessen Hingabe und Aufopferung vieles von dem, was wir erreicht haben, nicht zustande gekommen wäre.

Walter Andrae

Vorwort zur zweiten Auflage

Professor Walter Andrae war es nicht mehr vergönnt, die von ihm selbst noch vorbereitete 2. Auflage zu erleben. Erst jetzt ist es möglich, „Das wiedererstandene Assur" in einer redigierten Fassung dank den Bemühungen der Deutschen Orient-Gesellschaft in Berlin und des Verlages C. H. Beck in München neu herauszugeben.

Der Bearbeiter hat sich bemüht, an dem Inhalt dieses Buches so wenig wie möglich zu ändern bzw. bei den Zusätzen in erster Linie die von W. Andrae zu berücksichtigen, die von ihm in dem bei seinem Sohne Ernst W. Andrae aufbewahrten Privatexemplar mit der Hand eingetragen worden sind. In das Vorwort einer 2. Auflage wollte der Autor folgenden Vermerk aufgenommen wissen:

„Der Verfasser hat manchen Helfern und Helferinnen für ihre Mitarbeit an diesem Buche herzlich zu danken. Insbesondere dankt er den wohlgesinnten Kritikern, die viel wertvolle philologische Verbesserungen und Hinweise beigesteuert haben, so namentlich E. F. Weidner in AfO 13, 1939–41, S. 157ff." Es wurde versucht, dieses Material in die vorliegende Ausgabe hineinzuarbeiten.

Nur bei den Anmerkungen und im Text zu den Abbildungen hat der Bearbeiter Korrekturen vorgenommen. Sie sind mit einem [Hrsg] bezeichnet, wenn es sich nach dem derzeitigen Stand der Wissenschaft um notwendige Verbesserungen handelt, die W. Andrae noch nicht wissen und deshalb auch nicht einfügen konnte. Immerhin sind nahezu 40 Jahre seit dem Erscheinen der 1. Auflage vergangen. Wir wollten aus Achtung vor der Person Walter Andraes keine direkten Veränderungen des Textes vornehmen oder den Lesefluß der mit so viel Hingabe und Einfühlungsvermögen geschriebenen Geschichte Assurs durch Anmerkungen unterbrechen. Schließlich bedeutet dieses Buch für uns, die wir die Arbeit der ersten Ausgräber und Erforscher des Alten Orients fortsetzen, ein Vermächtnis, und Walter Andrae sollte auch in der 2. Auflage dieser wohl besten bisher in deutscher Sprache erschienenen allgemeinverständlichen Darstellung einer Ausgrabung und ihrer Ergebnisse mit seinen eigenen Worten zu uns sprechen. Der Text gewinnt noch an Lebendigkeit dadurch, daß der Verlag die Abbildungen aus dem Tafelteil in den Text miteinbezogen hat.

Barthel Hrouda

Einleitung des Herausgebers

Über tausend Jahre lang haben die Assyrer die Geschichte des Alten Orients in entscheidender Weise mitgestaltet. Im 1. Jahrtausend waren sie sogar die führende politische Kraft und errichteten das erste Weltreich in Vorderasien, das sich zeitweise bis nach Ägypten erstreckte. Ihr Name geht zurück auf den Stadtstaat Assur am Oberlauf des Tigris, südlich der heutigen Stadt Mōṣul. Auch ihr Staatsgott hieß Assur, wobei bisher nicht geklärt ist, wer von beiden, die Stadt oder der Gott, zuerst diesen Namen getragen hat.[1]

Walter Andrae, der diese erste Hauptstadt und spätere Kultmetropole der Assyrer ausgegraben und zu neuem Leben erweckt hat, trug somit zur Wiederentdeckung einer versunkenen Kultur bei, die nach dem Willen ihrer Zerstörer für immer aus der Erinnerung der Menschen getilgt werden sollte. Andrae ist zwar nicht der einzige, der sich um die Assyrer bemüht hat – vor ihm waren schon die Engländer unter Sir Austen Henry Layard in Kalchu-Nimrud[2] und in Ninive[3] sowie die Franzosen mit P. E. Botta in Dur-Scharrukîn, dem heutigen Chorsabad[4] tätig – er war aber der erste, der bis zu den Wurzeln der assyrischen Kultur in ihrer Heimatstadt vorstieß und mit einer Ausgrabungstechnik, die genauer war als alle zuvor angewandten Methoden, die Überreste freilegte. So entstand durch ihn ein besseres, vollständigeres Bild der Assyrer als bisher, das noch heute seine Gültigkeit hat, wenn auch später einige Korrekturen daran vorgenommen wurden, so vor allem durch Sir Max E. L. Mallowan, der vor rund zwanzig Jahren erneut in Nimrud, der Hauptstadt der assyrischen Könige des 9. und 8. Jahrhunderts v. Chr., gegraben hat.[5] Zur Zeit sind dort wie in Ninive iraqische Wissenschaftler tätig, die zwar hauptsächlich mit Restaurationsarbeiten beschäftigt sind, dabei aber immer wieder auf neues Material stoßen.[6] Schließlich wäre noch eine polnische Mission zu nennen, die vor zwei Jahren unter der Leitung des inzwischen leider verstorbenen J. Meuszyński ihre Tätigkeit an dem Zentral-Palast in Nimrud aufgenommen hat und hoffentlich auch weiterführen wird.[7]

So ist die Veröffentlichung einer zweiten, durchgesehenen und erweiterten Auflage des Bandes ‚Das Wiedererstandene Assur' nicht nur eine Verpflichtung gegenüber Walter Andrae, sondern zugleich auch ein echtes Desiderat der altorientalischen Kulturgeschichte, denn es gibt keine bessere Einführung in die Kultur und Kunst der Assyrer, als dieses Werk, das von einem Fachmann mit Liebe und Verständnis für ein breites Publikum geschrieben wurde, bei den Fachleuten aber ebenso beliebt ist.

Zur geschichtlichen Entwicklung und Bedeutung der Assyrer sei noch folgendes bemerkt:

Wenn man von assyrischer Kultur spricht, so meint man im allgemeinen eine spezifische Ausprägung der altorientalischen Gesittung in Nordmesopotamien und im Osttigrisland im 2. und 1. Jahrtausend v. Chr. von 1350–612/609 v. Chr. Mit dem ersten Datum wird die Befreiung der Assyrer von der mitannischen Oberherrschaft fixiert, mit dem zweiten die Einnahme der letzten assyrischen Hauptstädte Ninive und Charran – des römischen Charrae – im südlichen Kleinasien durch die Babylonier und der mit ihnen verbündeten Meder. Die Zerstörung, von allen altorientalischen Völkern herbeigesehnt und von den Propheten gepriesen, war so gründlich, daß kein Stein auf dem anderen blieb und in den Menschen die Erinnerung an dieses einstmals sehr mächtige Reich fast vollständig ausgelöscht wurde. Als Xenophon rund 200 Jahre später seine Griechen nach Hause führte, zog er mit ihnen – ohne noch das geringste über die Assyrer zu wissen – an den Ruinen ihrer Hauptstädte vorbei. Von den Assyrern blieb lediglich ihr Name und der Name ihres Kriegsgottes Ninurta in der Form Nimrod oder Nimrud, also als „großer Jäger vor dem Herrn", erhalten – und zwar durch die Bibel überliefert bzw. als moderne Bezeichnung des Ruinenhügels von Kalchu-Kalach, der assyrischen Hauptstadt des 9. und 8. Jahrhunderts v. Chr. –, bis dann vor nunmehr 130 Jahren die eigentliche Wiederentdeckung ihrer Kultur durch den Engländer Sir Austen Henry Layard und durch den Franzosen Paule Emile Botta erfolgte. Seit dieser Zeit wird der Name ‚Assyrer' auch wieder von Menschen in Anspruch genommen, nämlich von den in Ostsyrien, in der Südosttürkei, im Nordiraq und Nordwestiran lebenden orthodoxen Nestorianern, die sich als Nachfolger der alten Assyrer verstehen.[8]

Natürlich blieben auch die Kriegszüge der Assyrer bei den Nachbarn in meist schrecklicher Erinnerung wegen der Greueltaten, die von ihnen verübt wurden, wobei aber um der Gerechtigkeit willen hinzugefügt werden muß, daß auch andere Völker zu Verbrechen wie Folterung und Deportierung fähig gewesen sind, wenn sich die Möglichkeit dazu bot, nur waren sie meist den Assyrern unterlegen und ihnen dadurch ausgeliefert. Das Bild, das man sich von den Assyrern seit ihrer Wiederentdeckung macht, und das sich mit der Darstellung der Bibel bis zu einem gewissen Grad deckt, wird einmal dadurch bestimmt, daß wir durch unsere Religionszugehörigkeit auf Seiten der Bewohner des Heiligen Landes stehen, also a priori keine besonderen Sympathien den Assyrern gegenüber aufbringen. Zum anderen wird dieser Eindruck aber auch durch die assyrische Berichterstattung in Wort und Bild hervorgerufen, wonach sie für uns als blutrünstige Eroberer gelten. Jedoch muß hier ebenso die Tatsache berücksichtigt werden, daß nur die Assyrer uns so ausführlich in ihren narrativen Darstellungen über ihre Taten informiert haben, während von den anderen wohl aufgrund fehlenden technischen und künstlerischen Könnens Entsprechendes nicht überliefert ist. Daß es sich bei den Assyrern keinesfalls nur um stumpfe Kraftprotze gehandelt hat, davon zeugt allein schon ihr Schrifttum und ihre unter Assurbanipal vorgenommene Bestandsaufnahme der sumerisch-akkadischen Literatur. Zu Recht nennen sich daher noch heute viele altorientalische Philologen ‚Assyriologen', eine nach der Entzifferung der Keilschrift und den ersten Ausgrabungen ebenfalls begründete Bezeichnung, insofern Keilschrifttexte aus Mesopotamien Gegenstand ihrer Forschung sind.

Den Anstoß zur Ausbildung der assyrischen Kultur mit ihrem politischen Herrschaftsanspruch über die damals für sie interessante und von ihrem Heimatgebiet am oberen Tigris erreichbare Welt gaben vielleicht die mitannischen Könige, die zusammen mit den Churritern im 15. Jahrhundert v. Chr. einen Staat begründeten, der sich von den kurdischen Bergen im Osten bis zum Mittelmeer im Westen erstreckte. Als die Fürsten von Assur – Eriba-Adad I. und Assuruballit I. – in der 1. Hälfte des 2. Jahrtausends v. Chr. das mitannische Joch mit Hilfe der Hethiter aus Kleinasien abschütteln konnten, war der kulturelle und politische Kontakt zwischen den Völkern des Vorderen Orients mit denen des Westens, insbesondere mit den reichen und mächtigen Ägyptern, so groß wie nie zuvor. Die Chance, sich mit den anderen Völkern im friedlichen wie im kriegerischen Wettkampf zu messen, nutzte damals kein Volk so gut wie die Assyrer, wenn auch der Weg bis zum Weltreich des 7. Jahrhunderts v. Chr. nicht immer gerade und ohne Gefahren verlief.

Wie immer das Phänomen der assyrischen Macht zu erklären ist, zu jener Zeit, in der 2. Hälfte des 2. Jahrtausends, hatte sie ihren Ursprung und weitete sie sich aus. Erst seit diesem Zeitpunkt kann man auch von einer echt assyrischen Kunst oder einem entsprechenden Kunsthandwerk reden, denn nunmehr verfügten ihre Erzeugnisse über ein ganz spezifisches Aussehen, wodurch sie sich von solchen aus anderen Kulturen, wie beispielsweise der babylonischen, grundsätzlich unterschieden. Die markantesten Eigenschaften waren qualitätvolle Ausführung und klare Formen.

Mit der Selbständigkeit Assyriens seit jener Zeit begann nach unserer Periodeneinteilung die mittelassyrische Zeit, die ihren Höhepunkt unter dem König Tukulti-Ninurta I. (1244–1208) erlangte, der als erster assyrischer König Babylon einnahm, um die Macht Marduks zu brechen, was ihm aber genausowenig gelungen ist wie Sanherib im 7. Jahrhundert v. Chr. Beide mußten den Versuch, Marduk durch Assur zu ersetzen, mit ihrem Leben bezahlen.

Vor der mittelassyrischen liegt die altassyrische Zeit, die sich parallel zur altbabylonischen über die 1. Hälfte des 2. Jahrtausends v. Chr. erstreckte. Der aufmerksame Leser wird nunmehr meiner oben getroffenen Feststellung, daß die eigentliche assyrische Kultur erst nach 1500 beginnt, mit Zweifel begegnen. Dazu ist zunächst zu sagen, daß Periodeneinteilungen zeitliche Ordnungsbegriffe sind, die in der Regel auf einer Dreiteilung von alt-mit-

Zeit	Perioden	Herrscher	Ereignisse
6000	HASSUNA		
	SAMARRA		
	OBED		
	URUK		
3000			
	FRÜHDYNASTISCH	17 "Zeltkönige"	Westsemiten Ebla
	AKKADE	Rimusch Manischtusu	
2000	UR-III	Amarsin (Statthalter Zariqum)	
	ALTASSYRISCH	Irischum I Sargon I Schamschi Adad I Hammurabi	Karum Kanesch Hethiter
1500	MITANNI	Sauschschatar	Kassiten
1350	MITTELASSYRISCH	Eriba Adad I 1392-1366 Assur uballit I 1365-1330 Tukulti Ninurta I 1244-1208 Tiglatpilesar I 1117-1077	Zerstörung von Babylon Aramäer
1000	NEUASSYRISCH I (Jungassyrisch)	Assurnasirpal II 884-858 Salmanassar III 858-824 Schamschi Adad V 824-811 ∞ Semiramis (Schammuramat)	neue Hauptstadt Nimrud-Kalchu Urartu
750	NEUASSYRISCH II (Spätassyrisch)	Tiglatpilesar III 745-727 Sargon II 722-705 Sanherib 705-681 Asarhaddon 681-669 Assurbanipal 669-629/27? Sinscharischkun 629-612	neue Hauptst. Dur Scharrukîn (Sargon) neue Hauptstadt Ninive Zerstörung von Babylon ägypt. assy. Provinz Elam Zerstörung von Assur und Ninive
609		Assur uballit II 612-609	neue Hauptstadt Charran

1. Zeittafel

tel-spät beruhen und sich erst in zweiter Linie mit einer Kultur oder einem Volk in Ursprung und Entwicklung decken. Das Verbindende war denn auch in unserem Falle weniger ein gemeinsames kulturelles Erbe als vielmehr der Name, da wie in späterer Zeit auch schon in der Frühepoche Assur die Hauptstadt und Kultmetropole war. Der Höhepunkt dieser frühen Periode wurde bestimmt durch einen Usurpator, einen Westsemiten, Schamschi-Adad I., der von Süden kommend im 18. Jahrhundert sich Altassyrien unterwarf. Wie groß die Abkehr vom Alten, nämlich der bis dahin gepflegten Tradition einer vorwiegend ostsemitisch sprechenden Bevölkerung war, zeigt sich darin, daß der Gott Enlil die Stelle von Assur als Hauptgott einnahm und daß mit bzw. im Namen dieses Gottes eine neue Hauptstadt weiter im Westen, auf heutigem syrischem Gebiet, begründet wurde, von wo zeitweilig auch Mâri am Euphrat beherrscht werden konnte. Später, nach dem Tode Schamschi-Adads I., fiel dann Assyrien an Hammurabi, den bedeutendsten westsemitischen Fürsten jener Zeit.

Assyrien lebte bis zu Schamschi-Adad I. wohl in erster Linie vom Handel mit Kappadokien, wo die Stadt Kanesch – die spätere erste hethitische Hauptstadt Nescha, das heutige Kültepe – mit einer eigenen für die Assyrer hergerichteten Niederlassung, dem sogenannten Karum Kanesch, ein wichtiger Handelspartner gewesen ist.[9]

Die Assyrer brachten Stoffe und Zinn, das bekanntlich zur Herstellung von Bronze benötigt wird, nach Kappadokien und handelten dafür Kupfer ein, das sie entweder selbst verarbeiteten oder weiter an die Zinnproduzenten in Persien vertauschten. Mit dem Anschluß Assyriens an das babylonische Reich Hammurabis erlosch dieser offenbar sehr lukrative Handel, der nicht nur auf Kanesch/Nescha beschränkt blieb, sondern sich bis zur Schwarzmeer-Küste erstreckte.

Die ältesten namentlich erwähnten Herrscher des 3. Jahrtausends v. Chr. in Assyrien, das damals Subartu hieß, lebten noch in Zelten[10] und waren vielleicht aufgrund einiger ihrer kanaanäischen Namen mit den Amuritern verwandt, die später nach dem Sturz der Ur III-Dynastie in Babylonien zur Macht gelangten.[11] Unter Umständen verbirgt sich aber hinter ihrer Erwähnung auch der Herrschaftsanspruch der Fürsten Ebla in Syrien, wie uns neue Texte aus Tell Mardich jetzt lehren.[12] Diese syrische Expansion wurde durch die Akkader beendet, die auch Assur besetzten. Von ihnen übernahmen die Assyrer die Sprache, denn das Assyrische ist im Gegensatz zu dem Babylonischen ein ostsemitischer Dialekt.

Wer die eigentliche Urbevölkerung war, läßt sich nicht mehr feststellen. Ihre Wurzeln reichen aber bestimmt bis zu den Bewohnern von Tell Hassuna und Samarra im 5. Jahrtausend v. Chr., deren Kultur sich durch eine reich bemalte, nach dem letztgenannten Ort benannte Keramik, die Samarra-Ware, auszeichnet.

Von größter Bedeutung für die Ausbildung des assyrischen ‚Volkes'[13] waren neben diesen ‚Buntkeramikern', den Akkadern und den Westsemiten, aber auch die Churriter, die nicht erst im 16. und 15. Jahrhundert v. Chr. mit dem oben bereits erwähnten Staat von Mitanni politische Geltung erlangten. Ein größeres churrisches Reich mit den beiden Hauptstädten Urkisch (heute bei Amuda in Nordsyrien) und Nawar (in Nordost-Iran) hat bestimmt schon am Ende des 3. Jahrtausends v. Chr. existiert, wie uns einige Inschriften lehren. Zu diesem Reich dürfte wahrscheinlich auch damals schon Assur gehört haben, dessen Name als Stadtbezeichnung zum ersten Mal aber erst in der 1. Hälfte des 2. Jahrtausends auftaucht. Es hat den Anschein, daß die Churriter aus dem Osten oder Nordosten kommend zu Beginn des 3. Jahrtausends v. Chr. in Nordmesopotamien eingewandert sind und dabei neue Siedlungen begründet haben, zu denen vielleicht sogar Assur selbst gehört haben könnte. Möglicherweise kann man mit den Churritern auch die im Norden besonders beliebte Verehrung von weiblichen Gottheiten in Verbindung bringen, wie in Ninive, Arbela oder aber auch in Assur, wo der älteste Tempel aus der Zeit des beginnenden 3. Jahrtausends v. Chr. einer Göttin geweiht war, die später als Ischtar von Assur verehrt wurde (s. S. 103f.).

So ist die Geschichte der Assyrer von Anbeginn recht bewegt, und an der Herausbildung ihrer Weltmacht waren mehrere verschiedenartige ‚Völker' und Kulturen beteiligt. Zuerst die ‚Urbevölkerung', die ersten Bauern oder Viehzüchter, die ‚Samarra-Leute'. Es folgten die Churriter, Westsemiten und Akkader, dann wiederum die Westsemiten. Schließlich setzten die indogermanischen Herrscher des Mitanni-Staates zusammen mit den Churritern des 2. Jahrtausends v. Chr. vorerst einen Schlußstrich unter diese Entwicklung. Im 1. Jahrtausend, als mit den Deportationen durch die Assyrer eine große Völkerumwälzung im vorderasiatischen Raum vor sich ging, fand eine erneute Einwirkung auf die assyrische Kultur statt, die sich wohl nicht nur auf Äußerlichkeiten beschränkte. Mit den ‚Fremdarbeitern', die zum größten Teil aus dem Westen kamen, gelangten fremde Anschauungen und Lebensgewohnheiten, so vor allem aramäische und ‚hethitische' nach Assyrien, in gewisser Weise durch die Hintertür, denn gerade gegen die am Ende des 2. Jahrtausends v. Chr. einsetzende aramäische Infiltration, der schließlich Babylonien zum Opfer gefallen ist, hatten sich ja die assyrischen Könige auf dem Schlachtfeld offen und mit Erfolg zur Wehr gesetzt. Hinter den Aramäern standen schließlich auch die mit ihnen nunmehr verwandten Babylonier und Marduk, ihr Staatsgott, gegen den Assur auf die Dauer nichts ausrichten konnte.

Mit der Abwehr der Aramäer um 1100 begann die Stabilisierung des Neuassyrischen Reiches, dessen erster Höhepunkt im 9. Jahrhundert unter Assurnasirpal II. (884–858) und dessen Sohn Salmanassar III. (858–824) erreicht wurde. Nach einer Schwächeperiode in der 1. Hälfte des 8. Jahrhunderts v. Chr., die von den Urartäern, den Nachfahren der Churriter, wohl verursacht und dann von ihnen entsprechend ausgenutzt wurde, erlangte die assyrische Macht unter Tiglatpilesar III. (745–727), Sargon II. (722–705) und dessen Nachfahren Weltgeltung. Auf Zypern wie am Nil saßen die Assyrer und bestimmten die Geschicke dieser und anderer Völker. Mehr Ruhm und Erfolg hatte kein anderer Staat zuvor auf sich vereinigen können. Erst die Perser griffen noch nach Höherem, indem sie ihre Macht über das Mittelmeer nach Griechenland auszudehnen versuchten.

Den Ansprüchen der neuassyrischen Könige genügte offenbar ihre alte Hauptstadt Assur nicht mehr oder aber sie war bei einem Kriege mit Feinden aus dem Süden und dem Westen zu ungünstig gelegen. Jedenfalls wurden die Hauptstädte im 1. Jahrtausend weiter nach dem Norden und östlich des Tigris verlegt, wie Nimrud = Kalchu/Kalach, Chorsabad = Dur-Scharrukîn und schließlich Qujundschik/Nebi Junus = Ninive, wenn man einmal von dem letzten Stützpunkt der Assyrer, Charran, der Stadt des Mondgottes absieht. Assur wurde aber deswegen nicht aufgegeben, die Stadt erhielt unter Salmanassar III. eine neue, stärkere Befestigungsanlage (s. S. 201 ff.) und die Bedeutung als die eigentliche Kultmetropole mit dem Staatsheiligtum des Assur (s. S. 217) blieb ihr unbenommen.[14]

Der Alte Palast (s. S. 193ff.) diente auch später noch Königen wie Assurnasirpal II. (884–858), Schamschi-Adad V. (824–811) und Sanherib (705–681) als Begräbnisplatz.[15]

614, also zwei Jahre früher als Ninive, fiel Assur in die Hände der Babylonier.

Barthel Hrouda

Erster Teil

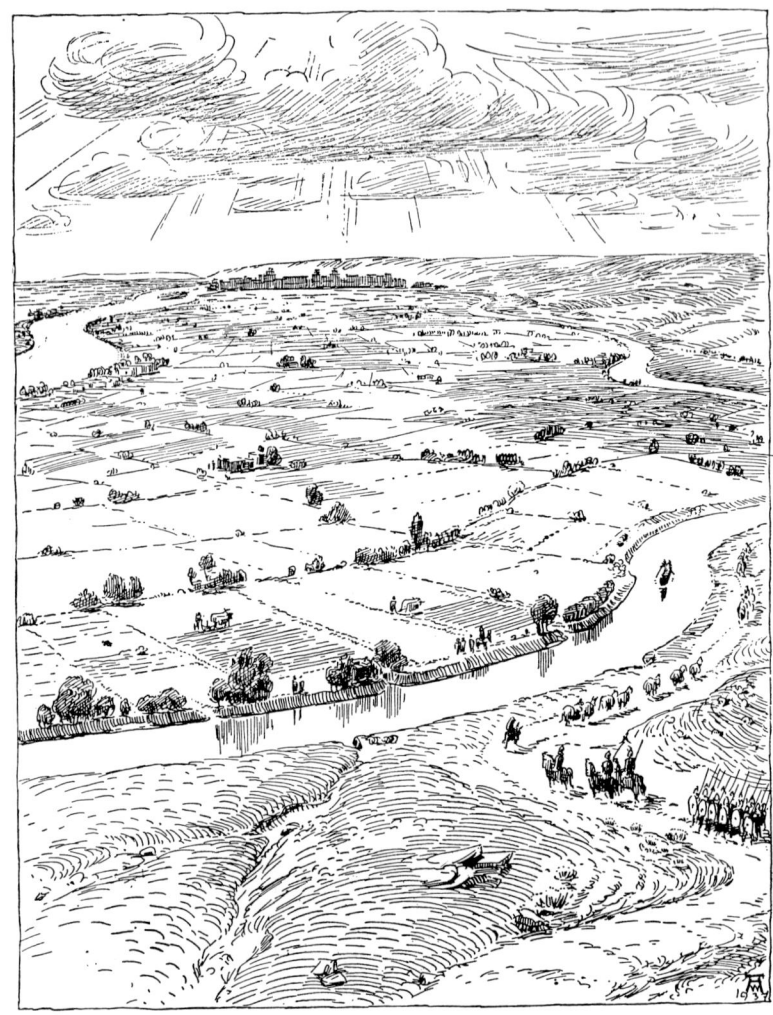

2. Die Assur-Aue von Norden.

Die Assur-Aue war zur Zeit der Ausgrabung fast ganz einsam, öd und kahl. Drei kümmerliche Zelt- und Hüttensiedlungen der Dschebûr-Araber befanden sich hart am Tigrisufer, wo heute Adschil, der Schech der Schammarbeduinen, sein Haus hat. Damals lagen die Araber in stetem Kampf mit der Vertrocknung ihrer Felder, mit Heuschreckenfraß, Beduinenraub und Steuerschraube. Es wurde nur wenig Land angebaut; der Tigrisarm war seit Jahrhunderten, vielleicht schon seit spätassyrischer Zeit, vollkommen versandet und im Norden der Ebene gar nicht mehr als solcher zu erkennen. Der innere Boden der Ebene ging daher in die Steppe über, von der sie sich nur durch das Fehlen der Hügel unterschied. Die Karawanenstraße lief am Innenrand der Ebene entlang, wie sie es auch in assyrischer Zeit getan haben wird. Die Assyrer haben sich zweifellos den Flußarm nicht nur schiffbar gehalten, sondern auch für die Bewässerung benutzt. Dazu dienten die Schöpfwerke, die damals dem ägyptischen Schadûf nicht unähnlich waren. Darstellungen auf assyrischen Reliefs der Spätzeit werden diese, und nicht ägyptische

Assur zur Zeit des Königs Sanherib

Erlebnis eines Zeitgenossen aus dem Westen

Ein Reisender zu Pferd näherte sich im Jahre 688 v. Chr., ein Jahr nachdem König Sanherib Babylon zerstört hatte, von Norden her der Stadt Assur.

Dieser Fremdling war ein Grieche, den der Drang, die Umwelt kennenzulernen, aus seiner Heimat auf die Wanderschaft getrieben hatte, wie manche seiner Landsleute, die mit offenem Blick und wachen Sinnen in den wie im Schlummer liegenden östlichen Ländern Umschau hielten oder Kriegsdienste leisteten.[1] Er hatte Freunde unter den Kriegern, die man im Heere Sanheribs sogleich an ihrer Ausrüstung erkannte: sie trugen den „Raupenhelm" und den runden Flechtschild (Abb. 3). Bei ihnen handelte es sich um Söldner aus dem ehemaligen Chatti-Land, aus Karkemisch oder aus der Gegend des heutigen Adana. Es mochten auch Beziehungen zu den gelehrten Männern am Hofe des Königs ihn hergebracht haben, jenen Männern, die nicht bloß Schreibkundige waren, sondern philosophische Dichter, an deren Reden und Schriften der König Gefallen fand. Mit ihnen verband ihn ein Streben nach Erkenntnis der Welt. So bewegte sich dieser Fremdling zwar in einer Welt, die ihm nicht vollkommen fremd war, mußte aber dennoch über vielerlei staunen.

In Ionien, an der ägäischen Küste Kleinasiens und auf den Inseln vor ihr, wuchs ja eine Generation wacher Menschen heran, welche die Zeit der großen Naturphilosophen vorbereiteten und Erde, Natur und Menschen zu verstehen suchten. Sie wurden die Väter derer, welche alles so Aufgenommene in die Gestalt der Rede, des Wortes, der Schrift, des Bildes bringen

---

Hebewerke meinen. Das Wasser wird mit Gefäßen gehoben, die an langen Schwengeln auf einem Pfahl drehbar angebracht sind, wie noch heute an Pußta- und siebenbürgischen Ziehbrunnen. Bis zur Mitte der Ebene hin reichte vielleicht die Kanalbewässerung vom Tigris und vom Flußarm her nicht. Dort wird man mittels weit offener Brunnen das Grundwasser ergraben und ebenfalls herausgehoben haben. So kann man sich die ganze Ebene damals vollkommen bestellt und von zahlreichen kleinen Bauerngehöften oder Dörfern besiedelt denken.

Daß zu diesen Landbestellern, wie auch heute noch, die Hirten gehören, die ihre Schaf- und Ziegenherden meist wohl in der Steppe weideten, halten wir für selbstverständlich. Die Viehhaltung auf der Aue selbst, die ja zumeist Inselcharakter hatte, wird auf ein geringes Maß eingeschränkt zu denken sein. Noch heute sucht man die Herden von den bestellten Feldern fernzuhalten, und wenn Ordnung und kraftvolle Verwaltung herrscht, ist das Weiden in der Steppe keinen Gefahren unterworfen. Zu unsrer Zeit unterlag es stets dem Risiko der Beduinenraubzüge.

3. Orthostatenrelief aus Ninive. Zeit: Sanherib. H: 1,74 m. Berlin VA 958.

konnten. Sie fühlten sich als Ausgesandte der Stätten, in denen sie von den Ältesten ihres Volkes erfahren hatten, was man wissen konnte und was man noch nicht wußte. Man kann sich denken, wie offen sie Auge und Ohr hielten, um überall in der Welt, durch die sie kamen, die Erscheinungen in sich einzusaugen und so das Wesen der Dinge zu erkennen.

Etwa zwei Stunden vor seiner Ankunft gelangte der Grieche auf eine wellige, steinbesäte Hochebene, die in steilen Tälchen zur Flußaue von Assur abfällt. Da sah er zum ersten Male im Süden fein und zart die Silhouette der Stadt vor dem Höhenzuge des Chanûke-Gebirges liegen, davor die fruchtbare, bestellte Aue, die mit Dörfchen besiedelt und links vom majestätischen Tigris, rechts gegen das Hügelland vom silberglänzenden Band eines Flußarmes begrenzt war. Die Schöpfwerke arbeiteten daran. Der Reitweg ging an den Hügeln entlang, folgte dem rechten Ufer des Flußarmes und hatte viele kleine und ein breites Wadi zu überschreiten, Täler und Tälchen, die aus der hochliegenden Steppe herabkommen und sich bei starkem Frühlingsregen mit reißenden, gelben Gewässern füllen.

Nun, immer näher kommend, sah unser Reiter den Umriß der Nordfront von Assur deutlicher gegliedert. Beherrschend erhob sich in der Mitte der kubisch gestufte Block der großen Zikkurrat, des Tempelturms des

4. Die Nordfront von Assur.
Auch heute noch wirkt die Nordfront von Assur auf den sich Nähernden als gewaltige Wand, die nur an zwei Stellen von steilen, kaum begehbaren Schluchten durchrissen wird. Die Ruinenkuppe der großen Zikkurrat überragte als einzige den Rand dieser Wand, rundlich und steil. Kaum hob sich ganz links die Mauer der „Kischla" ab, die der Schammarschech Ferhân Pascha gebaut und später die osmanische Domänenverwaltung übernommen hatte. Läßt man nun über den aufgefundenen Grundrissen den Assur-Tempel, die große Zikkurrat, den Alten Palast, den Anu-Adad-Tempel und die Wohnhäuser auf der Terrasse des Neuen Palastes wieder zu ihrer einstigen mutmaßlichen Höhe anwachsen, so belebt sich der obere Rand der großen Nordwand ganz erheblich. Zugleich erhält sie weitere Gliederungen mit Türmen, Treppenanlagen und Toren, die auf einigen folgenden Abbildungen noch klarer hervortreten (z. B. 39, 40, 42).

Landesgottes Assur. Links davon, nach Osten hin, lag der größte der Tempel E-ḫur-sag-kurkurra, das „Haus des Länderberges", den Assur, der göttliche Führer Assyriens, bewohnte, ein vieltürmiger Bau mit flachem Dach, der links fast bis an den jähen Abfall des Sandsteinfelsens reichte. Hier springt die Hochfläche der Stadt wie ein spitzes Kap in die Tigrislandschaft hinaus. Rechts vom großen Tempelturm, also nach Westen hin, sah man ein anderes flachgedecktes, von einzelnen Festungstürmen überragtes Gebäude, den „Alten Palast" der Könige. Ihm folgte der merkwürdig gestaltete Doppeltempel der Götter Anu und Adad, deren jeder eine Zikkurrat kleineren Umfanges besaß. Zwischen diesen beiden kubischen „Türmen", wiederum flach gedeckt, lagen die beiden Kult- und Wohngebäude dieser Götter nebeneinander. Endlich folgte ganz nach dem Westende der Nordfront hin eine große Terrasse, auf der fünfhundert Jahre vor Sanherib ein großer Palast, der „Neue Palast", stand, jetzt aber nur ein Wohnquartier, von dem der Ankömmling nichts sehen konnte; denn die ganze Wohnstadt verbarg sich hinter den hohen Befestigungswerken und hinter den genannten Tempeln und Palästen, die den höchstgelegenen Streifen des Stadtgebietes besetzt hielten. Jene Festungsmauern waren sehr bewegt gegliedert, man könnte fast sagen: romantisch-malerisch. Das ergab sich aus der Gestalt der Sandfelsplatte, auf der die Stadt lag und deren Rändern die Mauern ausgleichend auf und ab folgen mußten. Bald standen also Mauern oben auf dem

5. Das Tabira-Tor von außen.

Die Felsenrampe, die schräg zwischen den beiden Stadtgrabenstümpfen zum Tor hinaufführte, ist in rohen Umrissen noch vorhanden. Man muß sie sich wohl mit bezinnten Balustraden beiderseits nach dem Graben hin bewehrt denken. Vielleicht nicht zu allen Zeiten, aber gewiß bei drohender Angriffsgefahr wird auch die Feindseite des Grabens für eine erste Abwehr des Gegners mit Brustwehr und Zinne besetzt gewesen sein. In den spätassyrischen Tagen war der Graben nicht mehr tief und steilrandig wie zur Zeit seiner Ausschachtung durch Tukulti-Ninurta I. (1244–1208). Die Besatzung der sogenannten „Kontereskarpe", eben an jener feindseitigen Brustwehr, konnte sich im Notfall durch den Graben auf die Hauptbefestigung zurückziehen und wurde oben zunächst von einer „Faussebraie" aufgenommen, d. h. von einem Wehrgang am Mauerfuß, der nun seinerseits wieder mit Zinnen und Senkscharten ausgestattet war und der vor den Türmen zu einer Art von Bastionen auslud. Diese Faussebraie kann man sich in Verbindung gesetzt denken mit der Verteidigung der Tore, in deren Fußbodenhöhe auch sie etwa lag. Sanherib hatte überdies halbelliptische Bastionen vorgelegt, die mit Kalksteinquadern verkleidet waren und schon sehr tüchtige Sicherheit gegen die Wirkungen des Mauerbrechers boten. Sie sind unterhalb der Faussebraie zu sehen.

Die Schräglage des Tabira-Tores innerhalb des Mauerzuges ergibt merkwürdig verwinkelte Gestaltungen. Im großen und ganzen erhebt sich jedoch das Tor mit seinen beiden Fronttürmen in normaler Weise aus dem Mauerzug hervor, der hier zu Sanheribs Zeit keinen weiteren Mauerumzug hinter sich hatte. (Auf Abb. 7 ist im Durchblick noch das Binnenwalltor zu sehen, welches Salmanassar III. angelegt hatte; als Tor war es zu Sanheribs Zeit zweifellos außer Dienst gesetzt.) Bei der Bezinnung des Tabira-Tores ist auf die gefundenen glasierten Ziegel und die beschrifteten und glasierten Tonknäufe Salmanassars III. und anderer Könige Rücksicht genommen. Sie können noch zu Sanheribs Zeit von oben herabgeglänzt haben mit ihren Farben Blau, Gelb, Weiß und Schwarz.

Rande, bald unten am Tigrisflußarm und wuchsen von hier zu enorm hohen Bastionen empor, so besonders am Fuße der großen Zikkurrat, wo eine Pforte und eine steile Treppe lagen. Am Westende der Nordfront, also an

6. Mauerbrecher Assurnasirpals II. (884–858). H: 95 cm. British Museum BM, 124553.
Die fahrbaren Mauerbrecher der Assyrer würden, auf Assur angewendet, erst dann etwas ausgerichtet haben, wenn man über den Stadtgraben einen, noch dazu nach dem Hauptwall zu ansteigenden Damm geschüttet hätte. Ein einigermaßen energischer Verteidiger weiß das zu verhindern. Das Ungetüm von Mauerbrecher dann diesen steilen Damm hinaufzudrücken (er mußte ja von hinten her geschoben werden!), war im Falle des Gelingens des Dammes eine weitere Schwierigkeit für den Angreifer. Und dann hielt ihn noch die Faussebraie von der Mauerfront fern. Daß ein solcher Angriff je auf die Westfront von Assur, der einzigen, die dafür in Frage kommt, stattgefunden hätte, ist so gut wie ausgeschlossen. Nichts deutet auf ihn hin. Die Eroberung von Assur in den Tagen des assyrischen Zusammenbruches 614 v. Chr. scheint von Süden her, und dort mit einfacheren Mitteln, erfolgt zu sein, ohne Maschinen, aber doch mit Hilfe von Minierstollen.
Das Bild zeigt außer dem Mauerbrecher, der in voller Tätigkeit und heiß umkämpft dargestellt ist, die Mineure bei der Arbeit und den Angreifer auf der Sturmleiter. Zur Verwendung von Mauerbrechern: Y. Yadin, The Art of Warfare in Biblical Lands (London 1963) 16 ff.

der Nordwestecke der Stadt, war ein Abschnittssystem schon von außen her zu erkennen, oben zwei, ja drei Mauerzüge hintereinander, darinnen vier große Tore und vorne der Festungsgraben, den man auf steiler Felsrampe überschritt: offenbar eine ganz wichtige Stelle der Befestigung.

Unser Reitersmann näherte sich diesen Toren. Bevor er sie erreichte, kam er an einem kunstvoll angelegten Baumgarten vorbei, in dessen Mitte sich ein flachgedeckter, großer Tempelbau erhob; wunderlich genug: außerhalb der schützenden Stadtmauern, ganz frei und offen lagen Garten und Tempel da, und wohl auch als einzige derartige Anlage am rechten Ufer des Flußarmes. Denn fruchtbaren, bestellbaren Boden gab es nur in der Aue links des Gewässers. Hier hingegen war steriler Sandfels, man mußte aus Brunnen das Wasser heben und es den Bäumen zuleiten. Kanäle und Pflanzgruben hatte man in den Sandfels schachten müssen (Abb. 198). Man sagte dem Fremden, das sei das Festhaus von Assur, das *bît akîtu,* das der König Sanherib angelegt habe, um die Kräfte des von ihm zerstörten Babylon hierher zu verpflanzen.² Denn in Babylons weltberühmtem Kult hatte das Festhaus eine gewichtige Rolle bei den Lebenserneuerungsfeiern des Neujahrsfestes gespielt.

Endlich gelangte der Reisende zum Stadtgraben, der an der ganzen Westfront entlang künstlich aus dem Sandfelsen geschachtet war und südlich des Festhauses den Flußarm erreichte. Freilich war das ein trockener Graben, das Tigriswasser konnte nicht in ihn hereingeleitet werden.³ Nur Regenwasser sammelte sich auf seiner Sohle. Außerdem teilten die Torrampen ihn in Abschnitte. Eine davon führte wie eine Brücke vor dem Haupttor an der Nordwestecke über ihn hinweg, ohne Wasserdurchlaß.

Man begnügte sich also damit, den Weg eng und gefährlich zu machen, um dadurch einem Feinde den Zugang zum Tore zu erschweren. Auch die Steilheit des Aufweges diente diesem Vorsatz. Oben lag dann zwischen zwei dicken Türmen und flankiert von einem vorspringenden Mauerteil der Toreingang. Man nannte dies Tor *abul tabira,* was Tor der „Metallarbeiter" bedeutet (es ist nicht klar, was das Volk zu dieser Namengebung veranlaßt hat).[4]

Der Grieche wurde, je näher er den Festungswerken kam, um so wacher. Er verschlang alles mit großen, klaren Augen, die man unter den Völkern dieses Ostens so selten findet. Er würde als Spion einer feindlichen Macht, ohne sich zu verraten, die wichtigsten Auskünfte heimgebracht haben. Er erkannte die Stärke dieser Werke und die Schwächen sofort und behielt das alles in seinem Innern. Daß ungeheure Mauerdicken zähen Widerstand der Verteidiger ermöglichten und geschickte Flankierungsanlagen an den Toren das Herannahen Stürmender verhindern konnte, war gar nicht so schwer zu ermessen. Es gab jedoch Außenecken, Baufälligkeiten und sorgloses Vernachlässigen der Werke an Punkten, die ein schlauer Gegner sofort ins Auge fassen würde. Seit zwei Jahrhunderten waren die Assyrer allerdings fast im Alleinbesitz von Sturmgerät und Belagerungsmaschinen,[5] die sie meisterhaft bedienen konnten, und noch viel längere Zeit war verflossen, seit ein Feind gewagt hatte, Assur anzugreifen. Sah man die Werke nicht mit den Augen eines Griechen, so waren sie uneinnehmbar. Der tiefe Graben, der vor fünfhundert Jahren angelegt war und vom Tabira-Tor ab die ganze Westfront im weiten Bogen umzog, besaß noch senkrechte Wände an Eskarpe und Kontereskarpe,[6] obwohl er ganz gewiß durch Verwehung an Tiefe verloren hatte. Die Nordfront drohte mit unersteiglichen Bastionen und turmbewehrten Mauern auf grauem Sandfelsen, und am Tigris war der schnellfließende Strom eine zusätzliche Wehr, denn auch dort liefen starke Mauern. Dem Heere Sanheribs traute der Grieche wohl zu, daß es auch eine ernste Verteidigung durchführen würde, wiewohl Söldner nicht die beste Truppe sein können.[7] Und deren hatte der König schon eine Menge anwerben müssen. Die stärksten Werke sind einzunehmen, wenn der Geist der Verteidiger nichts taugt.

7. *Durchblick durch das Tabira-Tor von außen.*
Die beiden Torräume enthielten an den Türen je ein Paar Türangeleinrichtungen. Die beiden äußeren Türen waren offenbar nach außen, die innerste Tür wohl nach dem Stadtinnern verschließbar gemacht. (Das innere Angelsteinpaar war bei der Auffindung in seiner ursprünglichen Lage gestört.) Das macht das Tor zu einer kleinen Festung innerhalb des Mauerzuges und erlaubte den Verteidigern, sich nach außen wie nach innen zu wehren.

Die Türflügel dürfen nach Art der in Balawat gefundenen als mit Bronze beschlagen angenommen werden. Etwas Ähnliches ist im Anu-Adad-Tempel Salmanassars III. gefunden worden. Es wechseln dort Bildfriese mit Rosettenfriesen, welche eigentlich die Nagelleisten sein sollen (Abb. 195).

Königsbilder pflegten in den Stadttoren aufgestellt zu werden, weil hier Recht gesprochen wurde. Daß das auf Abb. 8 wiedergegebene Sitzbild Salmanassars III. einst hier im Tabira-Tore aufgestellt war, scheint aus Rassams Fundbericht und aus der Inschrift hervorzugehen. Die durch das Tor flutende Menschenmenge mußte an ihm vorüberziehen und zu ihm aufblicken. Ferner befand sich hier auch das jetzt in Istanbul ausgestellte Standbild des Salmanassar III. (E. Strommenger, ADOG 15, 1970, 16f. u. Taf.6a). – Eine Kalkstein-Stele stand ebenfalls im Tor, unbekannt, welcher König sich so verewigte; denn nur das untere Stück mit den Füßen wurde gefunden.

Der Durchblick läßt das Binnenwalltor erkennen, durch das man erst ins Innere der Stadt gelangte. Freilich war das ein Zustand, der unter Salmanassar III. und seinen Nachfolgern, vielleicht aber nicht mehr unter Sanherib so gewesen sein mag. Der Binnenwall ist offenbar in spätassyrischer Zeit kassiert worden, und es ist fraglich, ob das Binnenwalltor ihn überlebte.

Die Möglichkeit, daß einmal Mauerbrecher gegen Assur herangeführt werden könnten, war von Sanherib offenbar bedacht worden. An vielen Stellen der Westfront und der Nordfront sah man hohe Quadermauern,

8. Das Sitzbild Salmanassars III.
aus dem Tabira-Tor. H: 1,35 m.
British Museum BM 118886. Nach
WVDOG 23 (1913), Blatt 14.

gelb leuchtend, von unten aufstreben. Daß sie nicht besonders dick, vielmehr nur eine Verblendung dahinterliegender Lehmziegelwerke seien, konnte man an den noch in Bau befindlichen Bastionen sehen. Nur unterhalb der großen Zikkurrat schien ein riesiges massives Werk im Werden begriffen zu sein. Dort mochte ein kritischer Punkt liegen, wohl ein Eingang vom Flußarm unmittelbar hinauf zum Assur-Tempel, der nur mittels einer steilen Stiege erreicht werden konnte. Es war leicht einzusehen, daß diese Anstrengungen sich lohnten, denn die Lehmziegelmauern sind sowohl ein Fraß der Regengüsse als des Mauerbrechers. Wie oft hatten die Assyrer selbst seine Wirkung an feindlichen Ziegeltürmen abgebildet. Da fallen die Ziegel wie ein Regen vor dem Stoß des Aries, des Mauerbrechers (Abb. 6).

Am Tabira-Tor angekommen, erhielt der Fremdling genug Zeit, sich umzusehen. Die Wachen prüften alle Ankommenden. Bis er an die Reihe kam, war ihm die Anlage eines solchen Tores ganz klar geworden. Sie unterschied sich von den meisten Toren der Westländer besonders dadurch, daß man hier nicht einen langen, schmalen stollenartigen Torraum zu durchschreiten hatte, sondern vielmehr zwei breitgelagerte Räume, deren

Erlebnis eines Zeitgenossen aus dem Westen 27

9. *Die Festungswerke am Tabira-Tor während dessen Neubau unter Salmanassar III.*
Die perspektivische Skizze schält nur die Stadtmaueranlagen heraus und soll erklären, wie sich die vier Tore an der Nordwestecke der Stadt gruppieren. Im Innern müßte man das Häusermeer hinzudenken, und auch zwischen den Wällen mag sich manches Wohnhaus ankristallisiert haben. Das Tabira-Tor ist so dargestellt, als sei man mitten in seiner Errichtung begriffen.

Bestimmung zu sein schien, drei gewaltige Paare von Türflügeln in sich aufzunehmen und mit einer Decke aus Zedernbalken zu bedachen.[8] Sie boten auch den Wachen Platz, die zu beiden Seiten der Durchgänge saßen und sofort handfest mit ihren Streitkeulen zugreifen konnten. Von dem stadtseitigen, tieferen der beiden Räume vermochten die Wachen mittels einer sich wendelnden Treppenrampe auf das Dach des Tores und damit auf den Wehrgang der Mauern zu gelangen.

Von der Mauerkrone leuchteten farbig glasierte Ziegelzinnen herab, eine Einrichtung, die diese dem Wetter am meisten ausgesetzte Stelle sehr dauerhaft zu machen versprach. Überdies gefielen sie dem schönheitsuchenden Auge des Griechen. Das Blau des Himmels war da vom Goldgelb der Sonne umrahmt, und schwarzweiße Sparrenmusterstreifen begrenzten die gestuften Zinnen nach unten hin. Man hatte das Gefühl, als wären mit diesen Stufenzinnen Himmel und Mauer ineinander verschränkt. In gemessenen Abständen steckten kugel- und scheibenförmige Knäufe in den Wänden, an denen, wie man sagte, Inschriften der Könige stehen sollten. Manche davon waren ebenfalls farbig glasiert und ließen Palmetten und Rosetten erkennen (Abb. 186, 189).

In den Torräumen gab es noch mehr zu sehen. In einem der beiden Räume befand sich zur rechten Hand des Eintretenden ein Königsbild. Es stellte Salmanassar III. dar, der das Tor vor einhundertvierzig Jahren in der Form, wie es jetzt noch dastand, errichten ließ. Da sah man den König thronend auf einem einfach kubischen Sessel mit leicht geböschten Wänden, die Füße auf einer flach rechteckigen Bank. Bis zu den Knien bleibt auch die Figur im Kubischen befangen, erst oben löst sie sich ins Rundliche auf. Die Hände liegen auf den Knien. Von der Rechten schien ein Gefäß gehalten zu werden. Es war bereits beschädigt. Der Kopf war unbedeckt, Bart und Haar sorgfältig gekräuselt. Die Augen blickten starr geradeaus. Die Königsinschrift stand am Sessel beiderseits und hinten. Darin waren die Tore von Assur namentlich aufgezählt. Das Bildwerk war aus dunkelgrauem Basalt (Abb. 8).[9] Ein anderes, das fast lebensgroße Reliefbild eines Herrschers, war auf einer an der Wand stehenden Stele aus Kalkstein zu sehen.[10]

Nun endlich sah der Reisende sich in Assur aufgenommen. Der Weg wand sich in die Stadt hinein, man mußte zuvor noch ein weiteres Tor, das des Binnenwalles, durchschreiten. Hier wurde erst klar, daß hinter jener von außen sichtbaren vieltürmigen Stadtmauer noch eine zweite folgte, ebenso dick, ebenso turmbewehrt und ebenso unregelmäßig in ihrem Laufe. Man sah sie schon hier beim Tor knicken. Nach rechts hin schien sie sich parallel hinter die Außenmauer zu schieben, nach links wollte sie einwärts abknicken. Auch die Außenmauer knickte nahebei einwärts und schloß dann an die Terrasse des „Neuen Palastes"[11] an. Hier hatte sie ein Tor, das sich nach einem weiten, nach Nordosten abfallenden Vorhof hin öffnete. Diesen umschloß eine vieltürmige Außenmauer mit Niederwall (Faussebraie), die man von außen ebenfalls hatte sehen können; so auch das starke Tor, das nach dem Tigrisarm unten hinausführte. Erst hier innen erkannte man die Bedeutung dieses verwickelten Verteidigungssystems: vom Tigrisarm, auf dem auch Schiffe verkehren konnten, brauchte man diesen Seitenzugang und schützte ihn mittels dieser mehrfach flankierten Werke.

Der Reisende trat durch das Binnenwalltor in die Stadt ein, von seinem Gastfreund empfangen, der ihn auf der Torstraße (Abb. 10) und sodann durch ganz enge Gassen zu seinem Wohnhaus geleitete. Das war ein flachgedecktes Lehmhaus auf steinernem Fundament mit einem Vorhof, in dem die Dienerschaft hauste und ein Ziehbrunnen lag. Hier konnte man auch das Reittier unterstellen (Abb. 11). In dem Männergemach, das zwischen diesem Vorhof und dem Innenhof lag, lud man ihn zum Sitzen ein und bewirtete ihn. Es war ein breiter Raum, mit mehreren Türen und glatten Wänden, deren rot gefärbte Flächen von schwarzweißen Streifen begrenzt waren. Nischen dienten den häuslichen Kulten des frommen Hausherrn. Sein Trankopfer goß er auf die Alabasterplatte in der Nische aus, die in der Mitte eine flache, runde Pfanne hatte. Man nannte diese Stelle: *ki-a-naga*[12]. Ins Innere des Hauses durfte der Gast wohl kaum eintreten, war er nicht ein Angehöriger der Sippe. Hier lebte die Frau des Hauses mit ihren Kindern und Dienerinnen. Sie bewohnte einen Raum von der gleichen Größe und Einrichtung wie das Männergemach. Eine Gruppe von Badekammern,

10. Straße am Binnenwalltor im Nordwesten.
   Obwohl Hauptverkehrsweg, ist diese Straße nur 3–4 m breit und ganz unregelmäßig gepflastert. Rinnsteine gibt es nur vor dem großen Hause links (Abb. 11). Ein an der Straße auf der gleichen Seite gelegener einzelner Raum scheint Werkstatt bzw. Verkaufsstand gewesen zu sein, als einziger seiner Art.

11. Vorhof eines großen Wohnhauses.
   Der Außenhof ist am Bruchsteinpflaster gut erkennbar, die Raumwände sind hier fast ganz dem Erdboden gleichgemacht; erst am Innenhof fand man die Räume höher erhalten (vgl. Abb. 220). Am Brunnen wird man ein Winden- oder Paternosterwerk ergänzen können. Reste eines Brunnenhäuschens sind vorhanden. Die Brunnentiefe betrug nahezu 30 m.

12. Der Frauenraum im „Roten Haus".
Das spät- bzw. nachassyrische Wohnhaus, das wir wegen der roten Färbung seiner Zimmerwände das „Rote Haus" genannt haben, weist zwei beinahe kongruente Raumgruppen auf. An jeden der beiden ansehnlichen Haupträume schließen sich je drei Badkammern und je zwei nicht ganz so kleine Cubicula an, die Schlafräume. Man könnte meinen, daß die eine Raumgruppe den männlichen, die andere den weiblichen Angehörigen der Familie zugeteilt war.

Das Licht kommt durch die Tür vom Hof herein. Denn es ist ungewiß, ob Fensterluken etwa an den Stirnwänden dicht unter der Decke angebracht waren (was leicht zu konstruieren wäre).

Der Fußboden ist mit Ziegeln gepflastert und konnte, mit Schilf- oder Binsenmatten belegt, wohnlicher gemacht werden. Jedoch ist der Raum zugleich geweiht durch die beiden gleich großen Wandnischen, in denen statt der Ziegel eine geränderte Gipssteinplatte den Boden bildet. In der Mitte der Platte ist eine flache Pfanne eingetieft. – Es liegt nahe, die Nischen und jene Pfannenplatten kultisch zu deuten und hier etwa die Libationen an Götter stattfinden zu lassen, denen Haus und Insassen besonders verbunden waren. Die vermutlich sehr kleinen Abbilder dieser Gottheiten könnten in ganz kleine Wandnischen gestellt gedacht werden, und denkbar wären schön geschnitzte Altartischchen, die man vor sich hin mit auf die Gipssteinplatte stellte. Für eine solche Belebung scheint uns die Analogie der Nischen in den Tempeln zu sprechen, vor denen, wie vor einer Tür, das Bild der Gottheit in die irdische Erscheinung tritt. Hier im Wohnhaus erscheint die Gottheit im Bild ihres Bildes, gewissermaßen aus dritter Hand. Und alles ist gedrängt in diese Nische, was sonst sich im heiligen Kultraum breitmacht.

Es ist hier eine zahlreiche Dienerschaft angenommen, die für die Herrichtung des Schlafgemaches die hölzerne Kline bewegt und beim Bad und Schmücken der Frau behilflich ist.

Schlafzimmern und Nebengelassen gehörte dazu. Das Haus des vornehmen Mannes umgaben kleinere, zum Teil winzige Häuser seines Gefolges, in denen alles schrumpfte bis auf den Eingangsraum, den Hof und ein Wohngelaß.[13] – Der Gast sollte später zu den hohen Beamten, Priestern und an den Hof des in Assur residierenden Kronprinzen geführt werden und selbst die Tempel besuchen, um den Göttern zu opfern.[14]

An diesen Wohnhäusern der Reichen von Assur sah man alte babylonische Überlieferung. Sie waren nicht eigentlich bodenständig. Sie hatten die gleiche Abgeschlossenheit und Insichgekehrtheit wie die Häuser in Babylon und widersprachen der Freiheit und Offenheit, die das Haus von Nordmesopotamien auszeichnet.[15] Mag sein, daß die Enge der Stadt es so forderte. Vermutlich war aber genug babylonisches Blut in den Adern dieser Spätassyrer und hatte ihre churrischen Gebirgsbewohnereigenschaften abgeschwächt oder durch jene südlichen ersetzt. Es ist ein großer Unterschied, ob das Wohnhaus frei und offen, alle einladend, dasteht oder ob es wie eine starke, wohlbewachte Festung ein Innenleben gegen außen abkapselt, wie das in Assur die Großen verlangten, die Kleinen nach Möglichkeit zu erreichen suchten: Der Zugang zum Haus wird buchstäblich verklausuliert, man windet sich im Innern des Hauses und ist auch dann womöglich erst im Vorhof oder Vorraum. Ja selbst der Wohnraum hat dann noch etwas „Gewundenes", d. h. man gelangt erst nach einer Wendung vor das Angesicht des Herrn des Hauses, der einen Platz an der Schmalseite des Zimmers hat. Wie bei den südmesopotamischen Häusern der frühesten Zeiten ist jedoch die eine *breite* Seite des Zimmers die Eingangsseite und liegt am Hofe. Es ist fast ausgeschlossen, daß der Raum an einer anderen als der Süd- (Südwest-, Südost-) Seite des Hofes angeordnet wird; durch seine Tür blickt man also nach dem nördlichen Himmel, d. h.: diese Tür liegt ganz oder zumeist im *Schatten*. Hier mag der Fremdling, dessen ungewohnt, nach Gründen fragen. Antwortet der Gastgeber: „Nach dem Herkommen", so hat er damit wahrscheinlich ebenso recht, wie wenn er klimatische Gründe oder gar kultische angeführt hätte. Das letztere ist nicht ganz abwegig; denn in sehr vollkommen eingerichteten Häusern sind jene schon bemerkten Nischen im Innern der beschriebenen Räume gerade an deren Hofwand angeordnet. Steht man vor einer dieser Nischen, so wendet man sich in Assur nach Nordwesten oder nach Nordosten, und das sind in vielen Tempeln in Assur die Kultrichtungen. Dies mußte der Fremdling wissen, wenn er den Göttern von Assur opfern wollte. Es bedeutete soviel als: „Du mußt dich nach derjenigen Stelle des Himmelshorizontes wenden, die dieser oder jener Gott beherrscht." Des Gottes Bild ist so vor den Beter gestellt, daß er diese Richtung einnehmen muß. Nicht jeder Fremdling mag in dieses Geheimnis eingeweiht worden sein. Der Grieche hatte jedoch einen Priester zum Gastfreunde, dessen Haus in der Mitte der Altstadt lag, und so erfuhr er einiges mehr. Der Genannte war ein „Beschwörungspriester". Er wußte Bescheid

13. Ziegelkapseln mit Weihfiguren im Hause des „Beschwörungspriesters".
Die Deckel der Ziegelkapseln sind fortgenommen, sie lagen unter dem Ziegelpflaster der Türschwellen des Priesterhauses, das sich etwa in der Mitte der Altstadt befand. Vgl. Abb. 14.

14. Tonfiguren (Fischmann). ²/₅ nat. Größe.

15. Tonreliefs (Adlergenius, Sechslockiger Held) aus dem Hause des „Beschwörungspriesters". ca. 1:2.

Reliefs und Figuren sind aus ungebranntem Ton und hatten weißen Stucküberzug, der schwarze Bemalung trug. Dargestellt sind im Relief adlerköpfige Genien, Stiermänner (Oberkörper vom Mann, Beine vom Stier) und lockenköpfige „Helden" mit Stab, in vollplastischen Figuren ein priesterliches, männliches Wesen, das in einem großen Fische steckt. Vgl. dazu Abb. 16, das große Basaltbecken aus dem Assur-Tempel.

in der Dämonologie. Er kannte jene untermenschlichen, unterirdischen Wesen, die dem Menschen schaden, die man beschwören muß, um sie unschädlich zu machen, die man in Bildern auf Steinamulette bannt, damit sie nicht wirken können. Er hatte Rund- und Flachbildchen aus Ton modelliert und unter der Schwelle und in den Zimmern seines Hauses in die Erde gelegt (Abb. 13–15). Es sind Bilder guter, gesund machender Wesen, adlerköpfige, geflügelte und in Fischhaut steckende Menschengestalten.[16] Das waren Wesen, die in viel größerem Maßstab und bis zu Überlebensgröße vom König in die Tempel gestiftet und an den Palasttoren angebracht wurden, vielen Menschen zum Heil. Dort sind sie auf Alabasterplatten, auf Basaltblöcken gemeißelt, aus Bronze gegossen oder in Kupfer getrieben. Der Priester konnte dem Fremdling die fischhauttragenden Wesen am Brunnen des Assur-Tempels zeigen. Der König Sanherib hat dorthin einen großen Weihwasser-Basalttrog gestiftet, an dem ihrer sechzehn im Flachbild zu sehen sind (Abb. 16).

16. Basalt-Wassertrog Sanheribs. Berlin VAAss. 1835.
Die Wiederherstellung dieses einzigartigen Wassertroges erfolgte aus vielen, zum Teil sehr kleinen Stücken in Berlin; sie war schwierig, kann aber als leidlich gesichert gelten, da sich die Anzahl der vier Eck- und der zwanzig Relieffiguren auszählen ließ. Die Höhe beträgt 1,18 m, die Seitenlänge 3,12 m. Näheres darüber in Amtl. Berichte 58, 2 (1937), S. 30 ff.

Für die damalige Zeit waren die Wohnhäuser bequem und ordentlich eingerichtet. Nichts wird der Fremdling vermißt haben. Von einer Küche bemerkte er nichts, irgendwo im Vorhof bereiteten Diener auf ein paar Steinen die Mahlzeiten. Im Männerraum gab es hohe, thronartige Lehnstühle, die zwar mit Kissen belegt waren, sonst aber der Körperform des Sitzenden kaum sich anschmiegten. Man liebte das Rechteckige im Gegensatz zum Geschmack der fast zweitausend Jahre älteren Sumerer, die schon geschweifte Sessel kannten. Nur an der Liegestatt gab es ein gebogenes Ende für das Kopf- oder Stützpolster. Teppiche bekleideten die Wände oder waren wenigstens durch Malerei auf dem Lehmputz vorgetäuscht. Auch die Fußböden, seien sie nun Stampfestrich oder Ziegelpflaster, trugen Matten oder Teppichbelag, der im Sommer weggerollt wurde, damit man den Boden mit Wasser kühlen konnte. Nachts stieg man mit dem Gast auf das flache Dach, zu dem sehr schmale, hochstufige Treppen oder gar nur eine Leiter hinaufführten. Dort genoß man die Nachtkühle, die sich vom Himmel herabsenkt, während drunten im Hof und Zimmer die Taghitze weiterbrütet. Hier oben schaute man dem Kreisen der Gestirne zu und deutete ihre Stellungen und wirkenden Kräfte Abend für Abend. Die Götter blickten aus Planeten und Fixsternen herab, und man glaubte sie zu erkennen.

Erstaunt war der Fremdling, als er nach den Toten fragte und erfuhr, sie lägen in ihren Häusern. Er kam aus Ländern, wo man die Toten außerhalb des Wohnsitzes in besonderen Friedhöfen oder Totenstädten beisetzte. Hier aber wurde ihm gesagt, der Tote gehöre in das Haus, das er als Lebender bewohnt habe. Das verlasse er nicht. Sein Haus sterbe mit ihm, oder er lebe mit dem Hause weiter als „lebender Leichnam", wie auch sein Haus weiterlebe.[17] - Nicht immer verließen die Hinterbliebenen das Totenhaus sogleich. Geschah dies, z. B. wenn niemand mehr hinterblieb, so wurde die Haustür zugemauert und das Innere blieb öd und verlassen. Oft waren viele Tote in den Wohnräumen, selten welche im Hofe beigesetzt. Reiche Leute bauten eine Gruft ein, in die man durch den Einsteigschacht auf ein paar steilen Stufen hinabgelangte (Abb. 17, 18). Steinplatten deckten den Schacht in Fußbodenhöhe ab, eine Steinplatte, oft auch ein richtiger steinerner Türflügel verschloß die kleine Eingangstür der Gruft. Bei einer solchen Bestattung, der er beiwohnen durfte, sah der Fremdling große Vorkehrungen um den aufgebahrten, in Tücher geschlagenen Leichnam, der auf seinem Ruhebett lag. Die Beschwörungspriester rezitierten lange Gesänge; denn es galt, die bösen Mächte unter der Erde zu bannen, in deren größere Nähe der Tote jetzt gebettet werden mußte. Was die Angehörigen an Gaben brachten, große tönerne Wasserkrüge, Bronzeschüsseln mit Speisen, Becher und Trinkschalen mit Wasser mußten geweiht werden. Klagegesänge der Frauen ertönten. Die Bestatter stiegen mit einem brennenden Öllämpchen in die dunkle Gruft und setzten sie in eine kleine Wandnische hinten an der Stirnwand. Der Boden war abgeteilt, Skelette früherer Bestattungen schob man zusammen, um Platz für den neuen Bewohner zu schaffen. In anderen Grüften hatte man sogar Tonsärge aufgestellt, in wieder anderen die Leichen einfach auf den ziegelgepflasterten Boden gelegt. Dann brachte man mit einiger Mühe den Toten durch das enge Einsteigloch herab und umgab ihn mit den Gefäßen (Abb. 19 a–c, 20 a, b, 21 a–f), setzte ihm den Eßnapf auf die Brust und legte seine rechte Hand auf die Speise, die linke ausgestreckt auf den Leib. Eine Regel für die Ausrichtung der Lage nach der Himmelsgegend gab es nicht. Alles Kostbare trug der Tote am Leibe (Abb. 22): seinen Schmuck, seine Waffe, seine Alabasterfläschchen (Abb. 23, 24) und oft noch ein bunt emailliertes Tonfläschchen, das ein kostbares Öl enthalten mochte. Solche Beigaben waren noch bei den zusammengeschobenen Skeletten der früher Beigesetzten. Da hatte eine Frau viele bunte Steinperlen in langen Behängen getragen, den großen kunstvollen Brustschmuck in der Mitte, an Stirn und Ohrmuscheln Goldschmuck und viele goldene Ohrringe; Elfenbeinbüchschen und Näpfchen phönikisch-ägyptischer oder kyprischer Arbeit hatten zu ihrem Toilettengerät gehört.

Man erzählte dem Fremdling nach der Feier, daß bisweilen solcher Schmuck von Grabschändern geraubt wurde. Insbesondere in Kriegszeiten seien solche Grüfte gefährdet. Anstatt in einer Gruft ruhe man sicherer in

17. Gruft 30 und ihr Einsteigeschacht.
18. Gruft-Inneres mit Tonsärgen.

Grüfte liegen nicht sehr tief unter dem Fußboden eines der Wohnräume des Hauses. Gleichwohl bedurfte es, um zu ihnen zu gelangen, eines Einsteigschachtes mit wenigen hohen Stufen. Vgl. Abb. 161, 226.

19 a–c

a, b

19 a–c, 20 a, b, 21 a–f. Grabbeigaben: Bemalte Keramik. ca. 1:3.

Die dargestellten Tongefäße sind Gräbern verschiedener Zeiten entnommen, deren Daten sich teils aus der Schichtlage, teils aus anderen Beigaben, wie aus Siegeln, seltener aus Inschriften ergeben. Danach läßt sich dann auch die Topfware chronologisch verwerten. So sind die hier dargestellten als mittelassyrisch, also etwa 2. Hälfte des 2. Jahrtausends, zu bestimmen.

21 a–f

22. *Totenbeigaben: Perlenkette, Rollsiegel aus Lapislazuli und Goldschmuck, um 1900 v. Chr. ca. 1:3.*
Der Schmuck ist einer der ältesten in Assur gefunden. Grab 20 (Berlin, Staatl. Museen). Das Lapislazuli-Rollsiegel weist ihn aus als in die Altassyr. Zeit gehörig. Steinperlen, Goldperlen, Goldlockenringe, Goldohrringe und goldenes Stirnblech würden die Datierung allein nicht sichern. Die Karneolperlen sind ornamental feuer„geätzt".

der Erde, die den Ruheort verberge. Es mochte auch vorkommen, daß die Hinterbliebenen sich aus dem Besitze des Verstorbenen dies und das zurückbehielten. So vor allem sein Rollsiegel, das oft aus dem kostbaren Blaustein oder aus Bluteisenstein bestand und wohl auch an der Halskette, aber senkrecht, getragen werden konnte.[18] Es war freilich eine Art von Urkundenfälschung, wenn damit weiter gesiegelt wurde. Denn jedes Siegel gehörte ja zu einem Menschen, er bestimmte den Stein, der zu ihm gehörte, auf ihn war das Bild bezogen, das der Steinschneider, der oft ein großer Künstler war, ihm hineingeschnitten hatte. Das Wissen von dieser engen Bezugsetzung zwischen Stein und Inhaber war im Schwinden, wie so manches alte Wissen.

Nach der Beisetzung ließ man eine brennende Lampe im Grab, schloß die Tür der Gruft, füllte den Einsteigschacht nach einem Opfer für den Toten, das dem fürs Totenmahl geschlachteten Tier entnommen war, mit Erde zu und deckte den Schacht mit Steinplatten ab. In alten Zeiten, so sagte man, pflegten die Vorfahren über dem Grabe auf einem kleinen geglätteten Lehmherd mehrere Male Totenfeuer zu entzünden. Das war aber jetzt in dieser Form nicht mehr üblich.

Der Fremdling verstand, daß die ärmeren Leute versuchten, ihren Toten

Erlebnis eines Zeitgenossen aus dem Westen 39

23. Grabbeigabe: Alabaster-Gefäß mit Reliefschmuck. Berlin VAAss. 1113. ca. 1:3.

24. Grabbeigaben: Alabastergefäße. ca. 1:3. Berlin, Staatl. Museen.

Die Alabastergefäße haben Formen, die aus dem Ägypten der XVIII. Dynastie bekannt sind. Sie entsprechen zeitlich den zugehörigen Grabbeigaben (Perlen, Goldschmuck, Elfenbeingefäßen). Eines der Alabastren trug ein eingeritztes gleicharmiges Kreuz, das in kassitischer, also gleichzeitiger Kunst häufig auftritt. Die schöne reliefierte Vase, Abb. 23, ist im Querschnitt oval, nicht kreisrund. Unter ihren beiden Schnurösen sind aufspringende Löwen in scharfer Seitenansicht zu sehen. Auf den breiten Flächen je ein Lebensbaum in dem auf Siegeln vertretenen Stil des 14./13. Jahrhunderts.

wenigstens etwas von dieser Wohltat der Fürsorge zuteil werden zu lassen. Eine Art von Behausung suchte man einem jeden Toten zu verschaffen. Ihn einfach in die Erde zu scharren und mit Erde zu bedecken, hielt man offenbar für böse. Konnte man ihm keinen festen Tonsarg beschaffen, so legte man doch Teile solcher oder große Scherben von Tonfässern über die Leiche, so daß ein Hohlraum über ihr verblieb, oder man schob über sie von Kopf und Fußende her je einen großen liegenden Topf oder bildete aus gebrannten Ziegeln ein Dach über ihr (Abb. 26, 27). Man wußte, daß eben jene Vorfahren, fast zweitausend Jahre früher, eine Art Erdhöhle am untern Ende der Grabgrube ausschachteten, in welche sie damals den Toten legten. Durch große Ziegel und Scherben verhinderten sie die Erde, an ihn zu gelangen, wenn dann die Grabgrube wieder zugeschüttet wurde.

25. Beisetzung in der Gruft.

Die Beisetzung war wohl eine höchst gedrängte Feier. Die Riten werden sich im Freien oder in den engen Wohnräumen des Verstorbenen abgespielt haben. Dann müssen zwei Männer versuchen, die in ihre Kleider oder in Grabtücher gehüllte Leiche durch den Einsteigschacht und die schmale Gruftpforte in die Gruft hinabzuzwängen. Vielleicht waren das männliche Anverwandte; denn es kann der Familie nichts daran gelegen gewesen sein, fremde Personen in ihre Familiengruft hinabzulassen, wo früher Verstorbene oft mit reichem Schmuck bereits verwest oder zu Skeletten vergangen lagen und leicht Gelegenheit war, etwas zu rauben. – Eine Öllampe brannte in der Wandnische gegenüber der Tür, und in diesem matten Dämmerlicht des kaum mannshohen Gewölbes säuberte der erste der Männer wohl erst noch notdürftig die schmale Fläche, dahin man die Leiche betten wollte, von den alten Gebeinen und Beigaben der Vorgänger. In unserem Falle war ein großer Tonsarg aufgestellt, die alten Überreste sind aus ihm hinausgeworfen. – Jedoch sie bleiben beigesetzt in der Gruft, wenn auch in wirrem Durcheinander! Nun streckt man diese verstorbene alte Frau lang auf den Boden des Sarges aus. Auf ihrer Brust eine Bronzeschale mit Speisen, die rechte Hand griffbereit hineingelegt. Ihr Geschmeide an Stirn, Ohren, Arm und Fußgelenk, ihre Perlketten um den Hals verbleiben ihr, und alles, was ihr sonst im Leben lieb und teuer war. Dann steigt der eine Mann wieder hinaus und reicht dem drinnen Bleibenden viele große und kleine gefüllte Wasserkrüge, Flaschen und Fläschchen, mancherlei Speisen und Früchte und feine Salbfläschchen, die farbig schimmern, hinab. Der drinnen stellt sie zu Häupten und Füßen der Leiche auf. Dann verläßt auch er die Gruft, setzt eine Steinplatte vor die Tür und steigt wieder hinauf zu den Lebenden. Der Einsteigschacht wird wieder mit Erde zugefüllt, nachdem der Totenpriester vom Opfertier ein Stück hineingeworfen, oder eine große Steinplatte verschließt den Schacht bis zum nächsten Todesfalle.

Es ging die Rede, daß die Könige von Assyrien wie ihre Untertanen in Särgen und Grüften bestattet wurden. Man wußte, daß sich in dem Alten Palast eine Reihe solcher Grüfte unter den Palasträumen befand, wohl verschlossen und versiegelt und streng bewacht, zu denen man nur in steilen, finsteren, gewinkelten Gängen gelangte. Darüber war Geheimnis gebreitet, weil man Grabräuberei befürchtete. Denn daß unerhörte Schätze in diesen Königssärgen liegen mußten, konnte man schon aus der allgemeinen Sitte schließen, den Toten ihren Besitz an wertvollem Schmuck mitzugeben. So war im Volksmunde viel die Rede von der fabelhaften Größe des Basaltsarges Assurnasirpals II., dessen tatenreiche Regierung vor hundertsiebzig Jahren ihr Ende fand. Man wußte aus den Erzählungen der Vorfahren und Eltern, wie dieser riesige, 4 m lange, 2 m hohe und breite Sarg auf dem Schlauchfloß herabgeflößt und mit unsäglichen Mühen vom Ufer zu dem hochgelegenen Palaste heraufgeschleift worden war, und daß ein schwerer Basaltdeckel alles unbefugte Öffnen unmöglich machte; wußte auch, daß dieser Deckel ein winziges, rundes Loch hatte, aus dem, wie man meinte, die Seele des Königs ein und aus gehen konnte, ohne den Lebenden Schaden zu tun, wußte, daß Deckel und Sarg verschnürt und versiegelt seien, ebenso die schwere Basalttür, die den Eingang zur gewölbten Ziegelgruft verschloß. Auch sollte an Tür, Sarg und Deckel, an dem Pflaster und an den Sockelplatten der Gruft des Königs Name eingemeißelt stehen, so daß künftige Zeiten wissen würden, welcher große Tote da ruht. Und andere Könige seiner Zeit ruhten rings um ihn in benachbarten Grüften (Abb. 173, 174, 177–180 u. S. 194ff.).[19]

Der Palast, in dem diese Grüfte liegen sollten, war längst nicht mehr von den Königen bewohnt. Sie hatten sich in Kalchu-Kalach, Ninive, Dur-Scharrukîn Königsburgen gebaut. Auch Sanherib residierte in Ninive in einem eigens für ihn gebauten prächtigen Palast. – Trotzdem hielt man in Assur diesen „Palast der Väter" in hohen Ehren, eben weil er alt war und weil man wußte, daß der große Adadnarari I. (1307–1275) und der Reichserneuerer Assuruballit I. (1365–1330) hier residiert, und daß noch früher in der Zeit des großen Hammurabi von Babylon, noch vor der churrischen Fremdherrschaft, hier Könige von Assur gesessen hatten. So war der Palast eigentlich ein Totenhaus, eine Residenz der toten Herrscher Assyriens geworden.

Am Haupteingang des Palastes, der an der Nordwestfront, also dicht an der hohen Front gegen die Ebene hin lag, standen zwei Kolossalbilder von geflügelten Stieren mit Menschenantlitz, die man *lamassu* nannte. Sie waren aus hellem, kristallischem Gipsstein gemeißelt. Der bärtige Kopf mit den gütig blickenden Augen hatte etwa dreifache Lebensgröße (Abb. 172).[20] Auf Orthostaten-Platten stand eine lange Inschrift Assurnasirpals II., der den Palast gründlich erneuert hatte. Im Innern, ebenfalls an wichtigen Toreingängen, hatte er zwei Tierpaaren Ehrenplätze eingeräumt, die noch aus

26. Doppeltopfgrab und zweiteilige Wannensärge.
27. Dachförmiges Ziegelgrab.

der Zeit stammten, als Tiglatpilesar I. den Palast erneuerte, also etwa dreihundertfünfzig Jahre früher. Sie waren aus hartem Dolerit: Löwen- und Stierpaare, beide in etwa dreifacher Lebensgröße und in wundervoller, meisterhafter Ausführung. Es war eine Freude, den geöffneten Rachen, die gewellten Mähnenlocken, die Tatzen des Löwen und ebenso alle Formen der Stiere zu betrachten. Ihre Augen waren aus schwarzen und weißen Steinen eingesetzt und mit eisernen Stiften festgesteckt – sie brannten magisch aus dem finster dunkelgrauen Basalt heraus.

Bei den Gängen durch die Gassen und Gäßchen der Stadt, dahin und dorthin, gab es für den Fremdling kaum etwas Erstaunliches zu sehen. Das war wie in allen Städten und Städtchen dieser Zeit im Osten und im Westen. Kanalisation war keine kommunale Angelegenheit. Jeder Hausbesitzer entledigte sich des Abwassers nach der Straße zu, hier mochte es weiterfließen oder stehenbleiben; oder er ließ es in kleine Gruben versickern. Nur der Königspalast und der Assur-Tempel besaßen einen großen, zum Teil begehbaren, stein- oder ziegelgemauerten Ableitungskanal. Die Gasse war also notwendiges Übel, Aufenthaltsort der Unglücklichen, Armen, Ausgestoßenen. Geschäfte vollzogen sich nicht auf ihnen, sondern in den Häusern oder auf freien Plätzen. Solche gab es im Süden der Altstadt und in der Neustadt, die sich als südliche Vorstadt, von dem Außenwall umschlossen, an die Altstadt legte. Hier spielte sich Vieh- und anderer Großhandel ab.

Immer in der Nähe der Stadttore erweiterten sich die engen Gassen zu solchen Plätzen, ein natürliches Werden, das sich aus dem Verkehr ergibt. Das hatte der Fremdling schon beim Eintritt der Stadt am Tabira-Tor gesehen und fand es nun am Westtor und am Südtor wieder. Er vermißte es bei den Wasserpforten am Tigris. Eine wehrhafte Ufermauer zog sich längs des schnellfließenden Flusses, schmale Treppchen gestatteten, bei Niederwasser zu den anlegenden Fahrzeugen hinabzusteigen. Luden sie Waren aus, so blieben diese bis zum Abholen auf der Mauerkrone liegen, geschützt durch die königlichen Uferwachen und die haushoch ansteigende Festungsmauer, durch welche besagte Pforten hindurchführten (Abb. 28, 37).

Der Handel zu Wasser war vielleicht nicht so beträchtlich wie der Karawanenhandel. Dagegen machten sich hier die Fischer mit ihrer Beute breit, die sie mit dem Zweizack harpunierten oder auf dem aufgeblasenen Schlauch reitend geangelt hatten.[21] Auch Netzfischer mochte es hier geben. Der Tigris war reich an kleinen, großen und gewaltig großen Fischen, Krabben, Schildkröten und anderem Wassergetier.

Die Art zu handeln und Geschäfte abzuschließen war dem Fremdling von seinem Weg hierher nun schon vertraut. Er sah auch hier, wie über die geringsten Lieferungen und Leistungen Urkunden verfaßt und gesiegelt wurden, unscheinbare Tontäfelchen von der Form eines winzigen bauschigen Kissens, in die der überall gegenwärtige Schreibkundige seinen Griffel kunstvoll und behende eindrückte, um so vor Zeugen und mit deren Na-

28. Die Tigrisfront am Assur-Tempel.
Daß sich hinter dem Tigriskai eine hohe Festungsmauer erhob, kann kaum zweifelhaft sein. Breite Steinfundamente haben sich auf längere Strecken hin gefunden. Von Sanherib ist der Anbau an den Assur-Tempel bis zum Kai vorgestreckt worden. Er erhielt einen so starken gequaderten Unterbau, daß er als Teil der Festungsmauer gelten kann. Man sieht ihn daher über der Bezinnung hervorragen. Normalerweise wird die Flußfront der Stadt nur schmale Pforten aufzuweisen gehabt haben, durch die der notwendige Verkehr der wasserholenden Frauen, der Kaufleute und der Schiffer stattfand, die hier an den Kaitreppen festmachen konnten.
Die Tigrisströmung wird zu manchen Zeiten das Anlegen an dieser Kaistrecke unmöglich gemacht haben. Während der Ausgrabung war die Strömung oft so, daß das Expeditionsboot nicht vertäut werden konnte. Die dargestellte Kaistrecke hingegen lag versandet und mußte erst ausgegraben werden. Alluviale Verschiebungen, Inselbildungen und Abschwemmungen veränderten das Flußbild jährlich. Sollten die Schiffe und die korbförmigen, heute Guffa genannten Fahrzeuge sicher liegen, so konnte man sie in den langsamer fließenden Tigrisarm an der Nordfront zurückziehen. (Dieser ist auf Abb. 37 zu sehen.) Die assyrische Guffa bestand, wie wir auf den assyrischen Reliefs sehen, aus Korbgeflecht, das mit Fellstücken bespannt war, also nicht, wie heute, mit Asphalt gedichtet wurde; die Boote sind gewiß keine Segelboote, Mast und Takelung haben sie zum Zwecke des Treidelns. Im allgemeinen müssen sie wie die Guffa und das Kelek, das ebenfalls heute noch übliche Schlauchfloß, in der Strömung treiben; aufwärts werden Boot und Guffa getreidelt, das Kelek ist nur für die Talfahrt geeignet.
Am Endes des Kais lag eine Pforte, die den Aufweg zur Nordspitze des Tempelplateaus verschloß. Sie ist nicht aufgefunden, daher hier frei ergänzt; so auch auf Abb. 37.

mensnennung in Keilschrift festzuhalten, was zwischen zwei Vertragschließenden abgemacht war (Abb. 29). Diese oder die Zeugen siegelten mit ihrem Petschaft oder rollten ihr Rollsiegel ab oder drückten, wenn sie ganz arm waren, ihren Daumennagel, nicht selten auch ihren Gewandsaum ein. Ganz wichtige Urkunden dieser Art legte man in den Brennofen beim Töpfer, deren es viele gab, und wußte sich dann gesichert vor dem Untergang der Aufzeichnung. Wer viele Geschäfte abschloß, legte sich Sammlungen solcher Täfelchen an und barg sie in großen Tonkrügen, die man mit Tonpfropfen verschließen und ihrerseits siegeln konnte.[22] In schlechten Zeiten wurden diese „Archive" oder „Hauptbücher" in die Erde vergraben. Dem Fremdling war diese Genauigkeit aus seiner ionischen Heimat unbekannt. Dort begnügte man sich mit vergänglicherem Stoff, denn man legte irdischen Geschäften weniger Wichtigkeit bei. Man schrieb dort lieber auf Bleiblech, Pergament und ähnliches, wenn man es überhaupt für notwendig hielt zu schreiben.[23] Pergament war auch in Assur im Begriffe verwendet zu werden, seit die aramäische Buchstabenschrift durch israelitische und andere westsemitische Deportierte mehr und mehr bekannt wurde. Das Aramäische wurde, freilich nur selten und gewissermaßen aushilfsweise, auch auf Täfelchen geritzt.[24] Es sieht da häßlich und unpassend aus. Mit den späten Hethitern bestand ein Briefwechsel auf dünnen Bleiblechstreifen, die eng mit hethitischer Bilderschrift beschrieben waren – für die Assyrer vielleicht eine Geheimschrift (Abb. 30). Das war aber nicht das einzige, was der

29. Gesiegelte Tontafel. ca. ²/₃ nat. Größe. Schrift und Siegel datieren diese Tontafel in das 11. Jahrhundert. Die Gegenstände auf Abb. 23, 24 u. 29 sind nach Berlin, Staatl. Museen gelangt.

30. Hethitische Hieroglypheninschrift auf Bleistreifen (Brief). Berlin VA 5819.

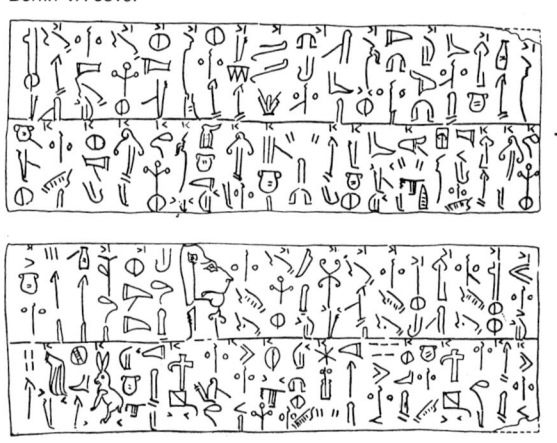

Fremde hier über die Schreibkunst und ihre Anwendung erfuhr. Sein priesterlicher Gastfreund konnte ihn später in die Schulen und Stätten der Weisheit führen, in denen die eigentliche hohe Schreibkunst gepflegt wurde. Auch die kleinen Schreiberlein auf den Gassen und Märkten hatten sich dort in die Geheimnisse des Schreibens einweihen müssen. Es waren nur „wenige auserwählt".

Die verschiedenen Handwerke kennenzulernen, war für den Fremden nicht ganz leicht. Die schön geordneten Handwerkerbasare der heutigen orientalischen und mittelalterlichen Städte fehlten in Assur wie im ganzen alten Orient.[25] Damals sammelten sich nicht alle Goldschmiede, alle Sattler, alle Tischler, alle Schlachter usw. je an *einer* bestimmten Gasse, sondern sie ließen sich in ihrem Wohnhause aufsuchen oder kamen auf Bestellung in die Wohnhäuser der Besteller und Abnehmer ihrer Erzeugnisse. Man kannte keine Produktion „auf Vorrat", sondern nur die sehr vernünftige „auf Bedarf".[26] Das ergab sich schon aus der verhältnismäßigen Seltenheit aller Rohstoffe, mit denen man hauszuhalten gezwungen war.

Siegreiche Feldzüge des Königs änderten das Bild bisweilen schlagartig, indem große Mengen von Rohstoffen und Fertigwaren ins Land flossen und dann bisweilen nicht bloß die Schatzkammern des Königs füllten, sondern durch die an der Beute beteiligten Soldaten des Feldheeres auch ins Volk drangen. Daß auch dabei genau Buch geführt wurde, wunderte unsern Fremdling nun nicht mehr, als man ihm Fälle erzählte und sogar Bilder dieser „Notare" der Beute vorzeigte, wie sie erbeutete Viehherden auf Tontafeln in assyrischer Keilschrift und auf „Lederstreifen" in aramäischer Buchstabenschrift aufnotierten. Man zeigte ihm auch solche Beutelisten.

Von manchem Handwerk war übrigens in der Stadt deshalb nichts zu merken, weil es unter Regie stand und im Palaste hinter verschlossenen Türen ausgeübt wurde. Dazu gehörte z. B. das Herstellen der zierlichen Alabastergefäße, der großen und kleinen Steinurkunden, die fast ausschließlich vom königlichen Willen und Befehl abhingen, wie auch die großen offiziellen Tonurkunden. Es gab da besondere Brennofenverwaltungen, bei denen diese Urkunden fachmännisch und mit großer Kunst gebrannt wurden. Für solche Urkunden war in Zeiten großer Bautätigkeit ein starker Bedarf. Sie wurden feierlich unter Zeremonien und Opfern in Mauerkapseln, in Sandschichten unter Schwellen, unter Gebäudeecken eingebettet und berichteten von dem königlichen Erbauer, seinen Kriegstaten, seiner Bautätigkeit und von der Bestimmung des Bauwerkes, das sie beurkundeten. Man wußte von großen, halbmeterhohen Vollprismen, die der berühmte Tiglatpilesar, der erste dieses Namens, vor vierhundert Jahren in den Zikkurraten der Götter Anu und Adad eingebaut hatte; denn einige dieser prachtvoll geschriebenen und sorgfältig gebrannten Urkunden waren ans Licht gekommen, als man neben den jüngeren, wesentlich kleineren Zikkurraten des Salmanassar III. beim Grundgraben und Lehmziegelstreichen auf die Reste der alten Zikkurrate gestoßen war. Das waren wirklich stolze Zeugen alter guter Schönschreib- und Brennkunst (Abb. 31, 166).

Auch die Steinurkunden, die hier und da auf ähnliche Weise ans Licht kamen und gezeigt wurden, erregten die Bewunderung des Fremdlings, und sie verdienten diese Bewunderung. Die Schrift war sorgfältig über die Flächen der Tafel, die Zeichen abgewogen in den Zeilen, die Keile der Zeichen rhythmisch bewegt verteilt. Man behandelte diese Urkunden mit tiefer Ehrfurcht; denn ein Fluch war auf den herabbeschworen, der mit solchen Urkunden nicht pfleglich umging, und ein Segen auf den, der es sorgfältig tat. Man spürte noch stark die magische Wirkung der Schrift. Das waren keineswegs tote Buchstaben, sondern Laute, Worte, Sprache, Namen, Segen, Fluch, die wirkten, gleich als ob der lebende Mensch und Geist dahinter stehe. Viele dieser Bauinschriften waren gar nicht so angebracht, daß sie öffentlich von allen gesehen werden konnten. Auch im Verborgenen, mitten in der Mauer, unten in der Erde wirkten sie. Magie durchzog das Leben (Abb. 147, 148).

In den Tempelschulen wußte man noch zu unterscheiden zwischen uralten, alten und jungen Inschriften. Man kümmerte sich um Chronologie und fragte nach Regierungszeiten der alten und ältesten Herrscher. Mit einiger Trauer mochten damals schon ältere Schreibkundige den Verfall der Schreibkunst nahe gesehen haben; denn verglichen mit den Tafeln des 13. und des 18. Jahrhunderts, auf denen Herrscher wie Adadnarari I., Salmanassar I., Tukulti-Ninurta I. bzw. Schamschi-Adad I. verewigt standen, war die steinerne Monumentalschrift der Schreiber Sanheribs beinahe Stümperei zu nennen. Die Tontafelschreiber konnten es besser; sie waren und blieben auf der Höhe. Schreibselig waren diese Assyrer, insbesondere ihre Könige.

Unser Fremdling stieg neugierig auf und ab in Assur und fand vielerlei Königsbauten im Bau, sah, wie dicke Mauerfundamente aus Steinblöcken gelegt wurden, und beobachtete erstaunt die Schriftmeißler, die quer über eine liegende Blockreihe die Keile einer Königsinschrift mit bronzenen Meißeln einschlugen. Die Bauleute waren schon daran, die eben fertiggewordene Schrift mit der nächsten Blockschicht zu übermauern. Wieder diese Magie! Im Finstern des Mauerwerkes wirkte die ausgebreitete Königsinschrift unmittelbar „für alle Zeiten".

Der Grieche war bald mit den Bauleuten vertraut, von denen er vielerlei erfahren wollte. Der König ließ am Assur-Tempel eine große, grundlegende Veränderung vornehmen, einen neuen Brunnen teufen, einen neuen Vorhof anbauen, dem Kultraum einen neuen Eingang herstellen, die Uferfront des Tempels auf neue Quadermauern gründen, den großen, *kisal* genannten Vorhof um zwei Meter erhöhen, die Prozessionsstraße quer durch ihn hindurch und dann durch die ganze Stadt bis zum Festhaus hin legen.[27] Dieses Festhaus, das der Fremdling gleich bei der Ankunft draußen im Gar-

31. Brennofen (Töpferofen).
Bei den vorgefundenen Brennöfen fehlt meistens die „Muffel", d. h. der Raum, in dem die zu brennenden Gefäße, Figuren, Ziegel den Feuergasen ausgesetzt waren. Dagegen ist der Feuerraum, wie hier, gut erhalten. In der ebenen Fläche, dem Muffelboden, erkennt man die Züge für die Gase.

ten gesehen, war ganz neu von Sanherib begründet und ausgebaut worden; an allen wichtigen Punkten der Stadtmauer, am Fuß der großen Zikkurrat, an den Westtoren ließ der König auf ganz gewaltigen Blockfundamenten neue hohe Bastionen errichten oder alte mit senkrechten Quaderwänden verbrämen. In langen Karawanenzügen wurden die gelben Muschelkalksteinblöcke aus den benachbarten Steinbrüchen herangeschleppt. Es gab Arbeit die Hülle und Fülle, der Schlägel der Steinmetzen klang überall in der Stadt. An der Flußfront, da, wo der Binnenwall das Ufer erreichte, wurde ein Palast für den Kronprinzen Assur-ilu-muballitsu errichtet, zu dem aus dem Chanûke-Gebirge Gipssteinblöcke in großer Zahl herbeigeschleppt werden mußten. Tiefe Baugruben ließ man dort im alten Wohnschutt ausschachten, um den dicken Palastmauern sicheren Baugrund zu verschaffen. Schön war der Ort: ein freier Blick beherrschte von hier den ganzen Fluß auf und ab und das ganze Land am anderen Ufer. Aber der Strom rauschte und nagte im Frühjahr in besorgniserregender Weise an den Fundamenten des Palastes. Man gab ihm kein allzulanges Leben. Der Kronprinz hatte schon Wohnung genommen, er war Statthalter des Königs in der alten Tempel- und Palaststadt und kümmerte sich wohl um alles, was in ihr geschah. So war der Fremdling sehr bald vor sein Angesicht gelangt und mußte ihm von seinem Land und seinen Leuten berichten.

Über die Bauten übte er strenge Aufsicht. Es waren nicht bloß die großen Bruchstein- und Quaderlieferungen, die Transporte großer Alabasterplatten, die im alten Palast und im Kronprinzenpalais als Bodenbelag benötigt wurden, sondern es galt auch, die Steinmetzarbeiten an Ort und Stelle zu betreuen und die Transporte der ungebrannten und gebrannten Ziegel, die in ungeheuren Mengen aus den Ziegelgruben und Brennöfen herbeizuschleppen waren; das geschah meist durch Kriegsgefangene. Es mochten auch deportierte Israeliten dabeisein.

Der König hatte kurze Fristen gesetzt. Nach seinem Straffeldzug gegen Babylon, das er wutentbrannt über die Unbotmäßigkeit der dortigen Priesterschaft dem Erdboden gleichgemacht hatte, konnte er den Augenblick nicht erwarten, an dem sein Gott Assur alle Götterkräfte auf sich vereinigte, d. h. Gott Assur sollte die Stärke Marduks von Babylon und dessen Kulte beigelegt erhalten, zu deren Ausübung nur Babylon berechtigt war. Er meinte, das wäre möglich, indem er wie dort einen Weg, die Feststraße, zwischen dem Assur-Tempel und allen anderen Tempeln der Stadt herstellen ließ, der herausführte aus der Stadt in die freie Natur, in die Gärten zum Festhaus, und indem er das babylonische Neujahrsfest jetzt nach Assur verlegte. Jedenfalls sollte das Fest in diesem Jahre mit allem Pomp in Assur gefeiert werden. Dem Fremdling zeigte man diesen Weg, und er konnte ihm von Tempel zu Tempel folgen. Es war ein Geleise auf drei Reihen gefalzter Steinquader. Die „Schienen" dieses Geleises legte man am Feste aus. Sie mochten teils aus Metall, teils aus Holz bestehen. Der Götterwagen fuhr glatt auf ihnen dahin, wenn er am Ende des Festes zur Stadt herein bis in seinen Tempel geleitet wurde (Abb. 32).

Als der Grieche am Neujahrsfeste den Tempel Assurs besuchte, war der Vorhof schon voller Menschen. Er betrat diesen Vorhof durch das Tor im Süden und überblickte eine weite, nach hinten immer breiter werdende Fläche, welche von der Südostfront des schräg stehenden Tempels und rechts und links von zwei langgestreckten Raumreihen begrenzt war. Er drängte sich durch die festlich bewegte Menge nach der Tempelfront hin. Diese besaß zwei Eingänge mit Turmpaaren, wie er sie von den Festungstoren her kannte, und rechts sah man bereits den beträchtlich großen neuen Anbau Sanheribs mit eigenem Toreingang emporwachsen. An den Eingängen glänzten noch neue, bronzegegossene Tierwesen: Flügellöwen und Flügelstiere. Die bronzebeschlagenen, schon sehr patinierten Türflügel der beiden alten Bogentore waren weit geöffnet; man blickte durch sie ins Dunkle der Torräume und wieder ins Lichte der Innenhöfe, wo sich die Priesterschaft und des Kronprinzen Gefolge versammelt hatten. Der Kronprinz vertrat den noch nicht eingetroffenen König.

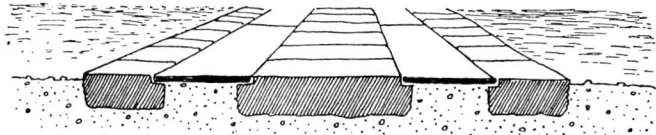

32. Querschnitt der Steinbahn.
Erhalten sind drei Reihen sorgfältig verlegter Steinquader, die so gefalzt sind, daß man zwei Holz- oder Metallbohlen einlegen konnte, auf dem der „Schiffswagen" wie auf Geleisen lief.

Auch die flachen Dächer der Flügelbauten waren voller Menschen. In der Mitte des Vorhofs vollzogen sie noch die vorgeschriebenen Waschungen an großen rechteckigen flachen Becken, die aus Backsteinen gemauert waren und dauernd frischen Zufluß von links her erhielten. Dort, in einem der Räume westlich des Vorhofs, fand sich ein Wasserbehälter von der Größe eines Tempelraumes, dessen Wände ganz mit Ziegeln und Asphalt abgedichtet waren. Sein Abfluß nach dem Hofe war gestaltet wie eine Quelle. Diese wurde in einem halbovalen Becken (Abb. 150) aufgefangen, dessen Wände aus farbig glasierten Ziegeln mit figurenreichen Bildern von wasserspendenden Gestalten bestanden. Auch die eigentlichen Tempelfronten am Hauptgebäude wie am Anbau erstrahlten im farbigen Glanze der Schmelzfarbenbilder: naturgroße Löwen und kleinfigurige geschichtliche Bilder, jene ganz neu von Sanherib, diese schon in älterer Zeit hergestellt, bekleideten die unteren Teile dieser Wände wie bunte Teppiche. Diese Bilderstreifen zogen sich von Eingang zu Eingang an der Frontwand eines schmalen

Sockelpodiums, auf dem man von Tor zu Tor gehen konnte.[28] Eine kleine Treppe führte besonders in der Mitte zwischen den Toren zu diesem Gang hinauf. Bilderstreifen gingen auch um die Wangen der Rampen herum, die seit alter Zeit zu den beiden Tempeltoren hinaufführten. Schon der alte König Schamschi-Adad I. hatte diese Rampen angelegt. Man las seinen Namen auf den Stempeln der Pflasterziegel und auf den Türangelsteinen, die alle Wiederherstellungen des Tempels überdauert hatten. Die farbigen Bilder waren dagegen eine spätere Zutat und hatten ihre besonderen Schicksale. Man wußte noch, daß ein König Tiglatpilesar sie hergestellt und für den Anu-Adad-Tempel bestimmt hatte. Von da waren sie hierher umgesetzt worden. Der Fremdling bemerkte mit scharfem Blick, daß die Umsetzer nicht glimpflich mit den Bildern umgegangen waren. Es war ihnen nicht gelungen, alle Ziegel wieder an die richtige Stelle zu bringen, und manches stand verkehrt. Dennoch sah er die kriegerischen Züge des Assyrerheeres mit dem Könige zu Pferd an der Spitze, wie er mit seinen Soldaten und Streitwagen waldige Gebirge überschreitet, Heerlager bezieht, Feinde erlegt, Festungen erstürmt und niederbrennt, sah lange feierliche Aufzüge, Huldigungen vor dem Könige, Tributbringer, in zwei Bildstreifen übereinander, die durch Flechtbänder begrenzt sind. Weiße Inschriften waren auf den türkisblauen Grund gemalt und sagten die Namen der Gegenden und Ortschaften an. Schwarz, Gelb, Dunkelblau waren die übrigen Farben. Ähnliches hatte der Grieche schon in Ninive gesehen, wo einer seiner militärischen Freunde ihn in den Palast Sanheribs mitnehmen durfte. Dort waren solche Bilder in grauem Alabaster als Relief gemeißelt und sparsam bemalt. Ihm gefielen diese Schmelzfarbenbilder in Assur besser, weil sie leuchteten. Ihn erfreute auch, daß die Musikanten und buntbekleidete Beamte auf diesen farbigen Tempelsockeln und Rampenwangen standen. Er liebte diese grelle Farbigkeit. Mit Bedauern hörte er daher, daß der König plane, die Pracht an den Wänden zuzudecken. Der ganze Vorhof sollte um 2 m erhöht und dadurch die Rampen und Bildstreifen zum Verschwinden gebracht werden. Offenbar wollte der König dann ähnliche Bildstreifen selbst an die Tempelwände setzen lassen und seine eigenen Taten darin verherrlichen.

Das hing zusammen mit dem neuen Anbau rechts vom rechten Tore. Zunächst sah man die Arbeiten an einem neuen Tempelbrunnen, dessen Anlage offenbar einem dringenden Bedürfnis entsprach, denn ein alter Tempelbrunnen im Haupthofe, dessen oberen kreisförmigen Ziegelrand man noch sehen konnte, war im Laufe der Jahrhunderte zugeschüttet worden. Man erzählte sich, es sei ein Fluch darauf, weil frühere Geschlechter ein heiliges Götterbild hineingestürzt hätten in Zeiten wilder Kämpfe. Der neue Brunnen wurde aus Kalksteinquadern und rechteckig angelegt. Unten am Tigriskai lag bereits jener gewaltige reliefierte Basalttrog, den der Grieche schon gesehen hatte. Darin sollte das Brunnenwasser gesammelt und dem Tempelgebrauch zugeführt werden. Er war so groß, daß man Menschen in ihm untertauchen konnte, und hatte offensichtlich kultischen Zwecken zu dienen. Es waren bereits Figuren von wasserspendenden Göttern an seinen vier Ecken und in den Mitten seiner vier Seiten angelegt, und Steinbildhauer arbeiteten an weiteren 16 Relieffiguren von priesterlich-zelebrierenden Gestalten, die in Fischhäuten steckten. Paarweise wenden sie sich den Göttern zu, denen Wasserstrahlen von himmlischen Gefäßen zu- und aus den Flaschen, die sie in den Händen halten, zur Erde wieder entfließen. Daß hier mehr ausgedrückt werden sollte als bloß das fruchtbarmachende Wesen des fließenden Wassers, begriff der Fremdling durchaus, auch ohne die Erklärung, die sein Gastfreund ihm zu geben versuchte (Abb. 16).

Weiter gelangte der Fremdling nicht.

In das wohlbehütete Innere des Tempels ließ man ihn nicht eintreten. Er empfand sehr stark den Wesensunterschied seines und dieses Volkes. Hier dieses Insichgekehrtsein, dieses Abgeschlossensein des Hauses, des Inneren, das ihm nur von Eingeweihten beschrieben werden konnte und dem Nichteingeweihten verhüllt und rätselvoll blieb. Er führte lange Gespräche darüber mit seinem Gastfreunde, der längst erkannt hatte, daß dieser Fremde mehr von den Dingen wußte, als die große Menge des Volkes hier wissen durfte. Er versuchte, ihm zu erklären, weshalb alles so geordnet und geworden war. Aus uralter Überlieferung wußte man, daß dieses Abgeschlos-

33. Toreingang des Assur-Tempels, alter Zustand (Anbau im Beginn).

34. Vorhof des Assur-Tempels Sanheribs (alter Zustand). Noch ist das ältere Hofpflaster mit dem Reinigungsbecken und die mit Schmelzfarbengemälden geschmückte Ziegelwand des Podiums am Haupttempel zu sehen. (Teile davon bei Andrae, Farbige Keramik aus Assur, Tafel 6.) Rechts in Abb. 33 ist bereits Sanheribs Anbau im Gange, und hier wird die etwa 2 m hohe Auffüllung des Hofes schon erkennbar.

sensein der Gottheit vom Volke einst gar nicht bestand, ja, daß nicht einmal ein Bild der Gottheit für nötig gehalten wurde, um sich mit ihr zu verbinden.[29] Dann aber habe man sich diese Verbindung durch das greifbare und sichtbare Mittel von Sinnbildern gesucht, deren sich manche noch in die Kulte und Kultbilder herübergerettet hätten; endlich sei, so sagte man, die Zeit gekommen, wo es berechtigt war, die Gottheit in Menschengestalt darzustellen, eben in der Art, wie jetzt für den Gott Assur, für die Göttin Ischtar von Assur und für alle anderen Gottheiten hier in der Stadt Götterbilder gestaltet und in den Tempeln aufgestellt worden waren. Auch kleine Tonnachbildungen dieser Götterbilder formte man und konnte sie in die Hand und mit nach Hause nehmen. Man unterschied diese Bilder bestenfalls durch ihre Attribute, durch jene Sinnbilder (Symbole) und durch Tiergestalten, die ihnen zugeordnet waren. Das war nun gewiß zuerst so gedacht, daß jedermann im Volke das Sinnbild und das Götterbild mit allem Beiwerk anschauen und so die Gottheit erahnen sollte. Es gab Eingeweihte und Laien, solche, die den Kultbildern nahen durften, und solche, die im Vorhof bleiben mußten.

Die letzteren erlebte man eben jetzt im Assur-Tempel. Drinnen im Tempel, so erzählte der Priester weiter, gibt es drei Höfe. In den größten führt das rechte Tor, der mittlere liegt zwischen jenem und einem Südwesthof,

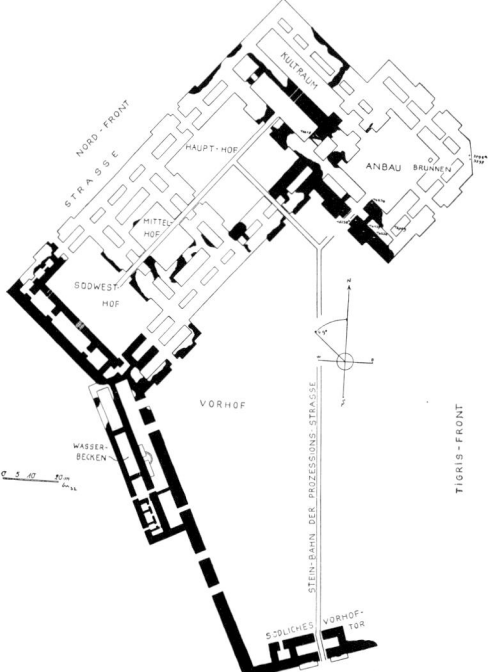

35. *Grundriß des Assur-Tempels mit dem Anbau Sanheribs.*

Wegen des Anbaues Sanheribs an der Ostecke des Tempels vgl. Abb. 33. In dem Anbau liegt der neue Quaderbrunnen, an dem sich einst der Basalttrog befand, vgl. Abb. 16, 204.

36. *Blick vom Assur-Tempel nach der Süd-Stadt. (Aufnahme G. Bell).*

Das Bild ist auf dem Dache der türkischen Kaserne aufgenommen von Miß Gertrude Bell, der bekannten englischen Forscherin und Politikerin, gelegentlich eines ihrer zwei Besuche in Assur.

Assur zur Zeit des Königs Sanherib

37. Nordostspitze der Stadt mit dem Assur-Tempel.
Von einer Flußinsel, die sich von Zeit zu Zeit gegenüber der Einmündung des Tigrisarmes in den Hauptstrom bilden konnte, sah man die äußerste Sandfelsspitze, die wie ein Schiffsbug vorsprang und den Assur-Tempel trug. Eine Pforte vermittelte dem dazu Befugten den unmittelbaren Verkehr vom Tempel zur Kaimauer. Von den Befestigungsanlagen, die zu dieser Pforte und dem Ausgang gehörten, ist *nichts* gefunden. Auf Abb. 28 ist dargestellt, wie man sich das alles von Süden her gesehen zu denken hat. Hier ist angenommen, daß der Kai an der Ostfront im Zusammenhang steht mit dem an der Nordfront, von dem beim Muschlal Teile aus dem 9. Jahrhundert gefunden wurden. Wir denken uns am Fuße des senkrechten Nordfront-Felsrandes oder an den bis unten herabreichenden Festungsmauern nur einen schmalen Treidelweg, der gegen das Wasser hin durch Ziegelmauerwerk befestigt war. So könnte dieser Weg bis zum Muschlal oder gar noch weiter bis in die Nähe des Festhauses geführt haben. Das ist jedoch freie Ergänzung ohne Beweiskraft.

der ein eigenes Tor hat, das linke, das man vom Vorhof aus sieht. An jedem Hofe liegen Breiträume, meist sind es Kapellen der Götter, die Assur, dem obersten Gott unserer Assyrer, dienstbar sind und sich ihm gegenwärtig halten. Assur selbst bewohnt ganz rechts am rechten Hofe die beiden größten Breiträume und Kammern, die alles andere überragen und die auf dem äußersten Vorgebirge unserer Stadt stehen. Wir glauben, sagte der Priester, daß unsere Vorfahren, die vor mehr als tausend Jahren den Grund zu diesem großen Tempel legten, mit weisem Bedacht hierher gingen. An dieser Landspitze sahen sie den Geist unseres Volkes weithin leuchten, so wie er uns heute in einer leuchtenden Strahlenaura und mächtigen Schwingen am Himmel erscheint und im Kampfe bogenschießend unserem Könige voran fliegt. Das haben die Könige vor zweihundert Jahren gern auf ihren Wandbildern dargestellt, deren wir einige in Assur in Ehren halten (Abb. 171).

Der Fremdling gab es entzückt zu, daß für einen Gott kein schönerer Wohnsitz in der ganzen weiten Landschaft gefunden werden kann. Zwar durfte man das Dach dieses Gotteshauses nicht besteigen, wie es jenen Eingeweihten erlaubt war, die von oben sehen durften, was sich hier vor dem Blicke ausbreitet. Aber zu Füßen des Tempels reckte sich noch eine äußerste Felsspitze nach Nordosten hervor, zu der eine kleine Pforte hinausführte.[30] Man saß dort immer noch 10 m hoch wie auf einem gewaltigen Schiffsbug, der die Wellen des Tigris zerteilte. Unmittelbar unter ihm mündete der Tigrisarm, der die Ebene von Assur westlich umfloß, in den Hauptstrom, der majestätisch an der Ostfront der Stadt entlangströmte. Das war ein Rundblick über mehr als drei Viertel eines Kreises. Hinter sich im letzten Viertel hatte man die Rückwand des Tempels, über die man die große Zikkurrat, den Tempelturm Assurs, emporsteigen sah.

Der Fremdling gab sich diesem Genuß mit ganzer Seele hin. Dann erbat er sich näheren Bericht über das, was es im Innern des Tempels und auf der Zikkurrat gebe, und was es für eine Bewandtnis mit dieser Zweiheit habe. Der Priester versprach ihm, zu sagen, was er sagen durfte.

Ein assyrischer Kultraum sei nichts als ein Wohnraum, in einer Größe und Mächtigkeit, wie sie nur einem Gotte gezieme, gestaltet, sonst aber wie der Wohnraum eines Menschen der *alten* Zeit. „Denn das Alte gilt bei uns als das Ehrwürdige, als das Bessere. Obwohl wir heute unser Wohnen ein wenig anders einrichten, so behalten wir diese alte Form doch bei, wenn wir dem Gotte die Wohnung bereiten." Dieser Kultraum müsse mit einer seiner breiten Seiten am Hofe liegen, wie die Haupträume des Wohnhauses, die der Gast ja kenne. In so gewaltigen Heiligtümern lege man jedoch noch einen weiteren, fast ebenso großen Raum davor, den man vom Hofe durch eine Tür zwischen zwei starken Türmen betreten müsse, wie durch ein Festungstor. Das habe man von den Babyloniern gelernt, die ihren Gott in einem Tor erscheinen ließen, nämlich vor einer Scheintür, einer Nische, die weiter nichts sei als die zugemauerte Innentür eines Tores.[31] Die Assyrer fühlten zwar eine Art Blutsverwandtschaft zu den Leuten im Süden, sprächen eine verwandte Sprache und bedienten sich der im Süden erfundenen und ausgebildeten Keilschrift, ein weiterer Bestandteil ihres Wesens müsse aber von anderem Stamme sein, und man wisse, daß dieses derjenige des jetzt nur noch im Westen eine Rolle spielenden Churri-Volkes sei, das der große Asuruballit vor fast siebenhundert Jahren überwunden habe, als er Assur befreite und selbständig machte. Von diesen Churri-Leuten, meine man, käme die andere Art, den Gott erscheinen und „wohnen" zu lassen. Man liebe in diesen nördlichen Ländern, von Assyrien hinüber bis nach Syrien, das man jetzt das Chatti-Land nenne, nicht, sich im Wohnraum gleich gegenüber der Eingangstür niederzulassen, sondern an einer Schmalwand, fern der Eingangstür, die ihrerseits in der breiten Wand liege. Dorthin zum Sitze bringe man im Winter auch das Kohlenbecken, den Herd, den mächtige Herren sich aus Bronze, Könige sogar auf Bronzerädern und Steingeleisen fahrbar hätten machen lassen. Diese Stelle des Wohnhauses, wo der Hausherr sitze und sich im Winter der Herdwärme erfreue, sei im Tempel dem Gotte zugesprochen. Seit uralten Zeiten, man spreche von mehr als zweitausend Jahren, behalte man dieses Wohnbild bei, stelle noch heute, um ihm das Element des Feuers zu weihen, das Kohlenbecken vor den göttlichen Hausherrn in Gestalt von Räucherpfannen auf hohen Tonständern, deren es noch einige aus grauer Vorzeit gebe. Die Gottheit sei dargestellt als Standbild auf einem hohen Postament, zu dem Stufen hinaufführen, und eine verengte tiefe Kammer wölbe sich über diesem Götterbild. Ein Vorhang schließe diese Kammer, damit kein profaner Blick auf das heilige Kultbild falle. Nur selten werde es den diensttuenden Priestern enthüllt. So habe man es bisher auch hier im Assur-Tempel gehalten. Gott Assur habe – als Konzession an die babylonischen Vorfahren – den Torraum zum Vorraum, – als churrische Notwendigkeit – den Herdraum zum Wohnraum erhalten und stehe auf seinem Postament an der nordwestlichen Schmalwand dieses Raumes so, daß ein dieses Bild Verehrender nach Nordwesten blicke. Auf diese Richtung lege man größten Wert, in ihr drücke es sich aus, in welcher Himmelsregion man die Kräfte Assurs wirken fühle.

In der jüngsten Zeit hingegen sei ein anderer Einfluß wieder stärker zum Bewußtsein erwacht, der schon vor langer Zeit hier gewirkt habe: das kassitische Element, also jenes Volkswesen, das vor knapp tausend Jahren die Macht in Mesopotamien an sich gerissen habe, nachdem es aus seinen medischen Bergen in die Ebenen vorgedrungen war.[32] Diese *Kaššû* hätten einen längsgerichteten Kultraum mitgebracht, und dieser sei es, der nun neben dem babylonischen Querraum und dem churrischen Herdraum immer in Gebrauch käme, wenn ein neuer Tempel begründet werde. Die Bindung an churrische Überlieferung verhindere seine Anwendung, wenn ein alter Bau erneuert werde, der in den anderen Formen da sei. Man wisse sehr wohl, daß ein solches neues Raumgebilde, in dem man gleich beim Eintreten das Götterbild erblicken könne, ganz andere geistige Wirkungen habe; und manche seiner Landsleute könnten sich auch heute noch nicht mit dieser Neuerung befreunden.

Dem Griechen jedoch war diese „Neuerung" etwas durchaus Vertrautes. Er erklärte dem Gastfreund, in seiner Heimat wohne man immer so. Seit den Zeiten des sagenhaften Trojanischen Krieges und der mykenischen Fürsten und von noch früher her, als die Vorfahren aus dem Norden kamen, kenne man ein Megaron, das so wie der kassitische Tempelraum geordnet sei. Noch schöner freilich als dieser; denn er empfange den Eintretenden durch eine offene Pfeilerhalle, die ein Vordach vor den Eingang spanne. Aber drinnen seien Hochsitz und Herd oder Götterbild und Räucheraltar dem kassitischen ähnlich gelegen.

Der Priester deutete auf die noch im Bau befindliche Neuanlage Sanheribs und erklärte sie dem Gast. Der König habe den Wunsch gehabt, Assur einen Tempel nach dem „kassitischen" Schema zu verschaffen, und habe an der Südostseite des Kultbaues einen Hof mit Räumen und Toren vorgelegt, dessen Grundmauern schon aus dem Boden herauswuchsen. Er brauchte dann nur den „Herdraum" des Gottes an der südöstlichen Schmalwand zu öffnen, so wurde daraus ein Langraum. Das Gottesbild blieb unverrückt auf seinem Postament an der Nordwestseite, aber jetzt gegenüber dem neuen Eingang stehen, die altehrwürdige Kultrichtung blieb gewahrt! Es schien dem Priester jetzt so, als erlebe er eine weltgeschichtliche Begebenheit. Er sah es nicht mehr als eine autokratische Laune des Herrschers, sondern als Sinnbild eines Wandels religiöser Anschauung, wenn so das Gottesbild aus der verwinkelten Verborgenheit in die ungebrochene Blickrichtung der Draußenstehenden geriet. Aber er sah auch, daß der Weg zur vollkommenen Befreiung noch weit sei. Er war berechtigt, diese Wendung sinnbildlich zu verstehen; denn andere Götter in Assur besaßen so gerichtete „kassitische" Kulträume schon längst, so Anu und Adad, Sin und Schamasch, die Götter des Himmels, des Wetters, des Mondes, der Sonne. Es sollte recht und billig sein, so meinte er, daß der „Staatsgott", der göttliche Führer Assyriens, ebenso frei gesehen werden könne wie diese vier und wie andere Götter in anderen assyrischen Städten.

Über diesen Betrachtungen hatte der Festzug sich geordnet. Nach den Vorschriften des Neujahrsfest-Ritus von Babylon war heute der Tag, an dem die Prozession hinab zum Wasser und hinaus nach dem Festhause angetreten werden mußte. Alles war verhängt, das Gottesbild blieb unter langen Tüchern verborgen. Der Zug glich mehr einem Leichenbegängnis als einem Festzug. Das Jahr ging zu Ende, unter Leiden starb der Gott. Die Hymnen, die man sang, waren mehr Klagelieder als Lobpreisungen. Die Musikanten stimmten ihre Instrumente entsprechend: sie hatten harfen- und leierartige Saiteninstrumente, Flöten und Schlagzeug. Man sah das Gottesbild verhüllt über die Menge ragen. Es wurde auf der Bahre getragen und zog leise schwankend vorwärts. Ihm folgten in ähnlicher Weise die Bilder aller anderen Götter aus der Stadt, die man auf der Prozessionsstraße nach dem Vorhoftor, über den Vorhof in den Südwesthof des Tempels gebracht hatte. Alle waren von der Priesterschaft, deren oberster das goldschimmernde Brustkreuz (Abb. 38) trug, und von den Tempeldienern und -dienerinnen begleitet. Der Weg ging an der Nordfront entlang zum Muschlal, einer ungeheuren Tor- und Treppenanlage, die mit dem Hochtempel des Assur, zu deren Füßen sie lag, eine gewaltige Einheit bildet (Abb. 39).[33]

Der Priester und sein Gast zogen hinter den Assur-Priestern mit. Nahe an der Nordecke der großen Zikkurrat ging der Weg vorbei, und im Schreiten erklärte der Priester nun den Sinn dieses gewaltigen Ziegelmassivs, dessen Wände gelb in der Sonne leuchteten. Vor zweitausendfünfhun-

38. Anhängekreuze aus Silber, Bronze und Gold, Rollsiegel aus Glas. ca. 1:2.
Die Anhängekreuze sind im Gebiet des Assur-Tempels gefunden worden. Aus der Fundstelle läßt sich die einstige Verwendung nicht restlos erschließen. Datierung: Kassitisch. Aufbewahrungsort: Früher Berlin, Staatl. Museen.

39. Blick vom Dache des Assur-Tempels nach Westen.
Den wenigen Bevorzugten, denen das Betreten des Tempeldaches gestattet war, bot sich der überwältigende Rundblick aus großer Höhe. Nach Westen legt sich das Massiv des großen Hochtempels Assurs vor die Fernsicht. Sein Aufgang ist hier, ähnlich wie bei

der Assur-Zikkurrat in Kar-Tukulti-Ninurta, als ein besonderer vorgebauter Treppenturm gestaltet, für den in Assur die Beweise fehlen, es sei denn ein Beweis e silentio: Nirgends ringsum wurden Treppenanfänge bzw. Treppenanbauten gefunden, die sich an die vorhandenen Zikkurrat-Wände anschmiegen bzw. anschließen würden. Ein solcher freistehender Treppenbau, der also vollkommen verschwunden sein müßte, hat für uns an der Nordostseite, die nach dem Tieftempel des Gottes zu liegt, die größte Wahrscheinlichkeit. Hier ist der gewachsene Fels fast ebenflächig in geringer Tiefe freigelegt, auf allen anderen Seiten gestatten entweder die vorgefundenen Reste keine Möglichkeit einer solchen Ergänzung oder die Nähe des Steilhanges (wie im Nordwesten) verbietet sie.

Man muß unsere Ergänzungen dieser und der beiden anderen Zikkurrate, des Anu und des Adad, die auf den verschiedenen Bildern immer irgendwie abgewandelt erscheinen, nicht als völlig gesicherte Aufbauten nehmen. Die wenigen assyrischen Bilder von Zikkurraten bzw. die Bilder, die als Zikkurrate gedeutet werden könnten, reichen niemals aus, Einzelheiten und Maßverhältnisse solcher Bauwerke zu verwenden. Sie geben *Wesentliches* wieder, wie: ,,Hochstrebendes", ,,Gestuftes", ,,Geweihtes". An das, was bei den sumerischen Zikkurraten und auch an dem ganz späten Turm zu Babel von moderner Forschung erarbeitet und erdacht worden ist, durften wir uns bei den assyrischen Zikkurraten ebenfalls nicht allzu eng anschließen; denn der assyrische Zikkurratbau ist von Süden her übernommen und hat seinen eigenen Entwicklungsweg eingeschlagen.

Majestätisch wirkte in der Verkürzung des großen Bogens die Nordfront mit dem Tigrisarm, dem der Blick zum Festhaus folgte. Das war auch im Ruinenzustand noch ein schöner Anblick, besonders wenn sich bei Hochwasser oder Gewittergüssen die flache Senke, die noch den Flußarmlauf kennzeichnet, mit Wasser füllte (Abb. 41). Die Massive des Muschlal, jener Gottesstiege unterhalb der großen Zikkurrat, die auf Abb. 40 in Frontansicht gegeben ist, sah man von oben wie die Türme eines übergewaltigen Toreinganges. Hinter ihm setzt sich der Felsrand der Nordfront, gekrönt von der Festungsmauer, fort. Darüber erscheinen gestaffelt der Alte Palast, der Anu-Adad-Tempel mit seinen beiden Zikkurraten und die Tore an der Nordwestecke der Stadt.

dert Jahren hatten die sagenhaften Sumerer drunten im sumpfigen Meerland (beim heutigen Persischen Golf) ihren Göttern Terrassen gebaut, mit kleinen Tempeln darauf, und große Tempel ähnlicher Form um diese Terrassen herum und an deren Füßen. In zäher Überlieferungstreue habe man dort unten und in Babylonien an diesem Brauch festgehalten, bis er vor mehr als tausend Jahren auch Eingang fand in Assyrien; hier nun schon nicht mehr mit der flachen Terrasse, sondern mit dem hohen kubischen Massiv, das in Ur, Uruk und Nippur der gewaltige Urnammu zu ansehnlicher Höhe aufgetürmt und mit gebrannten Ziegeln schier unvergänglich gemacht hatte. In Assur brauchte man sich nur an diese gefundene Form zu halten, man tat es allerdings doch in seiner eigenen Art. Große äußere Freitreppen führten bei den südlichen Zikkurraten zum ersten Stockwerk oder gar zum obersten in einem einzigen Lauf empor. Der Assyrer entschied sich für ein vorgelegtes Treppenhaus, von dem eine Brücke zum ersten Stockwerk hinübergelegt werden konnte.[34]

Es zog den Fremden hinauf zur Plattform, auf der jener Hochtempel stand. Dort war der höchste Punkt von Assur; die köstliche Aussicht müßte man oben erleben, jene an der Tempelspitze hielt gewiß keinen Vergleich mit dieser hier aus. Aber der Priester erklärte den Wunsch für gänzlich unerfüllbar: Zwar dürfe man am Ende des Festes Assurs Bild auf kurze Zeit enthüllt sehen, aber ein Verkehren mit Assur sei Vorrecht des obersten Priesters, jeder andere Sterbliche würde am Glanze Assurs, der dort oben wirke, zugrunde gehen. Es gelte, diesem Gotte die Erde entgegenzubringen, d. h. aus Erde Ziegel zu formen und sie so hoch wie möglich aufzutürmen, damit dort oben eine Berührung stattfinden könne. Der Priester wußte natürlich, daß er bildlich sprach, aber ihm war das Wirken dieses Bildes eine Tatsache, die er an sich selber spürte. Uralte Vorschriften, die offenbar auf das zurückgingen, was die längst vergangenen Sumerer getan hatten, bestimmten, daß Schilflagen in das Ziegelmauerwerk der Zikkurrate eingelegt wurden, alle sieben oder dreizehn Schichten. Man sei überzeugt, die große wie die beiden kleinen Zikkurrate in Assur gut und richtig nach der Vorschrift errichtet zu haben. Sie seien aus ungebrannten Ziegeln, also aus Erde errichtet, ebenso wie die Assur-Zikkurrat drüben in der längst verfallenen Königsstadt Kar-Tukulti-Ninurta, die dem Fremdling noch gezeigt werden solle. Und kein Mantel aus gebrannten Ziegeln umgebe diesen Erdberg, obwohl ein solcher Mantel die Festigkeit erhöhe. Man wisse ja, daß im Kern solcher fest wie mit Stein ummantelten Türme auch im sumerisch-babylonischen Süden immer ein Erdberg, eine uralte Zikkurrat aus ungebrannten Ziegeln stecke.

Der Priesterzug mit den Götterbildern war jetzt in einem finstern Eingang verschwunden, der zum steilen hundertstufigen Abstieg nach dem Tigrisarm führte. Auf vielfach gewendelten Treppen, die im Dunkel lagen, beim Schein matter Öllampen, trug man, vorsichtig, die Götterbilder

40. Der Muschlal und die große Zikkurrat.
Muschlal kann „Treppe" bedeuten. In der Tat stehen im linken (östlichen) Massiv dieses wie ein gewaltiges Tor gestalteten Gebildes Reste einer Treppenspindel bzw. eines Raumes, von dem eine Treppe nach oben geführt gewesen sein kann. Beide sind aus sehr weit voneinander liegenden Epochen. Der Gedanke des Absteigens von dem Tempelplateau nach dem Tigrisarm ist also durch lange Zeit lebendig. Er scheint für diese Stelle und für die Bauanlage wesentlich zu sein. Wir nehmen ihn hier einmal sogar als ganz wesentlich und gründen darauf das Bild der Götterprozession. Diese begann mit dem Auszug des Gottes aus seinem Tempel. Alle vorher bei ihm versammelten Götter Assurs begleiteten ihn. Das heißt, daß alle Götterbilder in einer Prozession die lichtlosen Treppen hinabgetragen wurden. Unten verbrachte man sie in die Götterschiffe, die dann nach dem Festhaus getreidelt wurden. Dargestellt ist der Augenblick, wo die Götterbilder unter Baldachinen auf den Booten aufgestellt werden.

Wir haben für diese Darstellung die Neujahrsfest-Rituale von Babylon und Uruk zu Rate ziehen können, mit einer gewissen Berechtigung insofern, als ja an zwei Zeitpunkten der assyrischen Geschichte unter Tukulti-Ninurta I. und unter Sanherib der babylonische Kult nach Assur verpflanzt worden ist.

Die Fahrt über das Wasser ist wohl Bild der Unterweltfahrt. Das Neujahrsfest ist eine Mysterienfeier, bei der Tod und Wiedergeburt sinnfällig zur Darstellung gebracht wurden. Wir wissen nichts darüber, in welchem Grade man diese Feier in Assur mitempfand. War sie auch von Babylon hier eingeführt, so brauchte sie deshalb keineswegs geringen Einfluß auf die Teilnehmer ausgeübt zu haben. Was in den Feiern vor sich ging, bildet Vorgänge aus sehr hohen Sphären des Geistigen ab, die überall ihre Wirkung tun.

Von unten gesehen, ist die Stätte ja großartig genug. Der Tempelberg, das große Zikkurrat-Massiv, thront wie ein Bild des „Irdischen" über dem riesigen Tor, aus dem das Gottesbild unten wie aus finsterer Erdenpforte ans Wasser hervortritt. Man kann sich vorstellen, daß der Treppenweg finster war: er war ganz in das Massiv des Muschlal eingebettet.

hinab, wie in ein Grab. Unten an der Ufermauer mündete die Stiege in einen eigenartigen Torbau auf mächtiqem Blockfundament. Der Bau ragte ins Wasser hinaus wie ein überdeckter Landesteg. Hier trat man wieder ins Licht. Vor der Toröffnung war das Gottesschiff vertäut. Wie ein Verstorbener also sollte der Gott die Fahrt über das Wasser antreten (Abb. 40). Der Priester führte seinen Gast unter die Volksmenge. Schweigend und sichtlich ergriffen hielt sie die Ränder der beiden gewaltigen Massive besetzt, von denen die Treppen und der Ausgang bewacht zu sein schienen. Er versuchte ihm leise zu erklären, was dieses Totenritual nach seiner Meinung bedeute, und traf auf Verständnis wenigstens insoweit, als es griechischer Anschauung vom Tode zu entsprechen schien, daß der Verstorbene in die finstere Tiefe hinabsteigen und mit einem Boot über das Wasser fahren müsse. Daß auch Götter diese Unterwelts- und Styxfahrt erdulden müssen, war ihm ebenfalls geläufig. Und genau wie es hier geschah, verband sich ihm dieses Götterleiden mit dem Wandel der Jahreszeiten, in denen es abgebildet schien, wie es sich wiederum im kultischen Handeln den Menschen zum Bewußtsein brachte, so gewissermaßen die Götter mit den Menschen verbindend.

Man sah nun, wie das Boot Assurs von einem Dutzend nackter Treidelsklaven, die sich langsam auf dem befestigten Uferweg im Gleichschritt dahinbewegten, nach Westen hin gezogen wurde und wie nach und nach kleinere Schiffe folgten. Alle trugen in der Mitte unter prächtigen goldfunkelnden Baldachinen je ein Gottesbild. Priester und Priesterinnen umstanden es dienend. Die Musik war verstummt. Lautlos zog die Bootskarawane auf dem unbewegten Wasser des Flußarmes zum Festhaus weiter. Auch in der Aue jenseits des Wassers regte sich nichts. Alle Bauern waren in der Stadt, und nun leerten sich auch die besetzten Mauerränder und alles Volk strömte auf die Straßen und zum Tabira-Tor, um rechtzeitig bei der Ankunft der Boote am Festhaus zugegen zu sein.

Auch der Fremde und sein Gastfreund eilten dorthin. Zwischen Tor und Festhaus hatte sich der weite offene Platz bis zum Ufer hin mit einem bunten, erwartungsvollen Volksgewimmel gefüllt. In den Garten des Festhauses war der Eintritt noch verwehrt. Am Rande jedoch drängten sich unter die feurig rot blühenden Granatbüsche die zuerst Angekommenen und ließen sich an den wassergefüllten Bewässerungskanälchen nieder.

Die Götterboote legten in einer kleinen Hafenbucht beim Garten an. Mit feierlichen Klängen und Gesängen bewegte sich der Zug der Götterbilder durch die blühenden Büsche ins Innere des Festhauses und wurden dort von ihren Priestern unter umständlichen Riten je in den ihnen zugeordneten Räumen aufgestellt (Abb. 42, 44).

Jetzt traf auch der König selbst, von einem siegreichen Feldzug heimkehrend, am Festhaus ein. Der Kronprinz empfing ihn feierlich und in tiefer Ehrfurcht. Abordnungen seines Heeres waren mit ihm gekommen, bewaff-

41. Ruinengelände beim Festhaus.
Die Feldbestellung läßt noch heute den einstigen Flußarmverlauf erkennen. Links eine Steilwand der Palastterrasse Tukulti-Ninurtas I. aus Lehmziegeln. Ganz rechts die Ausgrabung des Festhauses auf niederer Felsfläche.

netes Fußvolk drängte die versammelten Festteilnehmer zurück. Der König stand auf einem prunkvollen, besonders hochräderigen Streitwagen, der mit vier edlen Rossen bespannt war. Deren Geschirr strotzte von Gold, wie auch der Wagenkasten und die Deichselzier. Außer dem Wagenlenker standen mit dem Könige noch der Schirmhalter oben (Abb. 43). Eine lange Reihe assyrischer Ritter auf einfacheren, niedrigeren Streitwagen folgte, jeder nur mit seinem Wagenlenker und der eigenen Standarte am Wagensporn. Dann kamen die Reiter und lange Säulen des Fußvolkes, die schon drei Tage vor dem Könige von Ninive abmarschiert waren, um hier mit ihm zusammenzutreffen.

Der Grieche sah einige Söldner aus dem Westen unter diesem Fußvolk wieder, jene Männer mit Raupenhelm und rundem Flechtschild (Abb. 3). Sie erhielten den Dienst auf den Dächern des Festhauses und schmuggelten den Fremdling mit sich auf einer steilen, finsteren Stiege hinauf. Die Dächer der Hofräume stießen an den viel höheren Kultraum an, auf den niemand

42. Blick vom Festhaus nach der Stadt.
Nach der Landung der Götterschiffe, die vom Muschlal hergetreidelt worden waren (Abb. 40), bekam die Prozession ein anderes Gesicht. Die Wasserfahrt denken wir uns still, ernst, vielleicht sogar von Trauergesängen begleitet. Hier am blühenden Garten des Festhauses, im köstlichen Licht eines milden Frühlingstages, an dem die ganze, unbegrenzte Steppe blüht soweit das Auge reicht, hat sich das gesamte Volk von Assur eingefunden, empfängt gewissermaßen seine Götter wieder und geleitet sie in das Festhaus, in dessen Hof es wohl Zutritt erhielt. Hinein bis in den Hof dieses aus weiten Hallen bestehenden Gebäudes geht das Blühen und Wachsen, auch im Hof sind Büsche gepflanzt. In der Mitte der dreitürigen Haupthalle wird Assurs Bild aufgestellt, in den Pfeilerhallen rechts und links am Hofe hat jeder der Assur-Götter, sechzehn an Zahl, eine Nische mit Postament und blickte durch die Pfeileröffnungen auf die Büsche, wie auch Assur selbst durch die große Mitteltür.
Wieder haben die Bevorzugtesten vom Dache aus den schönen weiten Blick über dies alles und über die ganze Nordfront der Stadt, die sich im Gegenlicht vor ihnen ausbreitet.

hinaufsteigen durfte. Man blickte jedoch zwischen Zinnen, die sie rings am Rande bewehrten, hinab in den Hof. Um den bunt blühenden Buschwald des äußeren großen Gartens zu sehen, mußte man noch höher auf die Ziegelmauer steigen, auf der ein schmaler Wehrgang ringsherum lief. Auch der Hof war mit blühenden Büschen besetzt, die nur den Mittelweg frei ließen. Der König hing mit großer Liebe an dieser Gartenanlage, und alle, denen sie anvertraut war, bemühten sich, sie schön zu gestalten und zu erhalten.[35] Jetzt zog der König gerade zum Hoftor herein und mit ihm alle Götterbilder. Noch tönte die ernste Musik. Der mittlere der drei verschlossenen Eingänge des Kultraumes, der die ganze Breite des Hofes einnahm, leuchtete den Ankommenden entgegen.

Er war mit einem großen, in Kupfer getriebenen Relief beschlagen, das die Sonnenstrahlen zu rotgoldenem Funkeln brachten. Man sah, wie Assur, bewaffnet mit Bogen und Streitaxt, auf einem Streitwagen, den der Gott Martu lenkt, in den Kampf gegen Tiamat, das Ungeheuer des Chaos, auszieht, begleitet von allen Göttern, die sich zu Fuß und zu Wagen in Schlachtordnung vor oder hinter ihm aufstellen.[36] Wer das alte Mardukheiligtum in Babylon kannte, das Sanherib erst vor kurzem in wildem Zorn dem Erdboden gleichgemacht hatte, der wußte, daß das, was hier Assur tat, dort von Marduk getan wurde. Marduk war – so meinte Sanherib – vernichtet, Assur war der Erbe seiner Macht und seiner Taten. Die Geschichte sollte lehren, ob dieses Erbe zu Recht bestand. Es mochte dem Könige selbst nicht ganz wohl dabei sein, denn mehr als alle die vielen Stammesgötter, die er auf seinen Kriegszügen vernichtet hatte, galt Marduk damals schon, und Babylon, als Stadt der Weisheit, mehr als die kleinen und großen Niederlassungen, die er erobert hatte. Er ließ daher viele große Weihen an diesen Türbildern vornehmen, bevor sich die Tür öffnen durfte; und er rief die Götter der Sonne und des Wetters, Schamasch und Adad, an, die Offenbarung, die sie ihm vor seiner Tat gesandt, in diesem Bilde zu bewahrheiten. Dann sprangen die Türflügel mit Rasseln und Knarren auf und der Zug der Götterbilder mit den Priestern und dem Könige verlor sich im

43. König Assurbanipal im Streitwagen. 2,04 x 2.19 m. British Museum BM: 124825

44. Hof des Festhauses.
Das Innere des Festhauses muß an das Bewässerungssystem des Gartens, der es umgab, angeschlossen gewesen sein. Die Wasserrinnen haben sich hier jedoch nicht erhalten, wie dies an manchen Stellen des Gartens außerhalb des Baues so klar der Fall ist. Man wird im Hofe zweifellos nur Büsche gepflanzt haben, die zur Zeit des Neujahrsfestes in Blüte standen, z. B. Granatapfelbüsche. Daß solche in assyrischer Zeit gezogen wurden, beweisen uns Granatfrüchte, die als Grabbeigabe gefunden sind.

45. u. 46. Die beiden Festhaus-Grundrisse.

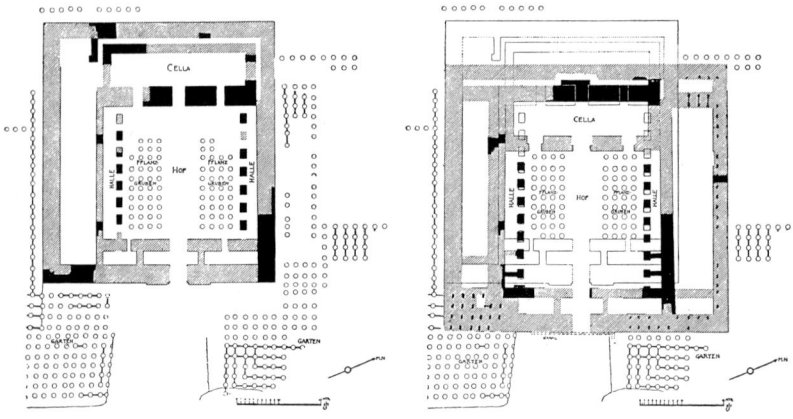

Dunkel des gewaltigen breiten Kultraums, der nach der Art der babylonischen Tempel errichtet war und durch einen geheimnisvollen engen dunklen Gang von der Zingelmauer getrennt blieb. Das Göttergefolge zog rechts und links durch die Büsche im Hof nach den beiden Pfeilerhallen und verteilte sich dort in die 16 Interkolumnien. Niemand hatte in Assyrien je solche Pfeilerhallen gesehen. Je sieben im Grundriß rechteckige breite Pfeiler standen zwischen acht nicht sehr breiten Öffnungen, deren jede einem der Götter zugeteilt werden konnte. Die Hallenrückwände waren türenlos. Manche weitgereisten Leute behaupteten, Ähnliches im Hethiterlande und in Ägypten gesehen zu haben, für Assyrien war es unerhört. Wer etwas vom Tempelbauen verstand, fand überhaupt manches ungelöst an dieser Anlage: Eingang, Hof und Kultraum samt dem Hofgarten lagen schön ebenmäßig auf eine Achse aufgereiht. Hinter der südwestlichen Pfeilerhalle war aber noch ein einziger, die ganze Tiefe des Baues einnehmender Raum, dessen Zugang geheim blieb. Vielleicht ging derselbe vom Kultraum aus. Vermutlich war es ein „Bankettsaal", d. h. der Raum, wo hinter verschlossenen Türen das große „Symposion", das Festmahl *(akîtu* oder *qirêtu)* am Neujahrstage *(isinnu zagmukku* oder *rêš šatti)* abgehalten wurde, nach dem dieses ganze Haus seinen Namen hatte.

Außerhalb der Gärten sah man jedoch schon mächtig viele Kalksteinblöcke aufgehäuft. Bald nach dem Feste sollte ein großer Umbau des Heiligtums beginnen, der schon abgesteckt war. Im Südosten und Nordosten griff er weit in den Garten hinaus, im Nordwesten war eine Einschränkung beabsichtigt, die sonderbarerweise gerade den Kultraum treffen mußte. Der sollte also weiter nach dem Inneren zu gedrückt werden. War das nur königliche Laune? Ein Herrscher, der so eigenwillig mit uralt geheiligten Dingen umsprang, Götter verpflanzte, Kulte sich aneignete, brachte es auch fertig, das eben erst Geweihte wieder einzureißen und nach dem eigenen Willen wieder aufzurichten. Das eine war aber ersichtlich: Die neue Anlage erhielt eine fast genaue Ebenmäßigkeit und war schon im Grundriß baukünstlerisch besser durchdacht als die erste, wohl im ersten wilden Ansturm erzeugte. Sie erhielt je einen Bankettsaal, so schien es, hinter jeder der Pfeilerhallen. Der alte wurde schmaler, der neue bekam fast die Maße des alten. Kleine Kammern waren an ihren Enden vorgesehen. Der alte Bau bedeckte fast genau ein Quadrat (55 m Front, 60 m Tiefe), der neue wurde breiter (67 m Front, 60 m Tiefe). Seine Front lag um eine ganze Raumreihe weiter vorn (Abb. 45, 46).

Heute nun wurde die Feier nach den babylonischen Texten und unter der Leitung der aus Babylon mitgebrachten wenigen Priester gestaltet, so gut es in der fremden Umgebung möglich war.

Das Fest in den Gärten dauerte drei Tage. Für den König und die Truppen war ein großes Heerlager in der sauberhellen, blumenreichen, duftenden Steppe entstanden. Das Volk lagerte im Freien rings um das Festhaus.

47. Der Tarbaṣ šurinnê und die Götterprozession.
Wir versuchen uns vorzustellen, wie die Götterschiffe bei der Rückkehr vom Festhaus in die Stadt auf Wagen gesetzt und durch die Straßen gezogen wurden. Für diese schweren Gefährte war die Bahn der Feststraße notwendig, die auch auf Abb. 32, 200, 202, 203 deutlich wird.

Nach den ernsten Feiern im Festhause ergriff das Volk eine große Fröhlichkeit, gleich als ob es mitsamt der erblühenden Natur zu neuem Leben auferweckt worden wäre. Maßlos schien dem Griechen die rasche quellende Fruchtbarkeit dieser Frühlingstage und maßlos die Genußfreudigkeit dieser „Barbaren", die wußten, wie kurz diese Freude sein würde. Denn so schnell wie dieser Frühling kam und so kurz er seine reichen Gaben ausstreute, so plötzlich würde der glühende Sommer mit seinen Staubwinden und Heuschrecken einsetzen, als sengender Zerstörer, und um so länger dauern.

Die Rückkehr der Götterbilder in die Stadt fand am 12. Tage des Festes statt, wie es der Ritus von Babylon vorschrieb. Er ging mit lauter Musik und lautem Gesang vor sich. Tanzende Männer gingen voran, wie bei einer Siegesfeier, leier-, harfe-, schlagharfe-, flötespielende Männer, tamburin- und schellenschlagende Frauen folgten und die Menge umgab in fröhlicher Stimmung die Götterbilder, die in ihren, nun auf Räder gesetzten Booten der Stadt und ihren Tempeln zuschwankten (Abb. 47). Die Prozession gelangte vom Tabira-Tor her durch enge Straßen auf den Platz, der in alten Zeiten *Tarbaṣ šurinnê*, d. i. „Hof der Embleme" hieß, an dessen linker Seite die Gerichtsstätte vor einem großen Tor lag (Abb. 48).[37] Der *Alte Palast*, an den sich dieses Tor anlehnte, stand jetzt freilich meist leer. Außer Wächtern bewohnte ihn niemand mehr. Aber an Gerichtstagen zog der König oder sein Stellvertreter in ihn ein und sprach Recht in jenem großen Tor, das einem Tor der Stadtmauer glich. Ein Basaltobelisk stand an seinem Eingange (Abb. 48). Salmanassar III. hatte ihn setzen lassen, hier wie im Palast zu Kalchu, um seine Taten zu verherrlichen.[38]

Gegenüber, an der Südseite des Platzes, und neben dem Gerichtstor, taten sich die Pforten je eines Doppeltempels der Götter Sin und Schamasch und der Götter Anu und Adad auf, und die Bilder beider Götterpaare schwenkten zu den Eingängen ab. Ebenso trennten sich die Kultbilder der weiblichen Gottheiten nach dem Ischtar-Tempel hin vom Zuge.

Die Kulträume von Sin und Schamasch, d. i. von Mond- und Sonnengott, lagen beiderseits des Einganges (Abb. 49). Von Nordwesten sah derselbe fast aus wie ein langer, in der Mitte erweiterter Korridor zum Hof hinein, der im Südosten lag und mit großen Ziegelplatten gepflastert war. Es hieß, daß unter ihm ein tausend Jahre älterer Bau gelegen habe, dessen Plan erheblich von dem jetzigen abwich, aber nicht mehr ermittelt werden konnte, als man den neuen bauen wollte. Man wußte nur, daß damals die Wohnräume der Götter sich am Hofe gegenüberlagen und „kassitische" Langräume waren. So legte man auch die neuen Götterwohnräume wieder als Langräume an.

Der Grieche sah die Bilder des Mond- und Sonnengottes wohlgeordnet auf der gepflasterten Fahrbahn in den Hof einziehen und wartete, bis sie gleichzeitig in den Toren ihrer Kulträume verschwanden. Es wurde darauf geachtet, daß keiner der beiden Götter früher als der andere die Schwelle

48. Am Gerichtstor.
In diesem Tor, das den eigentlichen Zugang zum Alten Palast bildete, wurde die fast vollständige Keilschrifttafel gefunden, auf der ein Teil des Frauenrechtes niedergeschrieben ist, VAT 10000. Dazu noch andere juristische Fragmente. Danach darf man annehmen, daß hier der König Recht sprach.

49. Hof des jungen Sin-Schamasch-Tempels beim Einzug der Götterprozession.
Die Götter Sin und Schamasch ziehen gleichzeitig wieder in ihre Tempelräume ein, vgl. dazu Abb. 205. Die „Schiffswagen" sind Vermutung, wie bei Abb. 47.

überfuhr. Es schien, als sei man ängstlich darauf bedacht, die Mächte dieser beiden gewaltigen Himmelslichter wie zwei große Polaritäten ganz gleichmäßig zu verehren.

Durch die Volksmenge, die sich noch in dem „Hof der Embleme" drängte, wurde der Grieche mit seinem Gastfreund dann zum Gerichtstor hinübergeschoben. Ein breiter Weg führte vom Tor zwischen Palast und Anu-Adad-Tempel bis zur nördlichen Stadtmauer am Steilabfall und mündete dort in den Wehrgang des Stadtgebietes. Von hier hatte man wieder den freien Blick hinab in die Ebene von Assur, da nur niedrige Türme und Zinnen den Hochrand bekränzten. Von dem Wehrgang aus war auch der Eingang in den Alten Palast zu nehmen, nicht von der Prozessionsstraße aus; da war derselbe abgeschlossen wie eine Festung. Auch hinter dem Anu-Adad-Tempel ging der Wehrgang weiter nach Westen; hier aber war dieser Tempel unzugänglich, denn man betrat ihn von der Prozessionsstraße aus (Abb. 50).

Es gelang dem Fremden, nach langem Warten im Gedränge des Einzugs von Anu und Adad mit in deren Tempel einzutreten. Hier erregten seine Wißbegier die zwei Tempelberge, die mit den Wohnräumen der Götter eine Einheit zu bilden schienen. Diese Wohnräume lagen zwischen den Zikkurraten, ein großer Hof breitete sich südöstlich vor jenen aus, aber nicht mit vor den Zikkurraten; diese schienen vielmehr mit ihren drei Außenseiten gar nicht umhegt zu sein (Abb. 51).

Jede der Zikkurrate war eigentlich eine kleine Nachbildung der großen

Erlebnis eines Zeitgenossen aus dem Westen 71

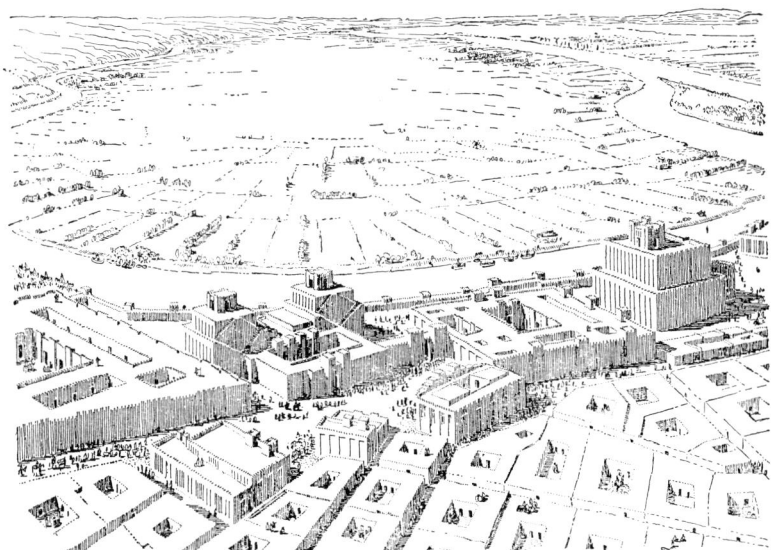

50. Die Tempel und Paläste am Tarbaş šurinnê.

Zikkurrat des Assur. Der Unterbau endete in der Höhe der Kulträume und war mit schmalen Rillen gegliedert von einem Drittel der Rillenbreite, die man an der großen Zikkurrat fand. Die linke Zikkurrat gehörte Adad, die rechte Anu (Abb. 167, 190, 191). Die Wohnräume der beiden Götter waren „kassitische Langräume".[39] Sie hatten einen beturmten Vorraum und eine tiefe Nische mit hohem Postament an der schmalen Rückwand des Hauptraumes. Das Gottesbild Adads, der in den Tempel einzog, trug in der Rechten den welligen goldenen Blitz, der dreigeflammt war: in Wirklichkeit ein Holzblitz, der mit Goldblech überzogen ist (Abb. 196). Salmanassar III. sollte ihn gestiftet haben, als er den von ihm neu errichteten Tempel inaugurierte. Indessen wußte man aus den großen Tonprisma-Urkunden (Abb. 166), die man bei Ausbesserungsarbeiten gefunden hatte, daß ein weit größerer Tempel Tiglatpilesars I. (1117–1077) und dessen Vaters Assurrêsch-ischi (1133–1118), die vor dreihundertfünfzig Jahren lebten, an seiner Stelle gelegen hatte, mit doppelt so großen Zikkurraten und wesentlich dickeren Mauern. Salmanassars III. schwere basaltene Angelsteine, die des Königs Inschrift auf der Pfannenseite trugen, konnte man betrachten. Noch drehten sich seine schweren bronzebeschlagenen Türflügel auf dicken bronzenen Schuhen in diesen Pfannen (Abb. 52, 192). Die getriebenen Reliefbilder des Beschlages waren stark patiniert; sie stellten Gefangenenzüge, Kriegsbilder, Königshuldigungen dar, ähnlich wie die Schmelzfarbenbilder am Assur-Tempel, nur viel zierlicher und kleiner (Abb. 195).[40] Im Vorhof des Tempels, den man betreten durfte, war links der tiefe Tempelbrunnen

51. Hof des Anu-Adad-Tempels Salmanassars III.

Der Hof des jüngeren Anu-Adad-Tempels, zwar eingeengt gegen den des alten Assurrêsch-ischi-Tiglatpilesar-Baues, bietet sich dem Eintretenden noch großartig genug mit der doppelten Turmfront der Zwillingskulträume und mit den beiden, zu ihren Seiten aufwachsenden Zikkurraten. Es ist bei den Zikkurraten wiederum zu beachten, daß sie als Möglichkeit, nicht als Gewißheit des Wiederaufbaues dargestellt sind; hier nämlich so, als ob sich die Aufgänge von den Dächern der Kulträume her entwickelten und den oberen Terrassen eine oblonge Form aufzwängen, die ihre Breitseite je dem Kultraum zuwendet. Vgl. zur Rekonstruktion der Hochtempel Abb. 50 u. 168.

Bei der einzigen, ein einigermaßen sicheres Urteil gestattenden Zikkurrat, der südlichen, von uns dem Adad zugeteilten, hat sich gezeigt, daß an keiner der drei Außenseiten eine Treppe angeschmiegt bzw. angesetzt war. Es bleibt kaum eine andere Möglichkeit übrig als die, vom Dach der Vorhofräume (über eine Brücke!) oder eben vom Dach der Kulträume aus Zikkurrataufgänge zu entwickeln. Äußere Wendelrampen brauchen da, unseres Erachtens, nicht gewesen zu sein, trotz der von V. Place in Chorsabad an der Zikkurrat gemeldeten Wendelrampe. Jedenfalls fehlen die Anfänge solcher Wendelrampen bei allen sonst bekannten assyrischen Zikkurraten in Assur, Kar-Tukulti-Ninurta und Kalchu.

Der Ringbrunnen im Vorhof des Anu-Adad-Tempels wird in seiner Benutzung gezeigt, mit einer Windenkonstruktion, für die uns der Beweis fehlt. Die Tiefe von über 30 m läßt wohl keine andere Hebevorrichtung zu. Ein Paternosterwerk würde eine sehr schwere Konstruktion verlangt haben. Hier, bei unserem sehr einfachen Vorschlag, steigt und fällt je ein Schöpfgefäß, vielleicht waren das Lederschläuche. Die Annahme von flachen Wasserbecken im Hofpflaster ist vom Vorhof des Assur-Tempels übernommen, wo sie gefunden wurden.

in Betrieb, ein runder Ziegelschacht, fast 30 m tief. Die Schöpfknechte füllten aus ihm flache Wasserbecken, die im Hofpflaster eingetieft lagen. Hier konnte man die rituellen Waschungen vollziehen.

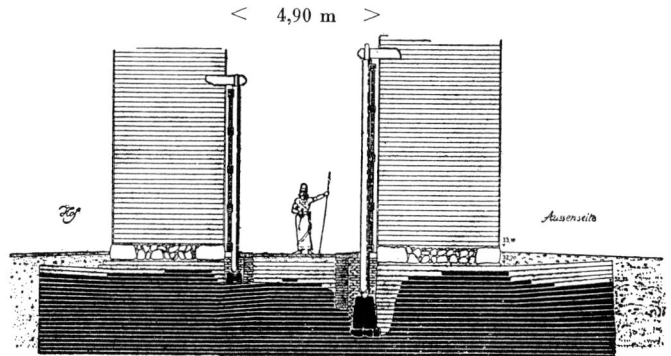

52. Türkonstruktion im Anu-Adad-Tempel.

Die Frage, weshalb Anu und Adad in einem Tempel zusammenwohnten, konnte der Priester nicht klar beantworten. Denn die banale Erklärung, Adad, der Wettergott, wirkte am Himmel, dessen Herr „Vater" Anu, der uralte Himmelsgott sei, wollte dem Griechen nicht genügen. Er verglich Adad, den Blitzschleuderer, mit Zeus, der in gleicher Eigenschaft bei seinen Landsleuten verehrt werde. Beiden war der Stier heilig: Adad stand, wenn er feierlich im Kultbild dargestellt wurde, auf dem Stier. Anu aber umschloß diese Himmelskräfte des Adad doch mit der umfassenden Allmacht des Himmelsherrn. Wie konnte man beide nebeneinanderordnen?

Man lebte in einer Zeit, in der solche spitzfindigen Unterschiede zu machen nicht mehr am Platze war. Die Götter wurden von den Menschen möglichst mit gleichen Werten bedacht. Da mochte ein sehr menschliches Motiv mitsprechen: Man wollte sie nicht eifersüchtig aufeinander machen, damit sie diese Eifersucht nicht an den Menschen ausließen. Das war natürlich erst recht keine befriedigende Erklärung. Richtig war daran nur, daß in der Tat alle Kulträume rings um den Hof der Embleme merkwürdig genau in der Größe übereinstimmten.

So auch der Kultraum der Ischtar von Assur. Er befand sich nur ein paar Schritte weit vom Anu-Adad-Tempel entfernt an der gegenüberliegenden Seite des Embleme-Hofes. Da an den Fundamenten Blöcke mit Salmanassars III. Inschrift zu sehen waren, galt der Bau für ein Werk dieses Königs. Es war ein seltsamer Bezirk, auf dem fast mehr Ruinen als ordentliche Bauten standen. Salmanassars Tempel hatte eigentlich nur einen einzigen großen Herdhausraum, er gehörte also zum churrischen Typus.[41] Hier steckte eine alte Überlieferung fest im Boden und wurde gewissermaßen immer wieder ausgegraben. Es hieß, daß die Kalksteinfundamente eigentlich von dem Priesterfürsten Iluschuma vor mehr als tausend Jahren gebaut seien, von dem eine kleine Steinurkunde im Tempel bewahrt werde. Es wäre sonst nicht zu erklären, daß die beiden baufälligen Tempelkomplexe südlich und östlich des hier bestehenden immer in gleichen Grundrißsystemen errichtet worden seien (Abb. 197 u. S. 215).

Eigentlich schien dieser hochragende Kultraum allseitig freizuliegen. Nur eine niedrige dünne Mauer mit Eingang bei der Nordecke grenzte vor dem Eingang einen Vorhof gegen den ‚Hof der Embleme' hin ab. Insofern unterschieden sich die Tempel der churrischen Art von den babylonischen, bei denen der Kultraum in dem von einer Mauer umgrenzten Gehöft stand. Zuerst war dort die umgrenzte Mauer, der Zingel, vorhanden. Von ihm aus baute man die Räume nach innen, bis der Hof übrigblieb. Den Kultraum trennte meist ein schmaler Korridor von dem Zingel. Auch in dem älteren Anu-Adad-Tempel mit seinen kassitischen Kulträumen gab es diesen trennenden Korridor. Hier bei Ischtar nichts dergleichen. Der Kultraum stand für sich allein; es gab kaum Nebenräume, vielleicht nur einen am Vorhof bei der Südecke des Kultraumes.

Sonderbar muteten auch die ruinenhaften älteren Bauten im Osten und Süden dieses Ischtar-Heiligtumes an. Der eine ist im Osten einst um 1100 errichtet von Assur-rêsch-ischi I. (1133–1118), dem Vater des großen Tiglatpilesar I. (117–1077), wie man durch Inschriften auf den Bauziegeln wußte. Der andere, sehr viel größere und eindrucksvollere, hundert Jahre ältere, ist das Werk Tukulti-Ninurtas I. (1244–1208). In beiden hatte man gegen die Überlieferung gehandelt. Sie waren nicht auf dem uralt geheiligten Platz geblieben, auf dem die Vorväter vor mehr als zweitausend Jahren der göttlichen Herrin, der Muttergöttin von Assur, eine Kultstätte bereitet hatten.[42] Weshalb, wußte niemand mehr zu sagen. Man wußte nur, daß Tukulti-Ninurta ein eigenwilliger Charakter gewesen sein mußte, der andere als die vorgeschriebenen Wege ging, man wußte, daß er wie der jetzt regierende König Sanherib die heilige Babel erobert und zerstört und von da wichtige Neuerungen, darunter Kultgebräuche von einer in Assyrien unerhörten Art, mitgebracht hatte. Das sah man noch in den Ruinen der von ihm am jenseitigen Ufer des Tigris gegründeten Stadt Kar-Tukulti-Ninurta, die von ihm einen neuartigen Assur-Tempel erhielt. Mit Assur-rêsch-ischi mochte es sich ähnlich verhalten haben; man wußte jedoch nicht so viel von ihm, und die geringe Größe des Tempels ließ vermuten, daß es mit seiner Macht schlecht bestellt gewesen sein mochte. Man konnte sich in diesen Ruinen kaum noch zurechtfinden, sah nur noch einen Hof mit Räumen an drei Seiten, den Kultraum mit einem breiten Postament an der Südostseite. Das war ein Fehler, denn so ist Ischtars Kultrichtung, die seit jenen uralten Zeiten die nordöstliche war, nicht innegehalten: sie wurde hier vielmehr zu einer nordwestlichen. So auch in dem Tempel Tukulti-Ninurtas I. Das muß den Überlieferungstreuen sicherlich ein Dorn im Auge gewesen sein.

So wenig kümmerte sich dieser Herrscher um Kultrichtung, daß er einen zweiten Kultraum für die Göttin Dinitu an- und einbaute, der nach Südosten gerichtet war. Alle jene Crimina laesae divinitatis hatte Salmanassar III., so glaubte man, wiedergutgemacht, indem er die alte Richtung und den alten Tempelplatz aufsuchte und herstellte. Diese Ehrfurcht vor dem Alten verhinderte auch, daß er die „falsch" gelegenen Heiligtümer beseitigte. Alles blieb, wie es war. Niemand durfte etwas anrühren. Es war sich selbst überlassen und starb langsam dahin. In den Tempel Tukulti-Ninurtas konnte man durch das alte Monumentaltor mit den beiden Türmen in der gerillten und rundstabgezierten Front gerade eben noch eintreten. Der neue Salmanassar-Tempel streckte seine Südecke bis dicht davor. Zwei Bildwerke betonten auch jetzt noch diesen Eingang, obwohl sie gewiß nicht für diesen Zweck geschaffen waren: der schöne Symbolsockel, auf dem der König Tukulti-Ninurta zwischen zwei großen, Scheibenstangen haltenden Männern im Relief zu sehen war, und der Torso eines Priesterfürsten aus der Zeit der Ur III.-Dynastie (um 2000 v. Chr.), ein Standbild im langen, sumerischen Togagewand mit gefalteten Händen (Abb. 53). Sie standen allerdings nicht am Eingang selbst, sondern im äußeren Winkel des linken

53. Symbolsockel des Tukulti-Ninurta I. und Standbild des Zariqum (?) vor dem Ischtar-Tempel des Tukulti-Ninurta I. Beide Istanbul.

Turmes. Einst hatten sie ihren Platz im Raum der „Gastgötter", deren Symbolsockel im übrigen mitbegraben waren. Durch das Tor trat man in einen Vor- oder Torraum babylonischer Art und gelangte weiter in einen Kultraum churrischer Art. Rechts vom Eintretenden, an der Schmalwand, war ein hohes Postament, zu dem in der ganzen Raumbreite eine Freitreppe hinaufführte. Die Kultnische verengte den Raum. Das Kultbild war natürlich längst verschwunden. Es sollte aus Holz, Metall und Fritte gewesen sein; auch der Thron war zum Teil aus Fritte, jenem fayenceartigen Stoff, den man farbig zu glasieren verstand und seit der Mitanniherrschaft auch in Assur selbst herstellte. Die Nebenräume waren meist zugemauert. Dort sollten die Tempelschätze und alle Weihgaben begraben sein. Sie waren hoch mit Erde bedeckt. – Dann konnte man noch um den Tempel herumgehen und bei der Südecke ein kleines Eingangstor finden, das unmittelbar in den Kultraum der Göttin Dinitu führte. Wiederum war dieser churrisch geordnet, linker Hand nahm das Stufenpostament die ganze Raumbreite ein. Was einst auf ihm stand, fehlte, hatte aber im Asphaltüberzug Standspuren hinterlassen. Im Fußboden las man auf einer Steinplatte den Namen Tukulti-Ninurtas. Auch die Pflasterziegel trugen seinen Inschriftsstempel. Es hieß, daß er ganz große Steinblöcke, mit seiner Inschrift versehen, in den Mauerfundamenten eingebettet habe. Ungeheuer schwere Bleiblöcke, goldene und silberne Täfelchen sollten ebenfalls seinen Namen und seine Taten vermelden, wie von Mund zu Mund überliefert war. Niemand aber hatte etwas davon gesehen, seit der König sie in den Postamenten der Göttin, in den Gebäudeecken und an wichtigen Stellen der Wände feierlich einlegen ließ. Die Stürme hatten dicke Staubschichten in den dachlosen Räumen abgelagert. Immer wieder aber kamen treue Verehrer der Göttin zusammen, man sah die Benutzung daran, daß hier und da neue Ziegelpflaster gelegt und ein mächtiger Lehmphallus im großen Kultraum aufgerichtet war, der mangels eines Bildes der Göttin wohl als Sinnbild diente, ohne welches nun einmal das Göttliche nicht vorgestellt werden konnte (vgl. S. 154).

Den inneren Tempeldienst zu beschreiben, war der Priester gern bereit, und es wurde ihm nicht schwer, beim Griechen volles Verständnis zu finden. Denn im tiefsten Grunde beruhte dieser Dienst auf den immer und überall gültigen Gesetzen des Religiösen, des Sich-mit-dem-Göttlichen-Verbindens. Verbundenheit drückt der kultisch Handelnde schon dadurch aus, daß er sich von den Problemen des täglichen Lebens wegwendet, ihm den Rücken kehrt, um im *Angesicht* des Göttlichen zu stehen und diesem das eigene Angesicht zuzuwenden. Von Angesicht zu Angesicht konnte, wer sich dazu bereitet hatte, das Göttliche anschauen, sich mit ihm begegnen in einer Intuition, die dem Unvorbereiteten versagt blieb. Das Überströmende der Intuition floß ein durch die besondere Haltung, durch die Tracht, die dafür bereit war und in heiliger Überlieferung sich lange Zeit hindurch erhielt, und endlich durch Wort und Gedanken. Das wird ausge-

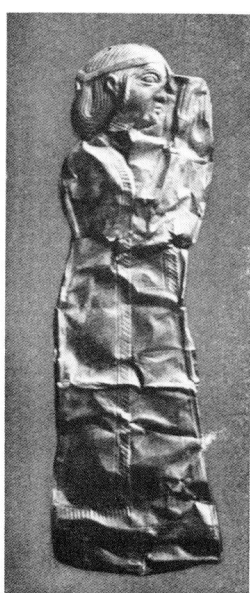

55. Frau in grüßender Haltung (Gold). Berlin VA 5639. Diese feine Goldblech-Treibarbeit ist aus ihrem Zusammenhang gerissen.

54. Glasierter Ziegelorthostat. Assyrischer Beter vor Kultbild. H: 56 cm. Berlin VAAss 897.
Dargestellt ist auf diesem glasierten Ziegelorthostaten das Standbild des Sonnengottes Schamasch oder des Assur(?), oben die Symbole der Götter Assur bzw. Schamasch, Sin und Ischtar. Auch die Heuschrecke dürfte ein Symbol gewesen sein. Vor dem Gott der Beter, ein höherer assyrischer Beamter. Datierung: Mitte 8. Jahrhundert v. Chr.

drückt, wenn ein solcher Eingeweihter, ein Priester, ein Priesterkönig im Bilde dargestellt ist, wie er im Kultgewand, in kultischer Haltung der Hände angesichts des Gottesbildes oder der Gottessymbole steht und damit Zwiesprache hält. Er ist in geistiger Kommunion mit dem Göttlichen (Abb. 54, 55).[43] Der sich Bereitende und der noch nicht Bereitete bedurfte substantieller Mittel, um zu einer Zurückverbindung mit dem Göttlichen zu gelangen. Er opferte. Dieses Offertorium, bei dem er zunächst dem Göttlichen Stoffliches der Umwelt „entgegentrug", verband ihn mittelbar so lange, als er unmittelbar sich nicht verbinden konnte. Dies Stoffliche nahm er aus den Elementen, die ihn umgaben, aus den Naturreichen, in die er sich eingeordnet fühlte. Im Bilde des Wassers, mit dem er sich reinigte, der Flüssigkeiten, die er teils trank, teils dem Gotte hingoß, war schon ein Fließen des Wasserelementes von ihm zum Gotte dargestellt. Im Bild des Rauches, der von ihm zum Gotte zog, stellte sich mehr die Verbindung im Elemente des Luftigen her. Feuer brannte auf Herden, und das Wärmeelement umgab wiederum beide. Und Erde umhüllte sie als aus Erde gebauter Raum. Aus diesem Mineralreich trug er Stein, Metall als Perlen und Schmuck dem Gotte als Gabe entgegen, Blüten und Früchte aus dem Pflanzenreiche, Opfertiere aus dem Tierreiche, und gern hätte er auch aus dem Menschenreich sein Offertorium genommen, wie es praktisch auf frühen Stufen, die man hier längst vergessen hatte, geschehen sein mochte. Jetzt war dies Menschenopfer, diese leibliche Hingabe an den Gott, in ein Bild hineingeschrumpft. In kleinen und großen Stand- und Sitzbildern brachte sich der Andächtige selbst dar, sucht im Angesicht des Gottes dauernd zu „sein" und machte daher sein eigenes Bild „daseiend", d. h. starr stehend, unbewegt, wie auch das des Gottes, das aus dem gleichen Grunde unbewegt gestaltet wurde, wenn es dreidimensional-körperlich am Wohnsitze dieser Gottheit anwesend sein sollte.[44]

Wollte man die kultische Handlung des Beters und das aktive Gewähren

56. Gipsstein-Relief. Assyrischer Beter vor Gottheit.
Gipssteinplatte, Ass. 8262, Br: 30, H: 35 cm. Dargestellt ist Ninurta mit Bogen, ein Beter auf niederem Postament, Assur-Symbol(?), Mondsichel, Sonnenscheibe. Aufbewahrungsort: BM 115694. Vgl. zur Deutung: P. Calmeyer, AMI NF. 6, 1973, 149
Datierung: Ende 8. Jahrh. v. Chr.

57. Gipsstein-Relief. Assyrischer Gott auf Attribut-Tier. H: 47 cm. Berlin VA 8750.
Dargestellt ist Assur, mit Köcher, Schwert, Keule, gefiederter Hörnerkrone, auf geflügeltem Mischwesen (Löwe, Stier, Adler), oben Flügelsonne, Mondsichel, Siebengestirn, Ischtar-Stern). Datierung: um 700 v. Chr.

des Gottes zum Ausdruck bringen, griff man zum Relief, zur Zeichnung. Im Zweidimensionalen war das Bewegte, das Handeln zuständig. So fand sich's auch in kleinen Kultreliefs, die der Fremde, da und dort in den Außenwänden der Stadttore und der Tempeleingänge eingelassen, gesehen hatte (Abb. 56, 57). Sie sahen aus, als hätten sie ein ehrwürdiges Alter, waren jedoch noch gar nicht lange dort, sondern hatten von Wind und Wetter gelitten, weil sie aus recht weichem und mürbem Gipsstein bestanden.

Es wunderte den Griechen, daß auch dort, wo die Gottheit als überlebensgroße menschliche Gestalt dargestellt und durch gewisse Attribute gekennzeichnet schien, noch andere Zeichen neben ihr und dem Beter standen, die der Priester benannte: Eine geflügelte Sonnenscheibe sollte den Gott Assur,[45] eine Scheibe mit geflammtem Stern den Sonnengott Schamasch, eine solche mit spitzen Strahlen die Göttin Ischtar, eine Mondsichel den Mondgott Sin, sieben Kugeln das Siebengestirn, ein Stab mit Widderkopf den Wasser- und Weisheitsgott Ea, ein Stab mit Tüllenlampe den Lichtgott Nusku darstellen usw.[46]

Die Ischtar, deren Bild jetzt, von Tempelfrauen umgeben, aus dem Vorhof wieder in den Kultraum hineingetragen wurde, hieße, wie der Priester mitteilte, *Aššurîtu*, weil sie walte wie die göttliche Mutter von Assur. So sei ihr Tempel auch am weitesten in die Stadt hineingerückt, damit gezeigt werde, wie innig sie dem Volksganzen zugehöre. Das drücke auch die freie Lage aus. Wahrscheinlich sei hier das älteste Heiligtum Assurs, mindestens sei es nicht jünger als das des göttlichen Führers Assur.[47]

In allen Anliegen, die Familie, Zeugung, Gedeihen betreffen, wende man sich, ob Mann oder Weib, an diese Göttin wie an eine Mutter. Über die Kulte schwieg der Priester, und der Fremdling drang nicht in ihn. Beide hielten sich auch nur kürzere Zeit beim Heiligtum dieser weiblichen Gottheit auf und fanden durch enge Gassen ihren Weg zu einem etwas höher gelegenen Wohnviertel östlich des Tempels. Dort hatte der Priester einen Freund, in dessen Haus sie eintraten, um vom Dache aus etwas vom Einzug Assurs in seinen Tempel zu erhaschen. Dieser Schlußteil der Prozession war dem Könige und seinem Gefolge vorbehalten, das man von hier oben in langsam-feierlichem Zuge noch vor der Südmauer des Vorhofes und vor der großen Zikkurrat dahinziehen sah. Schon war der Schiffswagen des Gottes in den Vorhof eingeschwenkt, und es ertönte die Musik aus dessen Innern zum Empfang des Gottes. Vor der Front des eigentlichen Tempels war jene Estrade, auf der die Musikanten standen und große, farbig glasierte Gefäße voll geweihter Flüssigkeiten bereit gehalten wurden. Die Prozession schritt nun langsam auf das Haupttor zu, wo der König in der Rolle des göttlichen Vertreters auf Erden und des Oberpriesters das Bild des Gottes in Empfang nahm und ins Innere geleitete. Von all dem konnten unsere Zuschauer kaum noch etwas sehen, da die Entfernung von ihrem Standort schon gar zu groß war.

58. Die Stelenreihen.
Der Platz ist gegen Süden durch den Außenwall begrenzt, dessen Innenseite man sieht; vorn, also im Norden, zeigt sich der Binnenwall Salmanassars III. schon im Verfallszustand. Nach der Neustadt zu ist kein Abschluß des Platzes gefunden worden. Die beiden Stelenreihen divergieren stark gegen Osten hin. Vgl. Abb. 121–124 (zu S. 145 ff.).

Nach der Beendigung dieser feierlichen Wiedereinweisung des Gottes in seinen neugeweihten Wohnraum schloß sich das Fest und der König nahm seinen Weg entlang der Nordfront zum Alten Palast, wo er nur kurze Zeit noch Hof hielt, um dem Kronprinzen strenge Weisungen für den Ausbau von Assur in allen Teilen der Festung, der Tempel, des Festhauses und des Totenhauses zu erteilen. Der Grieche sah ihn und sein Gefolge während dieser letzten Tage in den Gassen von Assur, wie er aufmerksam Handel und Wandel beobachtete, zuletzt noch im Süden der Altstadt, wo er zwischen den beiden Reihen der Stelen hin und her ging, die Namen der großen und kleinen menhir-ähnlichen, aufgerichteten Steinplatten betrachtend und mit seinem Gefolge über die Persönlichkeiten sprechend, die diese Namen aussagten (Abb. 58). Der Gastfreund gab auf die verwunderte Frage nach der Bedeutung dieser Reihen teils roh, teils fein hergerichteter Monumente dem Fremden bereitwillig Auskunft: Zwei Reihen seien es, weil in der einen, nördlichen, nur Könige Platz finden dürften, und zwar in zeitlicher Abfolge im Osten beginnend, im Westen zunächst endend und auf Fortsetzung wartend (Abb. 123, 124). Die zweite Reihe sei ebenfalls zeitlich geordnet, aber mehr gehäuft. Die Namen, die man hier finde, seien die von hohen Beamten, nach denen man die Jahre zähle – eine assyrische Gepflogenheit, die nun schon seit Jahren geübt werde. Das gehe so zu, daß das erste Jahr nach dem Regierungsantritt dem Könige, die dann folgenden in einer festgesetzten Reihenfolge dem Oberbefehlshaber des Heeres, den Statthaltern der Provinzen, der Hauptstädte usw. zugeteilt seien, und erst, wenn diese Reihe vorbei sei, komme des Königs Majestät zum zweiten Male namengebend an die Reihe (Abb. 122). Die Könige beginnen mit Eriba-Adad I. (1392–1366), der zu der genannten Anfangszeit gelebt hat. Ihm entsprechen in der Beamtenreihe einige ebenso alte Stelen usw. Man bemerkt große und kleine Stelen, je nach der Mächtigkeit dessen, der sie setzte. Denn offenbar sind sie nicht in memoriam nachträglich gesetzte Denksteine, sondern zu Lebzeiten aus Fug und Recht und zu ganz praktischen Zwecken errichtete Zeitmesser, die allerdings zugleich hohe Ehre für den damit Verewigten darstellten. Gleichwohl weiche man nicht von der Regel ab, nur Namen und Amtsbezeichnung des Steleninhabers in ein kleines Rechteck am oberen Ende der Stele einzumeißeln. Jede Inschrift aber beginne mit dem Worte ṣalam = Bild, das darauf hinweise, daß der Stein doch noch als Abbild eines Urbildes empfunden werde, als Darstellung des Wesens der Person, die der Name nennt. Die gewaltigsten Stelen sind von so mächtigen Herrschern wie Adadnarari I. (1307–1275), dem Erbauer der Ufermauer (2,95 m hoch), Salmanassar I. (1274–1245), dem Erbauer des Assur-Tempels (3,65 m hoch), und Tukulti-Ninurta I. (1244–1208), von dem der alte große Ischtar-Tempel und die ganze neue Stadt jenseits des Tigris errichtet wurde. Des letzteren Stele ist aus Basalt. Ihr entspricht in der Beamtenreihe die Basaltstele des Statthalters von Assur, Schar-pati-bêli, die fast 3 m hoch ist. Die Königin Semiramis, die vierhundert Jahre nach Tukulti-Ninurta lebte, stellte eine der größten Kalksteinstelen auf, würdig ihrer mächtigen, weltberühmten Persönlichkeit. Am sonderbarsten erschienen dem Griechen jedoch vier Stelen, die ganz aus dem üblichen Rahmen fielen. Das waren nicht oben abgerundete, mehr oder minder flache, längliche Steine, sondern einmal ein richtiges, noch gut zu erkennendes Kalksteinstandbild eines Königs und ferner drei pfeilerartige Basaltgestaltungen. Seltsamerweise standen alle vier auf dem Kopfe, d. h. das Standbild steckte mit dem Kopf in der Erde, und so erst hatte man ihm eine Inschrift eingemeißelt, freilich nachdem Hände, Arme, Füße und alles Hervorstehende ziemlich roh abgemeißelt waren. Die Pfeilerkapitelle standen ebenfalls unten an der Erde oder waren in sie hineingesteckt. Auch hier sind die Königsinschriften – und um solche handelt es sich – erst nach diesem Auf-den-Kopf-Stellen angebracht. Könige, die dieses ausführen ließen, trieben sympathetische Magie. Der König, dessen Bild kopfunten aufgestellt wird, gilt als besiegt und vernichtet.[48] Die Pfeiler sind aus Palästen besiegter Fürsten des churrischen Westlandes erbeutet und hergeschleppt worden. Das muß schon vor zweihundert Jahren geschehen sein, wie die Inschriften lehren. In Assyrien kennt man solche Pfeiler nicht, ihre Formen sind hier fremd (Abb. 125–127). Sie gibt es im Westen, wo man Pfeiler dieser Art vor den Königspalästen und Tempeln aufstellte. Manchmal trugen solche Pfeiler das Bild eines Tieres (eines Löwen, Stieres oder Adlers). Nahm man den Pfeiler fort, so wich die Stärke des Herrschers, der Herrschersitz wurde geschwächt. Und steckte man diese Sinnbilder gar kopfunten in die Erde, so wirkten sie dort, wo sie eigentlich wirken sollten, gegenteilig.

Der eine dieser Pfeiler ist achteckig und trägt eine wulstige grobe Haube, der zweite, schlankere, ebenfalls achteckige, hat einen zweiseitigen Blattüberfall über einer Bindung. Er schien dem Griechen einigermaßen vertraut, weil in seiner Heimat solche zweiseitigen Kapitellbildungen schon versucht wurden. Der dritte erschien, richtig aufgestellt, wie ein Kalathos, ein becherförmiger Korb über dicker Wulstbildung, und muß früher reich mit Metall beschlagen gewesen sein. Sein Schaft ist sechzehnseitig.

Auch Königinnenstelen fehlten nicht in der Reihe der Herrscherstelen. Die schon genannte gewaltige der berühmten Semiramis wurde mit Stolz gezeigt. Diese große Königinmutter und Regentin war damals schon beinahe von der Sage umwoben, obwohl sie vor kaum hundertfünfzig Jahren regiert hatte. Ihrer Tätigkeit erinnerte man sich lebhaft. Sie hatte Bewässerungskanäle bauen lassen und sich offenbar mütterlich um das Wohl des Landes gekümmert.[49]

59. Stele der Assur-scharrat. Vgl. Abb. 58.

Es war eine einfache Basaltstele, die nur den Namen dieser Frau und die Angabe ihrer Palastfunktion trug.

Der „Palastfrau" von Sanheribs Enkel Assurbanipal (669–631/629) war die in Abb. 59 wiedergegebene Bildstele aus Kalkstein gesetzt. Ihre Reste befinden sich jetzt in Berlin. Die Sitte verbot es, viel über die Frau zu reden. Aber aus den knappen Andeutungen spürte der Grieche die Fremdheit dieses Volkes heraus, das sich der Ehe und dem Verhältnis der Geschlechter zueinander ganz anders gegenüberstellte als sein eigenes. Das schöne freie und doch sittsame Wesen, das die Frauen und Mädchen seines eigenen Volkes als ebenbürtige Partnerin der Männer und Jünglinge an den

Tag legen durften, vermißte er hier. Eine Verhülltheit und von allerlei Regeln beschränktes Dasein machte ihm die assyrischen Frauen zu bedauernswürdigen Wesen. Der assyrische Gastfreund leugnete das zwar und behauptete, daß assyrische Frauen in dieser weisen Umschränkung sehr glücklich sein könnten; aber der Grieche mißtraute dem, sein scharfer Blick hatte manchen tragischen Zug erhascht, wenn er einmal auf der Straße in die Augen der vorübergehenden edleren Frauen blicken konnte.

So überkam ihn zuletzt doch eine nicht mehr zu überwindende Sehnsucht nach seiner Heimat, und er widerstand den Lockungen seines Gastfreundes, sich einer Karawane nach dem Süden des Landes anzuschließen, die unter starker militärischer Eskorte abgehen sollte, um die im letzten Kriege verwüsteten Länder um Babylon aufzusuchen und auf ihre Wiederaufbaufähigkeit zu prüfen.

Hier endet die Erzählung vom Besuche des Griechen in Assyrien. Ein anderer kleinasiatischer Grieche, Herodot von Halikarnaß, wurde später sein Nachfolger und hat der Nachwelt vieles aufgeschrieben von dem, was er selbst und andere im Vorderen Orient erlebt und gehört haben.

Zweiter Teil

Assur im geschichtlichen Werden

Es ist mit Assur wie mit allen frühen Siedlungen: Die Ursiedler wissen noch nichts von einem Abschließen der Gemeinschaft gegen die Außenwelt, und die Wege, die von der Außenwelt zu ihr führen, sind teils ihrem freien Willen, in gewissem Grade daher der Gewohnheit, teils aber der Gestalt des Geländes angepaßt. Sie sind vorhanden und verlangen Rücksicht, wenn die „Panzerung" dieser Gemeinschaft gegen die Außenwelt hin erfolgt, d. h. wenn man sich mit Gräben, Wällen, Palisaden und endlich mit Mauern gegen sie abzuschließen und zu „sichern" sucht. So entstehen die notwendigen Durchlässe, die Pforten, die Tore nicht immer an den Punkten, die – nachträglich – als besonders geeignet gelten würden. Sie entstehen einfach da, wo die Gewohnheit sie hinzwang, solange nicht ein überragender Führerwille der Gemeinschaft andere Wege aufzuzwingen imstande ist. Mit der Umwallung wird aus der Wander- oder Dorfgemeinschaft eine Stadtgemeinde, die das Innen und Außen schärfer als jene zu unterscheiden gezwungen ist. Das wirkt bis ins Wesen jedes einzelnen ihrer Angehörigen. Für sie ist das Eintrittsuchen und -finden, das dem-Inneren-Zugehören sehr viel lebenswichtiger als dem Dörfler und dem Nomaden. Er wird viel stärker auf sein Innenleben hingewiesen und muß die Außenwelt gewissermaßen zu sich „einfangen".

So ist es nun auch mit Assur gegangen: Der Umriß des Stadtbildes, der sich schon vor der Ausgrabung im Gelände abzeichnete und der durch die Ausgrabung als vollständig geklärt gelten kann, verläuft zu mehr als der Hälfte nach dem von der Natur vorgeschriebenen Gesetze: Im Osten bestimmte ihn das Steilufer des schnellfließenden Tigris, im Norden der hohe Felsabfall des Urstromtales, in dem immer noch ein Flußarm floß. In den scharfen Winkel dieser beiden Steilränder hatten sich die Ursiedler hineinbegeben. Nur nach Westen und Süden waren sie ungeschützt. Die eigentlichen Zugänge zur Siedlung lagen daher im Westen und Süden. Über die Steilränder gab es nur Klettersteige zum Wasser hinab.

Man glaubt die Ursiedlung begrenzt zu sehen durch einen Kreisbogen, dessen Mittelpunkt im Scheitel jenes Winkels der Fluß- mit der Nordfront, d. h. also auf der Nordostspitze der Stadt liegt. Diesem Kreisbogen folgt denn auch in der für Assur schon sehr späten Zeit des 9. Jahrhunderts v. Chr. der Binnenwall, ebenso auf einem sehr großen Teil seiner Länge der sehr viel ältere Außenwall, dessen ältester erkennbarer Ansatz etwa tausend Jahre früher entstanden sein wird, und zwar als die *einzige* Umwallung (Siehe Stadtplan u. Frontispiz).

An drei Stellen führten dereinst Wege in dieses Siedlungsgebiet hinein: einer da, wo der Bogen an der Nordfront beginnt, ein zweiter etwa in der Mitte des Bogens, da, wo die Winkelhalbierende ihn trifft, der dritte genau im Süden und noch in 100 m Abstand von der Flußfront. Sie bezeugen die drei Hauptwege von Norden, Westen und Süden. Von ihnen behielt der nördliche immer die Hauptbedeutung aus Gründen der auf S. 291 geschilderten geographischen Lage Assurs in Land und Landschaft. Das ist dann später das Tabira-Tor geworden, das durch besondere Schutzanlagen, die ausgegraben sind, vor allen anderen ausgezeichnet ist. Beim Westtor scheint der Verkehr so gering gewesen zu sein, daß es zuzeiten verlassen wurde und geschlossen blieb. Beim Südtor des Binnenwalls ist so wenig für Verschluß gesorgt, daß es mehr ein verengter Durchgang der Straße wird, etwa wie es beim Brandenburger Tor in Berlin und den alten Stadttoren vieler deutscher Städte der Fall ist. Der Anlaß zu diesem andersartigen Vernachlässigen war eben auch ein anderer wie am Westtor: Vor die Südfront legte sich wie ein ungeheurer Vorhof die sogenannte „Neustadt", eine trapezförmig umgrenzte Vorstadt, welche vom Außenwall allein umzogen war. Hier sind langgestreckte natürliche Erdhügel durch Erdschüttungen zu einem im Winkelhaken verlaufenden Wall, dem Südwall, verbunden, auf dessen Krone schon im frühen 2. Jahrtausend Mauern standen. Diese Anlage geht also zeitlich zusammen mit dem alten Westfrontbogen, der, wie schon gesagt, nicht mit zur Flußfront herumschwenkt wie der viel jüngere Binnenwall, sondern da, wo später die beiden Stelenreihen standen, im rechten Winkel nach Süden abknickt. Der Südwall ist ausgegraben. Das Tor in ihm hat sich nicht gefunden. Es kann aus verschiedenen Gründen nur noch da ergänzt werden, wo überhaupt alles fehlt: im heutigen Flußbett; d.h. der Tigris hat so viel vom Vorstadtgebiet und Südwall abgenagt, daß ihm das ganze äußere Südtor zum Opfer fiel. Ergänzt man es, so wird der einstige Zugangsweg vom Chanūke-Gebirge her, der nächste aus dem Süden, d.h. aus Babylonien, gut zu erkennen sein.

Sind diese Zubringerstraßen einmal ins Stadtinnere gelangt, so verteilen sie sich rasch in kleine und kleinste Gassen und Gäßchen.[50] Es gibt dann keine wirklich große Verkehrsachse mehr, mit *einer* Ausnahme: Das ist die beinahe ostwestlich gerichtete Straße, die vom Tabira-Tor an den Palästen und zwischen den Tempeln hindurchgeführt und unter Sanherib zur Prozessionsstraße Assurs nach dem Muster von Babylon ausgestattet war. Auch *vor* Sanherib nimmt sie eine Sonderstellung ein: Sie dient hauptsächlich dem Palast- und Tempelverkehr. Eine andere Gasse – denn „Straße" kann man keine dieser engen Schluchten nennen – führte vom Tabira-Tor nach Südosten, also etwa in die Gegend des Binnenwall-Südtores. Was die Ausgrabung sonst noch durchschnitt, ist noch kleiner und für Verkehr noch ungeeigneter. Trotzdem halten sich Gassen und Gäßchen mit bemerkenswerter Zähigkeit durch zwei Jahrtausende an ein und derselben Stelle. Die

Grundstücke sind also sehr konservativer Besitz und erleiden nur ausnahmsweise Erweiterung oder Schrumpfung. Ähnliches haben wir in der Wohnstadt von Babylon erlebt, wo sich die Straßenzüge fast zweitausend Jahre von Hammurabi bis zu den Griechen an der gleichen Stelle halten. Straßen und Gassen bleiben wie draußen in der freien Natur Pfade für Mensch, Tier und Wagen, d. h. es wird nichts Wesentliches getan, damit sie festen Grund und bequeme Gangbahn bekommen. Die Feststraße bildet da wiederum eine Ausnahme. Sie ist wohl gleich bei ihrer Herrichtung für die Neujahrsfest-Prozession durch Sanherib mit einer festen Fahrbahn versehen worden, deren Konstruktion auf drei Reihen von Kalksteinquadern und Bohlenschienen wir auf Abb. 32 kennenlernten. In ganz seltenen Fällen hat ein reicher Herr mitten in der Stadt das Stück Straße vor seinem Hausbesitz mit Steinen pflastern und mit Rinne und Sickerschacht versehen lassen, so die Straße am Binnenwall beim Tabira-Tor (Abb. 10). Die übliche Straßenbefestigung ist einfach dadurch entstanden, daß alle Tonscherben und aller Müll, z. B. Knochen, aus den Häusern hinausgeworfen und auf der Gasse von Fußgängern und Tieren festgetreten wurden. Bestenfalls sind dünne Kiesschichten aufgetragen. So erkannte der Ausgräber die Straße leicht im Querschnitt an vielen dünnen Scherben- und Kiesschichten. Diese sind gar nicht so sehr langsam in die Höhe gewachsen, während die Fußböden der Häuser, die man immer säuberte, tief und tiefer liegenblieben. Oft ist das Hochwachsen der Gasse der Grund gewesen, die Haustür zu erhöhen, Treppchen hinunter in das Haus zu bauen und, wenn es gar nicht mehr ging, das Haus neu zu bauen mit einem erhöhten Fußboden. Daran zeigt sich deutlich das Fehlen einer Kommunalverwaltung, die sich des Verkehrs als eines Interesses der Stadtgemeinschaft angenommen hätte. Wir Europäer können uns dieses Fehlen schwer vorstellen. Es war aber noch zur Zeit der Ausgrabung die Regel in fast allen Städten des inneren Orients und nimmt dort erst mit dem Vordringen des Europäertums langsam ab.

Die Beschränkung auf wenige Zubringerstraßen und somit auf wenige Zugänge in die umwehrte Stadt ist zweifellos schon ein Endzustand. Die ausgegrabene Stadtmauer hat einen vorangegangenen gelehrt, bei dem es gar nicht so beschränkt herging, sondern eine Unzahl von Durchlässen den Panzer wie ein Sieb durchlöcherte. Wir nennen dieses in der Nähe des Tabira-Tores gefundene Stück einer 15 m dicken Befestigung aus der Mitte des 2. Jahrtausends „Poternenmauer" (Abb. 60).[51] Sie hat an ihrem Fuße dicht beieinanderliegende enge, stollenartige Pforten, die sich innen verengen und dem Verteidiger erlauben, schnell und in breiter Front zum Kampffeld vor der Mauer zu gelangen. Ist das auch nur eine kriegerische Einrichtung, die wir uns gern auf die ganze, damals noch grabenlose West- und Südwestfront ausgedehnt denken, so liegt ihr doch die Gesinnung zugrunde, daß der Stadtbewohner nicht so völlig von der Außenwelt abgekapselt sein mochte, wie er es später hinter den dichten Mauern mit ihren wenigen

60. Die Poternenmauer.
Die Poternen sind als parallele Tunnelreste im Lehmziegelmauerwerk zu erkennen (zu S.89).

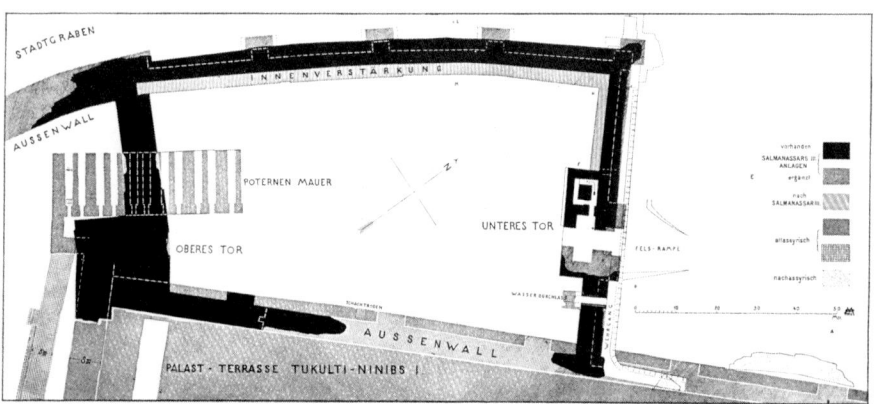

61. Außenhaken der Befestigung am Tabira-Tor.

62. Die Bastionen der Westfront.

Toren war. Hier wehrte er sich seiner „Haut", dort trat er „aus sich heraus". Auf das Menschliche bezogen, ist dieser Unterschied der Festungsanlagen durchaus gleichnishaft und erlaubt einen Rückschluß auf die geistige Haltung der Menschen dieser zwei Zeiten. Jene Poternenmauer-Erbauer liebten den Kampf auf offenem Felde, der so vor sich ging wie der Kampf um Troja, nämlich *vor* den Mauern, in der Ebene, ja vor und im Schiffslager der Achäer, als die Belagerten selbst zu Angreifern wurden (Abb. 62). Die späteren Mauererbauer, wie z. B. die Assyrer Salmanassars III., kämpften *auf* der Mauer. Sie lassen den Angreifer herankommen, bis zur „Haut" ihrer Stadt, die sie so dick und vielfach wie möglich panzern. Den Stadtgraben, den schon Tukulti-Ninurta I. (im 13. Jahrhundert) angelegt hatte, verteidigen sie womöglich schon an dessen feindseitiger Böschung, der Kontereskarpe, jedenfalls aber an der Eskarpe mit der Faussebraie, dem Niederwall, und dann mit Außen- und Binnenwall, die alles andere überhöhen.[52]

Aus den Kampfplätzen vor der Mauer, die es naturgemäß nur an der alten Westfront (also vom Tabira-Tor bis zu den Stelenreihen) gab, d. h. am eigentlichen „Hals" der Stadt, waren bei der Poternenbefestigung Kampfabschnitte gemacht durch weit vorgestreckte starke Bastionen (Abb. 62), die im Augenblick der Gefahr besetzt und flankierend benutzt werden konnten. Ein ordentliches Stadttor dieser Anlage ist nicht erhalten. Das Stadttor des 13. Jahrhunderts hat sich in *einem* Falle nicht in Assur, sondern in Kar-Tukulti-Ninurta, gegenüber von Assur, ergeben (Abb. 63). Es hat einen *längs*gerichteten Torraum, wie z. B. die Tore in Troja. Das ist gegenüber dem babylonischen Stadttor mit seinem breitliegenden Torraum befremdlich. Man wird annehmen können, daß das Tor des frühen 2. Jahrtausends ebenfalls längsgerichtet war, d. h. so aussah wie eine ausgebildete, durch Türme verstärkte *Poterne*.[53] Der Eingang zum Vorhof des ältesten

Ischtar-Tempels besitzt übrigens schon im 3. Jahrtausend diese poternenartige Gestalt, vgl. Abb. 75.

So hat uns ein Entwicklungsweg geführt von der offenen Ursiedlung her, die wie in jeder Urzeit keine Trennung von Innen und Außen kennt. Man wird aber nicht behaupten wollen, daß die Menschen, die heute einen solchen offenen Ort besiedeln, ihn in der Gesinnung der Ursiedler erleben. O. Spengler nennt sie „Fellachen", es sind Epigonen der niedergegangenen Kultur. In Assur könnten es um 1000 n. Chr. einige wirkliche Fellachen, d. h. Landbauern gewesen sein, die turkmenischen Herren, den zengidischen Ata-begs von Mōṣul, hörig waren. Noch später zieht sich jegliche Siedlung von der Stätte Assurs zurück, bis ein Schammar-Schech, von den Osmanen veranlaßt, den mißglückten Versuch macht, seine Beduinen anzusiedeln, und die Kischla von Qalʻat Schergât errichtet, welche bald danach von der osmanischen Domänen- und Heeresverwaltung in Besitz genommen wurde. „Siedlung" kann man die Besatzung dieser kleinen Kasernen nicht mehr nennen. Elf Jahre stellte dann die Grabungsexpedition der Deutschen Orient-Gesellschaft mit einem Teil ihrer Arbeiterbelegschaft die Siedlung von Assur dar.

In einer von E. Unger im Alten Orient 27 (1929) behandelten Keilschrifturkunde aus dem 7. Jahrhundert, der Zeit des Königs Sanherib,[54] werden dreizehn Stadttore mit Namen aufgezählt. Offenbar sind da auch die Pforten mitgezählt, die an den beiden Wasserfronten, der Nord- und der Ostfront, angelegt waren. Von diesen letzteren haben wir nur wenige bzw. keine sicheren Reste gefunden, es sei denn der sorgfältig auf hohem Steinfundament gegründete, mit gebrannten Ziegeln ausgekleidete Raum am Fuße der großen Zikkurrat zwischen den beiden „Massiven" (S. 97, 173), bei dem es indessen nicht klar wird, wie sich von der Treppe zum Tempel- und Palastplateau, die sich in ihm entwickelte, der Torweg weiter gestaltete.

Wir sprachen von drei Einfallstraßen und dementsprechend von drei Hauptstadttoren. In Wirklichkeit sind sieben Torgebäude ausgegraben. Davon gehören vier zweifellos zu einem einzigen Eingangssystem, nämlich zu dem des Tabira-Tores (Abb. 9). Drei von ihnen können zeitweise im 1. Jahrtausend zugleich in Benutzung gewesen sein, das vierte ist ein älteres, im 2. Jahrtausend entstandenes Tor, das im 1. Jahrtausend vielleicht nicht mehr existierte und eingeebnet war. Von ihm ist daher nur die Fundamentplatte erhalten, auf der es einst stand. Die drei anderen sind aus dem 9. bis 7. Jahrhundert und erfüllen die Aufgabe, den an der Nordwestecke der Stadt einfallenden Verkehrsstrom vom Flußarm und von der Landstraße her aufzunehmen. Das eigentliche Tabira-Tor ist durch Inschriften in situ gesichert und läßt die Landstraße ein, das andere öffnet den sogenannten „Außenhaken" nach dem Flußarm zu. Das dritte ist das Binnenwalltor, das man zur Zeit Salmanassars III. (also im 9. Jahrhundert) durchschreiten mußte, wenn man von einem der beiden soeben genannten Außentore kam. Hier vereinigten sich also die beiden Nordwesteinfall-Straßen zu einer und gingen, wenn man dieses übrigens jetzt ebenfalls nur schlecht erhaltene Tor durchschritten hatte, als gepflasterte Gasse längs eines großen Wohnhauses weiter ins Stadtinnere (Abb. 10).

Zwei weitere der genannten sieben ausgegrabenen Tore bildeten den Westeingang; das sind die beiden Westtore im Außen- und im Binnenwall Salmanassars III., die in späterer Zeit das Schicksal erlebten, geschlossen zu werden (Abb. 64).

Das siebente der ausgegrabenen Tore ist das Tisari-Tor. Es muß mit dem Südtor im Binnenwall gleichgesetzt werden.[54] S. 88 wurde schon berichtet, daß es keine Verschlußeinrichtung besaß und erst in Zeiten der Kriegsgefahr verteidigungsfähig gemacht werden mußte. Mit der Verteilung der anderen Tornamen sind wir auf Vermutungen angewiesen, die durch benachbarte, festbenannte Örtlichkeiten zwar gestützt, aber doch eben nicht zu völliger Gewißheit geführt werden. So kann man das *Schamasch*-Tor mit dem „Gerichtstor" zwischen Altem Palast und Anu-Adad-Tempel, das *Tigris*-Tor mit dem verschwundenen Südtor des Außenwalls, das *Illat*-Tor vielleicht mit den Westtoren gleichsetzen. Möglicherweise sind mit Muschlalu-Tor und Zikkurrate-Tor Pforten im Muschlal, d. h. also in der Nordfront, mit Assur-Tor die am Assur-Tempel, d. h. in der Ostfront bezeichnet.

63. Stadttor in Kar-Tukulti-Ninurta.

Das Stadttor ist für die Stadt das, was für das Wohnhaus die Haustür, für Gehöft, Tempel, Palast der Eingang ist: die wichtigste, den Besitz verbürgende Stelle einer Umfassung, die bewacht und behütet ist, Unbefugten den Eintritt wehrt, Befugte ein und aus läßt. Es ist notgedrungen hervorgehoben und wie ein Sinnbild geheiligt. „Tor" geht daher in die Bildlichkeit der Sprache ein als Gleichnis.

Die Wache des Stadttores ist verantwortlich: Ihr Kommandant hält den Abschnitt bis zum nächsten Tor oder von Mitte zu Mitte zwischen zwei Toren. In jedem der gefundenen Tore gibt es einen Treppenraum, der gedeckt ist durch den Wachraum; man gelangt zu jenem durch eine Tür aus dem Wachraum. Mittels der Treppe ersteigt man nicht nur das flache Dach des Torgebäudes und seine zwei Türme, sondern zweifellos auch die Mauerkronen, die in den meisten Fällen etwas tiefer liegen als die Tordachfläche. Denn auf Überhöhung der Verteidigungsabschnitte ist nicht bloß nach vorn, sondern auch nach der Seite, d. h. also in der Linie des Walles Bedacht genommen. Zahlreiche assyrische Darstellungen von feindlichen Festungen lassen auf diesen Aufbau schließen. Natürlich ist dieser nirgends bis zur Mauerkrone erhalten, weil alle Maueraufbauten aus ungebrannten Ziegeln bestanden bis auf die Zinnen, die bisweilen aus gebrannten und glasierten Ziegeln aufgesetzt waren.

Der Abschnittskommandant befehligte bis zu vier Linien. An der West-

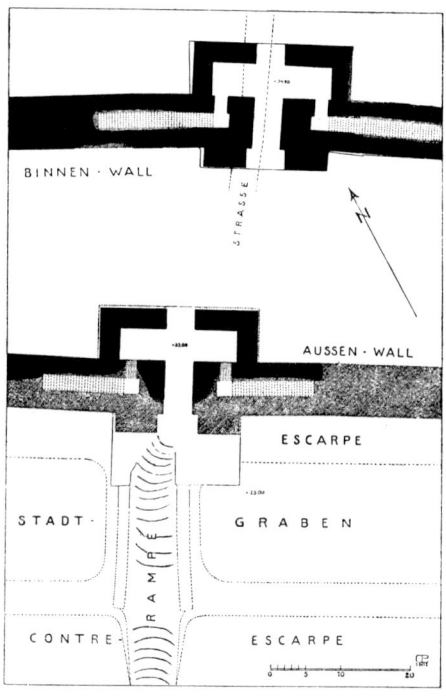

64. Die Westtore (ältere Anlage).

front z. B. die Kontereskarpe *vor* dem Graben, die Eskarpe oder Faussebraie *hinter* dem Graben, den Außenwall und den Innenwall. Im Ernstfall hatte er dafür zu sorgen, daß diese Linien rechtzeitig besetzt und rechtzeitig aufgegeben wurden, die letzten beiden Linien durfte er gewiß nicht aufgeben.

Mit den Mauern Salmanassars III. hat uns die Grabung an der Westfront sehr gut bekannt gemacht. Insbesondere mit dem Binnenwall, der nicht so allen Angriffen des Wetters und der Menschen ausgesetzt war wie der am Rande der steilen Grabenböschung liegende Außenwall. Das Schicksal des Binnenwalls wollte es, daß er noch in guter assyrischer Zeit, im 7. Jahrhundert, aufgegeben wurde und überbaut werden durfte. Wohnhäuser haben sich dann bis an den Außenwall vorgeschoben und dort angenistet, offenbar ein Zeichen des politischen Sicherheitsgefühls, das die letzte Assyrerzeit beherrscht. Der Außenwall wurde damit zum Hauptwall und die Faussebraie zum Außenwall, was sich durch ihre Quaderverbrämung unter Sanherib ausdrückt. Eine der Linien fiel damals also aus. Man glaubte nicht mehr an eine ernsthafte Berennung der Feste Assur. Und man behielt recht, bis 614 v. Chr. der Angriff *doch* kam und ein schwerer Kampf mit Minieren und Breschieren um den Südwall entbrannte, der dem Feinde, den Medern,[55] den Zutritt öffnete.

Der alte Binnenwall war eine gute und sorgfältig berechnete Anlage. Eine Mauerdicke von 7 m ist innegehalten, die oben auf der Krone einen Weg von 5 m Breite anzulegen gestattete. Hinter den Türmen verengte sich derselbe auf etwa 3 m. Die Türme hatten 8–10 m Frontbreite und luden 4 m aus. Das Mesopyrgion,[56] der lichte Turmabstand, maß 29–31 m, hielt sich also innerhalb des gezielten Pfeilschusses. Die Höhe der Wallkurtine[57] wird man mit 11–12 m, die der Türme mit 14–15 m ergänzen können. Der Außenwall war stadtseitig gewiß 3–4 m niedriger, feindseitig hingegen wird er etwa die gleiche Höhe des Zinnenkranzes über der Faussebraie gehabt haben, wie der Binnenwall über dem Stadtniveau. Diese Höhe richtet sich nach der möglichen Länge von Sturmleitern. Eine Mauer, deren Höhe diese Länge übertrifft, wird sturmfrei.

Die Bezinnung hat sich als der am meisten ausgesetzte Teil der Mauer natürlicherweise nirgends in situ erhalten, wohl aber ein Teil der Brüstung (Abb. 183), und zwar an einer spätassyrischen Faussebraie am Tor des Außenhakens unten am Tigrisarm. Sie war in günstiger Weise frühzeitig überbaut und unter dieser Überbauung erhalten geblieben. Da sah man nun noch deutlich, daß für den Schützen der Besatzung nicht nur ein Auftritt und eine niedere Brüstung vorhanden war, auf welcher vorn die Zinnen wie Schild und Schießscharten abwechselten, sondern auch, daß in regelmäßigen Abständen Tiefschußlöcher angelegt waren, die in langgeschlitzten Scharten an der Front unter den Zinnen endeten, also richtige Senkscharten (Abb. 182). Einige dieser Machicouli[58] sind auch an der Faussebraie bei den Westtoren erhalten geblieben. Auf assyrischen Festungsbildern sind Machicouli zwar angedeutet, aber ihre Form ist dort nicht so klar gezeichnet, daß man sie danach hätte ergänzen können.

Besonderheiten der Festungsmauern ergeben sich an den Wasser- bzw. Steilfronten. Die Gestalt der Festungsmauer längs des Tigris bleibt unbekannt, sie wurde ein Raub des Flusses. Man kann nur an der Ostfront des Vorhofes des Assur-Tempels noch ein kurzes Stück ihrer Quaderverbrämung mit geringen Vorsprüngen, also wohl mit Kavaliertürmen,[59] sehen, die Sanherib und Asarhaddon angelegt haben (ergänzt auf Abb. 28). Keine der Wasserpforten, die es doch in größerer Zahl gegeben haben muß, ist uns erhalten. Um so mehr ist erhalten von den eigentlichen Uferbefestigungen, den Kaimauern. Das Hauptverdienst um dieses wasserbautechnische Kunststück hat Adadnarari I., einer der drei großen Herrscher des 13. Jahrhunderts v. Chr. Er ist bezeugt durch die prachtvoll geschriebenen Tontafelurkunden, die in ausgesparten „Kapseln" des Ziegelmauerwerks niedergelegt waren und deren eine in situ gefunden wurde (Abb. 146). Auch Stempelziegel bezeugen ihn. Für die Errichtung dieses Werkes gab es zwei Möglichkeiten: zeitweises Ableiten des Flusses oder Eintreiben starker Spundwände bei Niederwasser und wohlorganisiertes rasches Einbauen hinter diesen Wänden vor dem nächsten Hochwasser. Ich neige mehr zu der letzten Annahme. Man konnte abschnittweise vorgehen. Gewisse Änderungen im Zuge des Kais machen es wahrscheinlich, daß nicht gleichzeitig die ganze Länge in einem Zuge gebaut wurde.

Herbeigeschafft wurden zuerst Kalksteinblöcke von einer Größe bis zu einem Kubikmeter. Sie konnten aus den Mōṣuler Felsbänken entnommen und mit dem Kelek hergeflößt werden. Man hat sie in Asphalt-Lehm-Mörtel geschichtet mit einer leichten Böschung an der Stromseite. Innen lagen sie am Nagelfluhfelsen, der hier zutage tritt (Abb. 145). Diese Blockmauer erhielt stromseitig eine meist meterdicke Ziegelverkleidung, die mit äußerster Sorgfalt in fast reinen heißen Asphalt verlegt ist. In Abständen von verschiedener Weite wird sie nach innen mit dem Blockmauerwerk durch einbindende Quermauern verzahnt. In diesen „Zähnen" wurden die obengenannten „Kapseln" gefunden, d. h. quadratische Aussparungen des Ziegelwerkes, in denen die Tonurkunden niedergelegt waren. Dieses Ziegelwerk hat dem Wogenanprall glänzend standgehalten. Erst die Hinterspülung hat verursacht, daß es fiel. Vor dem Expeditionshaus endet das von der Nordspitze her zu verfolgende Stück der Kaimauer. Alles weitere wurde Raub des Flusses, der weiter südlich ganz erhebliche Teile des Stadtgebietes weggefressen hat, so z. B. fast das ganze Prinzenpalais und das Südwalltor (siehe S. 48, 208 und 228).

Es wird denkbar, daß der Bau der Kaimauer bei einem viel niedrigeren Gesamtwasserstand des Tigris erfolgt ist, d. h. daß die Kieselgeschiebe die Flußsohle erhöht haben; dadurch wäre erklärt, daß heute auch bei Niedrigstwasser die Sohle der Kaimauer nicht ermessen werden kann; sie liegt zu tief.

Die Kaitreppen schmiegen sich in die Uferlinie der Ziegelmauer ein. Sie sind so schmal, daß gerade ein Mann sie begehen kann, genügen aber, um den Verkehr zwischen Boot, Kelek und Kaigasse zu ermöglichen (S. 42).

Kaimauern aus Ziegeln gab es auch an der Nordfront. Ein kurzes Stück, von Assurnasirpal II. durch Ziegelstempel bezeugt, liegt am Fuße der großen Zikkurrat frei und liefert den Beweis, daß hier Wasser floß: jener Tigrisarm, der an der Westseite der Assurebene und östlich am Festhaus vorbeiging.

Die *Nordfront* nimmt jedoch noch anderweitig eine Sonderstellung ein: Sie ist sturmfrei oder sturmfrei gemachte Steilfront, von Natur begünstigt durch den Absturz des Sandsteinfelsens und der Nagelfluh, welche die Platte bilden, auf der Assur steht. Dieser Absturz war natürlich-zerklüftet. Unterhalb der großen Zikkurrat, beim Alten Palast und beim Anu-Adad-Tempel lag je eine solche Kluft. Nach dem Tabira-Tor hin verlor sich die Steilheit von dem scharfen Knie ab, den der Flußlauf dort bildete (Abb. 41). Die Klüfte schaden der Sturmfreiheit. Man mußte sie füllen, wenn sie geschlossen bleiben sollten, oder bewehren, wenn sie als Pforten ausgenutzt werden sollten. Aus der Torliste wissen wir von solchen Pforten beim Assur-Tempel, am Muschlal und beim Anu-Adad-Tempel. Am Fuße der großen Zikkurrat gehörte zu einer solchen Pforte wohl der sehr gut gebaute Raum, von dem aus sich der steile Aufweg zum Tempel hat entwickeln können, eben der *Muschlal* (Abb. 65). Diese Stelle der Festung hat ihren besonderen Reiz auch noch als Ruine (Abb. 66). Gewaltig erhebt sich das Zikkurratmassiv hinter der Kluft, die rechts und links zwei steile, hocherhaltene Lehmziegelmassive als Wände hat (Abb. 67). Vorn ist sie von einem ungeheuerlich starken und breiten Fundament aus vielen Schichten gelber Kalksteinblöcke und Quader geschlossen, auf dem einst eine die beiden Lehmziegelmassive unten verbindende Festungsmauer und eine Pforte stand (Abb. 68). Asarhaddon benennt diese Stelle mit dem alten Namen „Muschlal", was vielleicht „steiler Aufweg" bedeutet.[60] Hier war seit alten Zeiten ein Werk vor das andere gelegt. Asarhaddons Vorgänger bauten ganz drinnen in der Kluft, mehr an den Felsabfall angeschmiegt. Das Vorverlegen der Mauer schaffte zudem oben einen Raumgewinn von 50 m. Man konnte dann bequem vom Assur-Tempel nach dem Alten Palast gelangen, während früher die Zikkurrat hart an die obere alte Randmauer stieß und dem Vorbeigehen vermutlich hinderlich war. Sie trennte damals Tempel und Palast mehr als gut schien; man konnte zwischen beiden nur auf der Stadtseite der Zikkurrat verkehren.[61] So ergab es sich, daß die Mauern wie Schalen eine vor die andere gesetzt sind und eine Art von Krustenwachstum darstellen. Ganz oben steht der Rest einer frühesten Randmauer, die man wegen der dabei gefundenen pilzförmigen Tonurkunde (Abb. 69) Assur-rim-nischêschu zuschreiben möchte, der um 1400 baute. Auch ein Puzur-Assur (um 1480) kommt hier in Frage, dessen Pilzurkunde (Abb. 70) ebenfalls in der Nähe lag.

Das westliche der beiden genannten Lehmziegelmassive, von uns „Westmassiv" benannt, erfüllt für den Alten Palast eine ähnliche Aufgabe, wie die soeben geschilderten „Schalen" für die große Zikkurrat es tun: es erweitert den Platz vor dem Palast. Denn als Front, als Vorderseite des Palastes galt nicht die Stadtseite, sondern diese von der Stadt abgewandte, ins Freie hinausblickende. Auch das Westmassiv hat Schale vor Schale erhalten. Es birgt einen sorgfältig aus Backsteinen gemauerten Wasserabfallschacht[62] und neben ihm in der Kluft liegt eine ebenfalls aus Backsteinen gemauerte Wassertreppe anderer Zeit. Beide dienen der so notwendigen Regelung der Abwässerung, ohne die starke Gewitterregen, wenn sie ungebändigt wirken, gewaltigen Schaden im Lehmziegelmauerwerk anrichten können. Zeitweise wird der Anblick der großen Zikkurrat zwischen den Massiven so gewesen sein, wie ihn die auf S. 61 gegebene Zeichnung wiederzugeben versucht (Abb. 40).

Wie die Ursiedler sich in dem Winkel zwischen Nord- und Ostfront eingerichtet haben, wissen wir nicht. Es müssen Menschen einer sehr frühen Zeit gewesen sein. Wo die Ausgrabung im Stadtgebiet auf den gewachsenen Felsen stieß, bald in geringer, bald in ungeheurer Tiefe, traf sie selten auf Spuren, die eine Bewohnung dieser Felsfläche wahrscheinlich gemacht hätten: Löcher und Feuerstätten einfachster Art. Zufallsfunde, wie die Stücke von Gipsplättchen mit Ritzzeichnungen (Abb. 71 a–d), könnten in die Vorgeschichte gesetzt werden, weil die Zeichnungen wohl magisch wirken sollten: nur große Augen und ein Nasenstrich.[63] Ein ähnliches Gipsplättchen (Abb. 72) gibt eine Frau wieder, die dem Umriß nach den frühen Tonfiguren gleicht. Gänzlich fehlen die vorgeschichtlichen Steinwerkzeuge, die bei der langen Dauer der Ausgrabung und dem häufigen beobachtenden Begehen aller natürlichen und künstlichen Geländerisse zweifellos hätten gefunden werden müssen.[64]

Man wird vermuten dürfen, daß die Ursiedler zuerst bis zur Nordostspitze vordrangen und dieses gut gesicherte Kap einnahmen. Ihr Führer wird sich dort eingerichtet haben. Die Stätte wurde geheiligter Brennpunkt. Der Gott Assur nahm später hier Wohnung. Ein zweiter Brennpunkt der sich erweiternden Siedlung dürfte da gelegen haben, wo die Ischtar-Tempel errichtet waren. Es ist die Stätte der weiblichen, mütterlichen Gottheit.[65] – Das sind Rückschlüsse. Es fehlt uns der Beweis, daß sich die beiden Stätten in der Ursiedlerzeit wesentlich vom übrigen Stadtgebiet unterschieden, etwa dadurch, daß sich dort kultische Feuerstätten und dergleichen häufen.

Auch diese frühe geschichtliche Zeit ist uns in Assur nur an vereinzelten Fundstellen bekannt, und zwar an den soeben genannten, insbesondere am Ischtar-Tempel. Einmal ist die alte Schicht auch unter dem Alten Palast angetroffen worden und durch Tontäfelchen bezeugt. Sie fehlt uns gänzlich im übrigen Stadtgebiet und an den Rändern, an denen man Reste der alleraltesten Befestigungen zu finden gewünscht hätte.

So läßt sich das Problem des inneren Organismus der Stadt erst für verhältnismäßig späte Zeit zur Lösung führen. Trotzdem kann man sich die Ursiedlung keineswegs formlos, ziellos, ungeordnet vorstellen. Eine bestimmte Gestalt, ein Einrichten auf ein gewisses Ziel, eine Ordnung des Siedelns ist schon von der Natur der Stätte vorgeschrieben. Diese Natur schimmert auch heute nach viertausendjähriger Besiedlung und nach fast

66. Die Muschlal-Ruine von Norden.

65. Treppenraum im Muschlal.
Der Raum am Fuße des Felsens unter der großen Assur-Zikkurrat ist schon in der Mitte des 2. Jahrtausends entstanden und war zum Teil mit Scherben bemalter Gefäße aus dieser Zeit angefüllt. Die Wände stehen auf hohen Bruchsteinsockeln und sind sehr sorgfältig mit gebrannten Ziegeln verkleidet.

67. Die rechte Muschlal-Bastion.
68. Verstärkungen und Blockmassiv Asarhaddons am Muschlal.
In den vielschichtigen Fundamenten aus Muschelkalkblöcken, die vorn in eine sorgfältige Quaderung ausgehen, liegen Reihen von Inschriftblöcken verteilt. Die Bauinschrift Asarhaddons (681–669) geht über mehrere Blöcke hinweg.

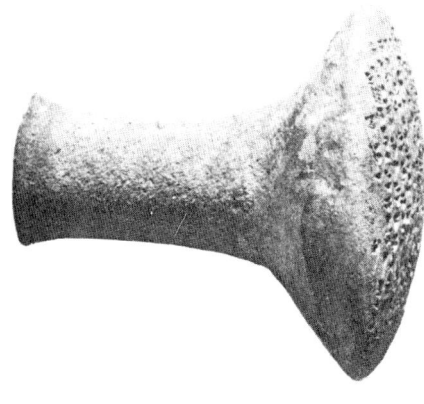

69. Pilzförmige Bauurkunde Assur-rim-nischêschus (1411–1402). ca. ²/₅ nat. Größe.

70. Bauurkunde Puzur-Assurs III. (1490–1477). ca. ³/₈ nat. Größe.
Tonurkunden in Pilzform haben sich aus den Tonnägeln entwickelt, die im sumerischen Bau eine große Rolle spielen. Vgl. z. B. die Tonnägel vom Tell el obed bei Ur und an den Tempeln in Uruk.

71a–d. Vier Gipssteinplättchen, etwa ¹/₂ nat. Größe mit Ritzzeichnung.

72. Gipssteinplättchen, etwa ¹/₂ nat. Größe, mit Ritzzeichnung einer Frau.

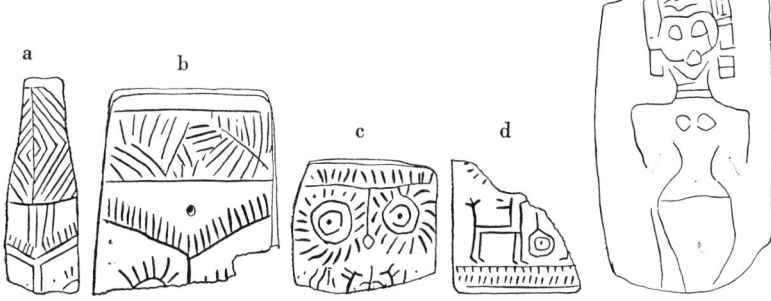

zweitausendjährigem Ruinenschlaf noch durch die Schuttdecke hindurch: Die Nordostspitze, der Nordabfall, die Flußfront sind als gestalt-, ziel-, ordnunggebend ohne weiteres zu erkennen. Sie würden auch heute der Siedlung äußere Gesetze vorschreiben. In Urzeiten und in den geschichtlichen Zeiten, die wir hier betrachten, gaben sie jedoch obendrein geistige Gesetze, d. h. an bestimmten Punkten empfanden die Siedler das Wirken des Göttlichen, mit dem sie in ihrem Entwicklungsstand enger als wir Heutigen verbunden waren, besonders stark und unterwarfen sich ihm. So sehen wir dieses Wirken an der Nordostspitze, wo Assur, der göttliche Führer des Volkes, als anwesend, so die festen Punkte, wo späterhin Enlil, Anu, Adad längs der Nordfront, Sin und Schamasch weiter im Innern und Ischtar, als das weibliche, mütterliche Prinzip, näher nach der Stadtmitte zu als wirkend empfunden wurden. Dieses Wirken verändert seinen Grad wiederum mit der Zeit. Urständig ist es zweifellos in den alten Zeiten, in denen die Heiligtümer Assurs und Ischtars begründet wurden. Enlil, Anu, Adad, Sin, Schamasch traten, soviel wir wissen, erst tausend Jahre später auf den Plan. Ihre Tempel sind mehr verstandesmäßig als empfindungsmäßig in das Stadtbild eingegliedert.

Eine eigentliche Akropolis hat es in Assur bis zur Partherzeit nie gegeben. Aber ein breiter Streifen längs des nördlichen Steilabfalls war bevorzugtes Gebiet. Ebenso war es die Ostfront am Tigris. Am Steilabfall liegen die großen Tempel und Paläste; am Tigris war in sehr später Zeit, unter Sanherib, ein Kronprinzenpalais errichtet, außer welchem sich dort nichts Wesentliches von den sicherlich einst vorhandenen Großbauten erhalten hat.

Es ist gewiß der Ausdruck einer besonderen Seelenhaltung, daß Priesterfürsten und Götter so wenig vom Volk abgeschlossen werden, wie es hier geschah. Der Priesterfürst ist Mittler zwischen Volk und Göttern; deshalb wohnt er mit dem Volk und in einer Reihe von Göttern. Zu keiner Zeit war man auf den Gedanken gekommen, die Palast- und Tempelreihe etwa durch eine Festungsmauer gegen das Stadtinnere abzuschließen.[66]

Durch das Eingreifen der Stadtfürsten und späterhin durch das der Könige, die für Paläste und Tempel gewaltige Erdbewegungen anordneten, sind die alten, langsam entstandenen Wohnschichten auf weite Flächen hin tief hinab gestört und vernichtet. Als Tukulti-Ninurta I. (1244–1208) die Terrasse für den „Neuen Palast" baute, ließ er, wie urkundlich bezeugt wird,[67] allen alten Schutt bis zum gewachsenen Fels hinab beseitigen, um auf durchaus sicheren Baugrund zu kommen. Die Grabung hat uns an verschiedenen Stellen davon überzeugt, daß er diesen Plan gewissenhaft ausführen ließ. Ebenso sorgfältig ist die große Zikkurrat des Enlil-Assur von ihrem ersten Erbauer gegründet. Unter ihrer Sohle liegt keinerlei Ruinenboden mehr. Für den Alten Palast waren die Baugräben nach Möglichkeit bis zum gewachsenen Sandstein- und Nagelfluhfels hinab- und in diesen hineingetrieben. Da, wo der Fels tiefer absank, begnügte man sich mit ebenso tief wie jene geteuften Gräben, füllte aber ihre Sohle metertief mit Nagelfluhkies, so gewissermaßen den gewachsenen Fels vortäuschend. Sehr tiefe, starke Gründungen sind auch am Hauptgebäude des Assur-Tempels gefunden. Sie sind um 1900 von Iluschuma und Irischum angelegt (Abb. 73). Bei diesen Baugrabengründungen bleiben Raumkerne stehen, an denen alte und älteste Schichten studiert werden können, naturgemäß aber nur wenig Zusammenhang zu erzielen ist.

Von der Ursiedlung war also, das ist das Ergebnis dieser Betrachtung, gerade auf diesem wichtigsten Streifen des Stadtgebietes nur ganz wenig übriggeblieben. Ein größerer Zusammenhang ergab sich nicht. Selbst die Baulichkeiten und Wohnschichten des 3. Jahrtausends sind den Großanlagen des 2. und 1. Jahrtausends zum allergrößten Teil geopfert. Zwischen Assur-Vorhof und großer Zikkurrat und an der Südseite der letzteren liegen Fundamente von Gebäuden und Kraggrüfte, die noch eben ins Ende des 3. Jahrtausends gehören können, und in den stehengebliebenen Raumkernen innerhalb der Baugräben der archaischen Uranlage des Alten Palastes fanden sich Schichten und Tontäfelchen, die man mit dem ältesten Ischtar-Tempel in das 3. Jahrtausend v. Chr. hinaufdatieren kann. Das ist alles.

Stadtfürsten und Fremdherrscher

Die Zeit kurz nach 3000 v. Chr., die wir soeben streiften, muß in Assur wie im sumerischen Süden von Mesopotamien zu straff organisierter Gemeindebildung geführt haben, d. h. die politische Führung tritt, wahrscheinlich notgedrungen, mehr und mehr hervor. Sie ist nicht mehr identisch mit der geistlichen Macht, dem Priestertum, von der sie sich wohl zu Anfang der frühdynastischen Zeit getrennt hat. Die ältesten Herrscher von Assur waren „Könige, die in Zelten wohnten",[68] also wohl Nomaden, vielleicht schon Amoriter. In jener Zeit um 2500 v. Chr. war Assur stark vom Westen, insbesondere von der Stadt Ebla (Tell Mardich) abhängig.[69] Danach gehörte es zum Reich der akkadischen Könige und der Herrscher von Ur.

Die archaischen Ischtar-Tempel

An der einzigen Stelle, wo die Ausgrabung auf zusammenhängende Reste aus dem Beginn des 3. Jahrtausends gestoßen ist, hat sich der früheste Tempel von Assur in der sogenannten Schicht H, als der untersten, ergeben, ein „churritischer" Breitraum mit Längsachse, also jene Tempelform, die nachher durch alle Zeiten bis Salmanassar III. und vielleicht noch bis Sin-scharischkun für Ischtar zuständig blieb.[70] Die fast unveränderte Erneuerung dieses Urtempels in der Schicht G ist einer feindlichen Zerstörung zum

Opfer gefallen (Abb. 75). Sein Balkendach ist verbrannt, sein Inhalt geplündert und zerschlagen worden. Die großen Tongefäße, Tonaltäre sowie die Steinbildwerke blieben entzweigeschlagen und zerdrückt an Ort und Stelle (Abb. 74, 85). Sie lehren aber außerordentlich viel: die Inneneinrichtung eines Kultraumes, die kultischen Gepflogenheiten, das Aussehen der Bewohner von Assur in der Zeit von etwa 2800/2700 bis 2200 v. Chr. Kurz nach 2200 dürfte die Katastrophe hereingebrochen sein, welche den Tempel zerstörte. Es ist die Zeit des Endes der großen Akkade-Dynastie, wie wir glauben; denn ein ungewöhnlich schönes, lebendiges Köpfchen gehört zu den Bildwerken der Schicht G, das man der hohen Akkade-Kunst zuweisen möchte (Abb. 76, 77).[71] Am heiligen Orte hatten sich gewiß mehrere Jahrhunderte lang auch ältere Bildwerke wohlbehütet gehalten, sie lagen neben jenem schönen, verhältnismäßig jungen Stück (Abb. 78–84). Ihre Entsprechungen haben sie und die jüngeren in den Funden von Chafadschi, Tell Asmar (Eschnunna), Ur und Lagasch. Es sind kleine Stand- und Sitzbilder aus Gipsstein bzw. Alabaster, die durch die Zottenröcke und Zottengewänder gekennzeichnet sind. Das waren sehr wahrscheinlich Schafpelze, die man mit dem zottigen Fell bald nach außen, bald nach innen umgetan hat.[72] Im ersteren Fall sind sie ganz zottig gegliedert, im zweiten glatt und haben oben (oder unten) einen Zottensaum. Die Männer bleiben oben bis zum Gürtel nackt, die Frauen bisweilen am rechten Arm und an der rechten Brust.

Die Männer sind kahl rasiert, in einem Fall blieb ein Kinn- und Backenbart stehen. Die Frauen tragen große breite Haarschöpfe. Die Hände sind gefaltet, die Füße unbekleidet. Augen waren aus farbigen Steinen eingesetzt, bisweilen auch Augenbrauen und Stirnlocken.

Solche Kleinbildwerke (von weniger als 50 cm Höhe) standen wahrscheinlich auf niederen Lehmziegelbänken an den Langwänden des Kultraumes. Man kann sich ihre Vorbilder, die Priester und Priesterinnen der Ischtar, vorstellen, wie sie den Kultraum vom Vorhof her betraten, der eng und winkelig war; wie sie zuerst ein Tieropfer schlachteten auf dem kleinen Blutbecken in der Mitte des Kultraumes; dann an einem großen Wassergefäß die Libationsbecher füllten und ihr Trankopfer ausgossen über Blumen und Früchten, die in hohen Tonständern steckten. Andere Gaben, wie Brot und Fleisch vom Opfertier, legte man auf die Dächer der kleinen Tonhäuschen, die wohlgeordnet vor der kleinen, fast ganz offenen Kultkammer der Göttin standen (Abb. 85, 86). Man kann in der Kultkammer noch ein niederes Postament erkennen, auf dem sich vielleicht das Kultbild der Göttin befand. Es ist die Zeit, in der man begann, die Gottheit in Menschengestalt darzustellen. Vielleicht sah das Kultbild so aus, wie ein in der Schicht H gefundenes kleines bemaltes Gipsrelief einer Frau, deren Gewand über die nackte Figur gemalt ist (Abb. 87).[73]

Jene Tonhäuschen sind Meisterwerke der Tonbildnerei und -brennerei,

73. Tiefe Stein- und Lehmziegelfundamente des Assur-Tempels.

74. Der Kultraum des Ischtar-Tempels der G-Schicht von Nordosten gesehen.

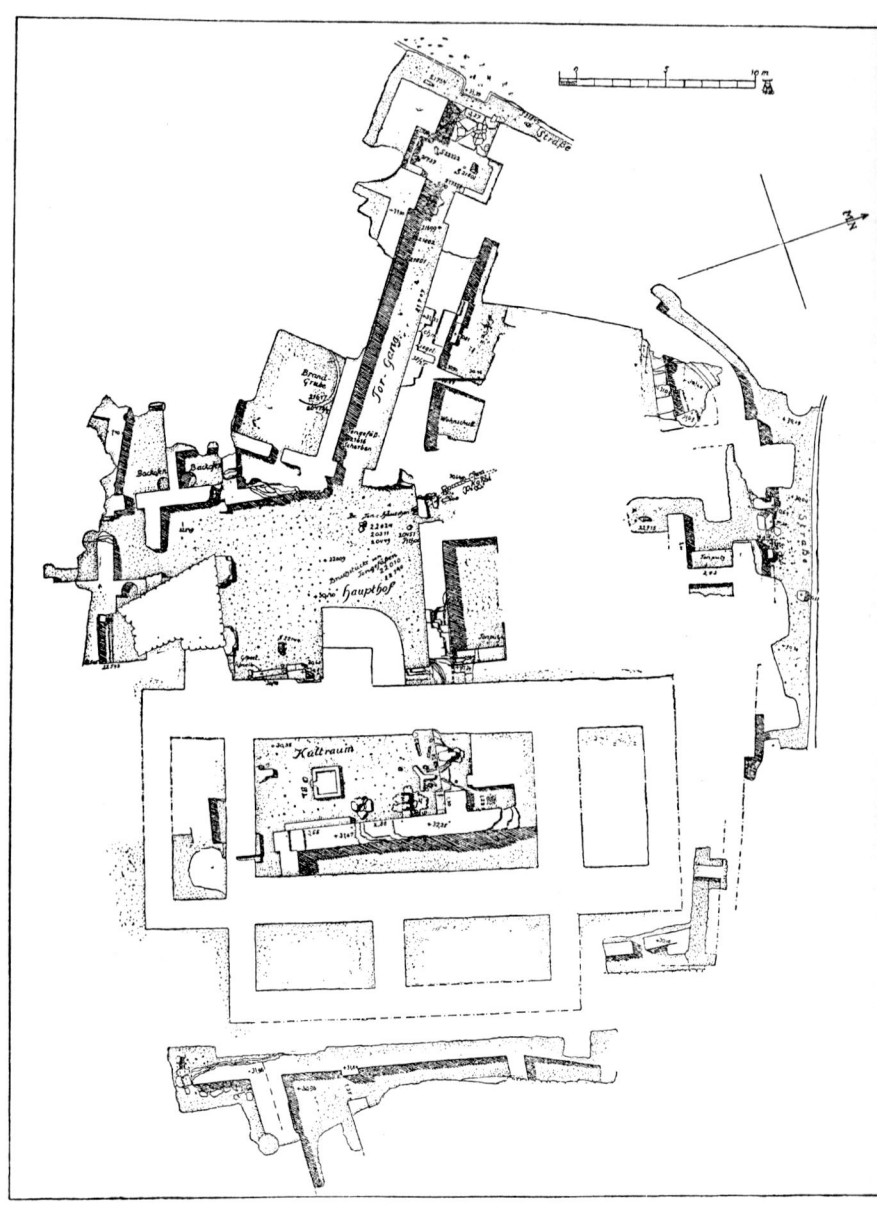

75. Plan des Ischtar-Tempels der Schicht G, darübergelagert der Tempelplan der Schicht E. Vgl. Abb. 74, 76–84, 90, 92, 94, 95. Das Nähere über den Tempel der archaischen Schichten siehe WVDOG 39 (1922).

76 u. 77. Alabaster-Köpfchen. ca. 1:1.
78. Köpfchen einer Statuette. ca. 1:1.
Aus dem Ischtar-Tempel der G-Schicht.

79 u. 80. Gipsstein-Statuette einer Frau. H: 45 cm.

Die Statuettenfragmente, Abb. 76–80, befinden sich in Berlin, Staatl. Museen, Abb. 76, 77 = VA 6980, Abb. 78 = VA 8162, Abb. 79, 80 = VA 8141.

81 u. 82. Gipsstein-Statuette einer Frau. H: 65 cm.
83 u. 84. Gipsstein-Statuette eines Mannes. H: 46 cm.

Aus dem Ischtar-Tempel der G-Schicht. Die Statuetten, Abb. 81–84, befinden sich in Berlin, Staatl. Museen, Abb. 81, 82 = VA 8144, Abb. 83, 84 = VA 8142.

85. Wiederherstellung des Kultraumes im Ischtar-Tempel der G-Schicht. Vgl. Abb. 74, 76–84, 90, 92, 94 u. 95.

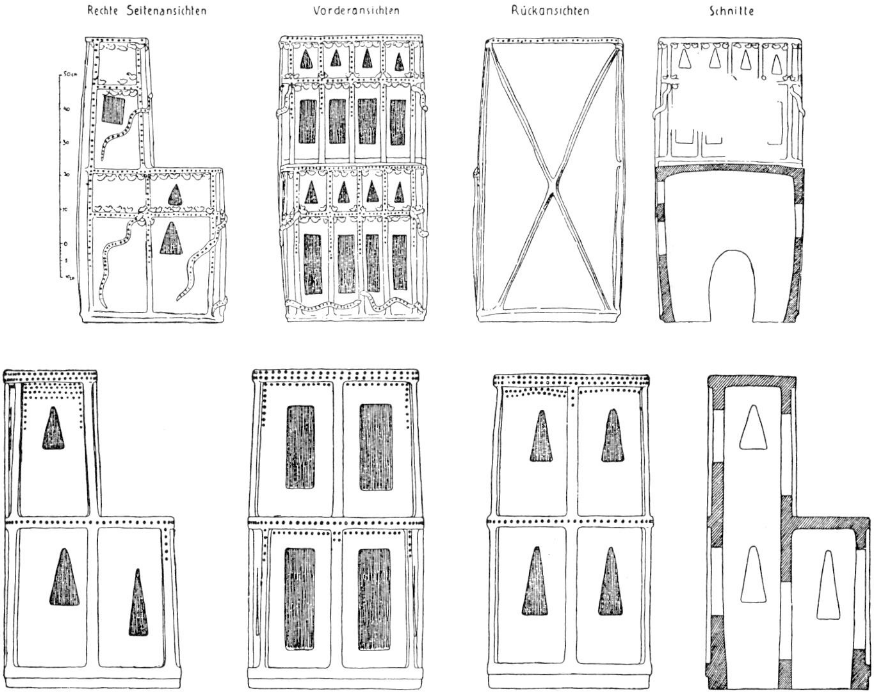

Rechte Seitenansichten Vorderansichten Rückansichten Schnitte

86. Tonhäuschen als Altäre.

87. „Relief" aus bemaltem Gipsstuck aus der H-Schicht. Aufbewahrungsort: British Museum.

50–80 cm hohe, merkwürdig gestaltete „Modelle" von Häusern, deren genaue Vorbilder uns fehlen. Diese Häuser hatten zwei gleich große Breiträume, die hintereinanderliegen und meist durch eine Tür oder eine breite Bogenöffnung miteinander verbunden sind. Der vordere Raum ist nicht niedrig im Verhältnis zu Breite und Tiefe, der hintere jedoch ist doppelt so hoch, also turmartig. Nach vorn und bisweilen auch nach der Seite sind die Wände von vielen Fenstern durchbrochen.[74] Ein besonderer Eingang ist nicht hervorgehoben. Die Rückwand ist fensterlos und an einigen Häuschen diagonal verstrebt. Die Dächer sind flach. Sonderbar sind die Rippungen der Wände, die waagerecht und senkrecht aufgesetzt und mittels eines spitzen Stichels punktiert sind. Die Rippung erscheint wie ein Sparrenwerk, ist es aber gewiß nicht. Man möchte vielmehr an eine Konstruktion aus Rohrbündeln denken, an welche die dahinterliegenden Matten- oder Stoffwände angenäht waren. Daher die Stichelung der Rippen. Der nächste Verwandte solcher Häuschen scheint im Sumererlande gelebt zu haben, wo neuerdings in Uruk vielrippige Tempelmodellchen gefunden wurden, die dort um 3000 v. Chr. datieren. Uralte Überlieferung erhielt sich also in diesem Kultgerät über die Zeit hinaus, in der auch wirklich so gebaut wurde. – Als Kultgerät wird es durch die an- und aufgesetzten Tiere: Vögel (Tauben?), Schlangen, Löwen (Hunde?) gekennzeichnet. Der Kultgebrauch des Tonhäuschens ist durch Siegelbilder überliefert: Es steht zwischen Kultbild der Gottheit und Beter, und zwar dergestalt, daß letzterer die Vorderseite des Häuschens vor sich hat und auf die Dächer die Opfergaben niederlegt. Dieser Stellung des Häuschens entspricht der Fundzustand. Weitere Kultgeräte sind Räucherständer und kleine Tonherde. Erstere gleichen den hohen Blumen- und Fruchtständern (Abb. 88), letztere sind niedriger und breiter; ihre Körper sind hyperboloidisch eingezogen, mit Ritzungen geschmückt und von drei- oder viereckigen Luftöffnungen durchbrochen. Oben wird eine Räucherschale, die vielfach durchlocht ist, aufgesetzt oder gleich anmodelliert. Der Gebrauch ist damit eindeutig bestimmt.[75]

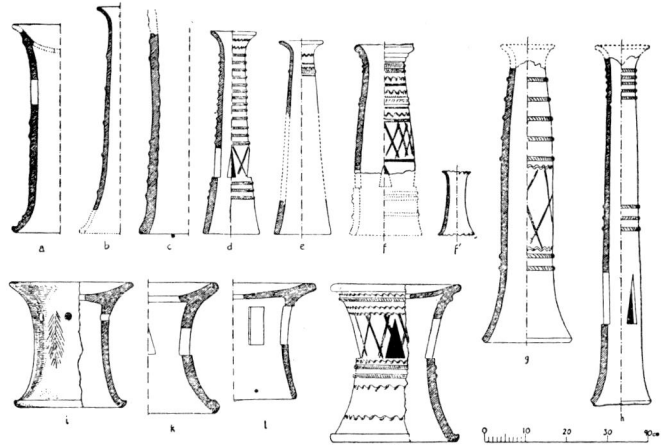

88. Räucherständer, Herdständer. Vgl. Abb. 85

Daß der Göttin auch wertvolle kleinere Schmuckstücke, wie Perlenketten und elfenbeinerne Figürchen, geweiht wurden, zeigen verstreut herumliegende, vom Feind nicht erraffte Stücke derselben.

So hat man also vom Leben in diesem Tempel eine deutliche Vorstellung erhalten, wie sie sich in den jüngeren Heiligtümern nicht wieder so vollständig gewinnen ließ. Große Ähnlichkeit hat dieses ganze Tempelinventar mit den jüngst gefundenen in Chafadschi am Dijala, in Eschnunna (Tell Asmar), beide östlich von Baghdad, und in Mâri (Tell Hariri) am mittleren Euphrat südöstlich von Dêr ez-Zôr.[76] Zahlreiche kleine Steinbildchen sind auch dort gefunden. Die Physiognomik und die Gewandbehandlung (Zottenmäntel) sind für diesen mittel- und nordmesopotamischen Kreis bestimmend und gegenüber den Bildwerken aus dem sumerischen Süden unterscheidend.[77]

Namen sind nicht überliefert bei den Figuren aus Assur; in Mâri hingegen tragen einige derselben semitische Inschriften. Aus der Zeit dieser mit Zottenröcken bekleideten Menschen von Assur stammt jedoch vermutlich die Alabastervotivplatte mit der Inschrift eines Mannes namens Ititi.[78]

Auf die Zerstörung der Schicht G folgt in Assur die Niedergangszeit der Schicht F, bezeugt durch kümmerliche kleine Bauwerke auf den Ruinen des Ischtar-Tempels. Im Gegensatz zu den fundamentalen Lehmziegelbauten der früheren Zeiten stehen die Häuser jetzt auf Steinfundamenten, und man glaubt an diesem unscheinbaren Material eben die andere Art der siegreichen Eindringlinge, der Gutäer, zu erkennen. Es waren Leute aus den Bergen, die sich an das Steinbauen gewöhnt hatten. Die Katastrophe vollzog sich nach 2200.

Ein Jahrhundert später, im 21. Jahrhundert, war der Süden erneut zur Oberherrschaft über Assur gelangt. Wiederum bezeugt es die Bauweise, aber auch Schriftwerk und Bildwerk. Wir nannten die in dieser Zeit entstandene, klar von den älteren und jüngeren zu scheidende Schicht: E. Der Herrscher über Assur, Zariqum, der inschriftlich auf einer Votivplatte aus Gipsstein überliefert ist und am Ischtar-Tempel gebaut hat, nennt sich ,,Suzerän" des Amar-Sin von Ur (um 2000 v. Chr.); die III. Dynastie von Ur hatte also ihren Machtbereich so weit nach Norden ausgedehnt, daß Assur ihr pflichtig war.

Der Ischtar-Tempel entstand nunmehr neu an der gleichen Stelle wie der alte in den Schichten G und H, und über dem gleichen ,,churritischen" Grundrißschema, jedoch größer und stärker. Es gehört zu den wunderbarsten Erscheinungen, wie treu solche kultischen Gestaltungen über jahrhundertelange Vernichtung hinübergerettet und überliefert werden. Die einzige Zutat, die der Kultraum, ein breitliegender Langraum mit der Kultnische an der Schmalwand, erhielt, sind Turmvorsprünge am Eingang, zu denen eine kleine Freitreppe emporführte (Abb. 89). Wieder ist nach südmesopotamischer Art *ohne* Steinfundament gebaut.

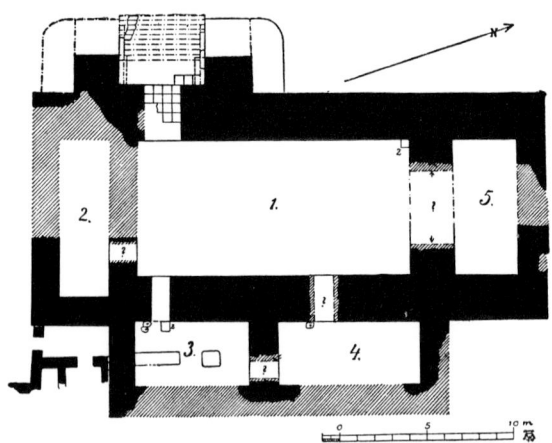

89. *Grundriß des Ischtar-Tempels der Schicht E.*
Vgl. Abb. 74, 76–84, 90, 92, 94 u. 95.

Eine Alabasterstatuette, Ass. 20070 (Abb. 90), von 87 cm Höhe gehört offenbar zu diesem Tempel. Gewandtracht und Haltung entsprechen denen der Bildwerke der III. Dynastie von Ur. Eine Inschrift trägt sie nicht. Der obengenannte Zariqum[79] könnte in diesem Bilde dargestellt sein, ebenso im Relief (Abb. 91).

Vom Tempelinventar der E-Schicht ist sonst nichts erhalten. Jedoch kamen aus den Schuttschichten, die den Tempelvorplatz nach und nach erhöhten, Tonfiguren und Tongefäßscherben ans Licht. Der Schutt enthält viel Asche und Tierknochen. Man darf ihn für Opferschutt halten, der aus dem E-Tempel herausbefördert worden ist. So haben wir für die Gefäßprofile und Ritzungen sowie für die Gestalt der weiblichen Figuren eine sichere Datierungsmöglichkeit[80] (Abb. 95). Die sogenannte große Schultervase, ein Eimergefäß ohne Henkel, mit Fuß, breiter Öffnung, scharfer Schulter, eine Form, die schon in die G-Schicht hinaufreicht, wird jetzt gang und gäbe und findet sich neben scharf profilierten Schalen und Becherflaschen auch in den Gräbern dieser Zeit (Abb. 92).[81]

Diese Gräber sind die frühesten in Assur gefundenen, die mit historischen

90. Gipsstein-Statuette des Zariqum (?). H. 87 cm.
Diese Statuette aus der Ur III-Zeit befindet sich in Istanbul.

91. Gipsstein-Relief. Sitzender Herrscher(?) und Diener.
H: ca. 50 cm.
Gipssteinplatte, Ass. 2488. Aufbewahrungsort: unbekannt.

92. Grabinhalt um 2000 v. Chr.

Schichten in Beziehung gesetzt werden können. Es sind *Erdgräber*, bei denen die Toten nach dem beistehenden Querschnittsschema (Abb. 93) in einem Hohlraum an der Sohle des Schachtes beigesetzt wurden mitsamt ihren meist zahlreichen Beigaben an Tongefäßen der genannten Form, Kupfergefäßen und Kupfergeräten. Über dem Schacht oder dicht bei ihm haben die Hinterbliebenen einen niedrigen Herd aus Lehmziegeln und Lehmputz hergerichtet, auf dem sie mehrfach ein Totenfeuer unterhielten, offenbar eine Erinnerung an sehr frühe Leichenfeiern, bei denen der Tote am häuslichen Herd ruhen mußte. Ein Grab dieser Art, Ass. 20504, enthielt vier Bestattungen, vermutlich diejenige eines reichen Mannes mit seiner Familie. Vier Perlketten ließen sich unterscheiden, drei mit Lapislazuli-Siegelrollen, deren Bilder in die Zeit um oder kurz nach 2000 v. Chr. weisen (Abb. 22).[82] Der Inhalt eines weiteren Erdgrabes (Ass. 2305) ist auf Abb. 92 wiedergegeben; hier sind Kupferklingen und -äxte, Straußenei und Fritte-Tierfigürchen (Ziegenböcke oder Gazellen) zu erkennen neben Tongefäßen der geschilderten Art.

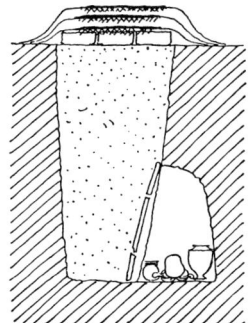

93. Erdgrab, Ende 3. Jahrtausend, Querschnitt.

Unter den Tonfiguren herrschen die weiblichen, meist nackt gebildeten, vor. Daneben gibt es Bruchstücke von Streitwagenbildern, von denen auf Abb. 94 ein vollständiges Exemplar wiedergegeben ist. Auch der bärtige Mann, der je ein Wurfholz in beiden Händen zu halten und einen Turban auf dem Kopf zu haben scheint,[83] kommt hier, wie überall im Stadtgebiet, vor. Überhaupt sind diese Tonfiguren für die Fundstätte im Tempel (und auch sonst) weniger wesentlich als für die Schicht, die ihren Terminus ante quem bestimmt. Man weiß also hier z. B., daß die genannten und eben in *dieser* Gestalt auftretenden Figuren bis zur Zeit des E-Tempels und nicht später entstanden sein müssen. Denn über den Schichten und Opferschuttanhäufungen im Vorhof liegen jüngere, nun schon zum Tempel der D-Zeit und noch späterer Epochen gehörige Schichten. – Über den Sinn dieser massenhaft hergestellten Figuren ist schon viel gesagt und gedacht worden. In den „Archaisch. Ištar-Tempel", S. 85, ist z. B. ausgesprochen, die weiblichen Figuren könnten irgendwie die Göttin Ischtar meinen. Ich möchte das heute allgemeiner fassen: Es galt hier, wie in aller frühen Kunst, das *Wesentliche* festzuhalten, hier aber das *Wesen des Weiblichen,* sei es das Jungfräuliche, das Bräutliche, das Mütterliche, das Matronenhafte, auch das Kämpferische. Daß die Göttin diese Wesensteile in sich vereinigt, ist klar. Deshalb brauchen die Figuren aber nicht die Göttin darzustellen. Hat man eine solche Figur in der Hand, so hält man das dargestellte *Wesen,* das hier Erscheinung wurde. So etwa kann die Absicht und der Sinn dieser Figuren meines Erachtens gedacht werden. Entsprechend Sinn und Absicht der anderen Figuren, der männlichen, der Tiere, der Wagen, der Klinen usw.[84]

94. Streitwagen-Terrakotta. H: ca. 15 cm.
95. Tonfiguren der E-Schicht, um 2000 v. Chr.
Die Tonfiguren entstammen der Schicht des Tempels der E-Schicht. Sie sind daher für die Chronologie wichtig. Vgl. auch das Wagenidol Abb. 94.

In die E-Schicht oder noch früher wird auch das leider nicht inschriftlich datierte *große Haus* gehören, das unter dem Sin-Schamasch-Tempel (Planquadrat f 6) liegt. Die frühe Datierung erzwingen Erdgräber und eine Gruft, die in den Ruinen seiner Mauern und höher als sein Fußboden liegen. Die Gruft hat ein unechtes Gewölbe aus vorgekragten Ziegelschichten, die am Ende des 3. und am Anfang des 2. Jahrtausends üblich waren. (So sind in Ur die Königsgrüfte der III. Dynastie von Ur Kraggrüfte, und in Assur werden Kraggrüfte bei der Anlage der ältesten Enlil-Zikkurrat durchschnitten.)

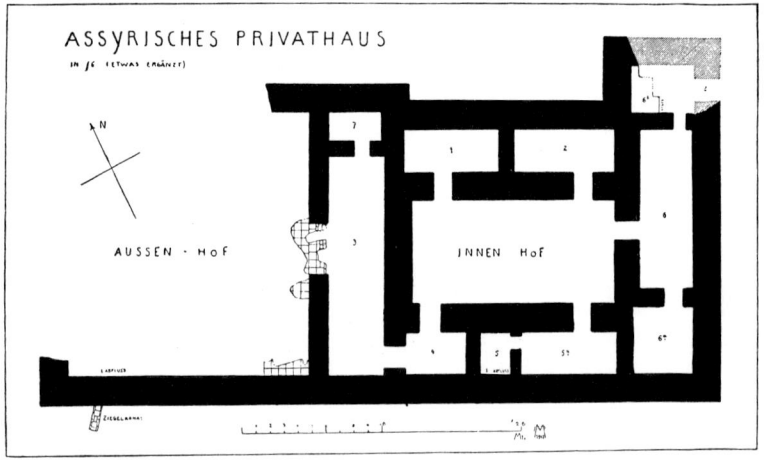

96. Grundriß des archaischen (akkadischen) Wohnhauses.
Das Wohnhaus liegt tief unter dem Sin-Schamasch-Tempel. Die ausgegrabenen Teile scheinen uns keinen Tempelcharakter zu erweisen.

Der Fußboden des Hauses liegt mehr als 4 m unter dem spätassyrischen des Sin-Schamasch-Tempels.[85] Das Haus ist ungewöhnlich groß (Abb. 96), es hat, soweit ausgegraben, über 900 qm Grundfläche, einen Außenhof von 300 qm, sehr sorgfältige Ausführung der Mauern, des Gipsmörtelputzes, des Fußbodenpflasters, das aus elligen Ziegelplatten oder Gipsmörtel-Estrich besteht. Nach Nordosten hin hat es sich weiter fortgesetzt, seine Südwestgrenze und die Westecke des Hofes sind von der Grabung erreicht. Nicht bekannt ist der Hauseingang, den man an der Nordost- oder Nordwestseite des Außenhofes vermuten möchte. Die Längsachse weicht 60° von der Nordrichtung ab.[86]

Befand man sich im Außenhof, so sah man im Südosten einen 3,50 m breiten Eingang in einen Breitraum. Sonderbarerweise ist die Außenmauer, durch die er führt, vergleichsweise dünn (1,20 m), während die Mauern des Innenhofs fast 2 m dick sind. Ob dieser daher als bedeckter Raum erklärt werden soll, wäre zu erwägen. Doch weicht er sonst nicht von den babylonischen Innenhöfen der Wohnhäuser ab. Ein großer Breitraum liegt an seiner Südostseite. Ähnliche Wohnhausanlagen mit zwei Höfen sind uns im spätassyrischen Assur bekanntgeworden, wir kommen auf sie S. 240f. zu sprechen. Die Benutzung denkt man sich wohl am besten so, daß im großen Vorhof und in dessen anliegenden Räumen der Verkehr mit der Außenwelt sich abspielt. Der Männerversammlungsraum (das Selamlik der alten Osmanen) ist dann wohl der Breitraum mit der breiten Tür, der eine kleine Geheimkammer an der linken Seite hatte, vielleicht das „Büro" des Hausherrn. An der rechten Seite konnte der Herr in die „inneren Gemächer" verschwinden durch den geknickten Eingang, der in den Innenhof führt. Dieser war wohl den Frauen und der Familie zugeteilt. Die kleinste Kammer (5) an der Südwestseite dürfte das Bad gewesen sein; sie ist durch die Außenmauer entwässert, wie übrigens nach der gleichen Seite hin auch der Außenhof. Im Südwesten grenzt also entweder Straße oder Platz an.

Der altassyrische Staat

Um 1900 v. Chr. begründete Puzur-Assur I., vielleicht im Gegensatz zu einer churrischen Vorherrschaft, ein selbständiges (akkadisches) Reich von Assur, das durch mehrere Generationen bestand. An den Bauten findet sich aber noch der nördliche (churrische?) Einfluß.[87] Das zeigen die Steinblockfundamente, die am Ischtar-Tempel der D-Schicht und am Assur-Tempel Iluschumas, eines Herrschers der Puzur-Assur-Dynastie, wiedergefunden wurden. Iluschuma hat den Akkadern, also den Südmesopotamiern, „die Freiheit festgesetzt". Vielleicht geht gerade daraus das Machtgefühl der neuen Dynastie hervor. Sie gibt den Besiegten die Freiheit. Was darunter zu verstehen ist, kann den ziemlich lakonischen Inschriften Iluschumas nicht entnommen werden.

Auch Irischum, Iluschumas Sohn, ist durch zahlreiche, aber meist nur kurze Inschriften bezeugt, insbesondere am Assur-Tempel, dem verständlicherweise die liebevolle Fürsorge des Herrschers zugewandt war. Leider ist uns das Verständnis einzelner Bauteile, die in den Inschriften mehrfach genannt werden, nicht erschlossen.[88] Irischum baute auch den Adad-Tempel und an der Stadtbefestigung den schon S. 97 genannten Muschlal. Seine Nachfolger Ikunum und Scharrukîn-Sargon I. (um 1800) haben nur wenige Inschriften hinterlassen. Man möchte daraus schließen, daß sie wenig Gelegenheit gefunden haben, sich in Assur zu betätigen.

Die mit der Hand geschriebenen Ziegelinschriften dieser Zeit, insbesondere diejenigen Irischums, sehen oft aus, als sei der Wind in sie gefahren; die kalligraphische Geschlossenheit fehlt ihnen (Abb. 97). Etwas besser sind die gestempelten und die wenigen überlieferten Steininschriften.[89] Merkwürdig ist da eine in Spiegelung geschriebene, jetzt in Berlin befindliche, des Salimachum.[90] Eine solche Ungebundenheit glaubt man auch an den

97. Irischum-Ziegelinschrift.

98. Vorratsraum vor dem Assur-Tempel.
Die Tonfässer sind zumeist ausgepicht und bisweilen mit eingeritzten Zeichen markiert. Manche trugen Keilinschriften der Zeit des Irischum oder Iluschuma (Anfang 2. Jahrt. v. Chr.) an den Rändern. Sie dienten der Aufbewahrung von Flüssigkeiten oder Getreide.

Baugepflogenheiten dieser Zeit zu erkennen. Unsere Kenntnis erstreckt sich allerdings nicht auf die großen Bauformen, von denen wir durch die Grabung wenig erfuhren. Wir kennen sorgfältig mit Erdpech abgedichtete Kanäle und andere Wasseranlagen, wissen, daß Brunnen mit trapezförmigen Ziegeln gebaut sind und sorgfältige Türangeleinrichtungen bestanden. Auch ein Vorratsraum (Abb. 98) mit großen verpichten Tonfässern wurde bekannt. Er gehört zum Bezirk des Assur und kam unter dem jüngeren Vorplatz des Tempels zum Vorschein. – An den Festungsmauern erhielten sich nur unzusammenhängende kleinere Teile aus dieser frühen Zeit, was bei der ausgesetzten Lage ihrer Bauwerke nicht erstaunlich ist. Die Späteren haben sie zum Teil beseitigt, zum anderen Teil überbaut.

Der assyrische Handel erstreckte sich unter den Herrschern von Irischum über Scharrukîn-Sargon I. (um 1800) bis zu dem weiter unten erwähnten Schamschi-Adad I. (1749–1717) weit nach Nordwesten, bis an die Küsten des Schwarzen Meeres. Das Zentrum der assyrischen Handelsniederlassungen war das karum = Markt/Kaufmannschaft bei Kanesch (modern Kültepe), der späteren, ersten hethitischen Hauptstadt Nescha.[91] In Assur sind mehrere kappadokische Tontafeln aus der Zeit des Sargon I. gefunden worden, die das bezeugen.

Die Zeit, welche auf die soeben betrachtete „national-assyrische" (akkadische) folgte, brachte für Assur wiederum südliche (westsemitische, babylonische) Elemente, wenn nicht sogar südliche Vorherrschaft, wie um 1700 durch den berühmten Hammurabi (1728–1686). Zuvor herrschte aber in Assur der sehr aktive Schamschi-Adad I. (1749–1717), ebenfalls ein Westsemite und Rivale Hammurabis. Von ihm sind in Assur eine Reihe von Bauinschriften erhalten geblieben, die mit den Tempeln in Assur in Beziehung stehen und sich der Kalligraphie der Hammurabi-Zeit befleißigen.

Der Assur-Enlil-Tempel

Eine lange Alabasterinschrift Schamschi-Adads I. (Abb. 99, 100) ist für den Bau des Enlil-Tempels *E-am-kurkurra*, Stempelziegel und einige Türangelsteine waren für den Assur-Tempel bestimmt und sind in dessen Pflaster gefunden worden. Schamschi-Adad baute auch in Ninive und am Euphrat (in Tirqa).[92] Die Bauten entsprechen der Machtfülle und Gestaltungskraft dieses Herrschers und seiner Zeit.

Die Gestalt, welche Schamschi-Adad I. dem Heiligtum des Staatsgottes Assur gegeben hat, blieb mit geringen Änderungen erhalten, bis Assyrien unterging. Wenig weiß man, wie wir sahen, über die Gestalt des älteren Tempels, der inschriftlich von Irischum und Iluschuma (um 1850) bezeugt wird. Einige von Schamschi-Adad und den Späteren um- und überbaute Fundamentreste aus vielschichtigem Bruchsteinmauerwerk, der genannte Vorratsraum im Vorhof, das ist alles.[93] Von Schamschi-Adads Bau hinge-

99 u. 100. Schamschi-Adads I. Alabaster-Tafel. ca. 1:7.

gen erhielten sich zum vollkommenen Fundamentplan (Abb. 105) noch die Türeinrichtungen, Ziegelpflaster und Rampen des Hauptgebäudes und die rundstab- und rillengeschmückten Wände der den Vorhof umgebenden Räume (Abb. 101). Es macht Freude, dem sorgfältigen Bauen dieser Zeit zuzuschauen: Die Luftziegel bestehen aus reinem Lehm, die Backsteine sind sorgfältig geformt und gebrannt. Die Stempelinschriften auf den Ziegeln (Abb. 102) sind wie die ausführlichen Bauinschriften auf Alabastertafeln und die kurzen Weihinschriften auf den Türangelpfannen aus hartem Kieselstein sorgsam und schön ausgeführt (Abb. 103). Es ist in jeder Hinsicht ein vorbildlicher Bau.

Schon damals hat der Hauptbau des Tempels seine langgestreckte rechteckige Gestalt zunächst nur mit zwei, dann, als der südwestliche unter Salmanassar I. im 13. Jahrhundert v. Chr. angebaut wurde, mit drei Höfen bekommen. Seine nordwestliche Langseite liegt unmittelbar an dem Steilhang, der hier mit dem Tempel gleichgerichtet ist und starke Festungsmauern an- und aufgesetzt erhielt. Der Bau ist 110 m in der SW-NO-Richtung lang und 60 m in der NW-SO-Richtung breit. Das Aneinanderreihen der drei Höfe gibt ihm die überlange Gestalt. Von den drei Höfen ist der nordöstliche ganz gewiß der wichtigste; an seiner Nordostseite liegt der eigentliche Kultbau für Assur. Er hat vom Vorhof her ein monumentales Tor und ihm gegenüber ein gleiches nach der nordwestlichen Außenseite, wo sich also längs der Festungsmauer am Steilhang eine Straße befunden haben muß. Der Vorhof lag fast 2 m tiefer als der Tempelhof. Eine kurze Rampe überwand diesen Höhenunterschied (Abb. 104). Nach erfolgtem Anbau des Südwesthofes war der Mittelhof der kleinste der drei Innenhöfe. Durchgänge verbanden ihn gewiß mit den beiden anderen. Er hat seinen Ausgang ursprünglich wohl nach Südwesten gehabt, später aber besitzt er keinen unmittelbaren Ausgang. Die nicht sehr großen Räume, die ihn um-

101. Rundstab-Mauerwerk im Vorhof des Assur-Tempels.

102. Ziegel-Inschrift Schamschi-Adads I. L: ca. 15 cm.

103. Türangelstein Schamschi-Adads I.
Die Türangeleinrichtungen Schamschi-Adads I. bestehen zumeist aus dichten großen Flußkieseln, die in einen größeren Gips- oder Kalkblock eingekittet sind.

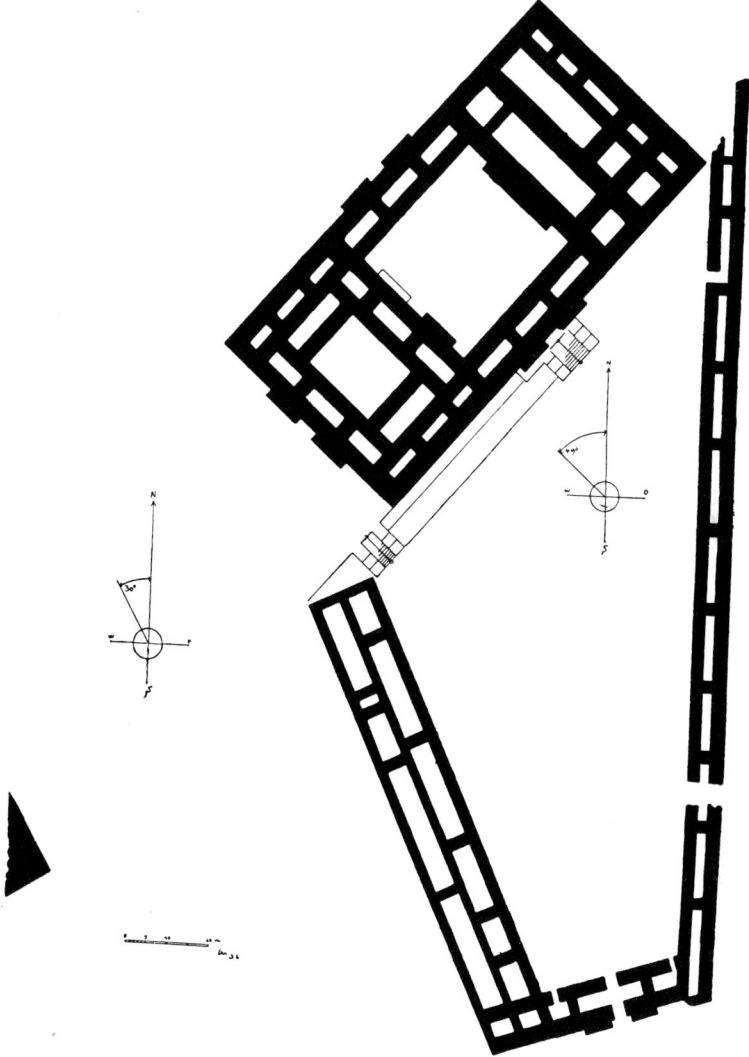

105. *Assur-Tempel Schamschi-Adads I. vor Anbau des südwestlichen Innenhofes.*
104. *Torrampe mit Podium-Wangen.*
Der Zugang vom Vorhof zum Haupthof (und zum Südwesthof) des Assur-Tempels hatte etwa 2 m Höhenunterschied zu überwinden. Die Rampe, die dazu angelegt ist, wird beiderseits begleitet von gestuften Wangen. Die Wangenstufen bilden podiumartige Flächen. Deren Wände sind bekleidet mit glasierten Ziegeln, die zum größten Teil aus einem älteren Adad-Tempel hierher verpflanzt waren. Viele von ihnen tragen Inschriften des Königs Tiglatpilesar III. (745–727). Die Schmelzfarbengemälde verherrlichen die Taten des Königs in ähnlicher Weise, wie es auch die Alabasterreliefs tun. Leider sind sie beim Verpflanzen in Unordnung geraten und haben überdies stark von der Erdfeuchte gelitten. Vgl. Farbige Keramik aus Assur, Tafel 6.

geben, sind untereinander ziemlich gleichwertig. Man kann vermuten, daß sie wie Kapellen den Göttern, die hier im Schutze Assurs verehrt wurden, zur Wohnung dienten. Das ist in Tempeln der großen Götter der Brauch. Wir kennen es vom Marduk-Tempel in Babylon, vom Ischtar-Tempel in Assur, vom Assur-Tempel in Kar-Tukulti-Ninurta her.

Der dritte, südwestliche Hof aus dem 13. Jahrhundert v. Chr. hat wie der Haupthof zwei monumentale Ausgänge nach Nordwesten und nach Südwesten. Der letztere bedurfte wiederum der Rampe vom Vorhof her. Die erhaltenen Reste sind spätere Zubauten aus dem Beginn des 1. Jahrtausends. Hier ist der Fundort zahlreicher wichtiger Tontafelurkunden.[94]

Der *Vorhof* bekam wie der Tempel bis ins einzelne hinein schon unter Schamschi-Adad I. seine Gestalt: Eine doppelte Raumreihe, die seine Westseite bildet, setzt in der Südecke des Tempels an, eine einfache Raumreihe ihr gegenüber bei der Ostecke. Im Süden verbindet die beiden eine kurze Raumreihe, in welcher das Südtor gelegen haben wird. Von diesem ist nur später Erneuertes erhalten.

So erhielt der Haupttempel von Land und Stadt Assur die Grundgestalt, die mit geringen Änderungen mehr als ein Jahrtausend erhalten geblieben ist. Mit ihm auch sein Vorhof in seiner sonderbar vieleckig-schiefwinkligen Grundfläche, die sich offenbar von vornherein dem Gelände anpassen mußte. Was vor Schamschi-Adad I. hier gelegen hat, war durchaus nicht klein und unmonumental, es hat aber nicht vermocht, sich in der weiteren Entwicklung auch nur annähernd so stark und herrisch durchzusetzen wie die Anlage jenes offenbar sehr großartigen Herrschers.[95] Ein schönes Beispiel für das Wirken einer großen Persönlichkeit über seine eigene Epoche hinaus. Das Bauen dieser Zeit hing an alter Überlieferung, deren Zeugen in Eschnunna, in Kisch, in Uruk u. a. südlichen Ruinen stehen und einigermaßen erforscht sind. Die Zeit des Hammurabi hat Anteil an der Entwicklung dieser Monumentalität.

Das wenige, das vom Inhalt und vom Aufbau des Tempels über dem Fußboden erhalten geblieben ist, zeugt nicht bloß von hohem handwerklichen Können, sondern auch von Sinn für harmonische Raumgliederung und Größe der Massenverteilung. Die Wandgliederung ist die altgeheiligte südmesopotamische mit Rillen und Rundstäben (Abb. 101). Letztere sind mit übergroßem Durchmesser und in kunstvollem Fugenschnitt errichtet.

Der Bau hat die bösen Zeiten einer Fremdherrschaft überdauert. Wenn er auch verfiel, es blieb doch so viel von seinen Fundamenten erhalten, daß in den Zeiten der Wiedergeburt des Assyrerreiches auf ihnen aufgebaut werden konnte. Insbesondere im 13. Jahrhundert unter starken Herrschern, wie Salmanassar I. und Tukulti-Ninurta I., erstand der Assur-Tempel genau auf dem alten Grundplan.

Die kultische Einrichtung dürfte ebenfalls von dem großen Schamschi-Adad gestiftet worden sein. Wir können sie nur notdürftig aus der Anordnung der Räume erschließen. Auf den ersten Blick unterscheidet sich dieselbe kaum von derjenigen südmesopotamischer Tempel, es sei denn durch die doppelte Zugänglichkeit von zweien der drei Höfe. Die Gruppierung von Breiträumen an den Höfen ist die gleiche wie im Süden des Landes. Auch im Kultraumtrakt ist das anscheinend nicht anders. Wir glauben jedoch, daß der Kultraum, obwohl er wie der Vorraum ein Breitraum ist, als Langraum aufgefaßt werden muß, d. h. daß seine kultische Achse wahrscheinlich nicht nach Nordosten, sondern nach Nordwesten gerichtet war. Das Götterbild würde so im Kultraum gestanden haben, daß der sich nahende Beter es im Nordwesten erblickte. Diese Auslegung der Baureste gründet sich auf das Fehlen der flachen Kultnische (die in Babylonien schon in den Fundamenten angelegt worden wäre). Ein solcher „churrischer" Kultraum[96] sollte da, wo das Kultbild steht, hier also an der nordwestlichen Schmalwand, eine Nische oder eine Kammer mit sehr breiter Öffnung haben, die wie eine Nische wirkte. So wenigstens ist es in den Ischtar-Tempeln der H-, G- und E-Schicht und bei Tukulti-Ninurta I. aus den Aufbauten nachgewiesen (also bald nach 3000, um 2000 und im 13. Jahrhundert). Hier am Assur-Tempel ist der Raum, wenigstens in den Fundamenten, frei von allem Einbau. Zwingend ist es daher nicht begründet, daß das Kultbild an der nordwestlichen Schmalwand stand.

Bewährt sich ein Vorschlag G. Martinys,[97] so hat der von Sanherib im 7. Jahrhundert im Südosten der Kulträume vorgebaute Vorhof einen richtigen assyrischen Langraum aus dem churrischen Kultraum gemacht. Eine solche Umwandlung ist nicht unmöglich. Wiederum kann man nur nach Fundamenten urteilen, Aufbauten sind nicht vorhanden. Daran, daß das Kultbild an der gleichen Stelle wie früher stehen und die Kultrichtung erhalten bleiben konnte, gewinnt die vorgeschlagene Ergänzung an Wahrscheinlichkeit. Weiteres darüber auf S. 224. Die Bestimmung der übrigen Tempelräume der alten Anlage ist noch zweifelhaft.

Bewundernswert ist auch die Bildkunst dieser Zeit des Schamschi-Adad.[98] Es gab in Assur sehr bedeutende Herrscherbilder aus Diorit, dem härtesten vulkanischen Gestein, das sich in Mesopotamien beschaffen läßt und das mächtige Herrscher mit Vorliebe verwendet haben, um ihre Taten und ihre Person zu „verewigen". Der Stein ist fast porenlos und läßt sich auf Hochglanz polieren. Es wurden Teile von vier solchen Bildwerken in Assur gefunden (Abb. 106–110), keines freilich durch Inschrift datiert. Der große Torso, das besterhaltene Stück aus Assur, Ass. 7332 (Abb. 107), gefunden bei der Ostecke der Nordost-Zikkurat des Anu-Adad-Tempels, hat Kopf und Füße verloren. Am Hals ist die Kette aus dickel Kugelperlen erhalten, das Haupthaar war kurz geschnitten, der Schopf fehlt, der Vollbart ist flachsträhnig. Das Gewand ist mit äußerster Knappheit an den Leib gelegt. Es läßt die rechte Schulter und den rechten Arm frei. Man kann es am Rücken nur an den fein geschliffenen Linien des Fransensaumes erken-

106

107 108

106–110. Teile von Diorit-Statuen der Akkade-Zeit.
Abb. 106 H: ca. 48 cm; Abb. 107, 108 H: 1,37 m; Abb. 109 H: 1.35 m; Abb. 110 ca. 1:4. Die Statue und die Fragmente aus der Akkade-Zeit befinden sich in Berlin, Staatl. Museen, Abb. 107, 108 = VAAss. 2147.

nen. Die Muskulatur schimmert durch. So waren auch die beiden anderen Standbilder gestaltet. Vom einen (Ass. 17661, gefunden im Tigris, Abb. 109) sind nur die rechte Schulter und der rechte Arm, vom anderen (Ass. 12908 und 13002, gefunden östlich des Ischtar-Tempels Abb. 106) beide Schultern und Teile der Brust in vielen Splittern erhalten. Ein rechter Ellenbogen von einem vierten Standbild, Ass. 9935, ist im Stadtgebiet aufgelesen worden (Abb. 110).[99]

Die große Zikkurrat

Die sumerisch-babylonische Zweiheit: Hochtempel-Tieftempel,[100] die seit dem 4. Jahrtausend (in Uruk z. B.) begründet ist und dort die kultische Totalität ausdrückt, besteht in Assur zunächst nicht. In der eigentlichen Bedeutung auch nicht unter Schamschi-Adad I., obwohl sehr wahrscheinlich zu seiner Zeit die große Zikkurrat errichtet wurde. Deren Richtung weicht jedoch um 19° von der des Assur-Tempels ab. Nach seiner großen Alabastertafelinschrift erneuert Schamschi-Adad I. einen Enlil-Tempel „inmitten seiner Stadt Assur" und nennt ihn *E-am-kurkurra*, d. i. „Haus des Wildstieres der Länder". Schon Irischum I. hatte ihn gegründet. Zu diesem Enlil-Tempel und nicht zum Assur-Tempel gehört die Zikkurrat. An der Ruine der Zikkurrat sind tatsächlich die untersten Schichten bis zu etwa 2 m Höhe aus anderem Lehmziegelmaterial hergestellt als die oberen, von Salmanassar III. gebauten und durch Inschriften in situ bezeugten Mauermassen des Massivs. Und zwar sind jene älteren Lehmziegel denen des Schamschi-Adad I. in den Assur-Tempelfundamenten ähnlich, wenn nicht gleich.[101] Zu Füßen dieses Hochtempels kann der zu ihm gehörige Tieftempel vermutet werden. In Betracht kommt für seine Lage nur die ebene Fläche nordöstlich der Zikkurrat; denn nach dem Steilabfall im Nordwesten ist kein Raum, im Südwesten steht der alte Palast, den wir auf S. 138f. sogleich kennenlernen werden, im Südosten lehrte die Tiefgrabung das Fehlen eines solchen Heiligtums. Dieses wurde jedoch auch im Nordwesten nicht gefunden. Kleine Wohnhäuser, deren türenlose Grundmauern am Südrande der genannten ebenen Fläche aufgedeckt wurden, kommen als Enlil-Tempel nicht in Betracht, wiewohl sie jener Zeit angehören könnten.[102]

Mehr Wahrscheinlichkeit, ein Enlil-Tempel zu sein, würde ein Grundriß auf der ebenen Fläche nahe am Steilrand im Nordwesten haben, etwa an der Stelle des parthischen peripteralen Tempels. Leider ist dieser aber auf den blanken Nagelfluhfelsen gebaut, und die alten Bauschichten, die einst hier gelegen haben müssen, sind säuberlich beseitigt, bis auf einige tiefer gelegene Reste an der Nordecke dieses Peripteros. Die Reste von Räumen gehören in der Tat zu einem monumentalen Bau des 2. Jahrtausends, sind jedoch dem Ende des Jahrtausends zuzuweisen, da sie nicht mit Ziegeln des Formats der Schamschi-Adad-Zeit errichtet sind. Die Richtung dieses Baues ist die gleiche wie die des Assur-Tempels, weicht also um die genannten 19° von der Zikkurrat ab. Damit wird es wiederum fraglich, ob wir hier einen Enlil-Tempelrest vor uns haben.[103]

Ganz unbabylonisch und unsumerisch wäre auch die verschiedene Gebäuderichtung, welche die Zikkurrat und den Assur-Tempel voneinander scheidet. Es ist im Süden des Landes ganz wesentlich, daß die zusammengehörigen Hoch- und Tieftempel gleich orientiert sind. Hier in Assur wurde später wohl erst in mittelassyrischer Zeit die Zikkurrat dem Assur zugeeignet, wohl oder übel nahm man die Richtungsverschiedenheit mit in Kauf.[104] Assur als der oberste Gott verleibt sich gewissermaßen die Kräfte des Enlil ein und wird eins mit ihm, so wie er zweimal sich den Marduk von Babylon assimilierte: unter Tukulti-Ninurta I., der Babylon im Jahre 1234/33 eroberte, und unter Sanherib, der im Jahre 689 den gleichen Erfolg hatte. Die baulichen Anlagen sind dafür ebenso starker Ausdruck wie mehr oder weniger prunkende Siegesinschriften, die wir von beiden Herrschern mit Bezug auf diese Ereignisse besitzen.

An der Enlil-Assur-Zikkurrat versuchten wir nicht bloß diese *Datierungsfragen* zur Beantwortung zu führen, sondern bemühten uns um *Aufbau, um Auf- und Zugang*. Ein alter, wohl von Rassams Leuten angelegter Stollen wurde jetzt bis in die Mitte der Zikkurrat-Basis hineingetrieben. Er lehrte, daß dieselbe auf dem gewachsenen Boden steht, und zwar mit einem etwa 2–3 m mächtigen Lehmziegelmauerwerk vom Charakter der Bauten Schamschi-Adads I. Dieses erstreckt sich bis an die Außenkanten und Ecken. Etwa 2–3 m von den Ecken entfernt liegt in diesem Mauerwerk, das zum Untersuchen von uns abgetragen wurde, ein „Kissen" von Perlen, Seemuscheln und Steinsplittern (Abb. 112), aber keine Urkunde dabei, die

111. Die Zikkurrat-Ruine von Süden.

112. Perlen-Muschel-„Kissen" in der alten Enlil-Zikkurrat.

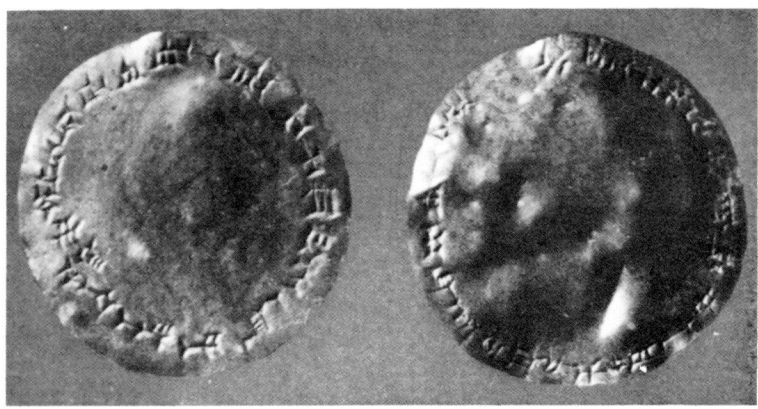

113. Goldurkunden Salmanassars III. ca. 1:1.

114. Goldurkunde z. T. in Perlen.

Der altassyrische Staat   133

man doch nach der analogen Entwicklung in der höheren Schicht Salmanassars III. hätte erwarten können. Salmanassar hat solche Perlen-Muschel-„Kissen" nahe an allen vier Ecken angelegt und sie belegt mit je einer kreisrunden Gold- und Silberscheibe von 6 cm Durchmesser, welche die Weihinschrift tragen. An drei von den Ecken (Süden, Osten, Norden) sind diese erhalten und gefunden (Abb. 113, 114). Die Inschriften lauten: „Für Assur, seinen Herrn, hat Salmanassar (III.) (dies) gestiftet, zugehörig zur Zikkurrat."

Man mag es bedauern, daß uns nicht auch die Urkunden zum älteren Bau in die Hände gefallen sind. Aber der Schluß aus der Art des Mauerwerks führt zu hochgradiger Gewißheit des zeitlichen Ansatzes. Darüber noch ein Wort: Im Laufe der elfjährjgen Ausgrabung von Assur sind uns so viele Bauten aus allen Zeiten begegnet, an denen das Baumaterial studiert werden konnte, daß selbst der unscheinbare lufttrockene Lehmziegel zum „Leitfossil" wurde. Wir achteten nicht bloß auf die Formate, Länge, Breite, Dicke, sondern auch auf die Güte und Farbe des Lehms und des Lehmmörtels, der die Ziegel im Mauerwerk verband; wir setzten diese Eigenschaften in Zusammenhang mit festen Inschriftdaten und mit anderen archäologisch bestimmbaren Funden bildnerischer oder keramischer Art und erhielten so ein System von Baumaterialeigenschaften, das man beim Fehlen jener anderen Daten nun seinerseits zur Zeitbestimmung verwenden konnte und durfte. Die Schlußfolgerung aus dieser Beobachtung hat natürlich, wie jede andere, ihre Grenzen, die man jederzeit wohl beachten muß.

In unserem Falle zeichnet sich das Lehmziegelmaterial aus durch Reinheit und „Fettigkeit" des gelben Lehmes, der im trockenen Zustand große Härte erreicht. Auch als Mörtel wird dieser reine Lehm verwendet. Das Ziegelformat ist das bereits genannte quadratische; Länge und Breite messen 34 cm, Dicke 10 cm und werden von den späteren Formaten überboten.

Vom *Aufbau* des gewaltigen, raumlosen Ziegelmassivs, dessen Basis 61 × 62 m mißt, kennen wir naturgemäß nur den jüngeren Teil (Abb. 111). Der ältere wurde offenbar von Salmanassar bis zur Höhe von 2–3 m abgetragen und dieser Rest steckte damals in den langsam emporgewachsenen Wohnschichten, bildete also eine Art von Fundamentplatte für den jüngeren Aufbau. Von dessen Außenwänden ist am höchsten erhalten die nordöstlich nach dem Assur-Tempel hin blickende. Sie ist mit dreiteiligen Rillen gegliedert, die, 1,20 m breit und 0,76 m tief, etwa 2,90 m über der Standfläche beginnen und 1,80 m breite Pfeiler zwischen sich haben (Abb. 115). Also eine Gliederung, die zwar an die der sumerischen und babylonischen Zikkurrate anklingt, sie aber doch nicht vollständig nachbildet. Dort scheinen die Wandpfeiler, hier die Rillen das betonte Element zu sein. Wir würden gern den oberen Abschluß einer solchen Front kennen. Er bleibt uns versagt wie auch die Gesamthöhe des Bauwerks, das damit ja gewaltig im Stadtbilde mitgesprochen hat. War die Gesamterscheinung mehr flach wie eine Hochterrasse (die jetzige Ruinenhöhe des Bauwerkes beträgt etwa 20 m) oder war es ein hoher kubischer Bau? Dann müssen ungeheure Mauermassen herabgeflossen oder herabgeweht oder von Menschen fortgetragen sein. Alles das liegt im Bereich der Möglichkeiten und ist bis in unsere Zeit hinein zu beobachten. Wir stellen diese Frage heute um so eindringlicher, als uns die Kenntnis vom Entstehen der sumerischen Zikkurrate aus ganz flachen Terrassen geläufig wurde und das hochragende Bild des babylonischen Turms, dessen Länge, Breite, Höhe gleich sind, dessen Aufbau jedoch gestuft war, durchaus nicht mehr auf alle älteren Zikkurrate übertragbar erscheint.[105] So könnte die Höhe der sechs bekanntgewordenen assyrischen Zikkurrate (außer den dreien in Assur: Kar-Tukulti-Ninurta, Kalchu-Kalach und Dur-Scharrukîn)[106] gering gewesen sein im Verhältnis zu ihrer Länge und Breite, wenn sie auch keineswegs mehr niedrige Terrassen waren wie in den frühesten sumerischen Kultstätten (z. B. in Uruk).

Die Frage des Aufgangs ist also brennend. Sie ist in Assur nicht beantwortet. Wir kennen die vier Seiten des Baues und die Massivreste gründlich. Außer im Nordosten sind sie zwar tief hinab beschädigt, aber, ausgenommen an der Westecke, wenigstens in den unteren Schichten noch erhalten. Nirgends ist etwas von einer eingebauten oder angebauten Treppe oder Rampe vorhanden. So bleibt nichts übrig, als nach Analogien zu fragen. Es bietet sich die ein halbes Jahrtausend später angelegte Zikkurrat von Kar-Tukulti-Ninurta gegenüber von Assur, die von der Assur-Expedition 1913 mituntersucht wurde (Abb. 116). Dort ist der Tieftempel des Assur an die Nordostseite der Zikkurrat angebaut, ringsherum an den anderen drei Seiten jedoch findet sich nichts, was als Treppen- oder Rampenfundament ge-

115. Wandgliederung der großen Zikkurrat an der Nordostfront.

116. Der Assur-Tempel in Kar-Tukulti-Ninurta, von Osten gesehen.

dacht werden könnte. Hingegen ist an der Südwestseite, also dem Tieftempel entgegengesetzt, ein besonderer Bau mit 5,60 m Abstand von der Zikkurrat errichtet, der kaum anders denn als Treppenhaus erklärt werden kann (Abb. 117). Die Räume liegen so, wie sie bei einer mehrläufigen Treppe zugeordnet sein müssen. Man kann also vermuten, daß die Höhe der Zikkurrat-Plattform in diesem Treppenhaus erstiegen wurde und daß dann eine Brücke zur Zikkurrat hinüber geschlagen war, die vielleicht nur dann bestand, wenn ein Besuch des Zikkurrat-Heiligtums vorgeschrieben war. (Diese Vermutung ist allerdings bei der Sonderstellung von Kar-Tukulti-Ninurta mit Vorsicht zu benutzen.)[107]

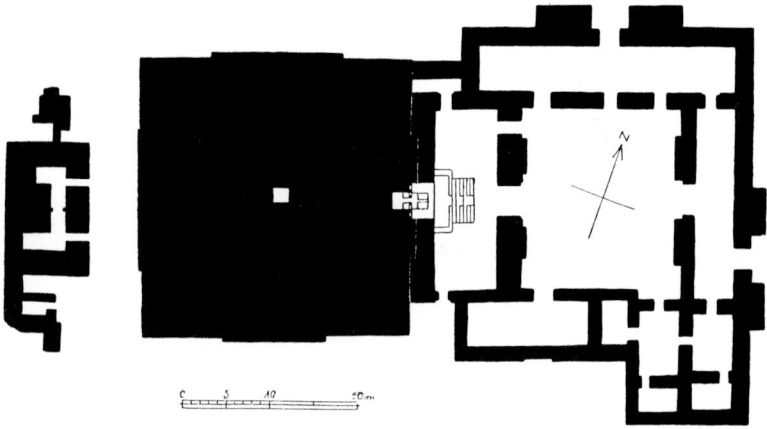

117. Grundriß des Assur-Tempels in Kar-Tukulti-Ninurta.

Die Zikkurrat in Assur stand völlig frei. Im Südwesten liegt dann der alte Palast, den wir gründlich und bis an die Zikkurrat heran untersucht haben, im Südosten ist ein sehr breiter Streifen tief ausgegraben, im Nordwesten schließt die Zikkurrat unmittelbar an alte und jüngere Befestigungswerke der steilen Nordfront an. Nirgends die leisesten Spuren von zugehörigem Bauwerk! Nur auf dem großen Tempelplateau nordöstlich der Zikkurrat wird man stutzig, gewinnt aber doch keine Klarheit: Mehrfach erneuerte, grobe Steinkanäle, Reste formlosen Mauerwerks liefen hier nicht weit entfernt von der gut und hoch erhaltenen Zikkurrat-Front Salmanassars III. Sollte hier ein Treppenbau wie in Kar-Tukulti-Ninurta gelegen haben, der vollständig abgetragen ist?[108]

Die Zikkurrat in Kalchu-Kalach bietet keine Hilfe, noch weniger die von Dur-Scharrukîn, wo V. Place die bekannte Wendelrampe beobachtet haben will.[109] Eine solche Rampe ist in Assur wie in Kar-Tukulti-Ninurta und in Kalchu, wie übrigens auch an den babylonischen und sumerischen Zikkurraten, ausgeschlossen.[110]

Unsere Ergänzung der Enlil-Assur-Zikkurrat (Abb. 39, 40) gibt sich also ähnlich wie die am Assur-Tempel in Kar-Tukulti-Ninurta, nur daß ihr die Verbindung mit dem Tieftempel der Gottheit fehlt, der in Kar-Tukulti-Ninurta organisch mit der Zikkurrat verwachsen ist.

In welcher Form sich die Kulthandlungen an und auf der Zikkurrat abspielten, bleibt uns trotz der überlieferten genauen Ritual- und Opferbestimmungen verborgen.[111] Auch bei den südmesopotamischen Zikkurraten können wir darüber nur wenig oder nichts aussagen, was sich auf greifbare Zeugnisse stützt, ausgenommen bei der allerältesten Zikkurrat, der wahrscheinlich dem Himmelsgott Anu geweihten in Uruk; denn bei dieser ist der Gipfelbau auf der Hochterrasse erstmalig erhalten.[112] Man weiß, daß dieser sehr kleine Bau von allen Seiten zugänglich war und daß die Hochterrasse Raum für eine größere Ansammlung Andächtiger bot. Was hier noch im 4. Jahrtausend vorgeschrieben war, braucht jedoch 1000 und mehr Jahre später nicht zu gelten. In der Tat, schon die Zikkurate der III. Dynastie von Ur um 2000 v. Chr. sehen wesentlich exklusiver aus: sie sind höher hinaufgewachsen, steiler geworden, architektonisch vereinfacht auf einen rechteckigen Grundriß. Ihre drei Treppen sprechen, da sie an einer und derselben Seite, die eine frontal, die beiden anderen seitlich angelehnt, hinaufführen, von verschiedenen Rangstufen der Benutzer. Der Platz auf der Hochterrasse war möglicherweise verhältnismäßig eingeschränkter als bei Anu. Letzteres ist noch mehr der Fall bei der Marduk-Zikkurrat in Babylon, so wie sie sich in der keilinschriftlichen Beschreibung des Anubêlschunu darbietet. Es ist wohl anzunehmen, daß zur Zeit des Schamschi-Adad I. und seiner Dynastie in Assur ein babylonisch beeinflußter Kult herrschte, die Zikkurrat demnach eingerichtet gewesen sein wird wie eine südmesopotamische des 2. Jahrtausends, ähnlich also vielleicht den um 2050 gebauten Urnammu in Ur und in Uruk. Hier scheint sich schon der Wandel von der Teilnahme einer größeren „Gemeinde" am Kult zum Zelebrieren des Kults durch Priester anzubahnen, die alles Volk vertreten und allein mit der Gottheit sprechen. Priester des Assur nennen sich die Herrscher von Assur von den frühesten bis zu den spätesten Zeiten; auch in der Dynastie Schamschi-Adads I.

Man kann sich also vorstellen, daß außer dem Königlichen Priester nur wenige oder keiner ein Recht hatte, zum Gipfeltempel auf der Zikkurrat emporzusteigen und Zwiesprache mit dem dort oben waltenden Gott zu halten. Die Entwicklung scheint so weit zu gehen, daß eine zahlreiche Priesterschaft alle Teile der immer komplizierter werdenden Kulthandlungen im Tempelinnern und in den Innenhöfen vollzieht und das Volk sich nur außerhalb des Tempels oder bestenfalls im Vorhof daran beteiligen darf.

Der Oberste der Priesterschaft ist bei den Assyrern, soweit wir sie in der Geschichte verfolgen können, zu allen Zeiten der König. Er vereinigt in seiner Person alle Macht und alle Würden, er kann oberster Feldherr, oberster Richter des Volkes und dessen Gottes oberster Diener sein.

Der Alte Palast

Von der alten Königswohnung ist in eigenartiger Weise nur der Plan vorhanden, dessen Ausführung in den Anfängen steckenblieb. Der Palast lag an der Südwestseite der großen Zikkurrat und wog im Stadtbild gewissermaßen den Tempel des Landesgottes Assur auf der anderen Seite der Zikkurrat aus: hier der Priesterkönig als irdische Macht, dort der Götterkönig als himmlische Macht. Man muß diese Lage sprechen lassen. Einer der merkwürdigsten Fundumstände führte zum Gewinn dieses Planes (Abb. 118). Bei der Ausgrabung stieß man zunächst durch einen schmalen Suchgraben, der einige Räume des um mehr als 1000 Jahre jüngeren jung- und spätassyrischen Palastes angeschnitten hatte, in tieferen Schichten auf sonderbare abgegrenzte Kiesschichten, die sich als Kieseinfüllungen von Baugräben herausstellten. Man ging diesen Baugräben nach, indem man sich an den Kieskanten entlang tastete. Oben lagen die erwähnten jungen, außerdem aber noch mittelassyrischen Palastreste des 14./13. Jahrhunderts v. Chr.[113] und unter diesen ältere Mauerbankette, die alle erhalten bleiben sollten. Somit mußte ein kunstvolles Stollensystem angelegt werden, aus dem keinerlei wesentliche archäologische Funde zu erwarten standen, außer eben der Gesamtbefund einer sehr frühen Palastanlage. Als diese Untersuchung 1911 durchgeführt wurde, kannten wir noch nicht die großen, nach dem Kriege von L. Wooley in Ur gewonnenen und die von H. Frankfort in

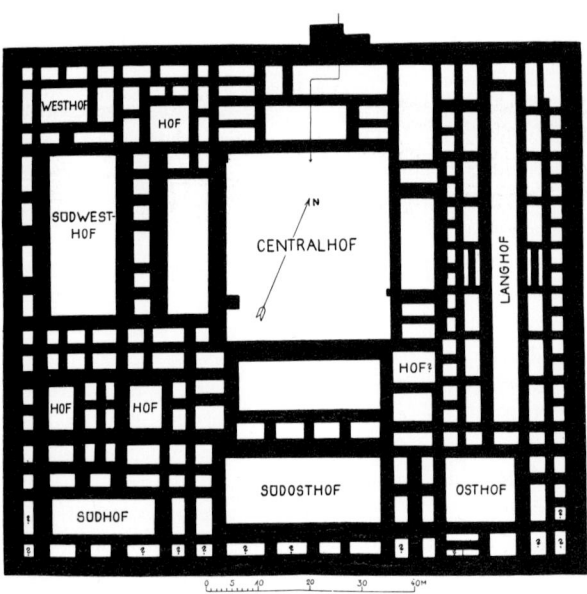

118. Baugraben-Plan des ältesten Palastes.

Tell Asmar-Eschnunna ausgegrabenen Paläste südmesopotamischer Herrscher.

Der Palastplan (Abb. 118), den wir in Assur gewannen, ist auf fast quadratischer Grundfläche von annähernd 100 m Seitenlänge entwickelt. Er sollte im Nordwesten zugänglich gemacht werden und einen großen Mittelhof, an dem sich offenbar das repräsentative Leben abgespielt haben würde, und mehrere kleinere und kleinste Nebenhöfe erhalten, die zu Wohnzwecken der königlichen Familie und des Gefolges gedient haben würden. An der Nordostseite liegt ein überlanger Hof mit vielen kleinen Kammern an beiden Langseiten, in denen man sich Vorräte oder Ställe untergebracht denken könnte. Typisch babylonisch erscheint die Breitlage der Räume an den Höfen. Es ist jedoch möglich, daß sie wie „Herdräume" ausgestattet werden sollten. Über diese allgemeine Verteilung der Räume hinaus ist keine Einzelheit mehr erkennbar, z. B. auch nicht die Art, wie die Räume untereinander verbunden waren. Es liegt auf der Hand, daß dafür bei der Ausschachtung der Baugräben noch nicht gesorgt wird. Man blickt aber schon in ein sehr verständiges Baugebaren; denn diese Gräben verfolgen das Ziel, eine gleich hohe Sohle für das ganze große Gebäude zu schaffen, obwohl der Baugrund unregelmäßig beschaffen war: auf der einen Seite gab es den sehr festen Nagelfluhfelsen, auf der andern, wo dieser Fels tiefer lag, die darüber angewachsenen ältesten Wohnschuttschichten. In der Nagelfluh schlug man nur wenig vertiefte Gräben, im Wohnschutt ging man bis zur Tiefe dieser Gräben hinab und füllte an deren Sohle etwa meterhoch den gewonnenen Nagelfluhschotter ein, um so gewissermaßen wieder Felsgrund vorzutäuschen. Die Baugräben mußten damals schon über 2 m tief in den anstehenden Wohnschutt eingeschachtet werden. Nachdem dies alles vollendet war, stockte der Bau, die Gräben wurden in einer offenbar lange dauernden Pause zugeweht und fast ganz wieder angefüllt mit Schutt und Staub, und nun erst kam ein Lehmziegelfundament hinein, das sich sehr genau an die alten Grabenzüge hielt. Wieder half uns das Format, 34 × 10 cm, und die Beschaffenheit der Lehmziegel, hier die zeitliche Einordnung des Gefundenen vorzunehmen. Es ist das Baumaterial der Zeit Schamschi-Adads I., das wir am Assur-Tempel und an der Enlil-Zikkurrat gefunden hatten.[114]

Wesentlich ist für uns, daß genau wie drüben am Assur-Tempel hier auf dem Gebiete des „Alten Palastes" (so nennen ihn die späten Assyrerkönige selbst) die Schamschi-Adad-Zeit, wenn nicht Schamschi-Adad I. selbst, grundlegend und maßgebend wurde. Denn auf dem damals angelegten Raum und Plan stand mit nur geringen Änderungen und Verschiebungen nachher elfhundert Jahre lang der altehrwürdige Königspalast, der „Palast der Väter", in dem sich die assyrischen Könige beisetzen ließen (S. 194).

Die Stadtmauer

Sehen wir uns nach weiteren Betätigungen der Schamschi-Adad-Zeit an der Westfront um, so bleibt der Blick auf großen Anlagen haften, denen nicht das Schicksal der exponierten, dicht am Steilabfall der Nordfront oder des Westgrabens gelegenen Befestigungsteile beschieden war, abzurutschen und zu verschwinden. Es sind Anlagen, die sich tief genug im Innern und weit genug von den Steilrändern erhoben und unter späteren Überbauten erhalten blieben. Auch sie sind großartig und merkwürdig genug und unterscheiden sich wesentlich von den Schöpfungen der jung- und spätassyrischen Festungsbaukunst.[115] Und wiederum haben sie auf die „Mittelassyrer" des ausgehenden 2. Jahrtausends richtunggebend gewirkt. Südlich der Stadttore an der Nordwestecke der Stadt ergaben sich bei der Verfolgung der beiden Mauerumzüge in ziemlich regelmäßigen Abständen weit vorspringend rechteckige bastionartige Bauten (Abb. 62 u. S. 91), die als einzige erhalten blieben von einer Befestigungsanlage früherer Zeiten. Die Lehmziegelformate schwanken zwischen 33 und 36 cm, die Ziegeldicken zwischen 10 und 10,5 cm, immerhin Formate, die denen der Schamschi-Adad-Zeit näherstehen als allen sonst an der Festungsmauer beobachteten. Leider kennen wir die zugehörige Kurtine nicht, da sie vom neuassyrischen Binnenwall vollkommen aufgesogen wurde. Sie kann nicht gut anders als an der Stelle dieses Binnenwalles gelegen haben. Das Frontbild sieht wesentlich anders aus als das einer neuassyrischen Festungsmauer, deren Türme in Pfeilschußabstand (30 m) stehen und nur von wenigen flankierenden Schützen besetzt werden konnten: sie sprangen nur etwa 4 m vor die Front. Hier jedoch gibt es Vorsprünge bis zu 20 m bei Abständen von 26–30 m. Es bildeten sich dadurch tiefe Höfe, die für den eingedrungenen Feind verhängnisvoll wurden, weil er von drei langen Seiten her aus der Höhe beschossen werden konnte. Damals gab es noch keinen Stadtgraben vor der Front. Ein Feind konnte auf fast ebener Bahn an den Mauerfuß gelangen. Wahrscheinlich gehörte schon damals zu dieser Anlage eine Vorkehrung, die uns an anderer Stelle, nämlich dicht nordöstlich des Tabira-Tores, erhalten blieb: Poternen in der Kurtine, durch welche die Verteidiger ausfallen bzw. sich rasch ins Stadtinnere zurückziehen konnten (vgl. Abb. 60–62). So erst versteht man den Sinn der langen Bastionen bzw. der tiefen Kampfhöfe vollständig.

Man kann die Kampfweise des 2. Jahrtausends so charakterisieren: Der Stadtverteidiger kämpfte zunächst *vor* der Mauer. Wurde er im freien Felde besiegt, so zog er den Feind mit sich in die Kampfhöfe, wo ihm seine Leute von der Mauer herab beistanden, und im Notfall zog er sich durch die engen Poternen ins Stadtinnere zurück, wohin ihm zu folgen den sicheren Tod bedeutete. Man kann diese Kampfweise die heroische nennen. Sie nahm in mittelassyrischer Zeit insbesondere dadurch andere Formen an, daß der tiefe Stadtgraben die Kampfhöfe nach außen hin absperrte bzw. schwer zugänglich machte (vgl. S. 91).

Will man den Geist der Schamschi-Adad-Zeit aus mehr als dem monumentalen Sinn, der sich in den großen Bauten ausspricht, und über die Tapferkeit des Heeres hinaus, von der die Festungsanlage spricht, erfassen, so bleibt in Assur nur die Alabastertafel Schamschi-Adads I. eine gewisse Handhabe.[116] Wir erfahren da einiges über den Aufwand, den der König beim Ausschmücken seiner Tempelbauten getrieben hat, und über die kultischen Handlungen bei der Weihe. Die Dächer waren mit Zedernbalken überdacht, die sich nur jemand beschaffen konnte, der Einfluß auf Amanus- und Libanongebirge hatte. Schamschi-Adad beschreibt in der Tat einen erfolgreichen, Tribut einbringenden Feldzug nach dem „Lande *Laban* an der Küste des großen Meeres", wo er seinen „großen Namen und seine Steininschriften" aufgestellt habe. In *Laban* vermutet man das Libanongebiet, das große Meer würde dann das Mittelmeer sein. Ein Zug dorthin bedeutet eine große militärische Leistung (Abb. 99, 100).

Zur kultischen Handlung gehörte das Ausschütten von Silber, Gold, Lasurstein, Karneol, Zedernöl, „erstklassigem" Öl, Honig, Dickmilch an oder auf die Fundamente. Es sind die Bauopfer, die auch sonst in ähnlicher Form bestätigt sind, am schönsten in Assur selbst, am mittelassyrischen Ischtar-Tempel (S. 158ff.). Silber, Gold, kostbare Gesteine in Gestalt von Schmuck sind in Susa als Depots, in Uruk als Weihgaben der Priesterinnen unter Pflastern und Schwellen gefunden worden. In wenig veränderter Art hat sich das Bauopfer bis in unsere Zeit hinein bei Grundsteinlegungen erhalten. Die Inschrift des Bauherrn wird heute wie damals gern beigelegt. Wir sahen, daß sie an der ältesten Zikkurrat in Assur fehlte; aber die Alabastertafel Schamschi-Adads I., die in mehreren Repliken, ganz oder zerbrochen, gefunden wurde, war offenbar bestimmt, zusammen mit den Bauopfern, in den Fundamenten desjenigen Tempels zu liegen, für den sie hergestellt ist, des Enlil-Tempels. In situ fand man sie im Ischtar-Tempel Tukulti-Ninurtas I. (S. 158f.). Es sprechen sich Zukunftsgedanken des Herrschers in den Bestimmungen aus, die er für den eintretenden Verfall des Tempels trifft. Von seinen Nachfolgern, „seinen Söhnen", fordert er, daß die Tafel, die seinen Namen trägt, gesalbt werde (wie ein Verstorbener) und daß sie wieder beigesetzt werde, wenn ihre Ruhe gestört wurde.

Das 15. Jahrhundert

Der alte Sin-Schamasch-Tempel[117]

Wenn wir uns den Platz südlich des alten Palastes in der Mitte des 2. Jahrtausends vorstellen, finden wir ihn im Südosten von dem von Assurnarari I. (um 1500 v. Chr.) gegründeten, breiten, eindrucksvoll gegliederten Doppeltempel des Mond- und Sonnengottes (Sin und Schamasch),[118] im Südwesten von dem um 1850 errichteten Tempel der Ischtar von Assur begrenzt, und im Westen erhob sich, wohl auch damals schon, die Uranlage eines zweiten Doppeltempels: des Himmels- und des Wettergottes (Anu und Adad), dessen Reste nur bis ins 11. Jahrhundert hinaufreichen, während er inschriftlich schon für frühere Zeit belegt ist. Es ergab sich also schon im 2. Jahrtausend ein Stadtbild an dieser Stelle, das im wesentlichen bis in die letzten Tage des assyrischen Assur Geltung behielt: ein unregelmäßig-polygonaler Platz, auf den vier Straßen mündeten und an dem vier monumentale Baublöcke lagen: der Palast und die drei Tempel (vgl. Abb. 50).[119] Die breite Ostweststraße, die spätestens von Sanherib zur Prozessionsstraße nach dem Vorbild von Babylon ausgebaut wurde (S. 48, 223), diente einem Durchgangsverkehr zwischen dem Assur-Tempel und dem Haupt-Stadttor im Nordwesten, dem Tabira-Tor; sie schied wie ein Graben den Streifen der Palast- und Tempelstadt von der übrigen Stadt. Auf dem Platze zweigte zwischen Sin-Schamasch- und Ischtar-Tempel nach Südosten eine Straße ab, eine weitere zwischen Palast und Anu-Adad-Tempel nach Nordwesten; letztere durch das Gerichtstor versperrt und nur eine kurze Strecke durchmessend, bis sie die Straße längs der Nordfront erreichte, die man zwischen der Stadtmauer und den Palästen und Tempeln annehmen muß, weil deren Eingänge zum Teil von dort herein führten.

Wenden wir uns nun der breiten, dem Platze zugekehrten Eingangspforte des alten Sin-Schamasch-Tempels zu, so überrascht uns die wohlüberlegte Gliederung, die ebenmäßig beiderseits der Mittelachse des Eingangstores von den Gebäudeecken aus Vorsprung nach Vorsprung mit sich steigernder Ausladung vorzog, bis neben der Eingangstür der größte Vorsprung und die größte Breite erreicht ist (Abb. 119). Ihr entsprach zweifellos im Aufbau eine Steigerung der Fronthöhen nach dieser Tormitte zu. Es scheint ein breiter Mittelpylon nach der Art der ägyptischen Tempelpylone beabsichtigt gewesen zu sein; denn die eigentliche Tür liegt in einer tiefen Nische und aus den üblichen Tortürmen sind beiderseits dieser Nische breite massive Pfeiler geworden, die an den Außenecken risalitartige Andeutungen von Ecktürmen haben. Ein mögliches Aufbauschema gibt die Skizze (Abb. 120). Freilich könnte die Steigerung ganz anders als hier gezeichnet dimensioniert sein; insbesondere auch mit Rücksicht auf die dahinterliegenden Räume. Im einzelnen ist nach den Resten im Vorhof des Assur-Tempels der Schamschi-Adad-Zeit wohl noch eine Gliederung der Wandflächen durch Rundstabgruppen, vielleicht auch durch Rillen denkbar. Ob in jedem Falle der obere Abschluß der Wände Zinnen haben mußte, ist nicht gewiß.

Der Grundriß mit seinen dicken Außenmauern verlockt zu der Annahme wehrhaften Charakters dieser wie anderer Tempelbauten, die Betonung der Wehrhaftigkeit des Toreinganges tut es ganz gewiß. Der Grundriß ist ein Meisterstück für sich, er hält, was der Anblick der Front verspricht. Wie-

Das 15. Jahrhundert   143

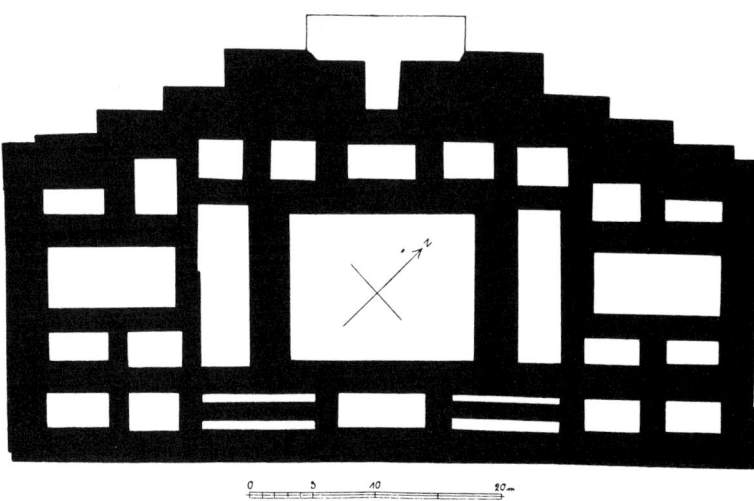

119. *Grundriß des alten Sin-Schamasch-Tempels.*
Ein Fundamentplan! Vom Aufbau des älteren Sin-Schamasch-Tempels ist nur ganz wenig erhalten. Daher fehlen alle Türen, die im Fundament nicht mit angelegt waren.

120. *Front des alten Sin-Schamasch-Tempels.*
Die Front stuft sich nach der Mitte hin vor. In der Mitte lag das Eingangstor, vor ihm niedrige Podiumanlagen. Es war ein geringer Höhenunterschied von außen nach innen zu überwinden.

wohl nur die Fundamentmauern aus Lehmziegeln und nur ganz wenig von der Bruchsteinlage, mit der der Aufbau begann, erhalten ist, die Türlagen daher fast gänzlich fehlen, ist die Anlage durchsichtig und klar: Man erreicht den Hof in der Achse des Eingangs durch eine dreigliedrige Vorraumanlage und findet gegenüber wiederum eine dreigliedrige Anlage, nämlich einen Mittelbreitraum und je ein Treppenhaus zu dessen beiden Seiten. An den beiden anderen Seiten des Hofes, also im Nordosten und Südwesten, liegen die Fronten der beiden Kultbauten, d. h. der eigentlichen Wohnräume der beiden Götter. Und zwar sind die Fronten schon durch die Mauerdicken der Fundamente betont, wie übrigens auch die Front des Mittelbaues, der zweifellos wegen seiner sofort sichtbaren Lage eine besondere kultische Bedeutung gehabt hat, vielleicht als Aufbewahrungsort der Göttersymbole oder dergleichen. Was man hinter den beiden Fronten im Grundriß findet, erinnert so stark an die späteren Langhaustempelbauten der Assyrer und an den kassitischen Tempel des 15. Jahrhunderts in Uruk, daß wir geneigt sind, die Aufbauten und Türen in deren Geiste zu ergänzen. Das gestatten die Steinlagenreste beim südwestlichen Kultbau, beim nordöstlichen fehlen sie.

Nichts spricht gegen eine solche Ergänzung, es sei denn die Martinysche Kultrichtungshypothese,[120] nach der die assyrischen Tempel vom 2. Jahrtausend ab nach Nordwesten orientiert sein müßten. Hier bewährt sich diese Hypothese, die für die archaische Zeit des 3. Jahrtausend schon ganz versagt, einmal nicht, wenn man die Tatsachen des ausgegrabenen Baues nicht beugt, wie es Martiny[121] dadurch versuchte, daß er die beiden Räume gleich hinter den Hof-Fronten zu Kulträumen stempelte.

Man kann auf dem breiten Frontfundament im Hofe Tortürme ergänzen und erhält beiderseits dahinter je einen breiten Torraum nach babylonischer Art, von dem aus links (bzw. rechts) je eine Nebenkammer, in der Mitte jedoch der eigentliche Kultraum erreicht werden, der ein *Langraum* ist. Dieser hat auf beiden Seiten Nebengelaßreihen (d. h. immer je zwei), die zum Teil wohl vom Kultraum aus zugänglich waren. Weitere Nebenräume liegen im Trakt der Treppenhäuser, sind durch eine dickere Mauer von den Kultbauten geschieden und waren vermutlich von den Treppenhäusern her zugänglich. Diese Ergänzung würde also, da das Kultbild nach den genannten jüngeren Analogien an die schmale Rückwand des Langraums gehört, zu einer Opposition der Kultrichtungen, und zwar zu der um 90° bzw. 270° gegen die übliche Nordwestachse gedrehten Richtung führen, übrigens eine Lage, die bei zwei Opponenten wie Sonne und Mond doch eine einleuchtende Symbolik darstellt. Wir werden sehen, daß die Spätassyrer von dieser Oppositions- und Ausnahmerichtung wieder abgegangen sind und beiden Kulträumen durch eine andere Grundrißlösung die Nordwestrichtung gegeben haben.[122]

Es ist jedenfalls merkwürdig, daß im alten Assur gleich zwei solche Götterdoppelungen vorkommen und im Tempel gleichzeitig oder bald nacheinander und dann bis in späteste Zeiten hinein Ausdruck erhalten und behalten. Einen dritten solchen Doppeltempel kann man in Assur noch in dem ganz späten Nabû-Tempel Sin-schar-ischkuns sehen (s. S. 232); denn er hat die vollkommene Gleichheit des Kultraumpaares. Neben Nabû wurde hier Taschmêtu, seine Gemahlin, verehrt.[123] Es fand also hier eine vollkommene Koordination des Götterpaares statt. Wo sonst die Göttergemahlinnen ihre besonderen Krafträume erhielten, wie es regelmäßig in den großen spätbabylonischen Tempeln, z. B. des Marduk in Babylon, des Nabû in Borsippa, des Schamasch in Sippar, der Fall ist, wird der Größenunterschied der Kulträume ganz erheblich; die Gemahlin erhielt den wesentlich kleineren. Gedoppelt ist auch der Ischtar-Tempel Tukulti-Ninurtas I. (des 13. Jahrhunderts); hier sind zwei weibliche Gottheiten zusammengebracht, von denen die eine, Dinitu, offenbar die weniger mächtige ist, da sie einen sehr viel kleineren Kultraum erhalten hat.

Das Zusammenbringen zweier Gottheiten gleicher Macht in *einem* Bau erzwang die Gleichheit der Anlage wie nach einem Grundsatz der ausgleichenden Gerechtigkeit. Dies kann kaum anders erklärt werden denn als Ausdruck eines Gefühls für die Zusammengehörigkeit der wirkenden Kräfte dieser Götterpaare, und die liegt ja gerade bei Sonne und Mond und bei Himmel und Wetter auf der Hand.

Viel weniger günstig als den Sin-Schamasch-Tempel fanden die Ausgräber drei andere Bauwerke vor, die sich zur Zeit Assurnararis I. oder zu der ihm nachfolgenden Zeit am *tarbaṣ ṣurrinē*, dem „Hof der Embleme", erhoben: *Der alte Palast*, dessen Uranlage, wie wir S. 138 sahen, nach der Herstellung der Baugräben ins Stocken geraten war, erhielt jetzt Lehmziegelfundamente in eben diesen, nun aber schon zugedeckten bzw. zugefüllten Gräben. Genaues Datum dieser Fundamente fehlt.

Der Ischtar-Tempel, als dritter Bau am Platze, hat offenbar in der Form weiterbestanden, die er eben damals von Iluschuma erhalten hatte. Das änderte sich erst nach der Mitte des 13. Jahrhunderts unter Tukulti-Ninurta I. (1244–1208). In die lange Zwischenzeit gehört hier keine Bauart, die der am Sin-Schamasch-Tempel Assurnararis I. näher verwandt wäre.

Am vierten Bau, dem Anu-Adad-Tempel, müssen wir noch tiefer herabgehen, nämlich bis 1100, in die Zeit Tiglatpilesars I. und seines Vaters Assur-rêsch-ischi, da Reste eines älteren Tempelbaues nicht mit Sicherheit festgestellt werden konnten.

Die Stelenreihen

In die Zeit bald nach der Erlangung der assyrischen Selbständigkeit, nämlich in das 14. Jahrhundert, fällt eine andere merkwürdige und bisher nur in Assur gefundene Anlage: die Stelenreihen. Merkwürdig wegen ihrer kargen

Einfachheit und Abgelegenheit und wegen der äußerst bescheidenen Ordnung, die in ihr herrscht. In zwei Reihen sind große und kleine Stelen so aufgestellt, daß ihre Schriftseiten nach Norden blicken, die Reihen jedoch nicht parallel, sondern nach Westen hin sich einander nähernd. Sie stehen da, wo die Befestigung der Neustadt im rechten Winkel von der Südwestfront der Innenstadt abgeht. Durch die Grabung hat sich nichts ergeben, was diese Stelle „hinter" der Festungsmauer besonders hervorhöbe, kein großer Verkehrsweg, kein hervorragendes Gebäude befindet sich in der Nähe, außer besagte Festungsmauer. Das Südtor liegt 100 m nordöstlich davon (Abb. 58 u. Stadtplan-Beilage).

Rätselhaft scheint zunächst der Sinn der Einzelstele, nicht so sehr die Aufreihung, bei der wenigstens die ratio zeitlicher Abfolge gilt und die Ordnung: Königsstelen in der nördlichen, Beamtenstelen in der südlichen Reihe (Abb. 121). An der Königsreihe ergab sich der älteste Herrscher im Osten, der jüngste im Westen. Ihnen entsprechen in der Beamtenreihe die bisweilen feststellbaren Daten so, daß man sagen kann, es seien nach Möglichkeit die den Herrschern zeitlich zugeordneten Beamten hinter denselben aufgestellt.[123a] Mit wenigen Ausnahmen sind die Beamtenstelen kleiner und bescheidener als die Herrscherstelen. Diese beginnen mit Eriba-Adad I. (1392–1366 v. Chr.) als dem ältesten, sie enden mit einer, allerdings zerschlagenen Stele der Assurscharrat, der „Palastfrau" Assurbanipals (Abb. 59). So war hier immerhin eine siebenhundertjährige Geschichte dargestellt. Freilich lückenhaft. Es sind manche Stelen verlorengegangen, die allermeisten sind umgeworfen und einige nur noch in Bruchstücken vorhanden. Von den Beamtenstelen fanden sich einige Nester noch fast unberührt unter hohen Schuttmassen (Abb. 122). Was aber so von Menschenhand und Zeitläuften übel zugerichtet liegenblieb, befindet sich wegen seiner Schwere doch großenteils noch in der richtigen zeitlichen Abfolge (Abb. 123).

Die Gestalt der Stele ist fast immer die eines länglich zugerichteten und aufrecht gestellten Steinblocks, der vergleichbar ist mit den westeuropäischen Menhiren, den palästinischen Masseben und sonstigen Denksteinen im Mittelmeergebiet.[124] Oben sind die Stelen zumeist halbkreisförmig abgerundet. Die Vorderfläche oder alle vier Seitenflächen sind mehr oder minder sorgfältig geglättet. Unten hat die Stele entweder eine Verdickung, die in die Erde eingepflanzt und daher nicht sichtbar war, oder sie hat einen Zapfen, der in einen besonderen Sockelstein eingelassen und verkeilt war. Solche Sockelsteine lagen ebenfalls in der Reihe (Abb. 124).

Nicht weit vom oberen Ende ist an der Vorderseite eine vertiefte Fläche eingemeißelt, auf der die Inschrift steht. Die Fläche hat oft oben noch einen kleinen Fortsatz in der Mitte, bald mit, bald ohne Schrift, und erhält so den Umriß eines Amuletttäfelchens, wie es gegen böse Dämonen getragen wurde. Der Inhalt der Inschriften ist äußerst karg, nichts als der Name, bei

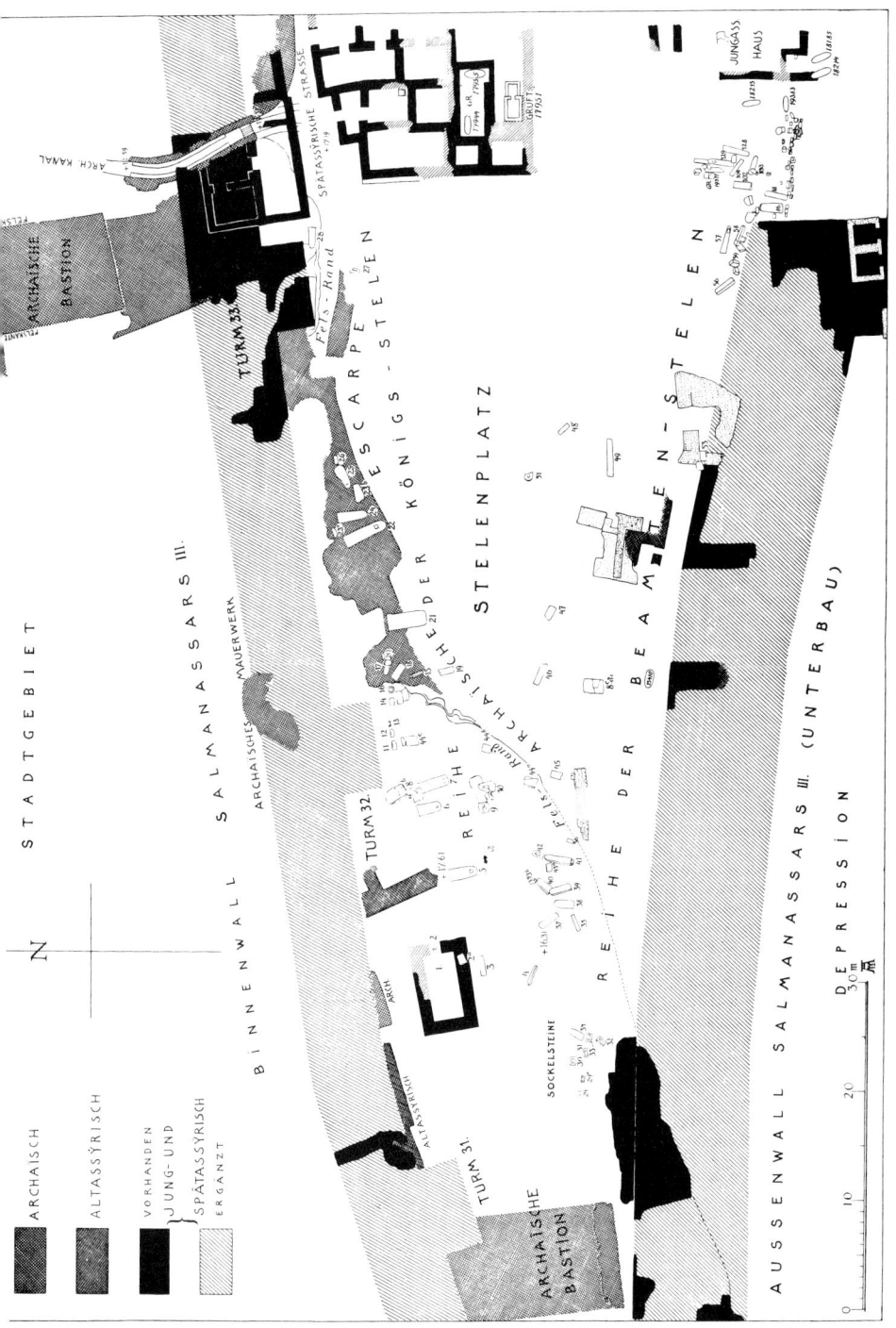

121. Plan der Stelenreihen. „Altassyrisch" bedeutet meist mittelassyrisch.

122. Beamtenstelen in situ.

123. Teil der Königsstelenreihe.

124. Sockelsteine und Königsstelen.

den Königen noch die Genealogie, bei den Beamten die Angabe ihrer Beamtenfunktionen. Die Königsinschriften beginnen mit dem Worte Ṣalam = Bild. Man sah also in der Stele das „Bild" des Königs, von dem ja eigentlich nur der Name anwesend war. Wenn man aber die magische Kraft der Schrift und die numinose Bedeutung des Namens kennt, wird man die Übertragung „Bild" auf die Stele verstehen können. Uns kommen noch andere Beobachtungen an den Stelenreihen dabei zu Hilfe. Eine der Stelen war in der Tat ein Königsbild, wir wissen leider nicht welches Königs, weil die Inschrift, wie es scheint, mit Absicht unkenntlich gemacht war. Überdies hat diese Statue, sie war aus Kalkstein, in der Stelenreihe auf dem Kopf gestanden; denn die Inschriftfläche mit ihrem Fortsatz war am Unterteil und verkehrt angebracht. Hier hat sich also eine Tragödie innerhalb der Dynastie abgespielt; denn es läßt sich noch so viel an der Statue erkennen, daß man annehmen darf, es sei ein assyrischer Herrscher mit ihr dargestellt gewesen. Derjenige Herrscher, der sich dieser Statue für seine eigene Inschrift bedient hat, dürfte der Besieger des so Mißhandelten gewesen sein.[125] In drei anderen Fällen waren es außerassyrische Herrscher, denen ein ähnliches Schicksal widerfuhr (Abb. 125–127, vgl. S. 82). Da wurden nicht ihre Statuen, sondern die heiligen Symbolpfeiler, die einst vor ihren Stammesheiligtümern aufgestellt waren, vom siegreichen Assyrer fortgeschleppt, nach Assur verbracht und hier kopfunten in der Stelenreihe aufgestellt. An zweien ist diese Umkehrung wiederum durch die Stellung der Inschriftenflächen klargeworden, die, wenn man die Pfeiler richtig mit dem Kapitell nach oben aufstellt, verkehrt stehen. Die eine ist durch Schamschi-Adad V. (824–811 v. Chr.) datiert, die andere dürfte ihr zeitlich nahestehen. Ein dritter Pfeiler, der einen sehr zerschlagenen achtseitigen Schaft hatte, gehört, auch ohne Inschrift, wohl mit in diese Gruppe. Wir gewannen durch diese sonderbare Art, mittels sympathetischer Magie den besiegten Gegner gänzlich zu vernichten, zwei sehr bedeutsame Kunstgebilde, die man Frühformen der ionischen und der korinthischen Säule nennen könnte. Unmittelbare Beziehungen zu diesen hellenischen Gebilden haben sie selbstverständlich nicht. Jedoch hat der Schamschi-Adad-Pfeiler zweifellos ein zweiseitiges Kapitell wie die ionische Säule, der andere ein Kalathos-Kapitell wie die korinthische. Man kann die Übereinstimmung bis in die kleinen Einzelglieder hinein verfolgen. Der dritte Pfeiler hat Wülste und Einziehungen und ist damit – sehr entfernt freilich – der Gestaltungsidee der dorischen verwandt.

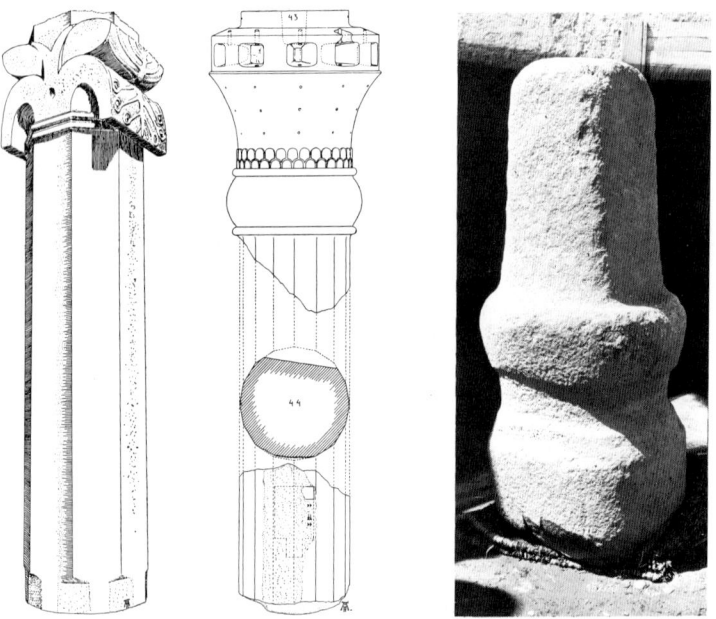

125–127. Die drei Basaltpfeiler.
Näheres über diese drei Beutestücke, die hier zu Stelen umgewandelt sind, in WVDOG 24 (1913). Sie befinden sich in Berlin. Abb. 125. Ass. 15259 = VAAss. 2015, H: noch 2,48 m; Abb. 126. Ass. 15269 = VAAss. 2016, H: noch 2,28 m; Abb. 127. Ass. 15270 = VAAss. 2017, H: noch 1,40 m.

Man hat in der Beschreibung von Jachin und Boas, der beiden von Hiram von Tyrus gegossenen ehernen „Säulen" am Tempel Salomos in Jerusalem und an den beiden Adler tragenden Pfeilern vor dem Tempel auf dem Tell Halaf Parallelen zu solchen Gestaltungen, wie es unsere Pfeiler sind, und kann nun auch verstehen, weshalb der Assyrer gerade sie mit nach Assur schleppte. Denn vor dem Stammesheiligtum repräsentieren solche Symbole höhere Kräfte, die vom Gott dem Herrscher und durch ihn dem Volk verliehen sind. Nahm man sie weg, so war es um Herrscher und Volk geschehen.

Wir sind hier also dem symbolischen Denken dieser Zeiten und Völker auf der Spur. Zugleich jedoch wird dadurch der Sinn der einfachen Assyrerstelen beleuchtet, mit denen solche Symbolpfeiler in eine Reihe gestellt sind. Auch in ihnen verkörpert (oder versteinert und verewigt) sich königliche und göttliche Kraft, und zwar in der prägnantesten Form. Es ist fast noch der gewachsene Fels, der den Namen trägt, wie eine aufragende Bergzacke. Und der Name ist in die Vertiefung gestellt und dadurch vor dem Zugriff der Gewalten geschützt. Die Inschriften sind in der Tat immer sehr gut erhalten geblieben.

Eine solche Bildstele war übrigens auch die schon genannte der Assurscharrat, der „Palastfrau" Assurbanipals (Abb. 59), auf der die durch das „Siegesfest in der Weinlaube" bekannte Königin thronend und mit der Mauerkrone angetan dargestellt war – leider nur wenig erhalten.

Was wir durch die Stelenreihen gewinnen, ist also etwas mehr als nur ein „Kalender". Zweifellos ermöglichte die zeitliche Ordnung der Königsstelen eine Zeitbestimmung nach Regierungszeiten, die der Beamtenstelen eine solche nach Einzeljahren. Denn die Beamten waren mitsamt dem Herrscher Eponymen. Sie gaben den Jahren in einer feststehenden Reihenfolge, die an die Hierarchie der Ämter geknüpft war, den Namen, und man konnte sich in Rechtsfällen an diesen großen Kalender wenden, wenn man keine der seltenen Niederschriften der Königs- und Eponymenlisten zur Hand hatte.

Das 13. Jahrhundert

Eine beachtenswerte erneuerte Bautengruppe erstand am Hof der Embleme unter den großen Herrschern des 13. Jahrhunderts: Adadnarari I., Salmanassar I., Tukulti-Ninurta I.: der Ischtar-Tempel, der Alte und der Neue Palast.

Der *Sin-Schamasch*-Tempel scheint damals auf den alten Lehmziegelfundamenten erneuert worden zu sein. Darauf deuten Reste gröberer Blockfundamente, die diese Zeit des 13. Jahrhunderts kennzeichnen. Der *Alte Palast* hingegen war würdig und großzügig neu ausgestattet worden, insbesondere wohl von Adadnarari I. (1307–1275), der z. B. den Hof mit großen, schönen, elligen Ziegelplatten pflastern ließ. Aber von diesem Bau, dessen Grundplan sich nur mangelhaft erhalten hat, ist so vieles als Spolie in die späteren Ausgestaltungen des Palastes, z. B. unter Assurnasirpal II. (884–858) und der Nachfolger gewandert, daß man kein geschlossenes Bild gewinnt. Vermutlich war ein großer Ziegel- und Blockkanal, der südlich am Palast entlang und nach Osten hinaus entwässerte, von Königen dieser Zeit erbaut.

Der Ischtar-Tempel Tukulti-Ninurtas I.

Die Ruine dieses Tempels gehört zu den eindrucksvollsten in Assur. Sie ist verhältnismäßig hoch und im Grundriß vollkommen erhalten.[126] Höchst merkwürdig ist schon seine Lage: Er stand nicht auf dem altgeheiligten Platze der Ischtar, den die archaischen Fürsten des 3. Jahrtausends bis herab zu Iluschuma (um 1850) für den richtigen halten mußten, wohl, weil schon den Ursiedlern die weiblich-mütterliche Gottheit an dieser Stelle zu wohnen schien (s. S. 98). Tukulti-Ninurta I. war hier, wie in anderen Dingen, ein Neuerer; seine Eroberung und Zerstörung von Babylon, sein Versuch, den Marduk von Babylon in Assur eingehen zu lassen und ihm in Kar-Tukulti-Ninurta einen eigenen Sitz anzuweisen (S. 174 ff.), seine Grabenanlagen an der Westfront und sein neuer Palast im Nordwesten von Assur bezeugen diesen tatkräftigen Herrscher. Seit Tukulti-Ninurta heißt, soviel wir sehen, die Ischtar, der er das große Heiligtum errichtete: Ischtar von Assur, Assurîtu. Die Früheren nannten sie einfach: Ischtar. Jetzt hingegen sollte Assur eine nur Assur gehörige weibliche Gottheit haben.

Diese Planung (Abb. 128) erforderte das Einebnen des archaischen Tempels, der vielleicht noch in der alten Form und Lage des Iluschuma-Tempels dastand und bis Adadnarari I. herab erhalten und erneuert worden war. Vollkommen vernichtet ist dieser Tempel jedoch nicht. Noch Salmanassar III. fand Fundamentreste vor und errichtete seinen Ischtar-Tempel auf ihnen an der alten Stelle (s. S. 215). Eine Tempelvernichtung war immer unheimlich. Vielleicht um den Schaden zu bannen, hat Tukulti-Ninurta I. dem Assuritu-Tempel einen Nebenkultraum angefügt und ihn der Göttin *Dinitu* geweiht, in der man die Erscheinungsform der expropriierten Gottheit der alten Stelle vermuten darf.[127] Sie ist ganz in den Hintergrund gedrängt, bekam aber einen eigenen gepflasterten Prozessionsweg, eine geturmte Eingangspforte, ein großes Postament mit eigenen Urkunden usw. Der alte Kult blieb darin lebendig. Es ist gewiß nicht ohne tiefere Bedeutung, daß die Richtung dieses Kultes derjenigen der Assuritu entgegengesetzt ist; denn in dieser äußeren Stellungnahme versinnbildlichte sich eine innere. Tukulti-Ninurtas Kultrichtung revoltiert überdies gegen die archaische und dreht sie um 90 Grad (von Nordost nach Nordwest bzw. nach Südost).

Das 13. Jahrhundert

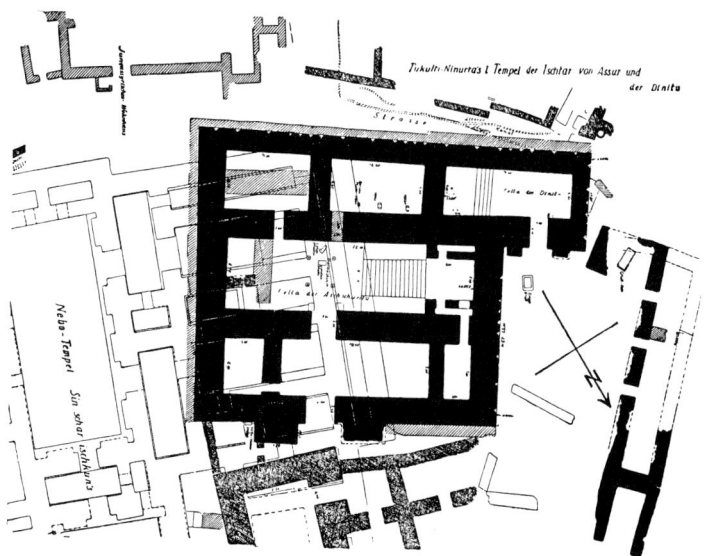

128. Grundriß des Ischtar-Tempels Tukulti-Ninurtas I. 1:900.

Vom Embleme-Hof konnte man damals (soweit dies grabungsmäßig festgestellt ist) unmittelbar vor die beiden Heiligtümer gelangen, die Tukulti-Ninurta I. errichten ließ. Kein Vorhof schloß sie gegen den öffentlichen Verkehr ab. Das war schon früher bei den archaischen Tempeln so. Aber dort wie hier ist diese freie Öffentlichkeit schließlich doch durch einen hinzugefügten, eingefriedeten Vorplatz unterbunden worden. Das geschah hier durch eine schmale abschließende Raumreihe, die im Nordwesten des Tempels gefunden wurde und nicht gleichzeitig mit dem Tempel entstanden sein kann. Es ist möglich, daß im Nordosten und Südosten dieses neuentstehenden Vorplatzes Teile des archaischen Tempels benutzt wurden, die dadurch eben der gänzlichen Vernichtung entgingen.

Nun zum Tempel selbst: Eine stattliche Front empfing den vom Embleme-Hof sich Nahenden (Abb. 129). Der Eingang ist in babylonischer Art von einem Torturmpaar flankiert, die Außenwände sind mit Gruppen von Rillen und Rundstäben gegliedert, ebenfalls eine in Babylonien und vorher von den Sumerern entwickelte baukünstlerische Gestaltung. Die Höhe dieser Front nehmen wir so an, daß sie gut verteidigungsfähig bleibt wie eine Festungsmauer, nämlich etwa 12 m. Darüber werden sich die Tortürme erhoben haben. Den Nebenkultraum der Dinitu erblickte man kaum. Er ist niedrig gehalten. Nur der Eingang mit seinem kleinen Torturmpaar war zu sehen. Zeichen der Gottheiten standen vermutlich schon an den Turmpaaren unten. Wir können das nach Siegelbildern annehmen, die der Zeit Tukulti-Ninurtas nicht fern stehen (Abb. 130–132). Das obere stellt die Front eines dem Gotte Ea geweihten Tempels dar. An den Türmen erscheint da ein Paar Ziegenfische. Dementsprechend möchte man die Löwen der Ischtar an den Türmen des Haupteinganges vermuten. Diese Bilder können Metallreliefs gewesen sein und verlangten keine weit vorspringenden Fundamente. Erhalten ist von ihnen nichts.

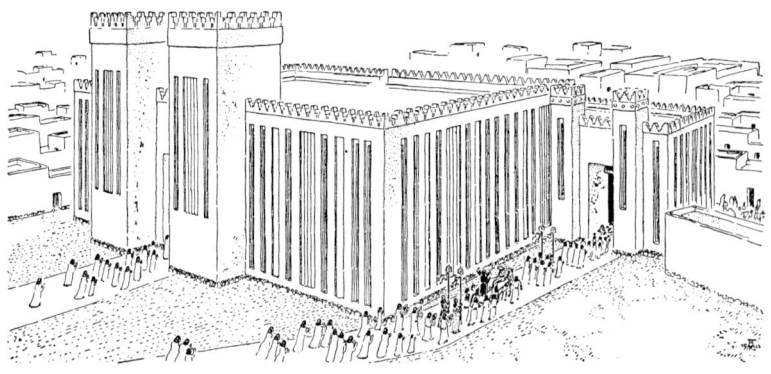

129. Front des Ischtar-Tempels Tukulti-Ninurtas I.

Wer den Toreingang durchschreiten durfte, gelangte in einen breiten Raum, einen Torraum nach babylonischer Art; von diesem ist links eine kleine Kammer abgeschnitten, in der wohl die Tempelbedienung wohnte. Man schritt geradeaus in den Kultraum der Assuritu, einen ungeheuren Saal von 32,5 m Breite und 8,70 m Tiefe. Man erblickte zuerst die eigentliche heilige Kultstätte mit dem Bild der Göttin nicht, sondern sah sich einem Baldachin gegenüber, der ein Zeichen zu überschatten schien. Dieses hatte seinen Platz auf einer Gipssteinplatte im Ziegelfußboden. Es mochte auf das Wesen der zu verehrenden Gottheit hinweisen.[128] Unter diesem Baldachin wie unter einem leichten Zelt stehend, drehte man sich nach rechts und sah sich so vor einer großen sechzehnstufigen Treppe mit breiten zweistufigen Wangen, die zum Postament hinaufführt. Oben ist eine 5,10 m breite, 6,40 m tiefe Kultnische eingebaut; vermutlich war sie im Bogen überwölbt. Zwei ganz schmale, kaum begehbare Kammern bleiben hinter den Seitenwänden der Nische offen, durch die rechte gelangt man in eine größere Kammer, deren Fußboden die Höhe des Postamentfußbodens hatte. Man könnte hier das Cubiculum der Göttin vermuten, die dem Beter in der Kultnische in ihrem Bild erschienen ist (Abb. 133, 134).

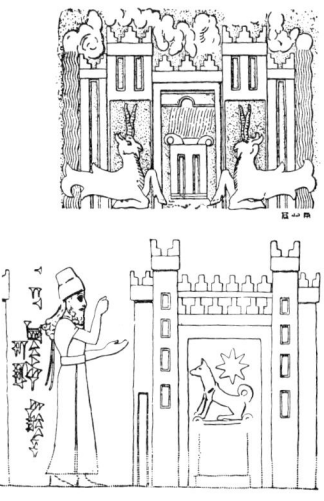

. Tontafel mit Siegelabrollung. ca. 1:1. Berlin, Staatl.
seen, VAT 15468.

131 u. 132. Siegelbilder,
Tempelfronten. 1:1. Berlin
VAT 15468

133. Stufenpostament im Kultraum der Ischtar von Assur.

Daß ein Kultbild in Menschengröße oder in kleinerem Maßstab an dieser Stelle gestanden haben mag, schließen wir aus vorhandenen Resten des Thrones und des Sitzbildes, z. B. Löwenfüßen und Frauenschuhen aus Fritte, Teilen eines Frittegesichtes u. a., die im Tempel gefunden wurden.[129]

134. Kultraum, Stufenpostament, ergänzt.

Der Raum für das Göttergefolge der Ischtar liegt hinter den beiden Kulträumen. Er wurde unzugänglich vorgefunden: die Tür, die ihn mit dem Kultraum der Assuritu verband, ist zugemauert. Die Symbolsockel darin standen nicht mehr, wie sie sollten, an den Wänden, sondern waren von ihren Standorten fortbewegt und unordentlich stehengelassen. Einer davon, wohl der schönste, ist von den in neuassyrischer Zeit wirkenden Zerstörern herausgeschleppt und zusammen mit der Gipssteinstatue des Herrschers aus der Zeit der III. Dynastie von Ur am Tempeleingang aufgestellt worden (Abb. 53 und S. 113). Man hatte damals also noch ein Gefühl für die Bedeutung dieser Monumente. Das zeigt sich auch daran, daß Perlenstreugaben bei und unter den Symbolsockeln im vermauerten Raum lagen.

Wir lernen hier verschiedene Ausgestaltungen der Symbolsockel kennen, die in Babylonien wie kleine gerillte Tempel aussehen. Der Gedanke des Tempelchens, der Aedicula, scheint auch in unseren Sockeln zu walten. An den beiden oberen Schmalkanten sind wulstartige Profile, die man mit gewissen Türeinrichtungen in Verbindung bringen kann.[130] Zwei von den Sockeln tragen figürliche Darstellungen an der Vorderseite. Der eine

135. Symbolsockel des Schamasch. H: 85 cm. Istanbul, Arkeol. Müzesi 7802

136. Symbolsockel (des Nusku?) von Tukulti-Ninurta I.
H: 60 cm. Berlin, Staatl. Museen, VA 8146.

(Abb. 135), aus Kalkstein, ist der an der Tempeltür gefundene, jetzt in Istanbul befindliche. Der König steht betend zwischen zwei, die Sonnenstandarte haltenden, sechslockigen „Helden". Sonnenscheiben sind in den Vorderflächen der Wulstprofile angebracht. An der Sockelplinthe unten bewegt sich ein Zug kleiner Menschen (und Pferde?), wie es scheint, ein Seil schleppend, über Berge hinweg. – Der andere Sockel (Abb. 136), aus Gipsstein, war geborgen im zugemauerten Raum und befindet sich jetzt in Berlin. Auf ihm ist der König nach rechts gewandt einmal stehend und einmal kniend vor einem das Gottessymbol tragenden Symbolsockel in der Anbetung dargestellt. Daß es Tukulti-Ninurta I. ist, geht aus der Inschrift auf der Sockelplinthe hervor, die eine Weihung an den Lichtgott *Nusku* enthält. Das abgebildete Symbol, Tontafel mit Schreibgriffel, weist aber auf Nabû, nicht auf Nusku hin, dessen Symbol eine Tüllenlampe war. Wieder ist in den Vorderansichten der Wulstprofile je eine Sternblume angebracht.[131] – Die übrigen Sockel geben verschiedene Abwandlungen ohne Hinweis auf das Symbol, das sie zu tragen hatten.

Mit den Perlenpolster-Streugaben hat man trotz aller Unordnung den Sockeln doch die gleiche Ehrerbietung zuteil werden lassen, die alten Urkunden zu zollen war, wenn man sie „wieder beisetzte". Einer Beisetzung kommt die Zumauerung des Gefolgeraumes gleich. Man durfte geweihte Dinge nicht einfach vernichten. Man mußte sie feierlich der Erde zurückgeben.[132]

Ein zweiter Fall solcher Beisetzung liegt im Ischtar-Tempel vor in einem dem Gefolgeraum benachbarten Raume, der ebenfalls vom Kultraum aus zugänglich war und blieb. Hier ist eine Querteilung durch eine eingezogene Mauer eingefügt. Das Hintergelaß war dann unzugänglich, und hier waren kleine, zumeist zerbrochene Weihgegenstände „beigesetzt". Das sind Blei- und Frittefigürchen, kleine Gefäße, Teile des Göttinbildes und dergleichen. Für die wechselseitige Datierung des Tempels und der kleinen Kunstwerke ist dieser Fund und seine Umstände von unschätzbarem Wert. Die Frittekunst insbesondere erhält hier eine sehr weitreichende Zeitsetzung durch ein Kopfgefäß, das sich fast identisch auf Zypern wiedergefunden hat (Abb. 138, 139).[133]

Die Zumauerungen gehören, so wird man schließen dürfen, in die Zeit nach Tukulti-Ninurta I., das Zugemauerte hingegen dürfte *in* seiner Zeit entstanden sein, kaum *nach* ihr. Spätestens ist die Beisetzung wohl im 9. Jahrhundert zur Zeit der Errichtung des Ischtar-Tempels Salmanassars III. erfolgt, der sich so brüsk vor den noch bestehenden Tempeleingang des Tukulti-Ninurta-Baues setzt, daß man ihn kaum noch sehen kann.

Die Urkunden Tukulti-Ninurtas I. im Ischtar-Tempel sind überschwenglich reich, wie selten in einem der altorientalischen Bauwerke. Seine Vorgänger waren sparsamer: von Ititi, Iluschuma, Puzur-Assur II., Assurubalit I. (1365–1330) ist je eine, von Adadnarari I. (1307–1275) sind fünf Inschriften für

Das 13. Jahrhundert 159

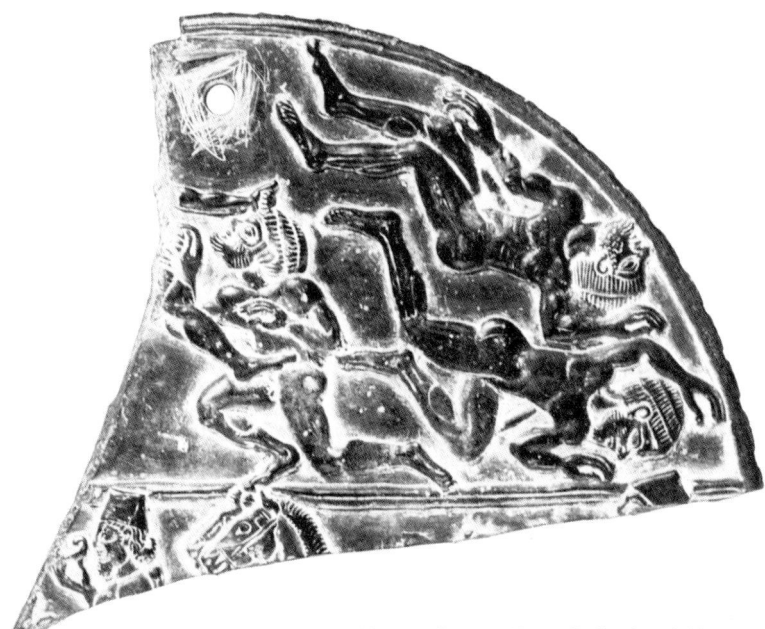

137. Reliefscheibe (Deckel) aus Marmor. Dm: ca. 12 cm. Berlin, Staatl. Museen, VA 7989.

138 u. 139. Fritte-Kopfgefäß. H: 8,5 cm. British Museum BM 116359.
 Genau die gleichen Kopfgefäße aus Fritte sind in Enkomi auf Zypern gefunden worden und befinden sich jetzt im British Museum wie auch unser Stück. Zu der Gattung: M. Falkner-B. Hrouda, RlA III, S. 297ff.

den Tempel der Assuritu oder einer zwar anders benannten, ihr aber gleichzusetzenden Göttin gefunden worden. Von Tukulti-Ninurta neunzehn! Außer den zuerst genannten vier ältesten waren wohl alle Urkunden einst in den Mauern und unter den Postamenten versteckt. Die älteren sind zum Teil wahrscheinlich bei Umbauten ans Tageslicht gekommen und waren dann offen im Tempel untergebracht, die fünf Adadnarari-Urkunden, schöne, sorgfältig beschriftete und wohlerhaltene Alabastertafeln (Abb. 140 oben), hat Tukulti-Ninurta dem Tempel seines Großvaters entnommen und in einer Mauerkapsel hinter dem Postament der Assuritu, wo die Mauer glücklicherweise noch 3 m hoch erhalten blieb, wieder säuberlich aufgestellt. Außer dem Namen des Königs und seiner Genealogie stehen auf diesen Urkunden Angaben über den Tempelbau, die uns freilich bisher nicht viel weiter in die Erkenntnis des Verwendungszweckes aller Tempelteile eingeführt haben. Man muß diese Teile, so gut es geht, für sich selbst sprechen lassen, wie es oben geschehen ist.

Die immer wiederkehrende, nur wenig variierte Inschrift Tukulti-Ninurtas I.[134] steht auf sehr großen, quaderförmigen Fundamentblöcken aus Kalkstein, auf 350 kg schweren Bleiblöcken von länglich rechteckiger Form, die auf Abb. 140 zu sehen ist, und endlich auf Gold- und Silbertäfelchen (Abb. 141, 142). Von den Zeremonien, unter denen diese Urkunden niedergelegt wurden, zeugen Polster aus Perlen, Muscheln, Steinsplittern, Blättern und Zweigen, auf denen die Gold- und Silbertäfelchen lagen (vgl. Abb. 114). Flüssigkeiten sind dabei ausgegossen worden, die ihre Spuren auf den Kalksteinblöcken hinterlassen haben. Diese drei Urkundenarten gehören zu Gruppen zusammen. Zum Beispiel ist in der Rückwand des Assuritu-Kultraumes folgende Anordnung getroffen: Auf drei, wie übergroße Ziegel geformte Bleiblöcke (insgesamt 1050 kg Blei!) ist der große Kalksteinblock gelegt, nachdem man die Zeremonie der Niederlegung von Gold- und Silbertäfelchen auf den mittleren Bleiblock vollzogen hatte. Auf dem Kalksteinblock erfolgte wieder jene Zeremonie und abermals Niederlegen von Gold- und Silbertäfelchen (nebst je einem quadratischen Gold- und Silberplättchen). Darauf kam erneut ein Bleiblock zu liegen. Nun konnte das Mauern mit Luftziegeln weitergehen, bis der Hohlraum für die fünf wieder beizusetzenden Alabastertafeln Adadnararis I. erreicht war.

Eine ähnliche Anordnung ist in der Rückwand des Dinitu-Heiligtums getroffen. Einzelne Bleiblöcke liegen auf dem Steinfundament der Westecke und der Nordecke des Dinitu-Heiligtums und in der Nordecke des Assuritu-Baues. Die Ost- und die Südecke sind nicht mehr erhalten, sie dürften ebenfalls Bleiblöcke enthalten haben. Vereinzelt liegt je ein Paar Gold- und Silbertäfelchen in den untersten Schichten der beiden Postamente, umgeben von Perlen und (so unter dem Assuritu-Postament) mit einem zerbrochenen hethitischen Lapislazuli-Figürchen eines Jagddämons.[135]

Bei diesen Beigaben von Perlen und anderem blickt man tiefer in die

140. Adadnararis I. Urkunden (oben) und die großen Urkunden Tukulti-Ninurtas I.

141 u. 142. Goldtäfelchen Tukulti-Ninurtas I. ca. 1:1. Ass. 22025. Umschrift und Übersetzung: E. Weidner, AfO. Beih. 12, 1959, 19 ff.

geistigen Vorgänge. Sie sind Opfer. Fragt man nach dem Wert des Geopferten, so trifft man sicherlich nicht den Kern dessen, was das Opfer soll. Wertlose Dinge sind es ganz gewiß nicht; es gibt nicht bloß schöne farbige Steinperlen, sondern auch Goldperlen dabei. Man hat also Schmuck geopfert, der doch eben gerade Wert darstellt. Aufschlußreicher wird das Fragen nach dem Was? und dem Wohin? Außer Schmuck – das zerbrochene Lapisfigürchen aus der Fremde, die Steinsplitter, die Edelmetallplättchen, die Zweige und Blätter, die Flüssigkeiten (Öl, Bier, Wein?), die den Stein braun färbten. Das scheinen uns Repräsentanten der Naturreiche (der Elemente) und ihrer Kräfte zu sein, deren man im Bilde dieser kleinen Dinge habhaft wurde. Diese gibt man *unten* hin, ins Finstere des erdigen Untergrundes, in die tiefsten, erdverbundenen Schichten des Baues, die mit den dämonischen Kräften der finsteren Unterwelt in Berührung stehen. Diesen zu opfern war notwendig, denn ihnen ist ja genommen worden, was zum Bauen dieser Mauern gebraucht wurde: Stein, Metall, Lehm für die Ziegel. Das muß gesühnt werden. Man hoffte, die Sühnung durch diese Gaben zu erreichen.

Der Neue Palast Tukulti-Ninurtas I.[136]

Gehen wir vom Hof der Embleme weiter nach Westen, so treffen wir eine ausgedehnte Terrasse aus lufttrockenen Ziegeln mit Resten von Steinfundamenten aus teilweise recht großen Kalksteinblöcken. Freilich ist das alles weithin bedeckt von den Ruinen einer spät- oder nachassyrischen Besiedlung, über die wir auf S. 240 zu berichten haben. Nach Norden hin haben drei tief eingeschnittene Täler die Aufbauten zum Verschwinden gebracht und die Terrasse durchfurcht. Die letztere freilich hatte so große Mächtigkeit, daß ihre äußere Begrenzung an der Nordfront der Stadt tief unten doch noch zum Vorschein kam. Sie bildet dort selbst einen Teil der Stadtbefestigung, die erst später, in jung- und spätassyrischer Zeit, Vorwerke erhielt (s. Abb. 9, 61).

Die Datierung dieser Terrasse und ihrer Aufbautenreste ist nur mittelbar möglich. Das Format der Lehmziegel spricht nicht gegen, die Kalksteinfundamente für die Zeit des 13. Jahrhunderts, in denen Herrscher wie Adadnarari I. (an der Ufermauer), Salmanassar I. (am Assur-Tempel) und Tukulti-Ninurta I. (am Ischtar-Tempel) sich ihrer bedienten. Ein stelenförmiger, leider zur Hälfte gespaltener großer Kalksteinblock trägt zudem eine auf die Errichtung des „Neuen Palastes" bezügliche Bauinschrift Tukulti-Ninurtas I. (Ass. 8002).[137] Er lag etwa in der Mitte der Palast-Terrasse, mehr nach Südwesten hin, im Planquadrat dB 6 II.

Die Inschriftreste sagen genug über die gefundene Terrasse aus, man kann zumindest die Mitteilung erkennen, daß der König eine gründliche Säuberung des Baugrundes vorgenommen hat und die Terrasse auf den gewachsenen Felsen gründen wollte. Das ist an einigen Stellen der Terrasse

Das 13. Jahrhundert

auch wirklich vorgefunden worden. Was das bedeutet, ermißt man ganz, wenn man die ungeheure Fläche von 29000 qm errechnet, die in dieser Weise zu bearbeiten war. Alte Schuttablagerungen, vermutlich Wohnschichten, bedeckten sie in mindestens 3 m Mächtigkeit; nach der Außenfront hin senkt sich der Felsboden, in dem schon Schluchten eingerissen sind, um zehn und mehr Meter. Es galt also ganz gewaltige Schuttmassen zu beseitigen, um des Königs Wunsch zu befriedigen. Dem Verbleib dieser Schuttmassen wird man vergeblich nachgehen. Der alte Tigrisarm floß nahe genug vorbei und nahm Schutt mit, und im Innern der Stadt war sicherlich immer Bedarf nach Erde, aus der man billige und schlechte Luftziegel herstellen wollte. Für des Königs Bauten sind Ziegel aus reinem Lehm gestrichen worden, der entweder frisch aus Lehmgruben außerhalb der Stadt, schlimmstenfalls auch aus den archaischen Festungsmauern geholt wurde. Deren große Bastionen werden jetzt geschleift und durch Mauertürme ersetzt.

Über die Palastanlage auf der Terrasse können wir leider gar nichts aussagen. Bis auf die erwähnten Kalkstein-Fundamentreste ist sie gänzlich verschwunden, und diese letzteren ergeben nichts weiter als die Tatsache, daß in monumentaler Gesinnung mit gewaltigen Mauerdicken (bis zu 2 m) gebaut wurde. An der Nordwestkante der Terrasse, wo jetzt ein Mauerzug des Binnenwalls Salmanassars III. steht, kann man zur Not ein Heiligtum vermuten. Es wurden in Raumresten, denen man die kultische Bestimmung nicht mehr ansieht, eine größere Anzahl von Bleiplaketten, Bleireliefs und sonstigen gegossenen Bleigegenständen gefunden, die zum Teil auf eine kultische Verwendung im Ischtar-Dienst bezogen werden könnten.[138]

Ein weiterer Fund ist eine Reihe von Einlagefiguren aus Elfenbeinplättchen,[139] die am Fuße der Terrassenaußenfront geborgen werden konnten. Offenbar sind sie einst von der Terrasse hinabgeworfen oder -geschwemmt worden. Man kann sie zu einem oder mehreren Friesen ordnen (Abb. 143). Folgende Teile gehören dazu: Figuren von Berggöttern, die Wasserstrahlen von oben in einer Flasche auffangen und aus derselben nach unten abgeben, Figuren von geflügelten Stieren, von Laubbäumen, von Granatapfelbäumen, ferner von einzelnen kleinen, aryballosähnlichen, kugelbauchigen Flaschen, von dünnen Wasserwellen, endlich von schmalen Leisten mit eingravierten Rosetten. Den Bildgrund des Elfenbeinfrieses kann man sich aus anderem Stoffe, etwa Lapislazuli oder Gold, hergestellt denken. Er fehlt völlig.

Den Berggott haben wir in ähnlicher Gestalt auf dem Kultrelief aus dem Brunnen des Assur-Tempels (siehe unten). Sein „Rock" reicht bis zur Standlinie und läßt die Füße nicht mehr sehen. Er trägt die Bergsignatur: aufrecht gestellte Bögen, und soll wohl überhaupt „Berg" bedeuten, wie noch in nachchristlicher Zeit beim Jupiter Dolichenus. Der Kopf des Gottes blickt zur Seite und trägt eine einfache niedrige Hörnerkappe. Schopf und

Bart sind in der Tracht vom Ende des 2. Jahrtausends gehalten. Das erlaubt uns den Fries in die Zeit des Tukulti-Ninurta I. oder wenig früher zu setzen. Dazu scheint die Gestalt des Flügeltieres zu passen, der einen gewaltigen Körper auf verhältnismäßig zierlichen Beinen hat.

Die beiden Baumarten sind nach der Art der neuassyrischen Lebensbäume an den Stämmen mit je drei Volutenpaaren ausgestattet, ihre Blätter und Früchte sind an eine nahezu geschlossene, lang-ovale Peripherie gestellt, wie die Blütenpalmetten bei jenen Lebensbäumen. Das Ganze wird von blühenden Blumen ebenfalls bildhaft eingefaßt.

Die Gruppierung des Frieses kann man auch anders, als sie in der Abbildung gegeben ist, vornehmen. Irgendwie gegenständig werden die Flügelstiere zu den Bäumen und die Götter zu diesen Baum-Tier-Gruppen geordnet gewesen sein.

Das obengenannte Kultrelief (jetzt in Berlin)[140] besteht aus Gipsstein. Es war in den Brunnen des Assur-Tempels hinabgestürzt worden, wo es zerschellte. Wir halten es für kassitisch.[141] Die Hauptfigur ist der Berggott mit Bergrock und aus Hüften und Händen sprießenden Pflanzen, an denen Böcke fressen. Die beiden kleinen Figuren sind weibliche, wasserspendende Gottheiten (Abb. 144).

Adadnarari I., Salmanassar I., Tukulti-Ninurta I., diese große Herrscherdreiheit, ist außer am „Hof der Embleme" noch am Assur-Tempel und an den Festungswerken der Stadt bezeugt durch Reste ihrer Bauten und durch Schrifturkunden. Beide sprechen von Größe und Willensstärke.

143. Elfenbeinfries. H: 25 cm. Berlin, Staatl. Museen, VAAss. 981.

Assur-Tempel

Am *Assur-Tempel*, und zwar am eigentlichen Kultbau, ist vor allem Salmanassars I. Hand fühlbar.[142] Ihm schreiben wir die Steinfundamente aus großen Kalkstein- und Gipssteinblöcken zu, die sich der Lehmziegelgrundmauern Schamschi-Adads I. mit großer Treue als Untergründung bedienten, dann aber vor allem den Südwesthof zu. Dieser fast ein halbes Jahrtausend ältere Tempel war also bis zur Höhe seines Fußbodens damals kassiert worden. Den Grund erfahren wir aus Salmanassars Bauinschriften: Eine Feuersbrunst hatte den alten Tempel beschädigt. Es ist verschwiegen, was diese Katastrophe veranlaßt hat. Sie erklärt nun auch die genaue Wiederherstellung über dem alten Tempelplan; denn dieser wird in der Brandstätte noch vollkommen erkennbar geblieben sein. Die genannten Urkunden sind ellige Alabasterplatten (Abb. 147, 148 sowie S. 237), quadratisch und halbquadratisch, etwa 10 cm dick. Sie waren sehr zahlreich vorhanden. Man möchte daher annehmen, sie seien im Verband langer Reihen angebracht gewesen, obwohl zumeist alle ihre sechs Seiten die Inschrift tragen, von denen dann wohl immer nur eine sichtbar blieb. Am Ort ihrer ursprünglichen Verwendung wurde leider keine gefunden; die meisten von ihnen lagen wiederverwendet und eingemauert in Pflastern und Fundamenten eines spätbabylonischen Ersatztempelchens (des sogenannten Tempels A, s. S. 238 ff.). Auch das spricht für die einstige, weithin sichtbare Anbringungsart der Urkunden. Bis zur Auffindung der großen Königsliste von Chorsabad (Dur-Scharrukîn) durch die Ausgrabung des Chicago Institute waren die Sal-

144. Kultrelief (Kalkstein) aus dem alten Brunnen des Assur-Tempels. H: 1,36 m. Berlin, Staatl. Museen, VAAss. 1358.

145. Uferbefestigung Adadnararis I. am Tigris.

146. Kapsel im Ziegelmauerwerk des Kais Adadnararis I.
Einblick in einen der halb ausgeraubten „Zähne" aus gut gebrannten Ziegeln, die in das Blockmauerwerk des Kais eingreifen, vgl. Abb. 145. Die ausgesparte „Kapsel" enthielt einst die Tontafelurkunde Adadnararis I., 1307–1275 v. Chr.

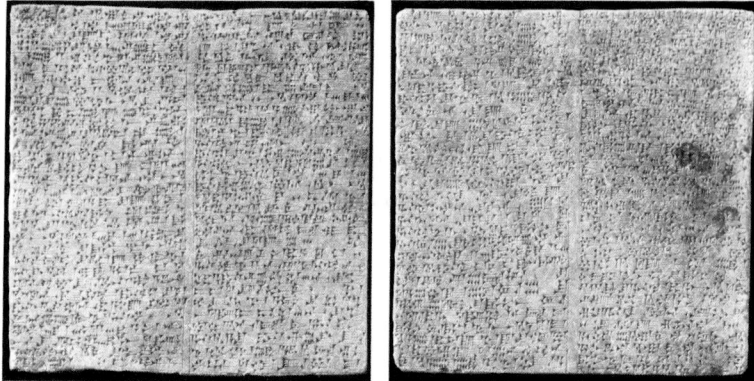

*147 u. 148. Steintafel mit Inschrift Salmanassars I. (1274–1245). ca. 1:10.
Umschrift und Übersetzung in: AOB I, 1926, 110ff.*

manassar-Urkunden wichtig für die Chronologie der Herrscher des 2. Jahrtausends, für die hier feste Zahlen angegeben sind. Überdies enthalten sie die üblichen Herrscherannalen.[143]

An Ort und Stelle lagen noch ein paar Basaltangelsteine Salmanassars I. mit dessen Weihinschrift an Assur; sie haben wohl die verhältnismäßig kleinen, leicht zu entfernenden Angelsteine Schamschi-Adads I. ersetzt (Abb. 149).

Vom Aufbau und Inhalt des Salmanassar-Tempels besitzen wir fast nichts. Er erduldete wohl ein ähnliches Schicksal wie sein Vorgänger. Wenigstens im Bezirk der eigentlichen Kulträume im Nordosten des Baues sind Salmanassars Steinfundamente durch solche Asarhaddons (s. S. 230) ersetzt, aber wiederum um mehr als ein halbes Jahrtausend später und wiederum nur unter Abtragung des gesamten älteren Aufbaues bis herab zum Fußboden. Das einzige, was zum oberen Aufbau Salmanassars I. gehört haben kann, sind tönerne Stielknäufe, auf deren Köpfen die abgekürzte Bauinschrift des Herrschers steht (vgl. Abb. 69, 70, 187). Man darf annehmen, daß sie einst dicht unterhalb der Bezinnung in den Außenmauern steckten. Im Herabfallen sind sie meist zu Bruch gegangen und lagen seitdem zerstreut im Tempelschutt. Vollkommen erhalten blieb Ass. 1803.[144]

Tukulti-Ninurta I., Salmanassars Sohn, baute am Vorhof. Wir wissen es aus den Stempelinschriften auf Pflasterziegeln, von denen viele noch im Asphalt eingebettet den Fußboden in den zwei westlichen Raumreihen am Vorhof bilden. An diesen Räumen ist im Laufe der Zeit mancherlei geändert und ausgebessert worden; so z. B. der große Wasserbehälter, der einen ganzen 15 m langen, 5 m breiten Raum ausfüllt und eine Wasserleitung

Das 13. Jahrhundert

149. Basaltangelstein Salmanassars I. im Assur-Tempel.

speist, die zu dem System flacher Wasserbecken im Vorhof hinführt (S. 49). Auf die Zeit Tukulti-Ninurtas I. geht hier vermutlich ein halbovales kleines Becken zurück, das aus unbeschrifteten Formziegeln sorgfältig hergestellt war und sich an die Vorhofwand lehnt. Hier quoll das Wasser aus dem großen Behälter wie aus einer Quelle hervor und wurde dann zu den vier flachen Becken in der Mitte des Vorhofes weitergeleitet (Abb. 34, 150, 151).

In einem kleinen Raume der beiden Reihen befand sich eine noch gut erhaltene Abortanlage, die möglicherweise ebenfalls in die Zeit Tukulti-Ninurtas I. gehört (Abb. 152).

Auf der Ost- und Südseite des Vorhofes fehlen über den dort erhaltenen Raumreihen Schamschi-Adads I. die jüngeren Erneuerungen gänzlich, bis auf die parthischen am Südtor (s. S. 252). Wenn diejenigen Tukulti-Ninurtas I. genau über der Ostreihe gelegen haben, was wegen der Nähe der

Flußfrontbefestigung wahrscheinlich ist, dann ist der Vorhof damals um eine Raumreihe breiter geworden, da die Westseite des Vorhofes um so viel nach Westen zurückverlegt ist.

Die Stadtmauer

Die *Befestigungsanlagen* des frühen 2. Jahrtausends bieten, wie wir sahen, schon ein sich wandelndes Bild. Ausbesserungen machen sich naturgemäß an solchen hochgelegenen Randbauten in verhältnismäßig rascher Folge nötig. Nicht immer sind sie chronologisch festzulegen. Am Ende des 2. Jahrtausends betätigen sich, für uns noch erkennbar, Adadnarari I. an der Ufermauer der Tigrisfront und Tukulti-Ninurta I. am Halsgraben der Westfront. Ein Herrscher dieser Zeit, ungewiß welcher, hat sich an der Felswand unterhalb der großen Zikkurrat mit der Errichtung eines sehr sorgfältig gebauten Raumes mit Bogentür und einer Blockmauerteilung (Abb. 65) um den Aufgang des Muschlal verdient gemacht.

Die *Ufermauer* hat mit etwa einem Drittel ihrer Länge dem Anprall des stark strömenden Tigris bis heute standgehalten (Abb. 145, 153). Sie bestand aus großen Kalksteinblöcken mit reichlichem Asphalt-Kalkmörtel, die mittels einer meterdicken, steilgeböschten Verkleidung aus gebrannten Ziegeln gegen das Wasser hin abgeglättet sind. Eine technische Glanzleistung hohen Grades. Verkleidung und Blockmauer sind miteinander „verzahnt". In den Ziegel„zähnen" sind Hohlräumchen ausgespart, welche die sorgfältig geschriebenen Tontafelurkunden des Königs[145] enthielten (Abb. 146). Auch die Ziegelstempel bekunden hier Adadnarari I. – Den Verkehr zum Wasser hinab ermöglichen schmale Treppen in der Ziegelverkleidung. Man konnte daher mit Kähnen und Guffen, jenen runden Tigrisfahrzeugen, anlegen, oder hinabsteigen, um Wasser zu schöpfen. Diesen Treppchen werden in der eigentlichen Festungsmauer hinter der Kaimauer Pforten entsprochen haben, von denen wir keine gefunden haben (Abb. 28, 153)

An der entgegengesetzten Front der Stadt, im Westen, hatte bis in die Zeit Tukulti-Ninurtas I. die „Poternenmauer" mit den großen Bastionen bestanden. Sie ist, festungstechnisch gesprochen, der „Hals" der Festung. Hier war eine von der Natur nicht geschützte, daher gefährdete und verwundbare Stelle; um so gefährdeter, je länger sie sich von der Nordwestecke bis zur Südstadt, der sogenannten „Neustadt", hin erstreckte. Man konnte sich in Kilometerbreite auf fast ebener Fläche der Befestigung nähern. Tukulti-Ninurta I. schuf Wandel, er ließ einen tiefen, breiten Graben vom Tabira-Tor bis zum Südstadtansatz ausschachten, ein Hindernis, dessen steile, fast senkrechte Wände 15 m in die Tiefe gingen und kaum mit Sturmleitern zu überwinden waren. Die Grabenbreite betrug fast 20 m. Es war ein trockener Graben. Je ein stehengelassener Rampenweg vor dem

150. Halbovales Sammelbecken und Ausfluß des dahinterliegenden Wasserbehälters.

151. Wasserbecken im Vorhof des Assur-Tempels. Vgl. dazu Abb. 33 u. 34 (zu S. 169).

152. Abort am Vorhof des Assur-Tempels.
153. Ufermauer am Tigris.

Tabira- und vor dem Westtor unterbrach den Grabenzug und verhinderte den Eintritt von Tigris- und von Regenwasser aus den Steppentälern. – Der Wandel der Befestigungsart ist zugleich Ausdruck für den Gesinnungswandel. Das Heldenzeitalter ist vorüber, der Kampf vor der Front wich dem Kampfe von der Mauer herab, vielleicht mit einem Übergangsstadium: Kampf vor dem Graben (vgl. S. 91).

Daß Tukulti-Ninurta I. der Urheber der Grabenanlage ist, wissen wir durch seine Bauurkunde auf einem Tonknauf (*sikkatu*) mit dickem Hohlstiel, auf dessen fast kugeligem Kopf die Inschrift steht. Es sind, wie diese Inschrift sagt, Bronzehacken bei der Arbeit verwendet worden. Die herausbeförderte Sandfelsmenge beträgt schätzungsweise 160000 cbm; eine bewundernswerte Leistung!

Das *Muschlal*gebäude am Fuß der großen Zikkurrat scheint uns den unteren Eingang zu einer steilen Treppe darzustellen, die vom Ufer des längs der Nordfront fließenden Tigrisarmes zum Palast und Tempelplateau hinaufführte. Ein paar Einarbeitungen in der Sandfelswand, an die sich das Zimmer anlehnt, lassen sich als Auflager des Raumdaches oder der Treppenbalken deuten. Man müßte eine leicht wegzunehmende Holzstiege in den unterteilten Raum hinein ergänzen, wenn man einigermaßen seinen Zweck verstehen will. Ein großer Aufweg kann an dieser Stelle der Front nicht gelegen haben. Man würde damit die große Gunst natürlicher Sturmfreiheit, welche die steile Felswand bot, zunichte gemacht haben. Eine Pforte mit schmalen Aufwegtreppen scheint einem lebhaft gefühlten Bedürfnis nachgekommen zu sein. Eine Zeitlang waltete wohl sogar ein kultisches Bedürfnis, denn der Muschlal wird oft in Zusammenhang mit dem Assur-Tempel in den Inschriften genannt[146] (Abb. 40, 154).

Dem Muschlal entgegengesetzt lag an der Südfront von Assur die Neustadt, *âlu eššu*, deren Begründung und Hinzuziehung zur Hauptstadt schon im 2. Jahrtausend erfolgt ist. Damals rechtfertigte sich der Name. Dieser im Plane trapezförmige Stadtteil legt sich wie ein großes Vorwerk vor die Südfront der Stadt. Man mußte ihn in seiner ganzen Länge durchschreiten, wollte man zum südlichen Ausgang der Stadt gelangen, der übrigens vom Tigris vernichtet ist.

Die Westfront der Neustadt erhielt auf einem nordsüdlich verlaufenden schmalen Hügelrücken um die Mitte des 2. Jahrtausends erst von Puzur-Assur (IV.?), dann von Assuruballit[147] eine Festungsmauer, von der nur wenig mehr erhalten ist. Es kann gesagt werden, daß in dieser Front so wenig ein Tor gelegen hat, wie in dem ebenfalls zum Teil auf schmalem Hügelrücken gegründeten anschließenden Abschnitt der Südfront.

Die Zeit Tukulti-Ninurtas I. scheint an diesen Fronten nicht gewirkt zu haben; erst unter Salmanassar III. (S. 201 ff.) ist hier die Mauer erneuert worden. Eine breite Senke zog sich zwischen den Ausläufern der Steppenhügel und dem erwähnten Hügelrücken hin und ließ in ihrem unteren Teile vermutlich in sehr früher Zeit das Hochwasser des Tigris herein. An diese Senke schloß Tukulti-Ninurta I. seinen Westgraben an, wohl in der Erkenntnis, daß damit für die Verteidiger ein starker Schutz gewonnen werde. Von der West- und Südseite her konnte Tukulti-Ninurta, nachdem er Babylon besiegt hatte, wohl einen Angriff erwarten, und so wappnete er sich. – Man kann noch an dem Ruinenzustand der Westfront aus der Luft erkennen, wie stark diese Befestigungsanlage das Gelände umgestaltet hat. (Abb. 154).

Kar-Tukulti-Ninurta

Die Frucht seines Sieges über Babylon suchte Tukulti-Ninurta noch auf eine andere Art zu sichern: Er hatte, wie das bei Siegen über andere Völker üblich war, den Stadt- und Reichsgott der Besiegten fortgeführt und diese damit wehrlos gemacht. Marduk von Babylon mußte in seinem Bilde mit nach Assyrien ziehen und erhielt hier seinen Zwangswohnsitz als Assur in einem neuen Assur-Tempel.[148] Eine eigene Stadt wurde vollkommen neu aufgebaut: Kar-Tukulti-Ninurta, die Tukulti-Ninurta-Burg, die etwa 3 km oberhalb von Assur am jenseitigen Ufer des Tigris enstand (Abb. 155).

154. Fliegeraufnahme von Assur.
Die Aufnahme ist während des 1. Weltkrieges von deutschen Kriegsfliegern gemacht worden. (Vgl. dazu die neue Luftaufnahme von G. Gerster auf dem Frontispiz.

Das 13. Jahrhundert

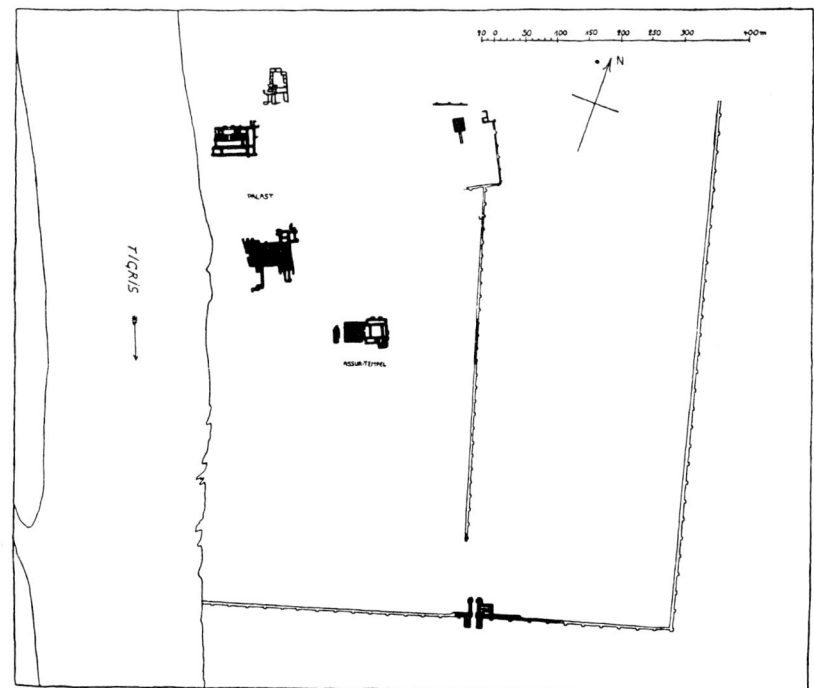

155. Stadtplan von Kar-Tukulti-Ninurta.

Es war eine Freude, diese kurzlebige, fast nur der Zeit dieses *einen* Königs angehörige klare Stadtanlage zu untersuchen.[149] Die Untersuchung lag in den Händen von W. Bachmann und ist von Assur aus unternommen worden. Die osmanische Regierung hatte die Genehmigung dazu bereitwilligst erteilt.

In der ebenen linksufrigen Flußaue bewässerten damals große, weit oberhalb der Stadt aus dem Tigris abgezweigte Kanäle fruchtbare Felder. Heute ist alles verödet. Ein rechteckiges Stadtgebiet war gegen das offene Land durch eine starke Festungsmauer aus Lehmziegeln abgeschlossen. Deren Tore sind mit längsgerichteten, stollengleichen Torräumen ausgestattet, neben denen die Aufgänge zur Mauerkrone angeordnet waren (Abb. 63). Ein Temenos ist durch eine Quermauer in der Stadtmitte abgezweigt. Wasser erhielt die Stadt aus dem Tigris, überdies aber durch einen in die Stadt hineingeleiteten Abzweig eines der großen Landkanäle.

In der Nähe des Tigris lag der Königspalast auf hoher, künstlicher Terrasse aus Lehmziegeln. Davon konnte ein einigermaßen vollständiger, klarer Grundriß nicht ermittelt werden. Es gibt jedoch Wandmalereireste, die beweisen, daß die Ausstattung des Palastes farbenprächtig und reich war.[150] Besser erhalten ist der *Assur-Tempel,* der nicht weit vom Palast entfernt liegt. Eine schöne Kultanlage, in der Hoch- und Tieftempel zu vollkommener Einheit verschmolzen sind. Analogien dazu sind der Doppeltempel der Anu und des Adad in Assur sowie der viel spätere Tempel des Nabû in Borsippa[151] und des Schamasch in Sippar,[152] die, soweit wir sie kennen, aus der Zeit des großen Nebukadnezar stammen. Tukulti-Ninurta entschied sich hier für einen besonderen Tempeltypus, der sich eng an den babylonischen anschloß. Offenbar wollte er die besiegten Kräfte des Marduk von Babylon auch äußerlich sichtbar seinem Landesgotte Assur möglichst vollständig einverleiben. So richtete er auch die göttliche Wohnung schon nach Art derjenigen von Babylon her, wo Marduk zu Hause war: Nicht das alte churrische Herdhaus, nicht das assyrisch-kassitische Langraumhaus, sondern einen richtigen babylonischen Breitraumbau ließ der König unmittelbar an den Hochtempel, die Zikkurrat, anlehnen (Abb. 116, 117).[152a]

Eine weitere Besonderheit dieses Kultraumes sind die *drei* Türen, die ihn mit dem Hof verbinden, an Stelle von *einer,* mit der sich der regelrechte babylonische Tempel begnügt. G. Martiny möchte diese Dreitürigkeit als ein Kennzeichen des als Thronsaal dienenden Palastraumes darstellen. Die assyrischen und auch die großen spätbabylonischen Palasträume geben ihm recht. Es ist freilich noch nicht geklärt, weshalb ein solcher feierlicher Thronsaal drei Türen haben muß, deren mittlere größer ist als die beiden seitlichen. Möglicherweise diente die große Mitteltür dem Ein- und Ausgang des Königs, der aus den inneren Gemächern des Palastes zum Thron herauskam, die kleineren dem Defilieren des Volkes vor dem Könige. So dann auch beim dreiteiligen Kultraum, wo das Erscheinen des Gottes aus dem Innern, d. h. aus der Zikkurrat, das Aus- und Einziehen bei den großen Prozessionen, z. B. am Neujahrsfeste, durch den Hof erfolgen mußte.

Auf dem für spätbabylonische Anschauung viel zu hohen Postament stand das Kultbild des Gottes vor einer sehr tiefen, ebenfalls wieder unbabylonischen Nische, die aus dem Massiv der Zikkurrat ausgespart ist (Abb. 156). Zwei längliche Steinplatten, die aussehen wie Steingeleise, dienten dem Gottesbild als unmittelbares Auflager.

Das Kultbild blickte durch die Mitteltür nach Osten. Die Kultrichtung ist also West, ähnlich wie im späteren Marduk-Tempel Esagila in Babylon.

Im Norden des Hofes, mit dem Kultraum durch eine Tür verbunden, von außen durch einen geturmten Eingang zugänglich, liegt ein breiter Raum mit vielen kleinen Wandnischen. Man darf annehmen, daß hier das „Göttergefolge" Assurs in Gestalt von Göttersymbolen auf Sockeln untergebracht war. Eine Parallele dazu findet sich im späten Anu-Antum-Tempel in Uruk, wo zahlreiche Postamente im Hofe vor dem eigentlichen Heiligtum des Hauptgötterpaares stehen, und im Assuritu-Tempel in Assur, wo sich dieses „Göttergefolge" in einem großen Raume hinter dem Kult-

156. Postament und Nische des Assur-Tempels in Kar-Tukulti-Ninurta.

raum befunden haben wird (s. S. 156). In ganz großen Verhältnissen, wie in dem Reichsheiligtum des Marduk, Esagila, in Babylon, erhält jeder Gott des Gefolges einen eigenen Kultraum mit Nische, Postament und Gottesbild. Der Assur-Tempel in Kar-Tukulti-Ninurta begnügt sich mit Symbolen. Ein dahin passender Symbolsockel lag – verschleppt – am Flußufer (Abb. 157).

Die übrige Assur-Tempelanlage in Kar-Tukulti-Ninurta ist mit Wohnhäusern für den Tempeldienst ausgestattet, über die nichts Wesentliches zu bemerken ist. Die *Zikkurrat* hingegen erfordert noch betrachtendes Verweilen. Ihre Grundfläche mißt 31 : 31 m. In der Mitte ihrer Grundfläche lag eine schöne alabasterne Gründungsurkunde des Königs, die mit 69,5 cm Länge, 36 cm Breite, 6 cm Dicke zu den stattlichsten Urkunden dieser Art gehört. Durch sie erfahren wir Näheres über Kar-Tukulti-Ninurta (Abb. 158). Man fand sie mittels eines Stollens, der in das Mauermassiv getrieben wurde. Sie befindet sich jetzt in Berlin.[153] An den Zikkurratwänden ist die Gliederung noch zu erkennen, die Abb. 117 zeigt. Sie macht es gewiß, daß sich keinerlei Treppen von unten ab an dieses Massiv anlehnen, wie sie es an den Zikkurraten von Ur, Uruk und Babylon tun. Vielmehr findet sich hinter der Zikkurrat ein besonderer kleiner Treppenbau, in dem sich um eine langgestreckte Spindel ein Aufgang entwickeln kann. Mittels einer fortnehmbaren Brücke wird man dann hoch oben auf die Zikkurrat geführt. Etwas Ähnliches mußten wir ja auch bei der großen Zikkurrat in Assur vermuten (s. S. 134f.).[154] Über die *Höhe* des Hochtempels kann man nichts aussagen. Heute ist vom Lehmziegelmassiv noch eine Kuppe von 8 m Höhe übrig. Ein verhältnismäßig kleiner Bau mit bescheidenen Räumen mag, wie bei den sumerischen Zikkurraten, einst die oberste Terrasse bekrönt haben.

Im Norden des Stadtgebietes von Kar-Tukulti-Ninurta ist noch ein kleiner massivartiger Bau vorhanden, über dessen Bedeutung die kurze Untersuchung keine Klarheit gewann.

Die spärlichen Kleinfunde, die gemacht wurden, gehören zum größten Teil in die Zeit der soeben beschriebenen Bauwerke: Bleiplaketten, wie die aus dem Ischtar-Tempel und dem Neuen Palast in Assur,[155] schließen insbesondere an die dort gewonnene Chronologie an. Nach dem Tode Tukulti-Ninurtas I., der, wie wir wissen, ein gewaltsamer war, scheint die Stadt schnell verfallen zu sein. In den Ruinen haben spätere Siedler da und dort Gefäße und andere Kleinigkeiten hinterlassen.[156] Im großen und ganzen jedoch bleibt das Bild dieser Stätte, einheitlich und geschlossen, ein Ausdruck der Zeit jenes unruhigen Königs.

157. Symbolsockel in Kar-Tukulti-Ninurta.

158. Alabaster-Urkunde der Zikkurrat in Kar-Tukulti-Ninurta.
Aufbewahrungsort: Berlin, Staatl. Museen.

Die alt/mittelassyrischen Wohnhäuser und Gräber

Eine Überlieferung des Wohnhauses läßt sich in Assur leider nicht bis in die frühe G- und H-Zeit des 3. Jahrtausends zurückführen, und es bleibt ungewiß, ob der Analogieschluß aus den erhaltenen Tempelanlagen dieser frühen Zeit auf die Wohnanlagen berechtigt ist. Was uns die Ischtar-Tempel der G- und H-Zeit (s. S. 103ff.) bieten, sind Götterwohnungen, deren Überlieferung, wie wir sahen, weit heraufreichen bis ans Ende des 2. Jahrtausends. Wir nannten den Götterhaustypus „Herdhaus". Ein vollständiges einfaches Wohnhaus dieses Typus wurde in den Schichten des 3. Jahrtausends in Assur nicht gefunden. Erst in den Palastanlagen des 2. und noch sicherer in denen des 1. Jahrtausends können die großen Wohnräume dem Herdhaustypus zugerechnet werden. Das ältere ist von Südmesopotamien her beeinflußt. Die Hausanlagen ähneln den aus den sumerischen und babylonischen Städten her bekannten.[157] Es sind „Hofhäuser" mit „Breiträumen", in denen die Herdstelle fehlt. Zwei solcher Hofhäuser aus der Zeit um 2000 v. Chr. haben wir im Grundriß ganz oder teilweise. Das *eine* liegt auf dem Plateau des Assur-Tempels (Abb. 159) und ist nur in den aus

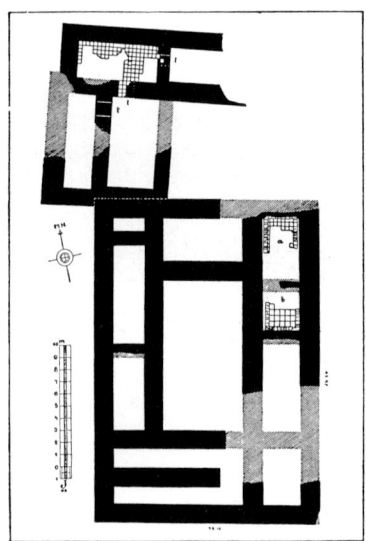

159. *Wohnhausgrundriß beim Assur-Tempel in Assur.*
Von diesem Hause sind nur die Gründungsmauern erhalten, kein Aufbau, keine Türen.

Lehmziegeln bestehenden Fundamenten, in diesen aber auch vollständig erhalten. Im Norden hat es einen unvollständig erhaltenen Anbau. Wir verstehen diesen rechteckigen Grundplan so, daß in der Mitte ein länglicher Hof liegt, der von wenig tiefen Breiträumen umgeben ist. An der Südseite teilt eine Art von Treppenspindel den Raum in zwei ganz schmale „Korridore", in denen wir im Aufbau Treppen oder Rampen vermuten: für die Kleinheit des Grundrisses eine unverhältnismäßig große Anlage.[158]

Die Umgebung der großen Zikkurrat hat im übrigen nur merkwürdig kleine Anlagen hergegeben, deren zeitliche Einordnung schwierig ist. Es sind einräumige Grundrisse, wir würden sagen: von Hütten und Gruftanlagen, die bei der Anlage der älteren Zikkurrat, also schon im Anfang des 2. Jahrtausends zerschnitten und zerstört worden sind. Wir gewannen durch eben diesen Befund die Gewißheit, daß Grüfte mit dem sogenannten „unechten" Gewölbe, kurz auch „Kraggewölbe" genannt, in die Zeit um 2000 v. Chr. gehören (Abb. 160). Das hat sich in Ur aufs schönste bestätigt. Die Grüfte der III. Dynastie von Ur (um 2000 v. Chr.) sind im größten Maßstab von solchen Kraggewölben überdeckt.

Um die Mitte des 2. Jahrtausends erhalten die Grüfte dann mehr oder minder wohlgelungene „echte" Gewölbe (Abb. 17, 18, 161).[159]

In diesen unterirdischen Raumgestaltungen sollten die Toten „wohnen". Diesem Gedanken gegenüber ist die Art des Gewölbes nicht wesentlich: Vor der Erfindung von Kraggewölben bereitete man dem Toten eine kleine

160. Kraggruft an der großen Zikkurrat.   161. Wölbgruft mit Seiteneingang.

Erdhöhle, die einseitig unten am Grabschacht in den Erdboden getrieben wurde. Im Grunde sind die Ziegelgrüfte nur die Fortsetzung der Erdhöhlengräber, der ausgemauerte Einsteigeschacht nur die Fortsetzung des Grabschachtes. Beide Bestandteile: Schacht und Hohlraum, sind das Beständige, ihre Ausgestaltung kann sich verändern. Die festere Anlage aus gebrannten Ziegeln macht die Begräbnisstätte nicht nur dauerhafter, sondern auch mehrfach benutzbar. Sie lag unter einem Zimmer des Wohnhauses des Verstorbenen und konnte für später Abgeschiedene wieder geöffnet werden. Die Erdhöhlengräber nicht. Von den *Brandopfern,* die zu letzteren gehören (s. S. 113ff.), haben sich bei den Ziegelgrüften und sonstigen späteren Bestattungen keine Spuren gefunden. In seltenen Fällen sind Opfergaben für die Toten im Einsteigeschacht dargebracht und hier an Tierknochen und Tongefäßen bei der Ausgrabung beobachtet worden. Späterhin, im 1. Jahrtausend, kommt es auch vor, daß solche Gaben außerhalb des Tonsarges oder des Scherben- und Ziegelgrabes beigelegt wurden. Die Beisetzung des armen Mannes ist ja nichts weiter als ein Versuch, den engen Hohlraum unter der Erde noch möglichst zu befestigen, sei es auch nur wenige Zentimeter über der Leiche (Abb. 26, 27).

Wir befinden uns hier etwa in der Mitte einer zweitausendjährigen Geschichte des Bestattungswesens von Assur und können vor- und rückschauend erkennen, wie stetig an dieser Vorstellung eines „Wohnhauses" des bestatteten Toten in *seiner* Erde, ja in seinem Hause, festgehalten wurde. Bis in die parthische Zeit des ersten und zweiten nachchristlichen Jahrhunderts hinein gibt es in Assur Grüfte, Sarkophage, Scherben-, Ziegelgräber, die, wie schon im 2. Jahrtausend v. Chr., ja wie schon die Erdhöhlengräber des ausgehenden 3. Jahrtausends, dem Toten einen Hohlraum in der Erde bestellen, und zwar *stets* im Zusammenhang mit dem Wohnhaus der Lebenden. Nicht immer ist dieses Wohnhaus bei eintretendem Todesfall sofort verlassen und dem Toten ganz zur Verfügung gestellt worden. Das geschah wohl erst, wenn der Herr des Hauses starb oder die Beisetzungen sich häuften und das Wohnen gesundheitsschädlich wurde. Man wundert sich, wie flach unter dem Fußboden die Toten bisweilen liegen. Die Ziegelgrüfte sind oft gar nicht so hermetisch verschlossen worden, wie es nachher durch den einsickernden Schutt der Jahrtausende geschah.

Wie in Babylon[160] hatte der Stadtbewohner dieser Zeit den heißen Wunsch, im Tode bei den Seinen zu bleiben. Er fürchtete die Trennung von den Seinen und wollte nicht außerhalb des Hauses oder gar außerhalb der Stadt beigesetzt sein. Er war stark diesseitsgebunden. Die Leibbefreitheit war für ihn keine Erlösung, sondern leidvolle Trennung, das Jenseits eine traurige Stätte des Entbehrens alles dessen, was das lichtvolle Erdenleben bieten konnte. Daher wollte er wenigstens in dessen Nähe bleiben und die Betreuung seiner Grabstätte den Seinigen recht nahe „ans Herz legen".[161]

Das 13. Jahrhundert 183

Am Ende der hier betrachteten Zeit, d. h. also unter der parthischen Herrschaft, in der sich Mesopotamien wiederum ethnisch umschichtete, hebt auch in Assur eine Änderung der Beisetzungsart an, auf die wir S. 268 ff. zurückkommen müssen. Sie konnte die oben schon dargestellte Kontinuität der alten Vorstellung nicht völlig überwinden und hat auch

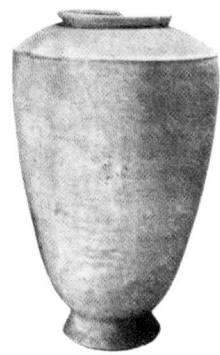

162. Schultereimer. H: ca. 25 cm.
Hauptsächlich wurden derartige Gefäße in der Akkade-Zeit verwendet.

163. Altbabylonische Flaschen. ca. 1:3.

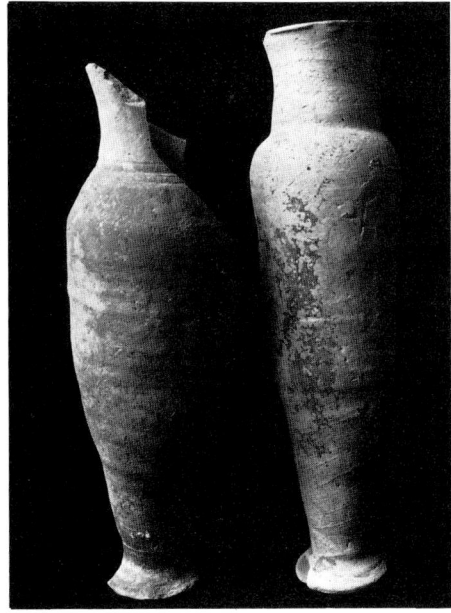

keine lange Lebensdauer mehr gehabt, da Assur bald darauf, im 3. Jahrhundert, in Ruinenschlaf versank: Es gab damals Familien, die sich nicht nur außerhalb ihrer Häuser, sondern sogar außerhalb der Stadt beisetzen ließen, wie dieses zu gleicher Zeit auch in Hatra und in Palmyra der Fall war. Vermutlich sind das gerade die Herrschenden, deren Anschauungen vom Leben nach dem Tode andere waren als die der bodenständigen Beherrschten, die sie nicht geändert hatten. Und diese Herrschenden hingen doch irgendwie mit den arisch-iranischen Parthern oder vielleicht auch noch mit den europäischen Makedonen der Alexanderzeit zusammen.

Für uns sind alle Gräber durch die Beigaben außerordentlich aufschlußreich geworden. So wenig zumeist die Grabform für das Alter innerhalb der genannten zwei Jahrtausende maßgebend ist, so sehr sind es die Beigaben, die doch immer einen Abglanz aus der Lebenszeit des Verstorbenen hergeben. Was er am Leibe trug, behält er im Tode bei sich: seinen Schmuck, sein Siegel, bisweilen auch seine Waffen. Dazu erhielt er Eß- und Trinkgeräte und Vorratsgefäße, die sich in einem so beträchtlichen Zeitraum natürlich gewandelt haben und archäologisch geordnet werden können, wie auch die Siegel, deren Bildstil sich ebenfalls gewandelt hat. Die Tongefäßformen geben gewissermaßen „Leitfossilien" für bestimmte Zeiten ab, z. B. die sogenannten „Schultereimer", d. h. Vasen mit breiter Öffnung und geknickter Schulter (Abb. 162) für das ausgehende 3. Jahrtausend, überschlanke Flaschen (Abb. 163) für die Hammurabizeit (um 1700) bis in die kassitische (nach 1500) herab, „Zitzenbecher", d. h. kleine Trinkgefäße ohne Standring, dafür mit einem kleinen Knopf unten (Abb. 164), ebenso für die 2. Hälfte des 2. Jahrtausends, diese übrigens meist auch monochrom, schwarz oder braun, bemalt, solche auch auf Abb. 19–21. Endlich grobe rundliche Flaschen, Töpfe und Schalen für den Anfang des 1. Jahrtausends. Auf die unzähligen feineren Abstufungen hier einzugehen, müssen wir uns versagen. Die zeitliche Ordnung der über tausend in Assur untersuchten Gräber ist, das wird man so erkennen, von der Keramik bis zu einem gewissen Grade möglich gemacht, auch wenn die Schichtenmerkmale innerhalb der Häuser oder die Zeitangaben anderer Grabfunde versagten. Wie schon gesagt, sind vor allem die Angaben, die uns die Siegelkunde vermittelt, wertvoll, wiewohl sie meist ebenfalls größere Zeiträume und nicht aufs Jahrhundert, geschweige aufs Jahrzehnt genau datieren, es sei denn, sie gäben Königs- oder Eponymendaten in ihren Keilschriftlegenden an die Hand.

Keilschrifturkunden wurden im Zusammenhang mit unseren Gräbern außerordentlich selten gefunden. Abgesehen von Spolien aus Königsbauten, wie gestempelte und beschriftete Ziegel, die man kaum vor 1000 in Gräbern der Bürger von Assur findet und als terminus post quem verwenden kann, haben nur die Königsgräber ihre zeitbestimmenden Inschriften. Die gefundenen Königsgräber (s. S. 194ff.) gehören ins 9.–7. Jahrhundert. Es

164. Glasierte Fläschchen, bemalter Zitzenbecher und bemaltes Fläschchen. ca. ³/₈ nat. Größe.

scheint im allgemeinen ein Vorrecht der Könige, bestenfalls noch der Standespersonen gewesen zu sein, Inschriften setzen zu lassen. In der Gruft eines reichen Mannes wurde eine Bronzeschale gefunden, die die Inschrift eines „Bürgermeisters" von Assur, Assurtaklak, klein, versteckt, beinahe schamhaft trug. Ein Mann dieses Namens war Eponym des Jahres 805 v. Chr. (Abb. 165).

165. Bronzeschale des Assurtaklak.
Die sehr zierlich zwischen zwei Linien eingepunzte Inschrift lautet: ša ᵐ Aššur-tak-lak amēl šá muḫḫi ali šá URU. ŠÀ. URU, d. h. Gehörig dem Assurtaklak, dem Vorsteher der Leute von Assur. Die Schale befindet sich in Berlin (VA 5134).

Verhältnismäßig selten sind auch Siegel mit dem Namen des Inhabers. Und so bleiben die meisten Toten für uns anonym. Ihre Namen sind mit dem Untergang der Häuser, der Familien, der Sippen verweht bis auf diejenigen, welchen das Schicksal die Würde und das Recht der Verewigung zuteil werden ließ.

Das 12. Jahrhundert

Die Zeit des 12. Jahrhunderts, in der wir bei unserem Gang durch die Geschichte Assurs haltgemacht haben, ist, wie wir sahen, durch *einen* großen Königsnamen erleuchtet: *Tiglatpilesar I.* (1117–1077). Es verlohnt sich zu betrachten, was er und seine Zeit geleistet. Aus der synchronistischen Geschichte Assyriens und Babyloniens, die uns in den Keilinschriften überliefert ist, wissen wir von Kämpfen beider Länder um die Vorherrschaft. Der Sieg Tukulti-Ninurtas I. war offenbar nicht von nachhaltiger Wirkung gewesen. Tiglatpilesar I. hatte anderthalb Jahrhundert später große Anstrengungen machen müssen, seine Macht gegenüber dem Babylonier Marduknadin-ache zu behaupten. Wir können wohl einen Teil des kulturellen Aufschwunges Assurs unter Tiglatpilesar I., der sich insbesondere im Bauwesen und in der Schrift bemerken läßt, auf die Rechnung seines Sieges

166. Tonprisma Tiglatpilesars I. (1117–1077). H: 50 cm.
Umschrift und Übersetzung in: Keilinschriftl. Bibliothek Bd. I, 14ff.

setzen. Die Anlage des großen Doppeltempels für Anu und für Adad spricht da eine vernehmliche Sprache, die Urkunden, die der König in diesem Tempel niederlegte, sind höchste kalligraphische Leistungen, die kaum jemals wieder erreicht wurden (Abb. 166). Das gleiche gilt für die weniger feierlichen Urkunden dieser Zeit, die meist geschäftlichen Inhalts sind und für uns durch ihre Siegelabrollungen auch kunstgeschichtlich bedeutsam wurden. Besonders hervorgehoben zu werden verdienen Siegelbilder, die Tempelfronten darstellen, so z. B. die Front eines Ea-Tempels mit Wolken und Wasserströmen zu seiten des Einganges und über dem Symbolsockel im Innern (Abb. 130, 132). Ziegenfische scheinen den Eingang zu diesem Heiligtum des Wassergottes zu bewachen. Von der anderen Tempelfront ist wiederum der Symbolsockel im Innern des Heiligtums mit einem sitzenden Hund zu erkennen. Danach darf angenommen werden, daß es sich um ein Heiligtum der Gula handele (Abb. 131).

Der Anu-Adad-Tempel Tiglatpilesars I.

Dieser Tempel ist uns fast vollständig in den Umrissen seines Planes erhalten. Trotz einer gehörigen Ausplünderung seines vorzüglichen Lehmziegelmaterials konnte man doch die Kultraumgruppen und die Zikkurrate der beiden Götter sowie den Vorhof mit dem Straßeneingang und dem Tempelbrunnen im Grundriß gut herausarbeiten. Nur von der nördlichen Zikkurrat, die vermutlich Anu zuzuweisen ist, fehlt auch in der untersten Schicht auf dem gewachsenen Felsen an erheblichen Teilen der Grundfläche alles.

Wir haben danach folgendes Bild dieses eigenartigen Gebäudes entwerfen können (Abb. 167): Zwischen den beiden beträchtlichen Massiven der Hochtempelterrassen (ihre Grundflächen messen 36,6 : 35,1 m) liegen, durch einen sehr schmalen Gang getrennt, die beiden fast kongruenten Kultraumgruppen: hinter einer geturmten Hofeingangsfront je ein Breitraum, der „Torraum", dahinter je ein Langraum mit tiefer, breiter Nische an der Rückwand. Nach dem Mittelgang zu je zwei schmale Nebenräume längs des Langraums. – Der Vorraum hat eine Mitteiteilung schon in den Fundamenten; wir glauben jedoch weniger, daß im Aufbau eine solche Raumteilung bestand, als daß auf der Teilmauer ein Weg zwischen den Türen gepflastert war. Sonst müßte der Zugang in der Tat durch zwei Vorräume, und zwar mit geknickter Achse durchgeführt gewesen sein. Wir glauben, daß der eigentliche Kultraum ein *Lang*raum war und nicht anders zugänglich war als bei den spätassyrischen Langhaustempeln, nämlich von der südöstlichen Schmalseite gegenüber der tiefen Nische.[162]

So ergibt sich für die einzelne Kultraumgruppe also das gleiche Bild wie am alten Sin-Schamasch-Tempel. Die beiden Gruppen liegen sich hier allerdings nicht wie dort gegenüber, sondern sind nebeneinander geordnet, ähn-

Das 12. Jahrhundert 189

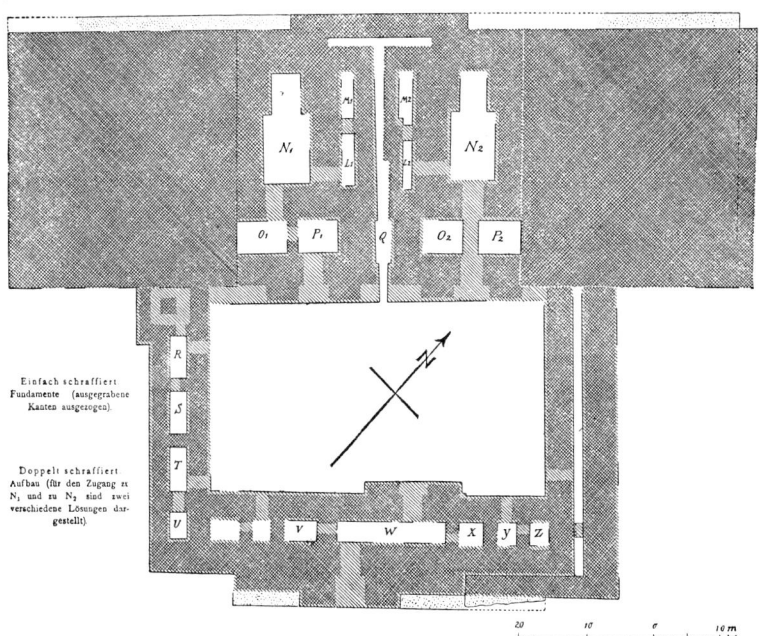

167. Grundriß des Anu-Adad-Tempels Tiglatpilesars I.

168. Anu-Adad-Tempel Tiglatpilesars I., älterer Ergänzungsversuch (vgl. Abb. 47 u. 50).

lich wie am jüngeren Sin-Schamasch-Tempel. Je an ihren Außenseiten erhoben sich die Hochtempel, die sehr verständigerweise durch eine Gleitfuge vom Kultbau geschieden sind. Ihr Aussehen bleibt im Dunkel. Der Ergänzungsversuch Abb. 168 erhebt keinen Anspruch auf „Richtigkeit".[163] Richtig ist nur das „Hochragen". Uns fehlt jegliches Anzeichen für den Aufweg bzw. die Treppe, mittels deren man die Hochterrasse und den Kultbau oben auf ihr erstieg. Wir wissen nicht, ob nur eine oder ob mehrer Terrassen übereinander, etwa stufenförmig an Breite abnehmend, vorhanden waren wie am Turm zu Babel. Und über den Kultbau oben ist gar nichts auszusagen; er kann ganz klein und mehrtürig gewesen sein, wenn er noch einigermaßen an die altsumerische Überlieferung (von Uruk) angeschlossen gewesen sein sollte. Für die astronomische Beobachtung von Sonne- und Mondbewegung wäre oben auf diesen Hochterrassen gute Gelegenheit gewesen, für unbedingt nötig halte ich diese besondere Vorkehrung nicht, sie allein begründet gewiß nicht die Errichtung der Zikkurrate. Diese werden vielmehr auch hier in Assyrien noch eine tiefere kultische Bedeutung bewahrt haben, obschon sie aus der fremden sumerisch-babylonischen Welt übernommen sind.

Der Vorhof wirkt, wie so oft an assyrischen Tempeln, als Zutat, nicht als organischer Bestandteil, er ist vor die Kultraum-Turmfronten gelegt und läßt die beiden Zikkurrate fast ganz frei. Diese und die Rückfront der Kulträume liegen daher außerhalb jedes schützenden Zingels, der im sumerisch-babylonischen Süden des Landes unentbehrlich erscheint. Man betrat den Hof durch ein Eingangstor, mit geknickter Achse vom Platze aus. Ringsum an drei Seiten befanden sich nicht sehr tiefe Räume. An der Nordostseite liegt ein einziger, korridorähnlicher Raum. Man könnte in ihm eine Rampe zum Tempeldach untergebracht denken.

In der südlichen Ecke des Hofes fand sich der Tempelbrunnen, von dem nicht sicher feststeht, daß er zu Tiglatpilesars Anlage gehört. Er ist unten in den Sand- und den Nagelfluhfelsen geteuft, oben ist er ringförmig mit guten gebrannten Ziegeln ausgemauert. Er führte Wasser bei 29,5 m Tiefe unter Tempelpflaster.[164]

Die Datierung ermöglichten im Bau gefundene beschriftete Luftziegel Assur-rêsch-ischis, des Vaters Tiglatpilesars I., sowie die beschrifteten großen Pflasterziegel, insbesondere aber die schönen Tonprismen des letzteren, von denen viele Bruchstücke an verschiedenen Stellen der Ruine gefunden wurden (Abb. 166 und S. 188). Vollständige Exemplare[165] fand auch H. Rassam bei seinen Schürfungen, wahrscheinlich in der jüngeren Adad-Zikkurrat, die auf der westlichen von Tiglatpilesar stand und innen zur Zeit unserer Ausgrabung schon fast ganz ausgehöhlt war (vgl. S. 211). Sie gehören zu den schönsten Schriftdokumenten überhaupt; das ist gewiß nicht zuviel gesagt: Wenn man die Sorgfalt, mit der diese 55 cm hohen Tongebilde geformt und gebrannt sind, den Duktus und die Sauberkeit jeder Zeile und jedes Zeichens ins Auge faßt, wird man die Ehrfurcht verstehen und anerkennen, mit der die Urkunden wieder „beigesetzt" waren.

Der Ischtar-Tempel

Dieser Tempel erlebte unter Tiglatpilesars I. Vater, *Assur-rêsch-ischi I.*, ein merkwürdiges Schicksal. Er wird erneuert, jedoch weder auf der von Tukulti-Ninurta I. gewählten Stelle, noch über dem archaischen Bau der Schichten H bis D, sondern weiter nach Nordosten verschoben. Der gewaltige Bau Tukulti-Ninurtas I. ragte damals zweifellos noch hoch über die Erde, war vielleicht sogar noch in Benutzung. Assurrêschischis Vermögen war entweder nicht groß genug, ihn wiederherzustellen, oder er wünschte auf den altgeheiligten Platz des Ischtar-Kultes zurückzukehren, was freilich nur unvollkommen gelang. Sein Bau hat geringen Umfang, schwächere Mauern, einfachere Raumgestaltung (Abb. 169). Seine Fundamente bestehen aus kleinen Gipssteinblöcken. Wir wüßten wenig über den Urheber

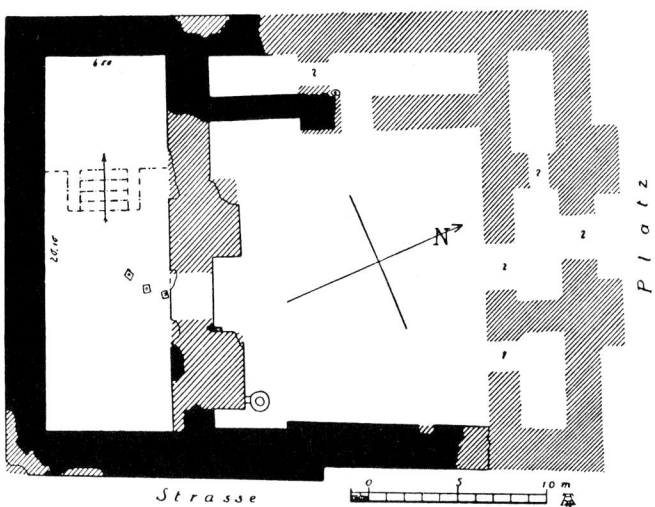

169. Ischtar-Tempel Assur-rêsch-ischis I.

dieses Baues, wenn nicht einige beschriftete Lehmziegel des Bauherrn im Postament des Kultraumes gefunden worden wären. Der Kultraum hinwiederum wäre als solcher nicht erkannt worden, hätten sich darin nicht noch einige Schichten des Lehmziegelpostaments in einer Lage erhalten, die derjenigen des Postamentes der Assurîtu im Tempel Tukulti-Ninurtas I. entsprach, d. h. an der Schmalseite des Raumes, den man auf der Breitseite von Nordwesten, also unmittelbar vom Hof her betrat. Ein Vorraum fehlte. Der Vorhof ist eng und hat nur wenige schmale Räume, er ist jedoch gleichzeitig mit dem Kultraum geplant und ausgeführt, beinahe so organisch wie an den babylonischen Tempeln. Der Tempel hält sich also in der Tradition des Ischtar-Kultes, was den Kultraum anlangt, und entfernt sich von ihr, insofern der Hof zum Kult hinzugezogen wurde. Später, unter Salmanassar III., wird diese Richtung wieder verlassen (s. S. 215f.)

Die wichtigste Urkunde des 11. Jahrhunderts ist die große Gesetztafel, die in dem „Gerichtstor" zwischen Altem Palast und Anu-Adad-Tempel gefunden wurde. Den Namen haben wir dem Tor auf Grund dieses Fundes gegeben. In diesem Tor konnte der König erscheinen, wenn er seinen Palast im Nordwesten verließ und durch die Gasse zwischen Palast und Anu-Adad-Tempel nach dem „Hof der Embleme" ging. Vor dem Tore versammelten sich die streitenden Parteien, angesichts des richtenden Herrschers, der im Tore saß und dazu der Aufzeichnungen des Rechtes bedurfte. Die Tafel[166] enthält nur einen Teil des Gesamtrechtes, und zwar das Frauenrecht. Auch an dieser beiderseits sehr winzig und eng beschrifteten Tafel bewundert man die Sauberkeit und Genauigkeit der Schrift und deren virtuose Verteilung.

Wir haben Anlaß, einen Teil der am Tor gefundenen, leider hoffnungslos zerschlagenen Bildwerke aus Dolerit dem Könige Tiglatpilesar I. zuzuschreiben: Löwen- und Stierbilder in überlebensgroßem Maßstab, vermutlich zu Torleibungs-Orthostaten von der Art der in Nordsyrien erhaltenen gehörig. Die Reste von Klauen und Hufen, Rachen und Schnauzen, Augen, Ohren und schön gedrehten Locken zeugen von der gleichen handwerklichen Sauberkeit und Könnerschaft wie die Schrifturkunden. Gefunden wurden sie am Alten Palast, in dem kleine, sorgfältig hergestellte Steinplatten zweizeilige Königsinschriften eines Tiglatpilesar (vermutlich des ersten dieses Namens) trugen.[167]

Die genannten Fertigkeiten beruhen zweifellos auf langer Übung und Überlieferung, die wir seit der Mitte des 2. Jahrtausends allmählich sich erheben sehen. Der Auftrieb erfolgte wohl durch den Anstieg der politischen Macht und durch die Förderung der Herrscher. Wir sehen umgekehrt ein absteigendes Nachlassen, sobald die Macht sich mindert, wie es um 1000 v. Chr. der Fall war, und ein Wiederansteigen mit der Zunahme der assyrischen Macht im 9., 8. und 7. Jahrhundert.

Das 10. bis 9. Jahrhundert (Jungassyrische Zeit[168])

Es fehlt nach Tiglatpilesars I. machtvollem Wirken in Assur lange Zeit hindurch ein großer Gestaltungswille, ein Mangel, der offenbar wiederum von den politischen Zuständen oder, wenn man will, vom Fehlen kräftiger Herrscherpersönlichkeiten abhing. Das 9. Jahrhundert brachte den Wandel. In Assur wird er bezeugt durch Neubauten am Alten Palast und an den Stadtmauern, durch monumentale Bildwerke und Inschriften, endlich durch die Zunahme der Schmelzfarbenkunstwerke. Von der kurzen Herrscherreihe, die sich in Assur so betätigte, war der Beginner Tukulti-Ninurta II. (891–884) noch ein verhältnismäßig bescheidener Herrscher, der einen Raubzug von seiner Stadt aus quer durch die Steppe bis zum Euphrat hinüber wichtig genug nahm, ihn auf einer ruhmredigen Tontafel zu verewigen, die in Assur gefunden wurde.[169] Doch sind gerade von ihm auch Ziegelorthostaten mit Schmelzfarbengemälden vorhanden, mit denen wohl die Wandsockel seines Palastes einst in langen Reihen geziert gewesen sein müssen: Es sind hochkant gestellte ellige, rechteckige Ziegelplatten, die auf einer Breitseite ein Schmelzfarbengemälde mit dreizeiliger Königsinschrift trugen: den Kriegszug des Königs, Wagenlenker (Abb. 170), den Gott Assur (?) in den Wolken (Abb. 171), Löwenkämpfe u. a. Es ist nur sehr wenig davon erhalten, dies aber von eigenartiger eleganter Prägung, die vermuten läßt, daß im stillen doch eine überlieferungstreue Kunstübung seit dem großen Tiglatpilesar I. weitergeblüht hat. Unter dem Nachfolger Tukulti-Ninurtas II., seinem Sohne *Assurnasirpal II.* (884–858), zieht mehr Wille, Machtbewußtsein und jene kraftstrotzende Kunst ein, die wir aus Kalchu-Kalach so gut kennen, wo der König seinem Gestaltungswillen die Zügel schießen läßt. Dort sind seine Palastbauten überreich mit Reliefplatten und Torbildwerken geschmückt, die sich zum größten Teil jetzt im British Museum befinden. Gute Stücke besitzt auch das Berliner Museum.[170] In Assur hat der König nur zwei große „Torhüter"figuren am Alten Palast aufgestellt, deren einer uns erhaltener Kopf etwa doppelte Lebensgröße zeigt (Abb. 172).[171] Diese Figuren sind aus großen, monolithen Platten von Mōṣul-Alabaster gemeißelt, wie diejenigen aus Kalach. Reste der Prunkinschrift des Herrschers geben das Datum. Nichts von den Genien-, Königs- und Lebensbaumreliefs ist in Assur gefunden. Das hat wohl auch seinen guten Grund. Der Alte Palast war damals schon nicht mehr Wohnung des lebenden Königs, sondern „Palast der Väter", d. h. der toten Könige, die, wie die Bürger Assurs in ihren Wohnhäusern, hier ihre „Ruhestätte und ewige Wohnung" fanden, ihr *êkal tapšuhti* (ein Name, den wir aus zwei Ziegelinschriften des viel späteren Königs Sanherib erfahren).[172] Die Königsgrüfte des 9. Jahrhunderts sind gefunden. Diejenige Assurnasirpals II. ist die älteste, die wir in dieser Gruftgruppe datieren können.[173] Es ist nicht unmöglich, daß auch die Gruft des väterlichen Vorgängers in dieser Gruppe lag, sie ist jedoch inschriftlich nicht erwiesen, wie auch diejenige Salmanassars III., des Nachfolgers. – Man kann sich nun vorstellen, daß Assurnasirpal den damals schon über zweihundert Jahre früher von Tiglatpilesar I. wiederhergestellten Palast in baufälligem Zustand vorfand und würdig herrichten lassen mußte. Ein Paar „Türhüter" setzte er vermutlich an den Haupteingang, der wohl noch immer im Nordwesten lag. Diese Türhüter waren geflügelte Stiere mit männlich-menschlichem Kopf und hoher, einfach gehörnter Göttermütze. Der Bestandteil Löwe fehlt ihnen also, der die Löwen-„Lamassu" von Kalach zu einem richtigen „Viergetier" (Löwe, Adler, Stier, Mensch) macht. Es darf wohl angenommen werden, daß solche Unterschiede tiefere Bedeutung haben, die im Sinn der einzelnen Bestandteile wurzelt. Fehlt der Löwe an diesem Totenpalast, so drückt das aus, daß an dieser Stätte die Löwenkraft nicht mitzusprechen hat.[174]

Die Königsgrüfte

Bislang sind die in Assur gefundenen Ruhestätten assyrischer Herrscher die ersten und einzigen geblieben. Sie verdienen daher genaue Beschreibung. Wie alle Grüfte liegen sie unter dem Fußboden, der sonst niemals unterkellert ist. Hier jedoch führen überwölbte Rampenkorridore und Treppenstufen vom Palastfußboden hinab in die gewölbten Räume, die ziemlich dicht beieinander und ineinander verschränkt an der Südostseite des Alten Palastes und noch innerhalb seiner Grenzmauer angeordnet sind. Durch zahlreiche Inschriften identifizierbar ist Assurnasirpals II. Gruft, durch Ziegellegenden diejenigen Schamschi-Adads V. (824–811). Erstere enthält eine lichte Grundfläche von 3,75 zu 7,30 m, letztere von 3,05 zu 8,75 m. Im Vergleich mit denen der privaten Grüfte sind das erheblich größere Maße, eben königliche Maße; auch im Vergleich mit den Königsgräbern der I. Dynastie von Ur. Hingegen halten sie einen Vergleich mit denen der III. Dynastie nicht aus, geschweige denn den mit ägyptischen Königsgräbern der großen Zeiten. Immerhin sind die Erdgruben, in denen sie eingebettet waren, sorgfältig mit Ziegeln ausgemauert, die Gewölbe in sorgfältigen, radial gestellten Ziegelgewölbeschichten ausgeführt, d. h. es sind Tonnen von 3,65 m bzw. 2,95 m Spannweite. Die Inneneinrichtung ist denkbar nüchtern und einfach (Abb. 173), wiederum verglichen mit den ägyptischen: Ein steinerner Sarg ist in den Fußboden der Gruft eingelassen, in den Stirnwänden gibt es kleine Lampennischen, die Grufttür war sorgfältig zu verschließen. Assurnasirpals Gruft bietet nun allerdings noch weitere Einzelheiten nicht eben künstlerischer, sondern vielmehr handwerklicher Art: Der Fußboden besteht aus Doleritplatten, auf deren *Unter*seite die jeweils über mehrere Platten verteilte Palastinschrift des Herrschers läuft. Die Wände stehen auf drei Schichten von Doleritplatten, die nach dem Gruft-

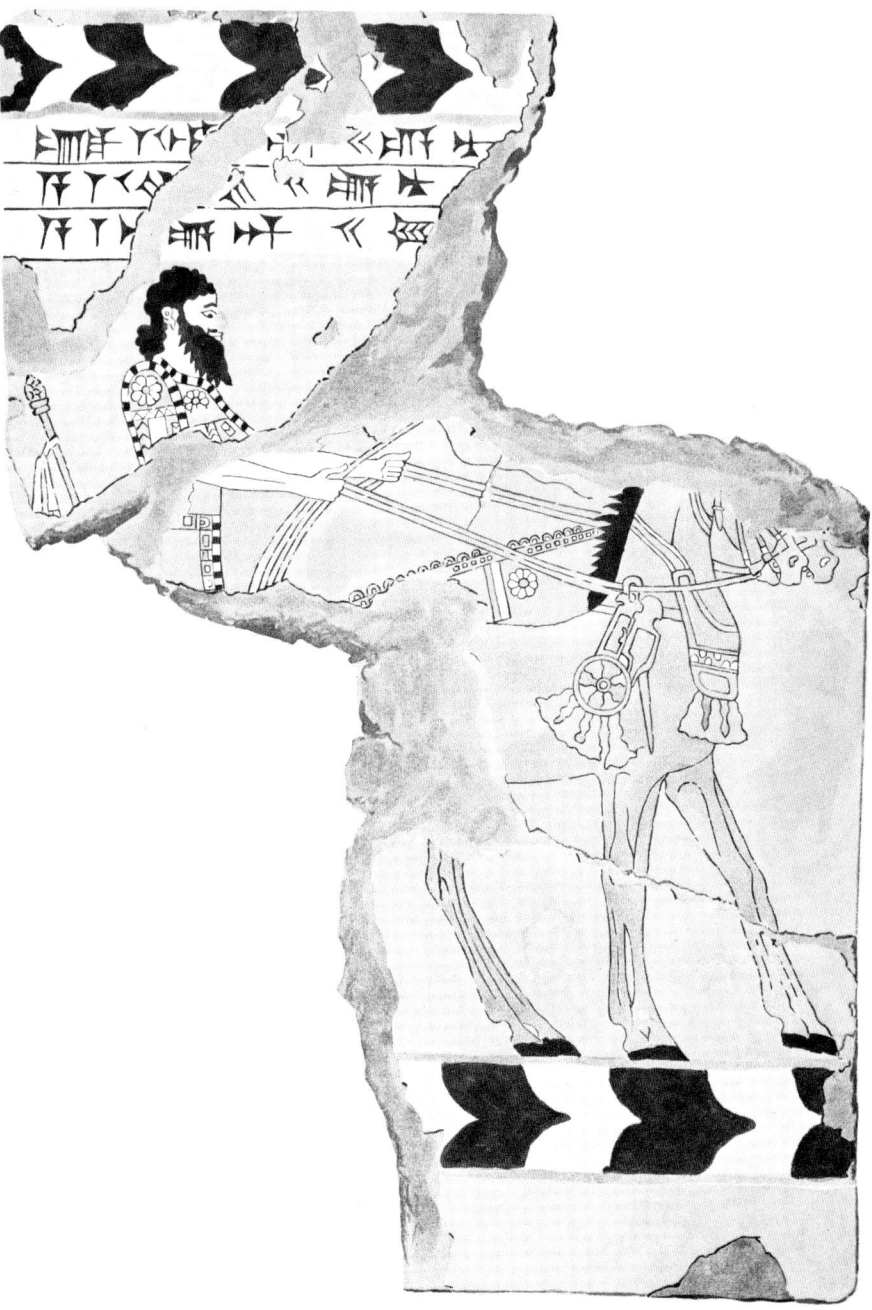

170. Schmelzfarbengemälde, Ziegelorthostat Tukulti-Ninurtas II. H: 66,5 cm. British Museum BM 115705. Ziegelorthostat wie Abb. 54 u. 171.

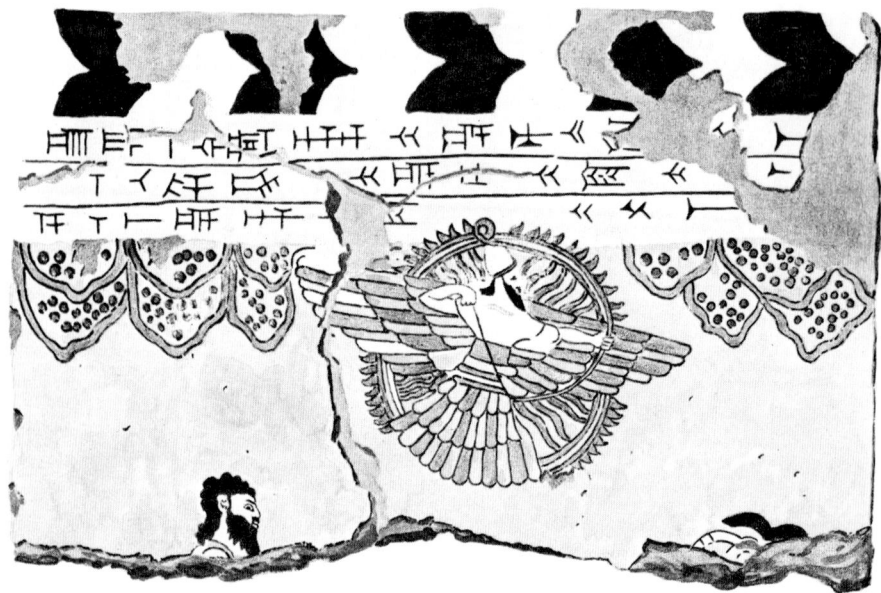

171. *Bruchstück eines glasierten Tonorthostaten. H: 28 cm. British Museum BM 115706.*
Teil eines Ziegelorthostaten (aufrecht an die Wand gestellten Ziegels) Tukulti-Ninurtas II. (890–884). Der Gott Assur (?) schwebt zwischen Wolken, vgl. Abb. 170 (zu S. 193).

172. „Lamassu"-Kopf, um 700 v. Chr. H: ca. 80 cm. Vom Alten Palast, Ass. 7341.

173. Inneres der Gruft Assurnasirpals II.

raum zu die gleiche kurze Bauinschrift des Königs in achtzehnfacher Ausfertigung eingemeißelt erhalten haben. Diese Inschriften[175] beginnen dreimal an der Leibung der Grufttür und setzen nur hinter dem Sarkophag aus. Dieser ist eine ungeheure Doleritkiste von 3,95 (bzw. 3,87) m Länge, 1,85 (bzw. 1,88) m Breite, 1,82 m Höhe, die etwa 80 cm in den Fußboden versenkt war. Sie trug die zweizeilige Königsinschrift an der nie sichtbaren Unterfläche (!) und an den drei sichtbaren Seitenflächen, die vierte, unbeschriftete Seitenfläche stand dicht an der Nordostwand der Gruft. Ein genau aufpassender Doleritdeckel verschloß den Sargraum, der 8,4 cbm faßte. Der 15 cm dicke Deckel hat wiederum die Palastinschrift an den drei sichtbaren Seitenflächen und eine vierte an der Oberfläche. An den Schmalseiten des Sarges entsprechen Knäufe solchen auf der Deckeloberfläche. Sie dienten wohl zu einer Verschnürung und Versiegelung des Deckels am Sarg. Drei Paare kräftiger Bügelhenkel sind auf der Deckeloberfläche angearbeitet (Deckel wie Knäufe und Henkel also aus dem Ganzen!). Die Henkel dienten wohl dem Lenken des Deckels beim Transport und beim Aufbringen (Abb. 174). Man muß bedenken, daß Dolerit erst etwa 300 km stromauf in der Nähe des Tigris gebrochen und von da herabgeflößt werden konnte, wenn er nicht aus noch fernerer Gegend herbeigeschleppt ist. Eine noch größere Leistung war schließlich die Aushöhlung der ungeheuren Sargkiste,

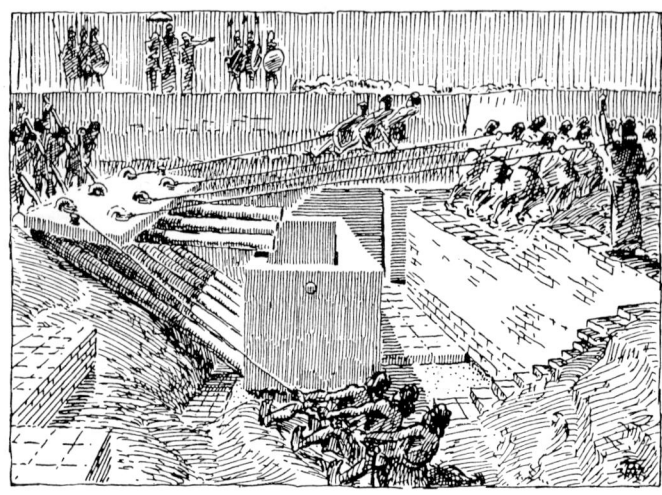

174. Versetzen des Deckels auf den Sarg Assurnasirpals II.

Man muß sich Gedanken darüber machen, wie der große Basaltsarg mit seinen 20 t Gewicht in die Gruft kam und wie sein schwerer Deckel in der Schwebe gehalten wurde, bis die Beisetzung des Königs erfolgte. Angenommen, der König ließ seine Ruhestätte schon zu seinen Lebzeiten bereiten – und dafür spricht mancherlei –, so gab er selbst die Größe an, in der Gruft und Sarg ausgeführt werden sollten, befahl das Anbringen der Inschriften, mittels deren er verewigt bleiben wollte, und war möglicherweise persönlich anwesend, als der schwere Transport des Sarges vom Tigris hinauf in den Alten Palast stattfand und seine Einfügung in die Enge der tiefliegenden, doch zweifellos eben erst in den Anfängen ihres Baues steckenden Gruft bewerkstelligt wurde. Dies ist der dargestellte Augenblick. Eine tiefe Baugrube, deren Wände vielleicht zum Teil schon ausgemauert sein mußten, damit die benachbarten Palastmauern nicht zu sehr gefährdet würden, war geschachtet, darin eine weitere Vertiefung von mehr als einem halben Meter, in welche der Sarg versenkt wurde, so daß er nur noch zu drei Viertel seiner Höhe über den Gruftboden herausragte. Auf schweren Holzbalken hatte man eine Gleitfläche für ihn geschaffen, auf der er langsam an seinen Ort geleitet worden war. Nun hatte man schon einen Teil des Basaltplattenpflasters gelegt und den Sarg gegen die fertige Gruftwand versteift. Andere Balken waren waagerecht auf seinen oberen Rand gelegt, auf denen der Deckel herübergezogen werden sollte. Dieser bot genügend Seilhenkel – sechs im ganzen –, und man konnte ihn von vorn und von den Seiten lenken, hinten mit Hebeln anlüften. Ein strenges Kommando war nötig, das vom Munde eines einzigen Beamten ausging, der die Verantwortung und Vollmacht trug. Den Deckel wird man auf dem Sarge schräg oder waagerecht vorläufig aufgeklotzt haben, so daß er nur auf die vier Ecken gestützt allseitig Raum gab, Leiche und Beigaben in den Sarg zu betten.

Dann vollendete man die Gruftwände und wölbte sie über einem Lehrgerüst oder über Sandfüllung ein, die nachher wieder herausgeschafft wurde. Nun konnte auch die Basalttür eingehängt, der Rampenkorridor nach dem Palastfußboden hinauf fertiggestellt und die Tür versiegelt werden.

Trat der Tod des Königs ein, war der Alte Palast das Totenhaus. Hierhin schaffte man die Leiche, hier werden die Totenzeremonien abgehalten worden sein. Beim Schein von vier großen Öllampen gelangte der tote Herrscher dann hinab in die Gruft, wurde in den die vermutlich noch mit Steinschlägen ausgeführt worden ist. Die Sargwände sind nur 16–17 cm dick, der Sargboden allerdings 26 cm. – Eigenartig ist ein rundes Loch im Deckel, das etwa 5 cm Durchmesser hat. Ferner ist an der Gruftwand, vor der der Sarg stand, eine Reihe von Zapflochsteinen, ebenfalls Dolerit, eingelassen. In die Löcher passen Basaltzapfen, deren einige gefunden wurden. Man konnte sie, nachdem der Deckel auf den Sarkophag gelegt war, einstecken und damit den Deckel von außen (!) etwa zehnfach verriegeln gegen die Wirkung des eingesperrten Toten, für den nur das kleine runde Loch ein „Entweichen" zuließ. Eine andere Deutung haben wir für diese Vorkehrung nicht finden können.

Sarg gelegt und wohl mit Tüchern verdeckt. Denn jetzt mußten sachkundige Handwerker unter strenger Aufsicht den schweren Basaltdeckel langsam auf den Sargrand herablassen. Das erforderte wegen der großen Enge der Gruft erhebliche Geschicklichkeit im Ansetzen der Hebel. Im Augenblick, wo dies geschehen, erfüllte man die letzten Riten, vielleicht in Anwesenheit des jungen Königs Salmanassar III. Der Sarg wurde an den beiden Schmalseiten versiegelt. Hier befinden sich am Deckel oben und an der Seite des Sarges große Knäufe mit eingezogenen Hälsen, die man mit der Siegelschnur umschlang. Das Rollsiegel des jungen Königs wird die Versiegelung bewirkt haben. Dann stiegen noch Männer hinauf auf den Sarg und „verriegelten" ihn mittels basaltener Riegelpflöcke in Riegellochsteinen, die in die eine Gruftwand dicht am Sarg fest eingebaut waren. Diese Verriegelung liegt *außen* am Sarg, verhindert also ein Öffnen des Deckels von innen. Zweifellos eine symbolische Vorkehrung, die wohl auf der Vorstellung beruht, daß dem Toten Kräfte zu eigen sein können, die ihm ein solches Öffnen ermöglichen, und daß es gut ist, ein solches Wirken nach dem Tode zu verhindern. Übrigens befindet sich im Deckel nahe bei der einen Schmalseite, vermutlich an der Stelle, unter der das Haupt des Toten lag, ein kleines, rundes, wohlausgearbeitetes Loch, das ebenfalls symbolischer Ausdruck eines Seelenvorganges im Tode sein mag.
  Nach dem Versiegeln und Verriegeln wird dann die Gruft mit königlichen Gaben angefüllt worden sein, deren Fülle und Reichtum gewiß nach dem persönlichen Verhältnis zwischen dem königlichen Vater und Sohn größer oder kleiner gewesen ist. Was in den Sarg gelegt wird, gehörte dem Toten zu eigen, was außerhalb des Sarges niedergelegt wird, ist Gabe der Hinterbliebenen. Nichts von alledem ist auf uns gekommen, ausgenommen das kleine Bruchstück einer steinernen Lampe, der Griff, der die Gestalt eines Falkenkopfes von wahrhaft königlicher Schönheit hat, aus Gruft I (Abb. 175 u. 176). So bleibt uns nichts übrig, als die reichsten Grüfte der Bewohner von Assur zum Vergleich heranzuziehen und ihren Reichtum an Schmuck und Beigaben vervielfältigt zu denken in dem Maßstabe, wie sich schon Sarg und Gruftmaße königlich gesteigert haben. Dann verstehen wir die ingrimmigen Versuche der Grabräuber und -schänder, die sich in den Besitz dieser Schätze gesetzt haben. Sie werden verhältnismäßig leicht in die Gruft eingedrungen sein; die Basalttür war kein wesentliches Hindernis. Was sie in der Gruft fanden, war leichte Beute. Anders der Sarg, der dem Zerschlagen trotzte. Aber man half sich. Naphtha aus der Gayaraquelle, 30 km nördlich von Assur, wurde herbeigeschafft, über den Sarg gegossen und angezündet, wohl nachdem man in den Gewölbescheitel ein Loch geschlagen. Über den erhitzten Sarg goß man Wasser und brachte ihn so zum Splittern. Spuren des Brandes sind in der Rötung der Sargaußenfläche zu sehen, die am Fußboden aufhört, Spuren des Naphthaübergusses finden sich bis etwa 30 cm unter dem Fußboden an der Sargfläche. Tiefer drang das Naphtha nicht ein, ganz unten blieb die natürliche graue Basaltfarbe der Fläche erhalten.

Je zwei Lampennischen befinden sich in den schmalen Stirnwänden der Gruft. Aus einer anderen Gruft (Nr. I) stammt wenigstens der Griff einer wahrhaft königlichen Lampe. Sie bestand aus grauem Marmor. Der Griff ist ein wundervoll gearbeiteter Falkenkopf (Abb. 175, 176). Die Grufttür war durch einen Dolerittürflügel von 2,14 m Höhe, 1,11 m Breite und 10 cm Dicke zu verschließen, der nach außen schlug. Unten drehte er sich mit einem 18 cm langen Zapfen auf einem kleinen Angelstein, der vertieft in den Fußboden eingelassen war. Oben war in die Mauer ein mächtiger langgestielter Doleritring (Stiel 0,95 cm lang) eingelassen, in dem sich der obere 23 cm lange Türzapfen drehte (Abb. 177, 178). Die Tür trug außen und innen die (hier *zwei*zeilige) Palastinschrift, die somit insgesamt siebenundzwanzigmal sichtbar und viele Male unsichtbar in der Gruft angebracht war.

Die Gruft *Schamschi-Adads V.* und insbesondere des Königs Steinsarg waren noch gründlicher zerschlagen als Assurnasirpals II. In Berlin sind Sarg

175 u. 176. Falkenkopf als Griff einer Steinlampe aus Gruft I. H: 9,8 cm. Berlin, Staatl. Museen, VA 8276.

und Deckel gleichwohl aus den Brocken zusammengesetzt worden. Der Sarg mißt außen: Länge 2,49 m, Breite 1,05 m, Höhe 1,09 m einschließlich Fuß (er steht auf vier kubischen Füßen); innen hat er Länge 2,32 m, Breite 0,89 m, Höhe 0,78 m. Rauminhalt demnach 1,6 cbm. Der Deckel hat 15 cm Dicke, er greift mit einem Randsteg in den Falz am oberen Sargrand ein. Vier dicke Henkel an der Oberfläche dienten wieder zu Transport und Aufbringung, Knäufe an den Schmalseiten des Deckels und des Sarges zur Verschnürung des Deckels (Abb. 179).

Von den übrigen Grüften ist die der Assurnasirpal-Gruft südöstlich benachbarte am besten erhalten. In ihr steht noch vollständig erhalten, nur ohne Deckel und daher beraubt, ein Kalksteinsarg, 3,03 m lang, 1,40 m breit, 1,05 m hoch mit etwa 20 cm dicken Wänden (Abb. 180).

Weitere Basaltbruchstücke gehören zu einem Sarg, dessen Wände eine Art von Steggliederung hatten. Sie reichten zwar nicht zur Wiederherstellung aus, aber aus den Überresten einer Inschrift ließ sich der Inhaber ermitteln. Es war Assur-bêl-kala (1074–1057).[176]

An den Grüften wie insbesondere an den Basaltsärgen sind die Spuren des Feindwütens deutlich genug. Man hat die Gewölbe zerschlagen, die Särge mit Naphtha begossen und angezündet, dann durch Begießen mit Wasser gesprengt und gründlich beraubt. Der Vorgang ist am Sarge Assurnasirpals II. im Berliner Museum noch ganz klar abzulesen: Man sieht, wie tief Naphtha an den Sargwänden hinabgesickert ist, an der Schwärzung und, daß die Brandwirkung bis zum Fußboden reicht, an der Rötung des Steins. Scharfe Bruchflächen kennzeichnen die Sprengung.

Die Stadtmauer

Salmanassar III. (858–824) wandte seine ganze Sorgfalt der Stadtbefestigung von Assur zu, die unter seines Vaters Regierung, wie es scheint, nur wenig betreut worden war. Nur an der Ufermauer der Nordfront, unten am Muschlal, der Stiege bei der großen Zikkurrat, ist Assurnasirpal II. durch Ziegelstempel bezeugt. Politischer Wandel mag Salmanassar zu dem großen Aufwand veranlaßt haben, den er den Festungsmauern und Toren schenkte. Auf dem beigegebenen Stadtplan ist der Verlauf *dieser* Mauern fast lückenlos an West- und Südfront verzeichnet,[177] die Nord- und Ostfront, d. h. die Steil- und Flußfront werden nicht minder befestigt gewesen sein; davon ist aber infolge der schon oben geschilderten stärkeren Verfallsmomente wiederum fast nichts erhalten. Die Gefahr, der sich Salmanassar bewußt war, kann nicht gering gewesen sein. Seine Westfront hat er verdoppelt. Bis dahin schienen Graben und einfacher Wall noch ausreichend. Salmanassar fügte noch einen zweiten, den Binnenwall, hinzu. Dieses Doppelwallsystem blieb dann später mit gewissen Verschiebungen weiter bestehen. Das bedeutet zweifellos eine Intensivierung des Gedankens, die Vertei-

177. Grufttür von außen.

digung von der Mauer herab zu führen. Man konnte den Angreifer im Notfall aus zwei Höhen gleichzeitig beschießen und ihm im Falle der Überwindung der vorderen, äußeren Mauer an der Innenlinie erneut Widerstand leisten.

Dieser Gedanke der Doppelverteidigung ist nun nicht einfach so durchgeführt, daß zwei parallele Mauerzüge hintereinandergelegt sind. Das verbot sich wohl schon durch die vorhandene Besiedlung, die nicht in jedem Falle expropriiert werden konnte. Der Binnenwall ist daher so unregelmäßig wie möglich geführt und muß, wenn je ein Feind in die erste Umwallung eindrang, sehr verwirrend und überraschend gewirkt haben. Im Nordwesten biegt er eckig nach innen ein und umschließt das Gebiet des Neuen Palastes Tukulti-Ninurtas I. (bzw. dessen Ruine) an der Innenseite, während der Außenwall dem äußeren Palastrande folgte. Längs der gebogenen West- und Südfront geht der Binnenwall mit flacher Einbuchtung zurück,

179. *Basaltsarg Schamschi-Adads V. Länge: 2,50 m. Berlin, Staatl. Museen, VA Ass. 2282.*
Der Sarg ist aus vielen Bruchstücken in Berlin zusammengesetzt. Die Zuweisung ergibt sich aus Ziegelinschriften, die in der Gruftruine mit den Sargstücken zusammen gefunden wurden. Der Deckel war mit dem Sargrand verfalzt. Knäufe zum Versiegeln und Henkel zum Versetzen des Deckels wie beim Sarge Assurnasirpals II., Abb. 173.

178. Grufttür Assurnasirpals II. von innen. Berlin, Staatl. Museen.

ist also ebenfalls nicht genau parallel zum Außenwall. An der Südfront geht er im Bogen weiter nach Nordosten zum Tigris hinüber und schneidet von der Altstadt die ganze „Neustadt" ab, die damit nur einfach umwallt bleibt.

Naturgemäß ist der Binnenwall, der nirgends an einem Steilabfall stand, im ganzen besser erhalten als der Außenwall, dem der Steilabfall des Grabenrandes abträglich war und mancherlei Umbauten und Ausbesserungen eintrug. Dazu kommt, daß der Binnenwall keine allzulange Lebensdauer gehabt haben kann und schließlich, von der Ausdehnung der Besiedelung überwältigt, weichen mußte, eingeebnet oder überbaut wurde. Gleichwohl gibt das Übriggebliebene den Einblick in eine große Regelmäßigkeit der Mauerdicke (7 m), der Turmabstände (Mesopyrgion etwa 30 m), der Turmausladung (4 m) und -breiten (7,5 m) (vgl. Abb. 9). Mit dieser Regelmäßigkeit geht zusammen die sich gleichbleibende Mauertechnik, das kleinsteinige Fundament, die dicken Lehmziegel, die geringe Reinheit des Ziegellehms. Nur an der Südseite des Neuen Palastes ist ein vielschichtiges Steinfundament auf 140 m Länge eingebracht, weil der Baugrund unsicher zu sein schien.

Sechs Tore dieses Befestigungssystems sind ausgegraben, zwei davon jedoch nur noch als Lehmziegelbankett, auf dem sich der jetzt verschwundene Aufbau einst erhob. Beide gehören zu der dreifachen Nordwesttorgruppe, dessen dritte das Tabira-Tor war. Dieses schräg in den Mauerzug hineingestellte Haupttor der Stadt ist insofern das besterhaltene, als seine sechs Basaltangelsteine auf dicken beschrifteten Bleischeiben z. T. noch in situ

180. Königsgruft mit Kalksteinsarg eines unbekannten Herrschers (Gruft III).
Die Maße der Gruft sind königlich: 6,60:3,60 m. Der klobige Kalksteinsarg mißt 3,10:1,40 m bei ungefähr 1,5 m Höhe (zu S. 201).

Das 10. bis 9. Jahrhundert

lagen und die drei Durchgänge bezeichnen (Abb. 181). Ausgezeichnet ist es überdies durch die Doppelung der Torräume (vgl. Abb. 7). Seine Turmfront ist vernichtet, der Treppenraum ziemlich hoch erhalten. Die Ergänzung zeigt Abb. 5. Dadurch, daß das Tor in parthischer Zeit erneuert und benutzt wurde, hat sich ein guter Teil der assyrischen Mauern erhalten. Ein kleines Arsenal von Keulenknäufen ist im Tor liegengeblieben, ebenso Teile der Zedernholzbedachung im Brandschutt der vorparthischen Zerstörung.

Der Zugang von außen erfolgte über die Felsrampe, die beiderseits steil in den alten Tukulti-Ninurta-Graben abfiel, Flankierung erfolgte durch den Außenmauerschenkel links nördlich vom Tor, also nicht skäisch.[178]

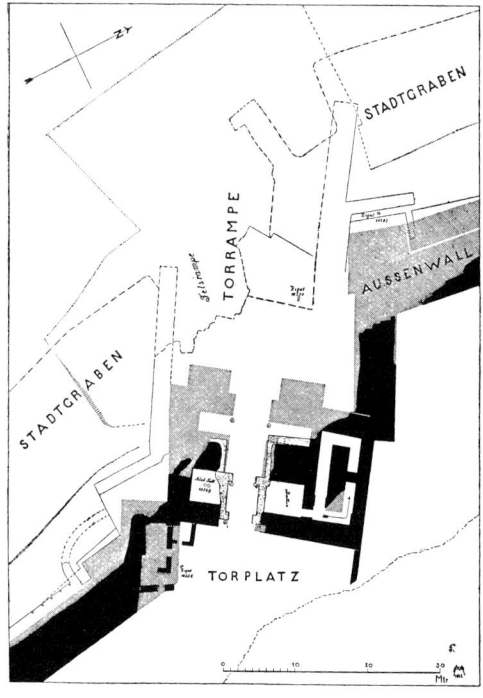

181. Plan des Tabira-Tores.

Besondere Rücksichten haben dazu geführt, daß nur 100 m davon entfernt noch ein weiteres Tor im Außenwall angeordnet war. Der Außenwall springt hier rechtwinklig nach der Front des Neuen Palastes ein. Im einspringenden Winkel liegt das Torfundament. Verständlich wird diese Anlage für die später hinzugefügte Außenhakenbefestigung, die in 110 m Entfernung, nordöstlich davor, ein Vortor anordnet, das ziemlich dicht an das Ufer des die Nordfront der Stadt bespülenden Tigrisarmes gerückt ist. Der starke Landverkehr des Tabira-Tores wurde entlastet dadurch, daß der Umschlagverkehr vom Tigrisarm, der zweifellos stilles Wasser hatte und gute Lände bot, durch die Außenhakentore geleitet werden konnte. Die Situation ist durch Abb. 9 und Abb. 182 erläutert.

182. Ergänzung des Außenhakens.
Das Vorwerk des Außenhakens legt sich an die Nordwestfront des Neuen Palastes an. Rechts der hier schon flache Stadtgraben. Ein niederer Wehrgang, die Faussebraie, schützt den Mauerfuß. Er ist mit Zinnen und Senkscharten ausgestattet. Vgl. Abb. 183.

Das *Binnenwalltor* hatte an dieser Stelle alsdann den Verkehr beider Außentore aufzunehmen und auf die hier beginnende Straße[179] ins Innere zu leiten (Abb. 10). Auf das Straßenwesen kommen wir auf S. 219 und 223 zurück (vgl. auch S. 28, 42, 88f.).

Zwei weitere Tore, die den Charakter der Salmanassar-Anlage haben, liegen in der Mitte der Südwestfront unmittelbar hintereinander, doch mit Achsen, die um 10 m gegeneinander versetzt sind (Abb. 64). Das innere Tor ist besser erhalten als das äußere und gibt die typische, ungestörte Form: enggestellte Fronttürme, Torraum hinter die Mauer gelegt, Treppen in der Mauerdicke angeordnet. Fast identisch ist auch das Außenwalltor gestaltet. Es blieb uns fraglich, ob diese Tore je dem Verkehr übergeben worden sind. Es fehlt jegliche Verschlußvorrichtung an den Türen, die sich am Tabira-Tor durch die großen Basaltangelsteine darbot.

Das *Südtor* des Binnenwalls ist gerade an einen Knick gelegt, der, vom Verteidiger aus gesehen, die Flankierung nicht begünstigt, sondern erschwert. Das Tor war weder mit einer Treppenanlage noch mit Türverschlüssen versehen. Die gepflasterte Straße führt durch dasselbe hindurch, je ein Wasserdurchlaß liegt zu beiden Seiten. Solange die Neustadt, die sich als trapezförmige Fläche südlich vor dem Tor ausbreitet, im Besitz der Verteidiger war, hatte die Sicherung des Durchgangs und der Durchlässe geringe Bedeutung. Man hat bei ihm auch nicht den Eindruck gewaltsamer Zerstörung wie beim niedergebrannten Tabira-Tor, sondern langsamen Verfalls wie beim inneren Westtor.

Der Binnenwall scheint demnach keine eigentlichen Kampfhandlungen erlebt zu haben. Um so mehr der *Außen*wall, an dem sich ihre Spuren vornehmlich an dem von Nordwesten nach Südosten streichenden Schenkel der Neustadtmauer zeigen. Hier haben sich (insbesondere im Stadtplanquadrat k 15) feindliche Mineure mit Bronzehacken (Abb. 184) an den Wall herangearbeitet und ziemlich tief in ihn hineingewühlt. Oben an der Mauer- und Turmfront zeugen zahlreiche gewöhnliche und Branderpfeilspitzen (Abb. 185) von heftigem Beschuß. Man wird wohl nicht fehlgehen in der Annahme, daß dieser Angriff mit der Einnahme von Assur endete und im Jahre 614 v. Chr. erfolgt ist, dem Jahre, in dem der Untergang des Assyrerreiches seinen Anfang nahm.[180]

183. *Erhaltene Mauerbrüstung an der Außenhaken-Faussebraie.*
Die Schußlöcher in der Brüstung des Wehrganges und die Schlitze der Senkscharten (Machicouli) in der Front sind gut zu sehen.

Eine solche Stelle zeigt, daß die Belagerer den Kampf um Tore, die ja besonders gut verteidigt waren, im allgemeinen wohl zu vermeiden gesucht haben. Hatten sie die Mauerkrone im Besitz oder waren sie in die Stadt durch eine Bresche eingedrungen, so fielen die Tore ohne weiteres. Das Südtor des Außenwalles, alle etwaigen Pforten an der Flußfront und am nördlichen Steilabfall dieser Zeit sind vernichtet.

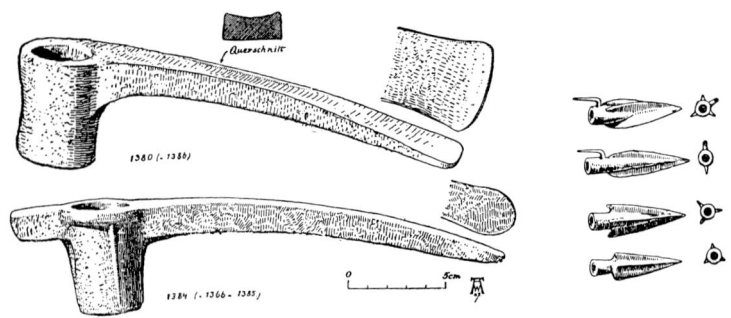

184. Mineur-Bronzehacken vom Südwall.
185. Bronze-Pfeilspitzen vom Südwall. ¹/₃ nat. Größe.

Bei der Ausstattung der Festungsmauern hielt sich Salmanassar III. an die alte Gepflogenheit der Zinnenbekrönung, welche dem Schutze der Besatzungstruppen dienen, und der Stielknäufe, die mehr aus symbolischen und urkundlichen Gründen wohl in der Nähe der Zinnen in die Mauerfront gesteckt waren.

Die Zinnen bestehen aus gebrannten und farbig glasierten Ziegeln, deren Hauptfarbe das heilbringende, unheilabwehrende Türkisblau (eine Ischtar-Farbe) ist. Die Ränder sind gelb, und schwarzweißes Sparrenband gehört wohl zum unteren Abschluß des Zinnenfrieses[181] (Abb. 186).

Die Stielknäufe, welche die Assyrer „sikkatu" nannten, sehen aus wie kugelbauchige Flaschen mit langem Hals (Abb. 187).[182] Meist sind diese „Flaschen" am Boden durchlocht und vielfach tragen sie an diesem „Boden" eine Bauinschrift des Bauherrn. Auch der Stiel dieser Knäufe wird bisweilen Inschriftträger. Sie gehen aus den sumerischen Tonstiften und Tonnägeln des 4. und 3. Jahrtausends hervor, die in der Wandverkleidung und -befestigung eine ausschlaggebende Rolle gespielt haben. – Die Assyrer haben sich der flaschenförmigen Stielknäufe seit dem 2. Jahrtausend mit Vorliebe im Festungsmauer- und Tempelbau bedient, übten jedoch damit bis Salmanassar I. noch eine gewisse Zurückhaltung. Salmanassar I. stellte für den Assur-Tempel schon große Mengen seiner Inschriftknäufe her.[183] Salmanassar III. für seine Festungsmauer ebenfalls. Er profiliert bereits die

Das 10. bis 9. Jahrhundert

Stiele durch stark vortretende Ringe. Zwischen diesen Sikkatu und den Knauffliesen, die meist farbig glasiert sind, besteht enger Zusammenhang. Letztere werden im Innenschmuck der Paläste verwendet, und zwar vorzugsweise im 9. Jahrhundert. Assur lieferte im Alten Palast einige Beispiele (Abb. 189). Hauptfundstätten dafür sind die Paläste von Kalchu-Kalach.[184]

186. Zinnen aus glasierten Ziegeln Salmanassars III. Höhen der Zinnen etwa 63 cm. Versuch einer Zusammensetzung der einzeln gefundenen glasierten Ziegel Salmanassars III.

Dieser massenhaften Datierung der Festungswerke steht die offenbar seltenere gegenüber, die mittels Schrifturkunden in den Fundamenten der Mauern niedergelegt war. Ein einziges Beispiel davon wurde an der Westfront gefunden: Es ist eine kleine Alabasterkiste, Ass. 12167 (Abb. 188), deren Inschrift auf drei Außenseiten steht und vom šalḫû (dem Binnenwall) handelt. Aus ihr erfahren wir überdies, daß die von Tukulti-Ninurta I. gebaute Festungsmauer baufällig war und von Salmanassar vollends abgetragen wurde, bevor er selbst baute. Der geringe Hohlraum dieser Kiste enthielt noch einige Perlen, im übrigen war er ausgeraubt. Wir nahmen an, daß ein Gold- und ein Silbertäfelchen dazu gehörte, welche die gleichen Inschriften getragen haben werden wie die Alabasterkiste. Ein solches Täfelchen ist später in amerikanischem Privatbesitz aufgetaucht. Die Art, den Bau zu dokumentieren, erinnert an diejenige, die wir am Ischtar-Tempel Tukulti-Ninurtas I. kennenlernten (S. 158f.).[185]

Salmanassar III. gab der Genugtuung über seine Festungswerke Ausdruck, indem er sein sitzendes und sein stehendes Königsbild[186] im Tabira-Tor aufstellen ließ, als an der Stelle, wo alles Volk vorübergehen mußte.

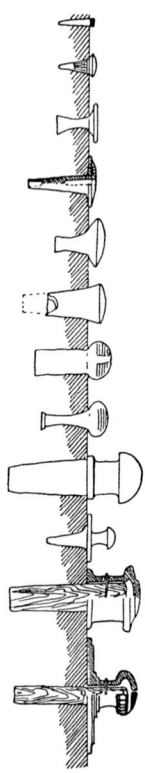

187. Sikkatuformen, etwa ¹/₁₈ nat. Größe.
Sikkatu ist die Fortentwicklung der pilz- und nagelförmigen Gebilde, die z. B. Abb. 69 u. 70 zeigt, und die als Bauurkunden Verwendung finden konnten, aber nicht mußten. Viele waren in rhythmischer Folge in die Wände eingelassen, bilden also, insbesondere wenn sie farbig glasierte Köpfe haben, einen Wandschmuck, ähnlich wie die Knauffliesen, die weiter nichts sind als eine Weiterführung des Nagel- bzw. Sikkatu-Gedankens.

188. Alabasterkiste Salmanassars III. Länge 25 cm.
Die Alabasterkiste ist leider nicht in situ gefunden, sondern lag beraubt wohl in der Nähe ihres einstigen Standortes im Mauerwerk des Außenwalls Salmanassars III. Einige Perlen aus dem einstigen Inhalt der Kiste lagen dabei, nicht aber die vermutlich von ihr eingeschlossene Urkunde. Das könnte eine Goldtafel gewesen sein von der Art der im Ischtar-Tempel gefundenen des Königs Tukulti-Ninurta I., vgl. Abb. 141 u. 142. Ein solches Täfelchen Salmanassars III. ist auch nach Chicago gelangt. Veröffentlicht mit den anderen Inschriften Salmanassars III. aus Assur bei E. Michel, WdO 1 (1947), S. 5ff., WdO 2 (1947), S. 57ff., WdO 3 (1948), S. 205ff., WdO 4 (1949), S. 255ff. u. WdO 5 (1950), S. 385ff.

Das Sitzbild (Abb. 8 und S. 27f.) ist aus Basalt, fast lebensgroß. Es befindet sich als kopf- und händeloser Torso jetzt im Britischen Museum, wohin es sein Finder, H. Rassam, gebracht hat.[187] Dieser gibt an, es im Nordwesten der Stadt, also wohl im Tabira-Tor selbst, gefunden zu haben. Die Inschrift auf dem nahezu kubischen Thronsitz ist eine Bauinschrift für die Stadtmauern. Ausführlich sind insbesondere die Namen der Stadttore aufgezählt.[188] Das Standbild, ebenfalls aus Basalt, fand sich bei der deutschen Ausgrabung 1904 auf dem Plateau des Assur-Tempels, zweifellos verschleppt und als arg beschädigter Torso. In Istanbul befindet es sich jetzt in übermäßig ergänztem Zustand.[189] Wir können nicht archäologisch nachweisen, daß sein ursprünglicher Standort das Tabira-Tor gewesen sei. Aber aus der Inschrift, die auf dem unteren Teil des Gewandes rundum steht, geht dies eindeutig hervor. Das Standbild ist bis in alle Einzelheiten durchgebildet, das Sitzbild weniger.

189. Knauffliesen. ¹/₂₅ nat. Größe.

An zwei Tempeln der Stadt finden wir Salmanassars III. Betätigung: Am Anu-Adad-[190] und am Ischtar-Tempel.[191] Beim ersteren muß das Ältere, das aus der Zeit Tiglatpilesars I. stammt, weitgehend ruiniert gewesen sein. Denn der neue Tempel gleicht einer vollkommenen Neuanlage, bei der nur ungefähr die Lage der Kulträume und der beiden Zikkurrate sowie die Kultrichtung gewahrt blieben. Die Maße sind erheblich herabgemindert, die Zikkurrate besaßen kaum noch die Hälfte der Grundfläche der alten. Immerhin bedeckt der Tempel noch eine Gesamtfläche von 5600 qm (etwa 75:75 m). Der Charakter des Doppeltempels mit den beiden Zikkurraten blieb offenbar gewahrt. Erhalten ist freilich nur ein geringer Teil der südwestlichen Zikkurrat und die anstoßende Südwest-Kultraumgruppe, sowie die südliche Hälfte des Vorhofs. An der Zikkurrat, die auf einem Quadrat von 26 m Seite steht, war noch ein Stück der gerillten Südostfront (Abb. 190, 191) vorhanden. Im Inneren dieses Zikkurrat-Massivs hatte Rassam einen tiefen Krater im Lehmziegelmauerwerk ausschachten lassen und dabei wohl die schönen Tonprismen Tiglatpilesars I. gefunden (vgl. S. 188). Einen kleinen Teil des anstehenden Mauerwerks ließ die deutsche Expedition abtragen und fand noch ein ganz erhaltenes Prisma (Abb. 166) in der Lage, wie Salmanassar III. es hatte einlegen lassen, nämlich waagerecht ohne Hohlraum auf einem Perlenpolster. Es befindet sich jetzt in Berlin (VA 8255). Einer „Beisetzung" kommt dieses zweite Niederlegen gleich, es entspricht dem, was wir im Ischtar-Tempel Tukulti-Ninurtas I. (s. S. 158 ff.) kennengelernt haben.

Die Vorhofbreite erfuhr eine Minderung um etwa 12 m von Südwesten her. Die übriggebliebenen Teile des Salmanassar-Baues sind noch geringer als jene des Tiglatpilesar-Baues. Nördlich seiner Ostwestdiagonale ist fast alles verschwunden. Das Erhaltene genügt jedoch, den Plan zu ergänzen (danach Abb. 51). Wieder liegen zwischen den zwei Zikkurraten die beiden Kultraumgruppen des Götterpaares mit deutlichem Breitraum als Vorraum (vermutlich mit beturmter Hoffront) und mit dem Langraum als eigentlichem Kultraum. Die Kultnische bzw. ein Allerheiligstes, das dem Debîr des Salomonischen Tempels entspricht, ist an der nordwestlichen Schmalseite des Kultraumes, wenn auch nicht mehr sehr deutlich, erhalten.

Die Datierung ergeben gestempelte Pflasterziegel Salmanassars III. im Kult- und im Vorraum mit ihrer vierzeiligen Inschrift, ferner der Kopf eines tönernen Sikkatu mit Bauinschrift (Ass. 5999) und endlich die mächtigen, bis zu 0,85 m hohen Basalttürpfannen, die sich zum Teil noch in situ befanden (Abb. 192), faßähnliche Steine, auf deren Oberfläche quer über die Drehpfanne oder um sie herum die Bauinschrift des Königs eingemeißelt ist:

"Für Gott Adad, seinen Herrn; Salmanassar
Statthalter des Gottes Enlil, Priesterfürst Assurs, Sohn
Assurnasirpals, Priesterfürsts Assurs,
Sohnes Tukulti-Ninurtas, Priesters Assurs; zum Leben,
zum Heil der Nachkommenschaft, des Landes,
für Gott Anu, Gott Adad, meine Herren, [habe ich dieses] gestiftet."

In den Pfannen sind Bronzespuren erhalten, die auf die Benutzung durch starke Bronzeschuhe an den Polen der Türflügel schließen lassen.[192]

Eigenartige Weihgaben lagen im Mauerwerk an fünf verschiedenen Stellen: kleine Bronzemodelle einer Beilaxt und eines Schwertes, fast immer paarweise, die Schwerter etwa 15–16 cm, die Beiläxte 15–17 cm lang (Abb. 193, 194). – Von einem Bronze-Türbeschlag stammt das Stück Abb. 195.

Der wichtigste Fund ist der *Goldblitz des Gottes Adad* (Abb. 196). Er lag dicht an der Südostfront der Westzikkurrat und läßt vermuten, daß diese dem Gott Adad geweiht war. An den Fundort ist er erst spät gelangt, nämlich erst, als die Schutthöhe am Fuße der gerillten Zikkurrat-Front bereits 1 m betrug; auf Abb. 190 da, wo der Arbeiter steht. Der Blitz war aus dünnem Goldblech über flaches Holz getrieben, flachrechteckig im Querschnitt. Er ist wellig und hat drei wellige Verästelungen oben. Er war 46 cm lang, kann also gut zu einer lebensgroßen Gottesstatue gehört haben, in deren Hand er lag. Wir möchten nach der Analogie von Babylon annehmen, daß sich diese Statue einst im Kultraum, d. h. in der Nische auf einem

190. Südostfront der Adad-Zikkurrat Salmanassars III.
Von dieser südwestlichen der beiden Zikkurrate Salmanassars III. steht leidlich gut erhalten nur die rillengeschmückte Südostwand. Das Innere des Baues ist wie ein Krater ausgehöhlt durch eine unverständige Raubgrabung.

191. Ruine der Adad-Zikkurrat Salmanassars III.

192. Türangelsteine im Anu-Adad-Tempel.
Diese gewaltigen, oft bis zu 80 cm hohen Basaltangelsteine trugen oben auf der Pfannenfläche die königliche Bauinschrift. Bisweilen (z.B. am Tabira-Tor) standen sie auf dicken Bleischeiben, die ebenfalls die Königsinschrift trugen.

193 u. 194. Bronzenes Schwert- und Axtmodell. ca. 1:3.
Mehrere Paare dieser kleinen Bronzemodelle sind, gewiß in symbolischer Absicht, in das Mauerwerk einiger Raumwände des Vorhofs verlegt.

195. Bronzeblech-Beschlag der Tempeltür (des Adad?). ca. 1:5.
Der Beschlag erinnert an den viel umfangreicheren, jetzt im British Museum befindlichen Bronzetürbeschlag aus Balawat, der von Salmanassar III. herrührt.

Postament oder im erhöhten Debîr, befand, nicht auf der Zikkurrat. – Der Blitz liegt jetzt in Istanbul.

Auch Salmanassars III. Bau erfuhr eine Erneuerung, und zwar in spätassyrischer Zeit. Davon zeugen Umbauten im südwestlichen Raumtrakte am Hofe (sonst freilich nirgends). Pflasterreste bestehen hier aus Ziegeln Sargons II. (722–705), die allerdings nicht den Anu-Adad-Tempel mit ihrer Inschrift bezeugen, sondern den Assur-Tempel. Sie sind vermutlich Spolien aus dem letzteren und sagen nur aus, daß der Umbau noch später erfolgt ist, vielleicht sogar erst in einer Zeit, die den Tempel zu profanen Zwecken entweihte. Darauf deutet die Einrichtung eines Bades in einem und eines großen Kornspeichers in einem der anderen Räume. Kleine Wohnhäuser haben sich damals unmittelbar an die Zikkurrat angenistet, was in den großen Zeiten des Tempels undenkbar gewesen wäre. Wir nehmen daher an, daß diese Um- und Anbauten erst in allerletzten Verfallzeiten des Assyrerreiches oder gar erst nach dessen Sturz, d. h. also unter babylonischer Herrschaft entstanden.

Der Ischtar-Tempel

Die Tempelanlage Salmanassars III. ist eine Wiederherstellung des alten Iluschuma-Baues, der seinerseits über den archaischen Kultbauten der E-, G- und H-Schicht gelegen war, obwohl erheblich ausgedehnter als diese. Es scheint, als habe Salmanassar bei der Ermittelung des richtigen Bauplatzes Kenntnis davon gehabt, daß Tukulti-Ninurta I., der vierhundert, und Assurrêsch-ischi I., der zweihundertfünfzig Jahre zuvor dort gebaut hatte, den altgeheiligten Baugrund nicht aufgesucht haben. So bedient sich Salmanassar entweder des Iluschuma-Fundamentes aus gelben Muschelkalkblöcken oder dieser Blöcke selbst zur Errichtung seines eigenen Fundamentes. Einige von diesen Blöcken versieht er mit seiner Bauinschrift für den Tempel der Bêlit-nipha,[193] einer Göttin, die vermutlich mit der Ischtar von Assur identisch ist.

Der Kultraum des Salmanassar-Baues übertrifft mit seinen Innenmaßen den Tukulti-Ninurta-Bau um ein geringes (33,70:9,00 bzw. 8,50 m, er ist nicht genau winkelrecht). Die Mauerdicken sind fast genau die gleichen. An welcher Stelle das Postament lag und das Bild der Göttin stand, bleibt ungewiß. Wir möchten annehmen: im Nordosten, weil das der für Ischtar überlieferten Kultrichtung entspricht. Ungewiß ist auch der Vorraum und der Vorhof mit seiner Umgebung geblieben. Nach den wenigen Resten von Muschelkalkblöcken, die sich bei der mutmaßlichen Nordecke des alten Vorhofes befinden, ist die Ergänzung eines unregelmäßig viereckigen Hofes vielleicht erlaubt (Abb. 197).

Vom Inhalt dieses Tempels, der uns über den darin geübten Kult unterrichten würde, ist leider nichts Sicheres gefunden. Möglicherweise gehören

196. Der Goldblitz des Adad. erh. L: 46 cm. Istanbul.

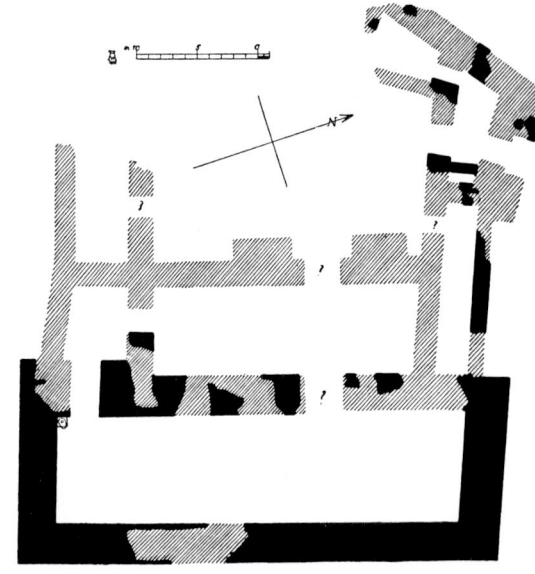

197. Grundriß des Ischtar-Tempels Salmanassars III.
Die Erhaltung des Baues Salmanassars III. ist sehr schlecht.

198. Pflanzgrubenanlage am Festhause.

zu ihm aus Bronzeblech getriebene Vorderteile dreiviertellebensgroßer Schuhe eines (wohl weiblichen) Götterbildes; sie sind mit sechseckigen Maschen und Sternblumen aus Draht belegt. Dazu eine einfach gehörnte, halblebensgroße Gottestiara und eine Kreisplakette von 12 cm Durchmesser mit dem getriebenen Bild der thronenden Göttin.[194] Im Maßstab passen diese drei Sachen nicht zusammen. Noch weniger passen dazu die ebenfalls in der Nähe des Salmanassar-Tempels gefundenen Teile eines aus farbigen Steinen zusammengesetzten Zepters, einer großen „Siegel"rolle mit Darstellung eines weit ausschreitenden Gottes und ein beschrifteter rotbrauner Steinkeulenknauf, der ein Weihgeschenk sein könnte (Ass. 7066). Der Fundort dieser Gegenstände liegt in der Nähe des Tempels.

Will man diese Funde zu einem oder mehreren Kultbildern in Beziehung setzen, so würde man wiederum, wie schon im Tukulti-Ninurta-Tempel, erstaunt sein müssen über die geringe Größe. Das Menschenmaß wird nie über-, eher unterschritten.

Die große Zikkurrat

Salmanassar III. ist auch Erneuerer der großen *Zikkurrat* des Assur. Sein Vorgänger im Zikkurrat-Bau war, wie wir sahen, ein Herrscher etwa des 18. Jahrhunderts v. Chr., vielleicht Schamschi-Adad I. Was zwischen ihm und diesem Herrscher an der großen Zikkurrat gebaut worden ist, entzieht sich unserer Kenntnis sehr wahrscheinlich deshalb, weil Salmanassar bis auf etwa 3 m Höhe das ganze alte Massiv hat abtragen lassen. Es ist wohl anzunehmen, daß er aus dem gewonnenen Lehm neue Ziegel hat streichen lassen, mit denen er sein neues Massiv errichtete. Der Rest der alten Zikkurrat gab ein festes Fundament für die neue. Zu Beginn legte Salmanassar in die Ecken des Baues, d. h. etwa 3 m von den Außenfronten nach innen zu, seine Bauurkunden nieder: je eine silberne und eine goldene kreisrunde Scheibe in jede Ecke. Die Bauinschrift (Abb. 113, 114) ist kurz und bündig im Kreis auf diese Scheibe geschrieben. Sie gibt zu wissen, daß es die *Zikkurrat des Assur* ist, die hier gebaut wurde.

Wieder wie bei Tukulti-Ninurta I. und in der Adad-Zikkurrat ein „Polster" aus vielen Glasperlen und bunten Steinsplittern! Die Feierlichkeiten beim Urkundenniederlegen bleiben, wie man daraus entnehmen kann, die gleichen wie vierhundert Jahre früher (vgl. S. 160ff.).

Vom Aufbau der Fronten dieser Zikkurrat ist nur an der Nordostseite etwas erhalten: eine Gliederung sehr großer, etwa 1 m breiter, dreiteiliger Rillen, die etwa 3 m über dem Fußboden beginnen (Abb. 115). Die Rillen der kleinen Adad-Zikkurrat sind nur halb so groß. Das entspricht durchaus den Größenverhältnissen beider Hochtempel.

Assur unter den spätassyrischen Herrschern

Die Zeit von Salmanassar III. bis Sargon II., von dem ab man die besondere Dynastie der Sargoniden rechnet, ist in Assur arm an Neubauten, Bildwerken und Urkunden. In der Stelenreihe geht das Aufrichten der Königs- und Beamtensteine weiter. Kleine Weihegeschenke werden zufällig in Tempeln und anderswo gefunden. *Sargon II.* (722–705) hatte Anlaß, den Assur-Tempel wiederherzustellen. Ein Fries aus glasierten Ziegeln mit eingesteckten Knäufen ist jedenfalls von ihm. An den Stielen tragen diese Sikkatu Weih- und Bauinschriften.[195] Am Assur-Tempel sind auch Stücke von Tiermalereien auf Schmelzfarbenziegeln gefunden worden, die mit denen in der Burg des Königs, Dur-Scharrukîn, übereinstimmen. Am wichtigsten sind die Schmelzfarbenbilder Sargons II., die Szenen aus dem 8. Feldzug des Königs zeigen.[196] Der auf Abb. 54 dargestellte Ziegelorthostat scheint uns in seine Zeit zu gehören.[197] (Ähnliche Orthostaten S. 193.) – Damit sind wir schon am Ende mit Sargons bezeugter Tätigkeit in Assur. Der König war von dem Bau seiner Burg bei Ninive so in Anspruch genommen, daß er für Assur nur wenig übrig hatte. Um so mehr betätigt sich sein Sohn Sanherib (705–681 v. Chr.) in allen Teilen der Stadt: an den Festungswerken, am Assur-Tempel, an einem Prinzenpalais und endlich am Festhaus außerhalb der Stadt, das seine ureigene Schöpfung ist.

Sanherib ist ähnlich wie Tukulti-Ninurta gegen Babylon vorgegangen. Sein Sieg über die aufsässige Stadt (Dezember 689 v. Chr.) und ihre schließliche, vom König selbst mit Ingrimm berichtete Vernichtung spiegelt sich in Assur in ähnlicher Weise wider wie seinerzeit in Kar-Tukulti-Ninurta der Sieg Tukulti-Ninurtas I.; d. h. der Kult des besiegten Marduk von Babylon wird wiederum nach Assur und auf den Gott Assur übertragen, dessen Macht dadurch offenkundig die des Bêl zu Babel überschatten sollte. Festhaus und Prozessionsstraße, die Sanherib in Assur neu anlegte, so zu deuten, sind wir berechtigt. Die für Babylon so notwendige Kultstraße zwischen Marduk-Tempel, Palast und Festhaus ist damit nachgeahmt. In Babylon hatte Sanherib selbst, bevor er die Stadt zerstörte, die Prozessionsstraße pflastern lassen. Pflasterplatten mit seiner Inschrift sind dort gefunden worden. Das kultische Bedürfnis, einmal im Jahre, am Neujahrsfeste, die Götterbilder aus ihren Wohntempeln und aus der Stadt hinaus in die freie Natur der Gärten zu führen und dort mit ihnen das große Fest der Erneuerung zu feiern, hatte Sanherib in Babylon empfinden gelernt. Von da führte er es in Assur ein.[198]

Das Festhaus[199]

Ein solches Gebäude *bît akîtu* genannt, hat es in Assur vor Sanherib so wenig gegeben wie eine gepflasterte Feststraße. Draußen, nördlich vor dem Tabira-Tor, zwischen der großen Straße, auf der von Norden her der Verkehr in die Stadt einströmte, und dem Tigrisarm, der damals Wasser führte, befand sich eine ebene Fläche, auf der sich ein Garten anlegen ließ. Weiter westlich begann das Hügelgelände, das sich zu Fest- und Gartenbestellung nicht mehr eignete. Der Garten, den Sanherib ins Leben rief, beruht auf künstlicher Bewässerung. Das Wasser mußte durch Schöpfwerke aus dem Tigrisarm oder aus Brunnen in ein Netz von Kanälen hochgebracht werden, an denen Pflanzgruben in regelmäßigen Abständen verteilt waren. Zu einem großen Teil sind Kanälchen und Pflanzgruben in die Sandfelsfläche eingemeißelt (Abb. 198). Humus gab es also wenig oder gar nicht. Er ist für die zu pflanzenden Büsche besonders in die Pflanzgruben gefüllt worden. Die Ausgrabung der Gartenanlage war durch diese Sachlage erleichtert, wenn nicht überhaupt ermöglicht; denn im lockeren Boden, der weiter östlich, nach dem Tigrisarm zu, vorliegt, lassen sich solche Erdarbeiten nur schwer wiedererkennen. Sie sind verweht und verschwemmt.

In diesem Garten standen also in rechtwinklig sich schneidenden Reihen Büsche, vielleicht Granatapfelbüsche oder dergleichen, nicht jedoch größere Bäume, für deren Wurzeln die erwähnten Pflanzgruben kaum genug Nahrung geboten haben würden. Die ganze Ausdehnung des Gartens ist nicht ermittelt. Nur die Südwestbegrenzung an der Eingangsseite von der Stadt her steht fest. Die geringste Ausdehnung dürfte 100 m an jeder Seite sein, wahrscheinlich war sie erheblich größer (Abb. 42).

Die Anlage des Festhauses mitten in diesem Garten geschah gewissermaßen in zwei Anläufen. Die erste Planung wurde, wie es scheint, schon bald verlassen, vermutlich auf Anordnung des Königs, der von Ninive nach Assur gekommen war und die Ausführung überwachte und korrigierte. Die Änderung bestand darin, daß der gesamte Grundriß um mehr als eine Raumtiefe nach Südosten vorgeschoben und ein langer Saal mit Nebengelassen im Nordosten hinzugefügt wurde. Durch die letztere Vorkehrung bekam der Gesamtplan die ebenmäßige Gestalt, derentwegen wohl hauptsächlich die Änderung vorgenommen worden ist. Die Vorverlegung nach der Eingangsseite hin mag aus Sicherheitsgründen erfolgt sein. Hinter dem Festhaus (im Nordwesten) geht jetzt ein kräftiges Regengerinne aus dem Hügelland vorbei, das bei Gewittergüssen beträchtliche Mengen von Schlammwasser herabbringt und möglicherweise schon damals Garten und Festhaus bedrohte.

Der Bau bedeckte im Endzustand eine Fläche von 67 m Breite und 60 m Tiefe. Er umschloß einen fast quadratischen Hof (51 m tief, 47 m breit), durch dessen Mitte der Weg vom Tempeleingang zum Haupteingang des

199. Das Festhaus, Ausgrabung.

Das Festhaus kann, wie alle anderen Bauten, und insbesondere die kultischen, nur immer wieder wie eine kleine Festung mit Zinnenbekrönung über den gefundenen Grundrissen hochgeführt werden. Dabei bedienen wir uns gern eines Höhenmaßes, das sich aus der Länge der Sturmleitern ergibt. Diese überbietet der Festungsbaumeister, um die Mauern sturmfrei zu machen. So kommt man auf 11–12 m Mindesthöhe für diese und auf 14–16 m für die Türme. Die Haupträume, z. B. der große Saal für Assur im Festhaus, können dann noch mehrere Meter höher angenommen werden. Wahrscheinlich waren die Höhen jedoch nach den geheiligten Verhältniszahlen der Grundmaße festgelegt und gar nicht wahlfrei. Die Tempelbezinnung ist auf Siegelbildern assyrischer Tontafeln nachzuweisen, z. B. Abb. 130–132.

Der Garten, in dem sich das Festhaus erhob, ist merkwürdig insofern, als er auf der unfruchtbaren Sandfelsplatte angelegt war, nicht im fruchtbaren Alluvium der Assur-Aue, von der er ja durch den Flußarm getrennt ist. Im Augenblick, wo eine wohlorganisierte künstliche Bewässerung aufhörte, war es um die Anpflanzungen geschehen, denn die Pflanzgruben sind größtenteils aus dem gewachsenen Felsen geschachtet und gar nicht sehr tief. In ihnen kann sich ein Baum oder Strauch nur durch kurze Zeit ohne Bewässerung halten, gewiß durch keinen einzigen heißtrockenen mesopotamischen Sommer.

So unüberlegt diese Anordnung auch scheint, sie mag doch geschaffen worden sein, um einem ganz bestimmten Gedanken Ausdruck zu verleihen. Nicht als ob bloß trotzig hätte gezeigt werden sollen, daß man auch dem sterilen Felsen Pflanzenwuchs abzwingen könne, wenn ein königlicher Wille dahinter stehe; sondern im Zusammenhang mit der kultischen Feier, die jedes Jahr um die Zeit des Erwachens der Wachstumskräfte hier gefeiert wurde, mag die Polarität: toter Fels und lebenstrotzende Pflanzenfülle nach Ausdruck gedrängt haben. Menschen und Götter bewegen sich auf und zwischen diesen Gegensätzen hindurch und erleben sie dabei mit.

Kultraumes führte (Abb. 44). Beiderseits dieses Weges war der Hof mit je vier Reihen von Büschen bepflanzt, hinter denen offene Hallen (an der Nordost- und an der Südwestseite des Hofes) lagen. Starke rechteckige Pfeiler trugen die Hallendächer und ließen jederseits acht Öffnungen frei. Die beiden vordersten Öffnungen (an der Eingangsseite des Hofes) führen in abgeteilte Kammern, die anderen in die zusammenhängenden Hallen. Wir möchten vermuten, daß in den Hallen die Bilder des Göttergefolges Aufstellung fanden (S. 62f.).

Der Kultraum ist ein Breitraum mit drei Eingängen. Die beiden seitlichen sind schmäler (3 m) als der mittlere Haupteingang (4 m). Der Raum hat 33,20 m Breite und 7,80 m Tiefe. Der Mitteltür gegenüber befand sich vermutlich eine flache Nische und ein niederes (?) Postament (Abb. 200). Sehr große gerillte Blöcke (Abb. 201) liegen hier, aus ihrem Zusammenhang gerissen, umher und deuten auf die Besonderheit dieser Stelle, die zweifellos der kultische Mittelpunkt des Baues ist.

Hinter jeder der beiden Pfeilerhallen liegt ein sehr lang gestreckter Raum mit je einer Kammer an beiden Schmalseiten. Beim südwestlichen wird die Kammer neben dem Kultraum zum langgestreckten Korridor hinter dem Kultraum. Über die Bedeutung dieser beiden Raumgruppen haben wir die Vermutung, daß in ihnen die Priester-Versammlung die festlichen Symposien zu feiern hatte, jene Festmähler, von denen die Inschriften sprechen.

Vergleicht man den alten mit dem neuen Grundriß, so spricht alles für den letzteren. Der ältere wirkt stümperhaft im Ganzen wie im Einzelnen, obwohl er die wichtigen Bestandteile: Hof, achtfach geöffnete Hallen, dreitürigen Kultraum schon enthält (Abb. 45, 46).

Über die Benutzungsweise des Baues, der durch die in situ befindlichen Blockinschriften Sanheribs datiert ist, gibt die Anlage bis zu einem hohen Grade Aufschluß. Die Prozession trat im Südosten ein, die Götterbilder bewegte man auf der gepflasterten, mit Schienen belegten Bahn, von der ein letzter Rest noch im Haupteingang des Kultraumes liegt (Abb. 200), über den Hof zwischen grünenden und blühenden Büschen; und hier verteilte sie sich: Assur zog in der Mitte ein in seinen Kultraum und erhielt seinen Platz auf dem Postament, das Göttergefolge erhielt seine Plätze in den Pfeilerhallen, ein jeder Gott durch eine der Öffnungen.

Wir erinnern uns, daß im Assur-Tempel zu Kar-Tukulti-Ninurta eine beinahe identische Kultraumanlage geschaffen war, ebenfalls Breitraum mit drei Türen, eigentlich also eine babylonische Kultanlage mit Öffnungen wie an assyrischen Palasträumen. Keine der sonstigen assyrischen Kultraumformen will sich hiermit vergleichen lassen. Uns scheint das eine Spiegelung des großen Ereignisses der Eroberung und Vernichtung Babylons hier wie dort zu sein. Wieder geht Marduk in den Assur ein, und Assur paßt sich in Kultraumform und allen zum Kult gehörigen Gestalten den Formen von Babylon an.

200. Pflasterbahn mit (parthischem) Postament im Festhaus-Kultraum.
Das hellenistisch anmutende Kalksteinprofil des Postamentsockels weist wie die Ziegelpfeiler im Hofe des Festhauses auf kultische Wiederbenutzung des Baues in der parthischen Zeit. Damals lag sogar noch die Steinbahn der Prozessionsstraße an ihrer Stelle, vgl. Abb. 32, 202, 203.

Die *Ausstattung* des Baues war königlich würdig. Erhalten ist davon freilich, außer in den Fundamenten, herzlich wenig. In den Fundamenten liegen Muschelkalkquader, zum Teil in vielen Schichten übereinander, so besonders bei den Pfeilern der Hallen. Und zwar ist das alles auf den zugerichteten Sandsteinfels sorgfältig gegründet. Es sind beim Verlegen des Planes auch die Pflanzgruben mit je einem Kalksteinblock ausgefüllt worden. Vom Lehmziegelaufbau hat sich nirgends mehr etwas erhalten. Überall verstreut sind Inschriftquader eingebaut. An acht Stellen wurde beobachtet, daß die Inschrift über mehrere Quader verteilt ist. Die Inschriften erwähnen ausdrücklich die Anlage des Gartens.

Aus einer in Ninive gefundenen Tontafelinschrift Sanheribs (K. 1356) wissen wir, daß er die Türflügel des Hauptportals des Festhauses mit Metallplatten (Kupfer?) belegen ließ, auf denen in Treibarbeit der mit Tiamat kämpfende Assur dargestellt war. Eine Tat des kämpfenden Marduk war hier also Assur zugeschrieben.[200]

Ein Stück einer beschrifteten Bronzeplatte von über 1 cm Dicke ist im Festhausgebiet gefunden worden. Zum Türbeschlag dürfte die Platte nicht gehört haben, eher zum Schienenbelag der Prozessionsstraße.

An drei Stellen ist die *Prozessionsstraße*, die Sanherib anlegen ließ, wiedergefunden worden: im Innern des Assur-Tempels, in dessen Vorhof und Vorhoftor, und im Sin-Schamasch-Tempel. Daß diese drei Stücke mit dem obenerwähnten Stück im Kultraum des Festhauses zusammengehören, ergibt die Einrichtung der drei Plattenreihen mit ihren Falzen (Abb. 202), die es wahrscheinlich machen, daß flache Holzbohlen, oder noch besser: Metallschienen (Abb. 32) gelegt waren, oder erst, wenn das Fest stattfand, eingelegt werden konnten. Sowohl die Holzbohlen wie die Metallschienen würden zu damaliger Zeit einen beträchtlichen Wert dargestellt haben. Und so sind sie restlos verschwunden.

Aus diesen Resten den ganzen Straßenverlauf[201] zu ergänzen, sind wir berechtigt. Zuerst durchzog die Bahn das Innere des Assur-Tempels, mindestens bis zum kleinen Mittelhof, in dem das Göttergefolge untergebracht zu denken sein wird; dann verläßt sie den Haupthof, an dem der Kultraum liegt (und später wohl auch Sanheribs Südostanbau), durch das große Tor nach dem Vorhof hinaus; diesen wiederum durch das Südtor ins Freie hinaus (Abb. 203), wo sie sich scharf nach Westen wenden mußte. Dann ging sie einst südlich an der großen Zikkurrat und am Alten Palast, an den Totenhäusern und Königsgräbern, entlang und hat einen Abzweig nach dem Sin-Schamasch-Tempel, in dem sie sich nach jedem der beiden Kulträume hin gabelt (Abb. 49). Das gleiche dürfte im Doppeltempel des Anu und des Adad der Fall gewesen sein, ist aber nicht mehr erhalten. Auch zum Tempel der Ischtar wird es eine Zweigbahn gegeben haben. Sie ist ebenfalls spurlos verschwunden. Weiter verlief die Bahn da, wo früher der Neue Palast Tukulti-Ninurtas I. und der Binnenhaken des Binnenwalls Salma-

---
201. Rillenblöcke aus dem Kultraum des Festhauses.
   Die Bestimmung der ansehnlich großen (über 2 m langen) Kalksteinblöcke mit den tiefen Rillen ist nicht ermittelt. Sie standen vielleicht mit dem Postament Assurs bzw. mit der Nische hinter ihm im Zusammenhang. Es wäre denkbar, daß in den Rillen Holzpfosten für einen beweglichen Baldachin befestigt werden konnten.

nassars III. gestanden hatte, nach dem Tabira-Tor hin, das sie durchzieht. Sie wird dann die Rampe hinab und zwiefach geknickt zum Gartentor des Festhauses verlaufen sein. Nirgends vom Sin-Schamasch-Tempel ab blieb eine Spur der Bahn bestehen. Trotzdem kann man die Straße nicht anders ergänzen. Die Prozession mit den Götterwagen lief auf ihr von draußen herein. Der Auszug der Götter erfolgte, wie in Babylon, zu Wasser (vgl. Abb. 40, 42).

Der Assur-Tempel

Dieser *Tempel*[202] läßt noch in der Ruine die lebhafte Bautätigkeit Sanheribs erkennen. Der schon genannte Anbau im Südosten des Hauptkultraumes ist eine sehr eigenartige Zutat. Sie hat möglicherweise den von G. Martiny angenommenen Zweck, dem Kultraum eine Längsachse zu geben und die alte Knickung der Achse zu beseitigen. Das würde bedeuten, daß der alte Haupthof des Tempels so gut wie stillgelegt wurde. Auch wenn noch eine Verbindungstür dorthin bestehen blieb, durch die ein Verkehr mit dem Göttergefolge ermöglicht wurde, hörte doch die Versammlung der großen Kultgemeinde dort auf und war in den Anbau verlegt. Hier ist auch der Brunnen neu geteuft und mit Kalksteinquadern von Sanherib ausgemauert (Abb. 204), ferner die große „piscina", das basaltene, monolithe Wasserbecken, aufgestellt, das in Berlin aus kleinen Brocken wiedererstanden ist (Abb. 16 und S. 50f.). Dieses Becken ist als künstlerische und technische Leistung gleich bedeutend. Es faßt bei 3,12 m Länge jeder Seite und 1,18 m Höhe etwa 7 cbm. Vier fast vollrunde Eckfiguren stellen einen Gott mit der wasserspendenden Flasche in den Händen dar, ebenso die vier en face-Figuren, die in Relief die vier Seitenmitten einnehmen. Jeder dieser Wassergottheiten wendet sich ein Priesterpaar im Fischgewand mit Situla und Aspergillum zelebrierend zu. Wasserflaschen spenden von oben das Himmelsnaß, das die Götter zur Erde weiterleiten. Auf zwei Seiten stand die Weihinschrift, deren letzte Reste Sanherib als Verfasser gerade noch erkennen lassen. Man kann an diesem Becken nicht vorübergehen, ohne nach dem Sinn seiner figürlichen Darstellungen zu fragen. An seinem Standort diente es ja zweifellos dem Wasserelement im kultischen Sinne. Wer den Vorhof betrat, weihte sich an dem Wasser, bevor er weiter zum Kultraum des Assur ging. Die Wasserweihe fand im alten Tempel an flachen Ziegelbecken (Abb. 34 und 151) statt, die im Vorhof in das Pflaster eingelassen waren. Der Vorhof lag damals etwa 2 m tiefer als der Tempel selbst. Sanherib glich diesen Höhenunterschied dadurch aus, daß er den ganzen Vorhof 2 m hoch mit einem Lehmziegelmauerwerk bedecken ließ. In dieser neuen Höhe legte er die Bahn des Prozessionsweges an. Seine Aufhöhung begrub unter sich alles ältere Pflaster- und Ziegelbeckenwerk, von dem uns daher verhältnismäßig viel erhalten blieb.

202. Steinbahn im Assur-Tempel.

203. Vorhof-Tor des Assur-Tempels mit der Steinbahn.

204. Der Brunnen Sanheribs.

Von der weiteren Bautätigkeit am Assur-Tempel, die unter Sanherib zweifellos sehr umfassend gewesen ist, läßt sich leider nichts berichten. Wir haben deshalb die Prozessionsstraße in Gedanken bis zum Sin-Schamasch-Tempel zu verfolgen. In Wirklichkeit fehlt es auf dieser langen Strecke wiederum an Resten. Auch der Alte Palast, der nach Ausweis der Sanherib-Inschriften noch immer als „Ruhehaus" für die Toten diente (s. S. 41 und 193 ff.), bietet von der Bautätigkeit dieser Zeit keine Spuren, die noch in situ lägen.

Der Sin-Schamasch-Tempel

Dieser Tempel nahm, verglichen mit dem auf S. 141 ff. beschriebenen Tempel des 2. Jahrtausends v. Chr., unter Sanherib eine völlig andere Gestalt an. Die beiden Kulträume liegen jetzt nicht mehr sich gegenüber, sondern nebeneinander (Abb. 205). Beide haben die Kultrichtung nach Nordwesten erhalten (im älteren Tempel nach Nordosten und Südwesten). Der Hof legt sich, von Räumen umgeben, südöstlich vor die beiden Heiligtümer. Der Zugang ist zwischen den beiden letzteren hindurchgelegt und trennt sie somit. Eine Trennung der beiden Kulträume ist schon im Anu-Adad-Tempel Tiglatpilesars I. durch einen schmalen Korridor herbeigeführt.

Assur unter den spätassyrischen Herrschern

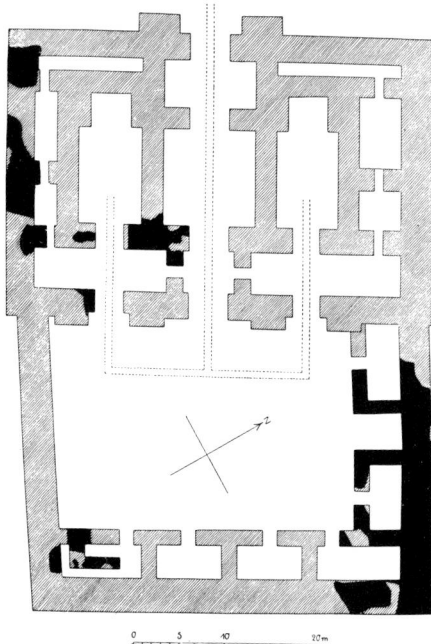

205. Plan des Sin-Schamasch-Tempels der spätassyrischen Zeit.

Ob der Hof des Sin-Schamasch-Tempels noch einen besonderen Eingang gehabt hat wie der des Anu-Adad-Tempels, wissen wir nicht, da der Erhaltungszustand leider schlecht war. Nach der Analogie des Anu-Adad-Tempels ergänzt, müßte dieser Eingang an der Südostseite gelegen haben.

Die Anlage versteht sich am besten so, daß der Durchgang zwischen den Heiligtümern, der nach Nordwesten hinausführt, für die Götterprozession, der andere, ev. über den Vorhof anzunehmende, dagegen im gewöhnlichen Verkehr benutzt wurde. Wie der Gott dem Beter im Nordwesten erscheint, so betritt er bei seiner Prozession den Tempel auch im Nordwesten.

Die T-förmige Anlage der Steinbahn im Sin-Schamasch-Tempel läßt erkennen, daß auch der *Auszug* der Götterbilder auf diesem Weg, d. h. nach Nordwesten hinaus erfolgte und nicht durch ein mutmaßliches Südtor des Hofes (was im Anu-Adad-Tempel möglich wäre).

Sanheribs Sin-Schamasch-Tempel würde sich also etwa wie in Abb. 49 skizziert ergänzen. Die beiden Heiligtümer haben die nunmehr kanonisch gewordene Form des Langhauses, vor welches ein Tor mit breitem Torraum und mit Turmpaar gelegt ist. Türme flankieren auch den oder die beiden Tempelzugänge.

Vom Tempelinhalt besitzen wir nichts.

Das Prinzenpalais

Diese Neuanlage Sanheribs befindet sich da, wo der Binnenwall Salmanassars III. das Tigrisufer erreicht (in l 9 des Stadtplanes).[203] Mit seinen starken Mauern wird dieser Palast wie eine Eckbefestigung gewirkt haben und die Innenstadt nach dem Fluß wie nach dem Land zu gesichert haben. Leider ist der allergrößte Teil dieses Baues dem Flusse zum Opfer gefallen. Nur eine stadtseitige Außenmauer und einige von dieser abgehende Mauerstümpfe stehen noch. Es sind tief hinab in den Wohnschutt gegründete vielschichtige Fundamente aus Gipssteinblöcken. Viele von den Blöcken tragen die Inschrift Sanheribs, die berichtet, daß dieser Bau errichtet sei für „Assurilu-muballitsu, den jüngeren Sohn". Es darf angenommen werden, daß dieser Prinz des Königs Statthalter in Assur war. Die beneidenswerte Lage seines Palastes am strömenden Tigris entspricht etwa derjenigen des Expeditionshauses, in dem sich die deutsche Grabungsexpedition elf Jahre wohl gefühlt hat. – Wiederum ist vom Inhalt dieses Palastbaues nichts zu berichten; das erklärt sich zur Genüge daraus, daß nur ein Fundamentteil und nichts vom Aufbau erhalten ist.

Die *Stadtmauern von Assur* unterlagen in ausgiebigem Maße ebenfalls Sanheribs Fürsorge. Sein Sohn Asarhaddon setzte dieses Werk fort. Man kann es erkennen an den Muschelkalkquadern, mit denen die Außenfronten verkleidet sind. An einigen Stellen sind Teile dieser Fronten unter tiefer Verschüttung stehengeblieben, so insbesondere am Muschlal unter dem Schutt der großen Zikkurrat und der dort gelegenen hohen Bastionen, ferner an der Flußfront vor dem Assur-Tempel und endlich an der Westfront beim tiefen Stadtgraben. Die Quaderfronten erinnern an römische Bauten. Die Quader haben Randschlag und Bossen.[204] Sie sind recht sorgfältig gefügt, allerdings ohne bindenden Mörtel. Ihre Hintermauerung besteht zumeist aus kleinen Bruchsteinen oder gar aus Lehmziegeln. Der Gedanke „Verkleidung" herrscht vor. Nur an *einer* Stelle ist ein ungeheures massives Blockfundament hinter der Quaderfront: am Fuße des Muschlal, da, wo der Flußarm dicht an die Mauer tritt und der Gefahr des Auswaschens entgegengewirkt werden mußte (Abb. 68 und S. 62). Das ist von Asarhaddon gebaut, dessen Inschriften hier über ganze Gruppen von Mauerblöcken hinweggehen und bisweilen auch auf einzelnen Quadern stehen.

An der Westfront hat Sanherib alle Türme mit bastionartigen Quaderumgängen versehen, die sich halbelliptisch vor die Turmfüße schmiegen und so dem Mauerbrecher keine gefährdete Ecke mehr bieten (Abb. 206). Auf diesen Bastionen konnte die erste Linie der Verteidiger wirken, die die „Faussebraie"[205], den Wehrgang am Mauerfuße, zu halten hatte.

In der Zeit von Sanherib-Asarhaddon möchten wir daher die ganze scharfe Zusammenziehung der Verteidigung in eine solche mit Faussebraie versehene Hauptmauer setzen, die in manchen Spuren auch sonst an der

206. Halbovale Quaderbastion Sanheribs.

Westfront erhalten ist, am klarsten an den schon mehrfach genannten Außenhaken nordöstlich des Tabira-Tores. Hier befand sich das kleine, von Salmanassar III. errichtete „Untere" Tor, das samt dem nach dem Flußarm zu gelegenen Mauerschenkel verhältnismäßig gut erhalten war. Mehrmalige *Umbauten* ließen sich auch an ihm erkennen (Abb. 61).[206] Schon Salmanassar III. scheint hier einen Niederwall mit Wehrgang am Mauerfuß angelegt zu haben. Unter den Spätassyrern (Sanherib oder Asarhaddon?) wird das Tor kassiert, der Wehrgang mit Zinnen und Senkscharten ging an der ganzen Front des Mauerschenkels entlang (vgl. Abb. 182). Von der Einrichtung des Schenkels hat sich glücklicherweise so viel erhalten, daß uns hier ein vollkommener Einblick in die Mauerbekrönung ermöglicht wird. Die Verteidiger bekommen einen Auftritt hinter der Zinnenbrüstung und Einschußlöcher in der Brüstung. Durch eine enge Mauerpforte konnten sie den Wehrgang besetzen bzw. verlassen.

Die Senkscharten[207] haben sich, vereinzelt und schlechter erhalten, auch an der Westfront vorgefunden. Sie dienten dazu, einen in den toten Winkel am Mauerfuß gelangten Angreifer zu beschießen, was gefährlich ist, wenn man sich über die Zinnen hinausbeugt. An Mauern ohne Balkonaufbauten wird man Senkscharten immer anbringen müssen, solche Mauern sind in den Lehmziegelländern die Regel. Die assyrischen Reliefdarstellungen bringen Balkonaufbauten immer bei Bergvölkern, die über Holz verfügen, bei Ebenenvölkern sind die Aufbauten meist glatt und bündig mit Mauer- und Turmfront. Da ist es dann notwendig, Senkscharten anzubringen, während von Balkonen senkrecht zwischen den Balken hinabgeschossen werden kann.

Von *Asarhaddon,* dem Sohne Sanheribs, wissen wir noch, daß er am Assur-Tempel gebaut hat, und zwar scheint er Teile desselben von Grund auf neu gebaut zu haben, wie Kalkstein-Blockfundamente am Kultraum dartun. Die schon oben S. 228 erwähnte Betätigung dieses Herrschers am Muschlal ist im übrigen das einzige Erwähnenswerte, und damit würde die Bautätigkeit der spätassyrischen Herrscher in Assur überhaupt zu Ende gegangen sein, wenn nicht der letzte König Sin-schar-ischkun sich des Neubaues des Nabû- und Ischtar-Tempels angenommen hätte.

Im Alten Palast haben sich jedoch kostbare ägyptische Alabastergefäße, vollständig, wiewohl zerschlagen, erhalten. Sie sind laut Keilinschriften von Sanherib und von Asarhaddon als Beutestücke aus Phönikien mit nach Assur geschleppt worden. Abb. 207–209 stellt die größten der nach Berlin gelangten dar, andere stehen jetzt in Istanbul. Abb. 209 läßt die Hieroglypheninschrift eines ägyptischen Offiziers und Priesters erkennen, Abb. 207 zeigt eine in der XVIII. Dynastie übliche Gefäßgestaltung (mit Standring und Henkeln).

In die Zeit des Sanherib gehören, wie wir glauben, zwei auf weichem Tonstein geschnittene, zarte Bildhauermodelle zu großen Felsreliefs.[208]

207

208

209

207. Ägyptisches Alabastergefäß. H: 74 cm. Berlin, Staatl. Museen, VAAss. 2255.
Die Form dieses gewaltigen königlichen Gefäßes gleicht denen der kleinen Alabastren aus einer Gruft des 14./13. Jahrhunderts, vgl. Abb. 24.

208. Ägyptisches Alabastergefäß. H: 65 cm, Berlin, Staatl. Museen, VAAss. 2258.

209. Ägyptisches Alabastergefäß. H: 55 cm. Berlin, Staatl. Museen, VAAss. 2257.

Abb. 210 stellt die Anbetung vor den Bildern des Assur und der Ischtar und den König als Reiter dar. Ähnliche Bilder finden sich an Felswänden im „Gartental" von Chinnis nördlich von Mosul.[209] Assurbanipal (669–631/629?) hat ebenfalls an den Stadtmauern und am Assur-Tempel gebaut. Das geht aus Inschriften hervor, die Ruinen selbst versagen weitere Aufschlüsse.[210]

Der Nabû-Ischtar-Tempel

Der Bau Sin-schar-ischkuns (629–612 v. Chr.) ist der Ausklang kultischer Baubetätigung der Assyrerkönige; nicht bloß in Assur, sondern nach unserer bisherigen Kenntnis in Assyrien überhaupt. Abgesehen von dem Schattenkönig Assuruballit II. (612–609), der nach der Zerstörung des Reiches durch die Meder und Babylonier im oberen Mesopotamien bis 609 v. Chr. noch ein kümmerliches Dasein fristete, ist Sin-schar-ischkun der letzte der mächtigen Sargonidenreihe. Außer dem Nabû-Tempel kennen wir in Assur keinen Bau von ihm, und keine Urkunde außer den beschrifteten Ziegeln und den Bauzylindern bezeugten seine Tätigkeit am Bau[211] (Abb. 212).

Am besten spricht der Tempel für sich selbst; er ist keine unbedeutende Anlage. Zwar reicht die Kraft seines Aufwandes nicht an die der großen jung- und altassyrischen Bauten heran, aber die alte Überlieferung sorgfältiger Gründung und sorgfältiger Wahl des Baustoffes ist auch bei ihm noch lebendig: Muschelkalkquader sind herbeigeschafft und schön winkelrecht gefügt als ein- oder mehrschichtiges Fundament für die Lehmziegelmauern, Luftziegel aus frischer Lehmgrube sind geformt, große Pflasterplatten sind gebrannt und in reicher Zahl mit der Königsinschrift beschriftet (nicht gestempelt).

Zwei Drittel der Anlage hat die Ausgrabung trotz der hohen exponierten Lage des Tempels noch gut ermitteln können. Es ist ein Doppelheiligtum, oder wenn man will, ein dreifaches (Abb. 213). Zwei rechteckige Höfe, die ein schmaler Raumtrakt mehr verbindet als trennt, sind angelegt. Ihr Bauplatz erstreckt sich zum Teil über die Ruine des Ischtar-Tempels Tukulti-Ninurtas I. und schließt sich im Nordosten an die Ruinen des Assur-rêsch-ischi- und Salmanassar-Tempels der gleichen Göttin an, für die in der spätassyrischen Zeit offenbar wenig geschehen war. Die großen Reichstempel und die Palastbauten im Norden des Reiches hatten das ganze Interesse und Können für sich beansprucht.

Es ist daher verständlich, daß der letzte Assyrer den Versuch machte, der Ischtar von Assur wieder eine würdige Wohnstätte zu verschaffen. Wir nehmen dies an, weil im nördlichen der beiden erwähnten Höfe, der zugleich der Vorhof des anderen ist, an der Westseite ein Kultraum mit Vorraum und schmalen Hinterkammern ergänzt werden kann, der die Form der alten Assuritu-Kulträume, nämlich die Herdhausform, erhält. Es sind

210. Kleines Relief (Gottesanbetung durch den assyr. König Sanherib?) aus fossilem Tonstein. H: ca. 23 cm. Berlin, Staatl. Museen.

211. Kleines Relief (Reiter, Assurbanipal?) aus fossilem Tonstein. H: 23 cm. Berlin, Staatl. Museen, VA 6725.

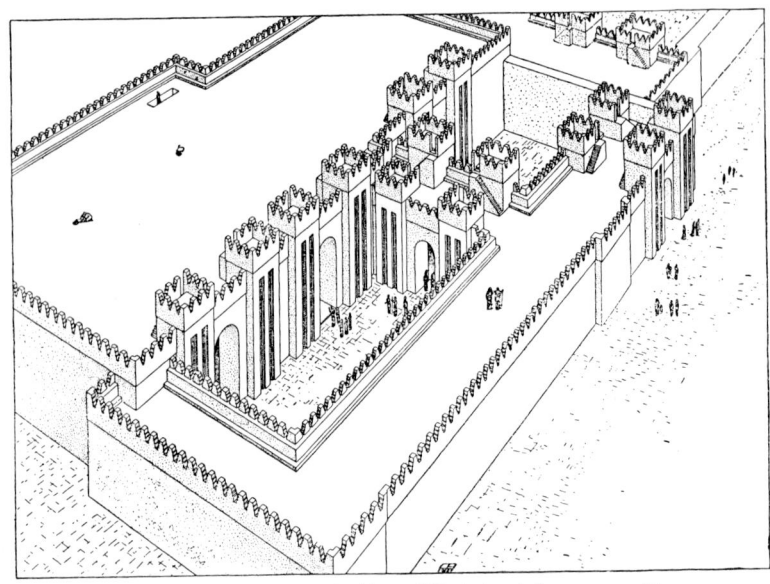

212. Nabû-Ischtar-Tempel Sin-schar-ischkuns (Wiederherstellungsversuch).

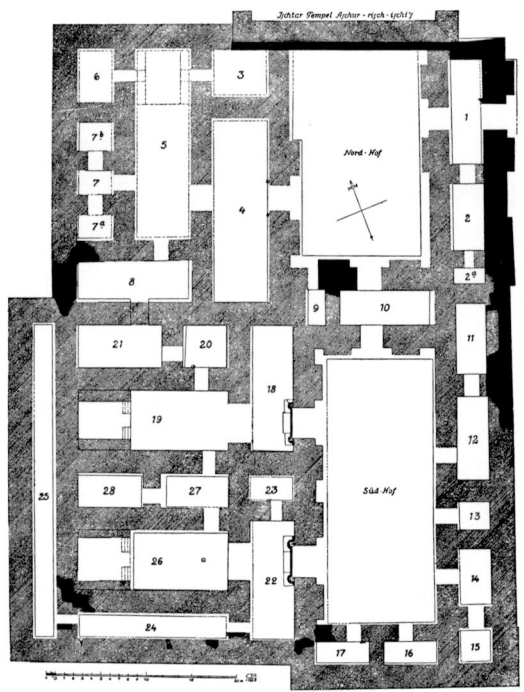

213. Plan des Nabû-Ischtar-Tempels.

214. Kultraum des Nabû, ergänzt.
Die tiefe Nische, in der man das Bild des Nabû aufgestellt denken kann, möchten wir im Tonnenbogen überwölbt annehmen, wie die in den Raum eingebaute Nische der Ischtar von Assur, Abb. 134.[211a]

außerordentlich geringe Spuren davon erhalten. Selbst die Untergründungsmauern sind zum großen Teil verschwunden. Klar ist jedoch, daß der Vorhof, außer dem bei der Ostecke an der vorbeiführenden Straße gelegenen Eingangsraum und zwei weiteren kleinen Gelassen daneben, nur noch ein winziges Gelaß am Durchgang zum Innenhof zugänglich machte, sich also, obwohl von vornherein mit geplant, sehr ähnlich eingeschränkt darstellte wie die nachträglich angefügten Vorhöfe der alten Tempel.

Viel besser ist der Erhaltungszustand des inneren Hofes und Tempels, der dem Nabû und seiner Gemahlin, Taschmêtu, geweiht war. Er nimmt sich eigentlich mehr aus wie ein Anbau an dem viel kleineren, älteren Ischtar-Assuritu-Tempel, dessen Hof ihm nunmehr als Vorhof dient. Man kann darauf die Bauinschrift Sin-schar-ischkuns beziehen, die von einem zuletzt von Adadnarari III. (811–781) erneuerten, aber wieder verfallenen Nabû-Taschmêtu-Heiligtum spricht.[212] Nach dessen Fertigstellung durch Sin-schar-ischkun konnte das Götterpaar aus seiner provisorischen Unterkunft im Tempel der Ischtar-Assuritu wieder in den eigenen Tempel einziehen.

Dieser ist zu einem sehr ebenmäßigen Doppeltempel gestaltet und stellt sich würdig neben die älteren des Anu-Adad und des Sin-Schamasch. Die Kulträume und ihre Nebengelasse sind fast identisch in Maß und Form. Sie sind dem Typus der sargonischen Tempel in Chorsabad nachgestaltet: Am Hof liegen Torfront und Torraum (in der babylonischen Breitlage), in ihrer Eingangsachse schreitet man weiter zum eigentlichen Kultraum, der ein Langraum mit tiefer Nische und Postament ist. Schmale Seitenkammern liegen an beiden Seiten der Kulträume. Die Seitenkammern zwischen sich haben sie gemeinsam. Durch die eine, vordere, sind sie miteinander in Verbindung gesetzt. von den Außenwänden sind die Kulträume in babylonischer Art durch schmale Korridore getrennt. Nach dem Ischtar-Tempel zu liegen statt des Korridors drei breite Kammern in zwei Reihen, durch die möglicherweise eine innere Verbindung nach dem Kultraum der Ischtar hinüber ermöglicht war.

Die beiden Kulträume und ihre Vorräume sind mit sorgfältigem Pflaster aus großen Ziegelplatten und mit Türangeleinrichtungen aus Gipssteinplatten ausgestattet, die allerdings aus alten Orthostatenplatten Assurnasirpals

215. Postament im Nabû-Tempel.

II. hergestellt sind, ein Zeichen für den damals schon ruinenhaften Zustand des Alten Palastes.

Die Kultnischen und das Postament sind wie besondere Götterhütten in die Kulträume eingebaut. Man kann sie sich etwa so, wie in Abb. 214 gezeigt, ergänzen. Ursprünglich hatte man allerdings das Postament gleich zusammen mit der Mauergründung angelegt, dann es aber liegen lassen und mit Schüttung überdeckt, auf der zwei- bis dreischichtig das endgültige Postament angelegt war wie ein babylonisches Schwellenpostament. Überall also dieser Anschluß an die Tradition des babylonischen Nabû, des Sohnes Marduks.

Die Nischen waren wahrscheinlich in der Tonne überwölbt. Vier Stufen von normaler Steigung führen hinauf, jedoch nicht in der ganzen Breite des Postaments, sondern nur rechts und links, während in der Mitte eine Art von Sockel in etwa 2 m Breite stehenblieb (Abb. 215).

Bei der Untersuchung der ursprünglichen, unteren Postamente ergaben sich Streugaben, die wahllos in die Lehmziegelschichten eingelegt sind: Hackgold- und Hacksilberstücke von geringer Größe. (Die 45 Goldstückchen hatten ein Gewicht von 79,35 g.) – Am Südhof liegen sieben kleine Kammern. Der Tempel war von parthischen Wohnhäusern überbaut.

Der Untergang des Assyrer-Reiches

Im Jahre 614 v. Chr. vollzog sich das tragische Geschick Assurs, wie kurze Zeit später das des ganzen stolzen Reiches, vor dem die Völker bis dahin gezittert hatten. Mancherlei Anzeichen waren dafür in der Stadtruine zu finden. Brandschutt und andere Merkmale gewaltsamer Zerstörung sind freilich nur wenige vorhanden: An einer Stelle des Südwalles, die wir schon auf S. 207 nannten, haben sich Mineure in die Stadtmauer hineingearbeitet, und viele Pfeilspitzen und Bronzehacken lassen hier auf heftigen Kampf schließen. Im Tabira-Tor liegen die verbrannten Zedernbalken des Torraumdaches am Fußboden als mutmaßliche Zeugen der Niederbrennung des Tores nach der Einnahme der Stadt durch medische Truppen unter Kyaxares. Die Königsgrüfte sind gründlich zerschmettert, die Särge gesprengt. Das Fehlen weiterer Merkmale solcher Feindwirkung braucht nicht zu bedeuten, daß dieselbe nicht geschehen war. Sie ist vielmehr durch die weitergehende Besiedlung wieder zum Verschwinden gebracht. Aber diese Besiedelung selbst spricht laut. Es sind ärmere Leute, die jetzt hier noch bauen. Sie begnügen sich mit Resten der alten Herrlichkeit, leben in engen, unzulänglichen Häusern und sind von einigen über sie gesetzten, wohl fremdstämmigen, Wohlhabenden beherrscht.

Ihres Hauptgottes Assur großes Heiligtum war zerstört und seiner sichtbaren großen Steinurkunden beraubt. Ein späterer Beherrscher dieser Stadt hatte im Vorhof nahe bei dessen Südausgang zwei kleine Kulträume errichten lassen, die die babylonische Herkunft dieses Mannes verraten: Es sind zwei rein babylonische Tempel, Breiträume mit flacher Nische und niedrigem Ziegelpostament *P* an der Rückwand (Abb. 216). Der größere von beiden, von uns *Tempel A* genannt, besitzt noch einen Vorraum *V* und einen beturmten Eingang. Seine Außenfronten sind durch Risalite gegliedert. In den Pflastern und Fundamenten sind etwa fünfzig ganze und zerschlagene Steinurkunden, die meist aus dem Assur-Tempel stammen, eingemauert,[213] insbesondere diejenigen Salmanassars I., die auf Abb. 147, 148 zur Darstellung gekommen sind. Eine eigene Urkunde des Erbauers ist dagegen nicht gefunden worden. Vermutlich war das derselbe Babylonier, den Nabupolassar hier als Statthalter eingesetzt hatte, als er nach dem Sieg über Assyrien nach Babylonien zurückkehrte. Die Gesamtausdehnung dieses Tempels A betrug immerhin 18 m in der Breite und 19 m in der Tiefe. Der Kultraum *C* ist ein Saal von 14 m Breite und 5 m Tiefe. Die Mauerdikken bis zu $2^{1}/_{2}$ m gaben dem Bau langen Bestand. Er war noch in parthischer Zeit in Benutzung, wie es scheint als Heraklesheiligtum (s. S. 251 f.). Das im Kultraum und Vorraum doppelschichtige und auf dem Vorplatz einfache Ziegelpflaster ist noch recht gut erhalten, macht aber keinen ganz erfreulichen Eindruck, wie alles, was aus zusammengesuchtem Material hergestellt ist. Die Ziegel sind offensichtlich den ruinierten Assyrerbauten entnommen. Ein kleiner Ziegelaltar *A* stand etwa in der Eingangsachse des Tempels und weit vor ihm auf dem Vorplatz, den man nach griechischer Art „Prothyse" nennen könnte. Das Postament hat man auf das Doppelpflaster mit drei Schichten sehr dicker Spolienziegel aufgemauert und asphaltiert. Die Angeleinrichtungen der beiden Türen zu Vor- und Kultraum liegen in Ziegelkapseln (*K* in Abb. 216).

Wem der Tempel A damals zugeeignet war, wissen wir nicht. Daß es der Gott Assur war, ist zweifelhaft. Er lag besiegt am Boden, und der Sieger wird seinen Kult nicht wieder haben aufleben lassen. Immerhin mögen die überlebenden alten Bewohner der Stadt hier die Stätte heilig gehalten haben, an der ihr „Volks"gott einst wohnte und verehrt wurde. Wie lebendig eine solche Überlieferung jahrhundertelang blieb, zeigt sich uns erst viel später, als nämlich der Kult des Assur (Assor) bei den Parthern auch in Inschriften wiederauftaucht samt dem anderer assyrischer Götter (Nebo, Scherua) und samt dem Gebrauch alter assyrischer Eigennamen (s. S. 251). Die „Volks"kraft war stärker als die Ereignisse. Sie hielt noch sechs Jahrhunderte nach der Katastrophe am geheiligten Ort, an geheiligten Namen und an ihren Gottheiten fest. So wird es dem Babylonier hier wenig genützt haben, wenn er den Kult eines assurfremden Gottes einsetzte; das Volk wird doch immer an Assur gedacht haben, wenn es diese Kultstätte betrat. Ihre Ruine zeigt Abb. 217.

Das andere, nur einräumige Tempelchen *N* südlich des Tempels A ist wohl das Einfachst-Mögliche einer Kultstätte babylonischer Art. Ein Breitraum mit flacher Nische und niedrigem Ziegelpostament, aber ohne Turmfront und Vorraum. Der Raum hat 4 m Tiefe und etwa 7½ m Breite, sein Südende ist abgeschnitten durch eine parthische Mauer. Seine Kultachse ist gegen die des Tempels A ein wenig nach Südwesten geschwenkt. Vermutlich war er einer weiblichen Gottheit zugeordnet.

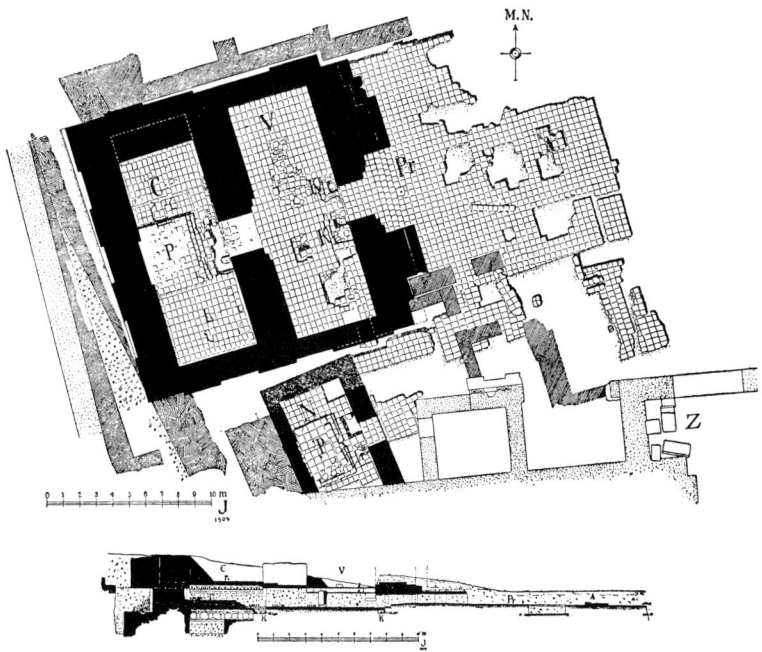

216. Grundriß des Tempels A und des kleinen Kultraumes daneben.

Vielleicht haben Nebenräume am alten Vorhof des Assur-Tempels noch weiter bestehen dürfen, sind aber profaniert worden. Das gleiche Schicksal erlitten die anderen Tempel der Stadt und das, was vom Alten Palast noch übrig war. (Der Neue Palast war anscheinend schon früher aufgelassen worden.) In einem großen Thronraum des Alten Palastes und in einem Vorhofraum des Anu-Adad-Tempels fand sich Getreide magaziniert, das ausgebrannt ist. Es könnte sein, daß diese Vorräte für die Belagerten aufgespeichert waren und bei der Einnahme der Stadt verbrannt sind; möglich ist aber auch eine spätere Brandkatastrophe. An dem genannten Thronraum wie an anderen Gelassen des Palastes finden sich vielerlei unsorgfältig ausgeführte Ausbesserungen und Flickereien, die zweifellos nicht in königlicher Zeit vorgenommen worden sind (Abb. 218). Zum Beispiel sind die glasierten Knauffliesen und die Konsole aus gebranntem Ton hier in einer Weise wieder an der Wand befestigt gewesen, die nicht die originale gewesen sein kann (Abb. 219). Es sind nur eckige Fliesen, meist von Assurnasirpal II., verwendet, die kreisrunden, mit denen jene abwechseln sollten, fehlen.[214]

Die *Wohnquartiere* dieser Zeit der Verkümmerung sind insbesondere im Gebiet des Neuen Palastes, also westlich des Anu-Adad-Tempels, teilweise recht gut erhalten. Wir können daraus einigermaßen auf die Quartiergliederung des Stadtgebietes schließen. Es liegen nämlich zwei größere Wohnhäuser, umgeben von kleinen und kleinsten, an äußerst engen winkeligen Gassen, auf diesem ziemlich ausgedehnten Areal. Die Quartierherren samt ihrem Gefolge konnten so die in den kleinen Häusern höchst beschränkt und bedrückt lebenden Hörigen überwachen. Es ist ja nicht anzunehmen, daß bei der Einnahme der Stadt alles Volk getötet und vertrieben wurde, wie es z. B. in Ninive den Anschein hat. In Assur sorgte offenbar später ein babylonischer „Statthalter" dafür, daß das Volk einigermaßen weiterleben konnte. Es wird sich nicht viel in der Lebensweise der Ärmeren geändert haben. Nur die Reichen haben verloren, was sie besaßen. Das eine der genannten beiden großen Häuser, das schon in der Nachbarschaft des Tabira-Tores liegt, bestand offenbar bereits vor der Katastrophe, wenn auch erst nach Schleifung des Binnenwalles Salmanassars III. Die Ausstattung der Wohnräume des Hausherrn und seiner Frau ist hier, wie auch in dem anderen Hause (dem sogenannten Roten Hause) recht sorgfältig: Gutes Ziegelpflaster, schöner Wandputz, der einfarbig rot oder mit schwarzen und weißen, senkrechten Streifen bemalt war, gute Türangeleinrichtungen und Schwellen aus Gipssteinplatten (Abb. 220). Diese Häuser haben zwei Höfe, von denen der vordere, von der Straße aus zugängliche, offenbar für die Dienerschaft und Wirtschaft bestimmt war. Am inneren Hofe lagen die schönen Wohnräume, Bäder und Kammern der Herrschaft. Das westliche große Haus hatte einen eigenen Brunnen, das Rote Haus besaß in beiden großen Wohnräumen je zwei Kultnischen mit Steinplatten im Fußboden (Abb. 12). Ein Hofraum dieses Hauses ist nach vorn ganz offen. Man könnte ihn „Iwan" nennen; das ist eine Raumform, die viel später, im parthischen Assur, eine große Rolle spielt (S. 250ff.). Den Verkehr in dieser Siedlung nahmen die gleichen engen, schlecht oder gar nicht gepflasterten Straßen und Gäßchen auf, die es wenig tiefer schon in den älteren Siedlungsschichten taten. Ein zäher Konservativismus erhielt die alte Grundstücksteilung oft bis in kleinste Einzelheiten aufrecht. Sackgassen sind, wie in heutigen orientalischen Städten, keine Seltenheit. Die Enge wird bedrückend.

Die Verkümmerung von Assur spricht insbesondere aus dem zahlreichen Vorkommen ganzer und zerbrochener Kultgefäße, die von den Tempeln in die Wohnhäuser gelangt sind, doch offenbar erst, nachdem den Kulten von den Siegern der Garaus gemacht war. Es sind das große tönerne Eimer und

217. Ruine des Tempels A von Nordosten gesehen.

218. Nischenraum mit Steingeleise.
Die Steingeleise dienten der Bewegung des Herdwagens. Ein solcher ist im Tell Halaf gefunden, M. v. Oppenheim-R. Naumann, Der Tell Halaf II (1950) S. 45ff; eine ähnliche Bahn im oberen (assyrischen) Palast in Scham'al, Ausgrabungen in Sendschirli II (1898), S. 144f., Tafel XX–XXI, Hauptraum C.

219. *Fliesenspuren im Thronraum des alten Palastes.*
Die Knauffliesen aus dem Palast des 9. Jahrhunderts sind an dieser Wand vermutlich in zweiter Verwendung angebracht gewesen und waren herabgefallen, da die Holzpflöcke, auf denen sie steckten, verrottet sind. In ähnlicher Weise bildeten sie jedoch auch an ihrem ursprünglichen Ort in 2–3 m Höhe über dem Fußboden einen Fries. So hat es sich als Malerei sehr gut in Til Barsib im oberen Mesopotamien erhalten, wo ein Palast des 8. Jahrhunderts von Thureau-Dangin ausgegraben worden ist. F. Thureau–Dangin u. M. Dunand, Til – Barsib (Paris 1936).

220. *Türen im großen Wohnhaus am Tabira-Tor.*

Krüge, die farbig glasiert und daher kostbar sind. Die Schmelzfarbengemälde, die sie an ihren Außenflächen tragen, weisen zum Teil unmittelbar auf den kultischen Zweck: Reihen von betenden oder musizierenden Frauen, Priester bei der Opferhandlung vor altarähnlichen Tischen mit daraufliegenden Gaben, symbolische Bergdarstellungen, Palmettbäume und sonnenhafte Rosetten mit gegen sie gewendeten Tierpaaren: Ziegenböcken oder Stieren, geflügelte Sternscheiben als Symbole des Gottes Assur[215] (Abb. 221–223). Im übrigen werden die Bildstreifen, zu denen wohl ebenfalls sinnbildlich zu wertende Gehänge von Lotosranken und -knospen treten, die das ganze Gefäß wie Girlanden umziehen, eingerahmt von den uralten sogenannten Ornamentbändern, in denen sich in frühen, vorgeschichtlichen Zeiten die Weisheit und das Wissen von den kosmischen und biologischen Gesetzen ausdrückte: Zinnen-, Schachbrett-, Zickzack-, Kreisreihen u. a. m., die die Gefäßflächen sinnvoll in Zonen teilen. Gering ist die Zahl der Gefäßtypen und -größen, soweit es sich um reines Tempelinventar handelt: Eimer, breithalsige bauchige Gefäße mit Standring sowie henkel- und standringlose Krüge.

221. Bruchstück eines glasierten Tongefäßes. H: 19,5 cm. Berlin, Staatl. Museen, VAAss. 2404.

222. Glasiertes Tongefäß. Fragment, H: 14 cm. Ass. 13803

223. Glasiertes Tongefäß. H: 25 cm. Aufbewahrungsort: Berlin, Staatl. Museen VA 5031.

Der gleichen Zeit gehört noch ein großer Schwarm viel kleinerer glasierter Tongefäße an, meist kugelbauchiger Fläschchen, die zwar nicht im Tempel, aber doch in gewissem Sinne ebenfalls kultisch Verwendung gefunden haben, nämlich als Totenbeigaben. Viele davon sind in den jung- und spätassyrischen Gräbern, also in situ, gefunden worden. Man kann vermuten, daß sie kostbare Flüssigkeiten enthalten haben, die den Toten auf seinem Wege begleiten sollten (Abb. 224). Die Schmelzfarben Hellblau, Weiß, Schwarz, Gelb und wahrscheinlich noch Dunkelblau sind auf ihnen mit der gleichen Meisterschaft aufgetragen wie auf den großen Kultgefäßen. Die Technik ist die gleiche wie bei den jüngeren Schmelzfarbengemälden der Zeit Nebukadnezars II. (605–562) in Babylon, der sich an dieser Kunst vermutlich schon in der Zeit des Feldzuges seines Vaters gegen Assyrien begeistert hat. In Babylon ist dann auch die größere Haltbarkeit der Farbe durch geschicktere Mischung der Gemengstoffe erzielt, ein Geheimnis der Schmelzkünstler, das späterhin nur selten wiedergefunden wurde.[216]

An einigen unserer kleinen Assurgefäße und an der Scherbe eines größeren, sowie an Tongefäßen und Knauffliesen, die seit dem 9. Jahrhundert zum Bestand der Bauornamentik gehören, hat uns der Zufall die ursprüngliche Farbe und den alten Glanz überliefert. Die große Masse erlitt in der Erde Verwitterungsprozesse, die oft bis zu völligem Weiß- und Weichwerden der Schmelzflächen führten. Die färbenden Metalloxyde sind ausgelaugt durch die Bodenfeuchtigkeit und andere Einflüsse. Aus den blassen Spuren würden sich aber die allermeisten Bilder und Zeichnungen, auch farbig, wiederherstellen lassen.

224. Glasierte Salbfläschchen. ca. 1:4.

225. Hauseingang eines späten Wohnhauses.

Das sonstige Inventar der Häuser ist geringfügig zu nennen. Es blieb uns deshalb nicht viel davon erhalten, weil sie langsam dahingestorben und dann verlassen sind. Gewöhnlich ist in der Nähe des Hauseinganges oder im „Vestibül" selbst ein Steinmörser in den Erdboden eingelassen, in dem Gerste gestampft werden konnte (Abb. 225). Der eine oder andere Mühl- oder Reibstein ist liegengeblieben, sonst jedoch nur das, was *unter* der Erde lag: die Gräber, soweit sie nicht von Späteren gefunden und pietätlos beraubt wurden. Bei der Einnahme von Assur hatten es, wie schon oben S. 201 und 237 gesagt, die Eroberer insbesondere auf die offenbar reich dotierten Königsgräber abgesehen, die dabei gründlich zerstört wurden. Die ärmeren Gräber der Bürger lohnten die Beraubung meist nicht, oder man ging ihnen einfach deswegen nicht zu Leibe, weil ihr Versteck längst vergessen war und nicht gefunden werden konnte. In den Wohnquartieren, die nach der Katastrophe von 614 bestehen blieben, sind zweifellos eine ganze Menge von älteren Gräbern und Grüften erhalten geblieben, die wir dann bei der Grabung aufdecken und untersuchen konnten. Insbesondere die Grüfte können wohl als aufwendige Bestattungsstätten kaum in den Zeiten der Verkümmerung entstanden, sondern bestenfalls weiterbenutzt worden sein. In einer derselben ist z. B. ein farbig glasierter Tempelkrug wiederbenutzt als Ossuarium nach einer Leichenverbrennung, die sonst in Assur kaum vorkommt. Neu ist an diesen späten Grüften nur das sog. „Ringschichten"-Gewölbe, das aus einzelnen Bögen keilig zugeschnittener Formziegel besteht und seit Sargon II., bzw. nicht viel früher, in Anwen-

226. Gruft mit Ringschichtengewölbe.

dung kommt (Abb. 226).[217] Im übrigen werden die Grabsitten von früher beibehalten.

Etwa hundert Jahre lang hören wir nichts über die Stätte von Assur berichten. Die Bewohner fristen ihr Leben, die Beherrscher der Stadt äußern sich nicht in Inschriften und sonstigen Urkunden. Der Ort ist so gut wie vergessen unter der machtvollen Regierung Nebukadnezars II. (605–562) und später unter den Achämeniden-Königen, deren Weltreich sich weiter und weiter bis an das Mittelmeer ausdehnte. Erst der Zug der Zehntausend, den Xenophon beschreibt, wirft wieder ein wenig Licht auf unsere Gegend. Die Griechen zogen am jenseitigen Ufer des Tigris nach Norden. Nach dem Itinerar, das Xenophon gibt, liegt an der Stelle von Assur, der gegenüber die Truppe lagerte, ein Ort namens Kainai.[218] Der alte Name ist also verklungen, eine neue Ortsbezeichnung ist aufgetaucht und auch sie geht wieder unter. Außer Käse und Milch haben die Bewohner, die auf Schläuchen über den Tigris schwammen (wie es unsere arabischen Arbeiter noch taten), den Griechen nichts anzubieten. Es sind Habenichtse. Es fehlt ihnen die königliche Fürsorge, die Kanäle gräbt und in Ordnung hält, die Landbestellung ermöglicht und ein weites Hinterland für den Handel offen hält. Das alles ist verlorengegangen.

Nichts hören wir über den Ort während der Alexander- und der Seleukiden-Zeit. Die Kriegszüge gehen jenseits des Tigris vorbei über Arbela-Gaugamela, der Weltverkehr spielt sich in Seleukia und am Persischen Golf oder am Euphrat in Dura-Europos und in Syrien ab. Assur ist ein vergessener Winkel.

Das wird erst anders, als die *Parther* das Land nehmen und jahrhundertelang gegen das römische Weltreich behaupten. Etwa im 1. Jahrhundert v. Chr. beginnt eine lebhaftere Bautätigkeit in Assur, die sich in den ersten beiden Jahrhunderten unserer Zeitrechnung steigert und in der Mitte des 3. Jahrhunderts wiederum zu Ende geht.

Die große Lücke, die zwischen der geschilderten Verkümmerungszeit Assurs im 6. und 5. Jahrhundert v. Chr. und dem Beginn der reicheren Wiederbesiedlung in parthischer Zeit klafft, bringt uns klar zum Bewußtsein, welcher Wandel mit dem Orient in diesem halben Jahrtausend vor der Geburt Christi vor sich gegangen ist. Man kann ihn kennzeichnen als: „Eindringen des Westens".

Was außerhalb Assurs vorging, beschäftigt uns hier nicht; es würde die einzelnen Vorgänge der Amalgamierung, wie des langsamen Wiederausscheidens des Griechischen in der orientalischen, insbesondere in der mesopotamischen und in der altpersischen Welt bis hinüber nach Indien klarlegen. Für uns in der Stadt Assur, an der Alexanders und der Diadochen Herrschaft so gut wie spurlos vorübergegangen sind, steht scheinbar unvermittelt ein spätes Endergebnis dieser Amalgamierung auf dem Ruinenboden der vergangenen Kulturen: die *parthische* Schicht.

Die parthische Schicht

Äußerlich unterscheidet sich diese Schicht schon dadurch von allen vorangegangenen, daß der Gipsmörtel Baustoff wird. Dieser Baustoff war, ebenso wie der bindende Kalkmörtel, in der vorgriechischen Zeit nur ganz selten verwendet worden, mehr noch im Wandputz als im Mauerwerk. Der erste, der ihn im Ziegelmauerwerk in Anwendung bringen ließ, war Nebukadnezar II. Spät errichtete Teile seiner Hauptburg in Babylon sind mit Kalkmörtel gebaut.[219] Kalk- und Gipsmörtelputz und -estrich sind in assyrischen Grüften und oberirdischen Räumen hier und da auch in Assur gefunden worden. Man kannte also die Eigenschaft des gebrannten und gemahlenen Gips- und Kalksteines, mit Wasser vermengt „abzubinden" (wie der Maurer sagt), d. h. hart und dicht zu werden. Unter den Seleukiden bedient man sich, z. B. in Babylon, Uruk-Orchoë und Seleukia, des Gipsmörtels in ausgiebigerem Maße und stellt Gipsstuckplatten her, in welche die Bauglieder und Ornamente eingeschnitten oder -gemodelt wurden. Diese Verfahren waren, als die Parther die Herrschaft im Lande antraten, ausgebildet und brauchten von denselben nur übernommen zu werden. In Warka, Nippur, Babylon, Seleukia, Assur und Hatra sind Ziegel- und Bruchstein- oder Quadermauern in dieser Art gebaut und haben entsprechende Ruinen hinterlassen, die sich gut von den gipsmörtellosen der assyrisch-babylonischen Zeiten unterscheiden lassen. Weiteres Baumaterial dieser Zeit sind die ungebrannten Lehmziegel und der gelbe Muschelkalkstein in Quaderform sowie Gipsstein in Pflasterplatten. Das gab es ja früher auch. Nicht gab es in assyrischer und babylonischer Zeit echte Kolonnaden (Stoën) und Iwane, jene nach dem Hofe zu ganz offenen Hauptwohnräume, die jetzt zur Regel geworden sind; erstere haben die Griechen, letztere wohl die Bergvölker ins Land gebracht.[220]

Aber nur scheinbar ist dieses andersartige Bauwesen vom älteren getrennt; denn eine unausgerottete Überlieferung verband es noch mit den älteren geistigen Triebkräften. Wieder errichtet wurden nach Ausweis der gefundenen, schwer lesbaren aramäisch-parthischen Inschriften ein Assur-Scherua-Tempel, auf der Stelle des alten großen Nationalheiligtums, und ein nicht wiedergefundener Nabû-Tempel, der vermutlich ebenfalls auf der Stelle des spätassyrischen gestanden haben wird (s. S. 235). Ferner ist das Festhaus Sanheribs mit wenig veränderter Anlage neu erstanden und das Tabira-Tor wieder hergerichtet worden: bedeutsame Bauwerke der alten Zeit also, die nun zwar vom Formgeist einer neuen gestaltet, aber immer noch im Dienst der beim Volke lebendigen Gottesverehrung und geschichtlichen Erinnerung errichtet sind; zugleich Zeugen der Toleranz der iranischen Machthaber, die über dieses Volk gesetzt waren.

Das parthische Stadtbild wird sich vom assyrischen nicht viel unterschie-

227. Stadtbild in parthischer Zeit.
Das Stadtbild unterscheidet sich vom assyrischen hauptsächlich dadurch, daß da, wo früher die Neustadt an die Altstadt grenzte, der „Partherpalast" dominierte. Zu Sanheribs Zeit tat dies, allerdings weiter vorn am Flußufer, das Palais des prinzlichen Statthalters Assur-ilu-muballit-su. Auf den Höhen, hinter der Neustadt, sieht man jetzt die parthischen Grabbauten (Grabtürme); in assyrischer Zeit waren diese Höhen leer.

den haben (Abb. 227). Die große Zikkurrat trug wohl eine kleine Zitadelle und war dem Kult entzogen; die beiden kleineren Zikkurrate des Anu und des Adad müssen damals schon weitgehend eingeebnet gewesen sein. Außer dem Assur-Tempel und der Zitadelle ragte an der Nordfront also kein Bau mehr besonders hoch empor. Von Osten, d. h. von jenseits des Flusses her gesehen, wie unsere Skizze es wiedergibt, kam im Süden der Stadt ein höher emporragendes Gebäude hinzu: der sogenannte „Partherpalast". In spätassyrischer Zeit hatte nicht weit entfernt davon das Prinzenpalais gestanden, das wohl auch ein höherer Bau gewesen sein mag.

Der Assor-Tempel

Der *Assor-Tempel* stellte sich in seiner letzten Gestalt dar als großer Iwan-Bau (Abb.228), fast von der Art wie im benachbarten Hatra,[221] und doch auch wieder nicht, insofern, als die drei großen Hallen mit ihren weiten Bogenöffnungen nach dem Vorhof im Südosten zu so gut wie gleichwertig sind, während die Anlage in Hatra aus zwei überragend großen Iwanen mit kleineren Hallen zu beiden Seiten bestehen.

Der Mitteliwan wird allerdings durch eine fünfstufige Freitreppe, durch seinen entsprechend erhöhten Fußboden über die Seitenhallen und durch zwei hinter ihm liegende Breiträume hervorgehoben. Der rechte (Nordost-) Iwan ist überdies eine jüngere Zutat und gegen die beiden anderen um ein geringes zurückgesetzt, gleich als ob diese beiden Linken enger zusammengehören sollten. Je ein Breitraum liegt hinter jedem der Seiteniwane. Unsere Ergänzung des Baues beruht auf Resten unterster Bauschichten, Pflasterplatten und auf vereinzelt aufgefundenen Baugliedern: Pilasterbasen und Kapitellen, Gesimsstücken, Säulentrommeln. Letztere scheinen zu einer Säulenhalle zu gehören, die die Ostseite des Vorplatzes nach dem Flusse hin abschloß. Der Vorplatz ist ein Quadrat von 40 m Seitenlänge und hat ein

Die parthische Schicht

Südwest- und ein Südosttor, je mit Turmvorlagen außen und innen. Die Iwanfußböden haben an den Wänden entlang geringe Erhöhungen, auf denen wohl die Kultversammlung hockend oder sitzend Platz nahm. In der Nordosthalle war es üblich, vor sich auf den tiefer liegenden Fußbodenplatten oder da, wo man saß, seinen Namen und eine „Gedenkinschrift" einzumeißeln oder einzukritzeln. *Assor* und *Scherua* sind die in diesen Inschriften angerufenen Götter. Ihnen ist also dieser Tempel geweiht. Die Verehrung dieses alten assyrischen Götterpaares fand noch in der Mitte des dritten nachchristlichen Jahrhunderts statt durch Männer, die zum Teil alte assyrische Personennamen (z. B. Asarhaddon) trugen. Erst mit der endgültigen Zerstörung der Stadt unter Schapur I. ging dieser Gottesdienst zugrunde.

228. Front des Assor-Tempels.

Ein älterer Zustand kannte nur zwei Iwane. Der spätere mittlere war damals Nordostiwan, hatte jedoch schon die Freitreppe und wird als eigentlicher Wohnraum des Gottes Assor anzusprechen sein. Vielleicht war damals und blieb der benachbarte Südwestiwan der Scherua zugeteilt. Der später zugefügte Nordostiwan wird wohl dann für das Symposion der Gemeinde bestimmt gewesen sein, das in dieser Zeit einen wesentlichen Bestandteil der vorderasiatischen Kulte bildete. Dabei kamen wohl auch die Denkinschriften in diese Räume.

Der ältere Assor-Tempel scheint bei einem der Feldzüge der römischen Kaiser, Septimius Severus (oder Trajan), zerstört worden zu sein. Beide Kaiser haben sich vergeblich bemüht, Hatra einzunehmen, und haben dabei

Assur als Stützpunkt benutzt. Römische Aurei sind in der Stadt gefunden worden.

Südlich des Assor-Vorhofes liegt ein merkwürdiger kleiner Kultbau, der wie ein zweiräumiger Tordurchgang aussieht und eine fast genaue Nordsüdachse hat. Da er jetzt ganz ohne Zusammenhang mit dem großen Tempel und dem unten zu besprechenden Tempel A ist, gewinnt man keine plausible Deutung. Möglich, daß die Nordsüdrichtung bedeutsam ist. Mindestens ist sie es ja für die Bestimmung der Tageszeit.

Die Datierungsfragen begegnen Schwierigkeiten, weil leider die große assyrische Schreibseligkeit nicht mit in die parthische Zeit hinüber vererbt worden ist. Das geschichtliche Bild, das wir von dieser wichtigsten Stelle Assurs für die parthische Zeit erhalten, ist daher sehr lückenhaft und, wie wir soeben sahen, am ehesten noch im Rückwärtsgehen einigermaßen zu ermitteln. Zwischen der assyrischen Tempelruine und dem älteren Doppeliwanbau gähnt eine mindestens siebenhundertjährige Leere.

Im alten Vorhof des Assur-Tempels hingegen waren wir ja zwei Ersatztempelchen der nachassyrischen Zeit begegnet, dem Tempel A und dem kleinen Kultraum südlich daneben. Tempel A füllt wenigstens einen Teil jener Leere aus. Er rettete sich bis zum Beginn der parthischen Zeit herüber. Jedenfalls hält sich sein parthischer Wiederaufbau so getreu an die babylonische Grundform, daß ein ungebrochenes Fortleben des Kultes in ihm angenommen werden kann. Eine etwa viertellebensgroße, ziemlich rohe Herakles-Stele (Abb. 229, jetzt in Istanbul) ist in diesem parthischen Tempel A gefunden worden und läßt vermuten, daß man einen Herakles-Melkart-Kult etwa in der Zeit um Christi Geburt eingerichtet hatte.

Wir haben mit der vorstehenden kurzen Beschreibung der Hauptkultstätte des parthischen Assur[222] den geschichtlichen Gang unserer Darstellung bewußt durchbrochen und ein Stück vorgegriffen, nämlich bis ans Ende der Partherzeit. Damit wollten wir sogleich ein lebendiges Bild vom Kern der Stadt erhalten. Es ist klar, daß die etwa dreihundertjährige Partherherrschaft in Assur nicht eine einheitliche Schicht hinterlassen hat, sondern wie die alten Zeiten rasch aufeinanderfolgende Verfalls- und Ausbesserungsschichten an den Bauwerken[223] und gewisse Entwicklungsvorgänge an den Bauformen und -ornamenten,[224] an den Gräbern,[225] an Gebrauchsgegenständen und schließlich auch an den nicht sehr häufigen Bildwerken.[226] Wir beschränken uns hier auf einen Überblick über die ganze Epoche und über das Stadtbild in ihr.

Es hat sich am alten Kultplatz des Assur gezeigt, wie die neuen landfremden Beherrscher zunächst anknüpften an das, was sie vorfanden: an den babylonischen Tempel A mit seinem Opferplatz, und wie sie erst später, vermutlich einem Anliegen der Bewohner stattgebend, zur Errichtung des *Assor*-Tempels auf der geheiligten Stätte des schon vor zweitausend Jahren bestehenden Assur-Tempels schritten, den sie damit wiederherzustellen

Die parthische Schicht

229. Kalkstein-Stele des Herakles (Melkart?) aus Tempel A. H: 72 cm. Istanbul

230–232. Die drei Kalkstein-Stelen aus dem Südtor des Assur-Vorhofes. Abb. 230 H: 1,94 m; Abb. 231 H: 1,61 m; Abb. 232 H: 1,57 m. Alle Istanbul.

meinten. Dazu kam die Wiederumzingelung des alten Vorplatzes und die Neuherrichtung seines Südtores in der Nähe des Tempels A. Hier sind, ebenfalls im Nachklang assyrischer Gepflogenheiten, Reliefstelen aufgestellt (Abb. 230–232). Drei davon lagen umgekippt vor ihren Sockeln, es sind unterlebensgroße *Stelen*, die eine mit einer en-face-Darstellung, die anderen beiden im Profil.[227] Die aramäischen Inschriften neben ihren Häuptern geben u. a. das Datum, wahrscheinlich nachseleukidischer Ära, doch weichen die Lesungen P. *Jensens* und F. *Delitzschs*,[228] so sehr ab, daß man zwischen 89 v. Chr. und 11 oder gar 111 n. Chr. schwanken kann.

Die Tracht der dargestellten Männer ist iranisch: faltige Hosen bedecken die Beine. Die Haltung ist weichlich, nur bei der en-face-Stele etwas straffer. Diese stellt den Krieger, die anderen den Beter dar. Der Krieger stand vermutlich außen am Eingang, wo die Stele, Relief nach unten, am Boden liegend gefunden ist. Die beiden anderen lagen umgekippt im Torraum. Man erinnert sich an die Asarhaddon-Stele in Zincirli, die im südlichen Stadttor aufgestellt war und allen, die das Tor durchschritten, bewußt machte, wer der Sieger war, eben Asarhaddon, der Assyrerkönig.

Durch das alte Südtor des Vorhofes bewegte sich in den großen Assyrerzeiten die Prozession hinaus nach dem Festhaus. Von der Feststraße ist nichts mehr vorhanden. Aber im *Festhaus* finden wir die Wiederherstellungstätigkeit der Parther aufs neue. Es ist fast wunderbar, zu sehen, wie genau sich die alte Gestalt dieses offenbar gänzlich dem Erdboden gleichgemachten Kultbaues wieder erhob. Wieder erhielt der Hof die beiden Pfeilerhallen, nur sind es jetzt Pfeiler aus gebrannten Ziegeln und nicht aus Muschelkalkquadern. Aber nicht auf den Stümpfen der alten, sondern daneben sind die Ziegel-Gipsmörtelpfeiler errichtet, und nicht eckig sind sie, sondern nach dem Hof zu halbrund im Grundriß, also Halbsäulen an Pfeilern. Im Kultraum steht an der Stelle, wo das alte Assur-Postament dereinst gewesen sein muß, ein niedriges, kleines parthisches Postament aus Kalkstein, dessen Sockelglied griechisch geschnitten ist (Abb. 200 und S. 221). Sonst blieb freilich vom parthischen Festhaus nichts Wesentliches weiter erhalten.[229] Insbesondere wissen wir gar nichts darüber, ob die schöne Gartenanlage Sanheribs (s. S. 23, 62 und 219f.) wiedererstanden ist.

Kehren wir zum *Tempel*-Temenos *des Assor* zurück. Es ist nun, wie schon in alter Zeit, das weit vorgeschobene Gebiet der Nordostspitze der Stadt allmählich wieder ganz umzingelt und durch Mauern abgeschlossen worden. Etwa 2–3 m höher lag westlich daneben, ebenfalls wie in alter Zeit, die große Hochfläche, auf der einst wohl der Enlil-Tempel stand samt der Enlil- (späteren Assur-) Zikkurrat, die noch in parthischer Zeit ein achtunggebietender Ziegelberg war. Wir bezweifeln, daß dieser Berg in der alten Gestalt wieder erstand und seiner alten Bestimmung wieder diente. Denn zwischen ihn und den Assor-Temenos schieben sich jetzt andere Bestimmungen ein: die Agora, auf der sich das öffentliche Leben vollzog, ein Platz, der auf zwei oder drei Seiten von stoaartigen Säulenhallen umzogen war und eine stattliche Iwanhalle sowie ein peripterosähnliches Gebäude in sich schloß.[230] Abb. 233 gibt den Ruinenzustand wieder.

233. Das Assur-Tempel-Plateau in parthischer Zeit.
Blick auf die Grabung von der Zikkurrat-Ruine herab nach Osten. Zu sehen sind vorn rechts die Reste der parthischen Halle mit der Freitreppe gleich neben dem langen Kontrollsteg, der die Schichten zu zeigen hatte. In der Mitte die Reste des „Peripteros", darüber die auf der Ruine des Assur-Tempels errichtete Kaserne. In der Ferne der Tigris. Nach dem großen Wandbild von Elisabeth Andrae in der Vorderasiatischen Abteilung der Staatlichen Museen in Berlin.

Akropolis und Agora

Man kann jetzt von einer Akropolis von Assur sprechen, die es in der assyrischen Stadt, wie wir sahen, im griechischen Sinne nie gegeben hat. Freilich ist diese Parther-Akropolis keineswegs in jeder Beziehung eine „oberste, höchste" Stadt; sie erhebt sich nicht höher als der größte Teil des übrigen Stadtgebietes über Fluß und Ebene. Nur die Zikkurrat-Ruine überragt alles und war nun wohl, so möchte man vermuten, als Zitadelle ausgebaut und in eine besondere Burgbefestigung einbezogen, von der wir Teile schon an der Südseite des Assor-Vorhofes kennenlernten. Denn dieser Vorhofzingel setzt sich weiter nach Westen fort, bis er nahe bei der Südecke der Zikkurrat nach dieser hin mit einem zweiräumigen Torbau umknickt. Überdies ist aber die Agora durch die Stoa-Rückmauern noch besonders umzingelt, so daß sich das untenstehend skizzierte Gesamtbild ergibt (Abb. 234). Zwischen dem Außenzingel und der Südstoamauer bildete sich ein langer schmaler Vorhof. Man mußte drei Tore durchschreiten, um in die Agora zu gelangen. Dieser Vorhof hatte vermutlich hinter dem Tempel A eine Verbindung mit dem Tempelvorhof, und vielleicht konnte man auch von der Agora unmittelbar zum Tempelvorhof hinabsteigen. Die kritische Südostecke der Stoa ist leider nicht gut erhalten. Die kultische Anlage mit Assor-Tempel und Tempel A liegt also, einigermaßen abgeschlossen, etwas tiefer als die, politischen Zwecken dienende, Agora, von deren Dächern aus man alles kontrollierte, was in den Tempelvorplätzen vor sich

234. Die parthische Agora.

ging. Wir könnten uns denken, daß der Kultbezirk für die Bevölkerung hergestellt und allgemein zugänglich war. Die Agora hingegen diente Bevorrechtigten. Nicht undenkbar wäre, daß der regierende Satrap seine Wohnung überhaupt oben auf der Zikkurrat hatte. Davon ist allerdings keine Spur erhalten. Zu Amtshandlungen stieg er herab in den offenen

235. Kapitelle der Peristyl-Bogenhallen.

Die parthische Schicht

Iwan mit der Freitreppe, und in dem peripteralen Gebäude übte er seinen Kult, der ein anderer war als der in den Tempeln unten.

Von den *Stoawänden* und *„Säulen"-stellungen* ist so viel vorhanden, daß die Ergänzung gewagt werden kann. Von Säulen dürfte man hier eigentlich nicht sprechen. Es fehlen diesen aus Ziegeln und Gipsmörtel aufgemauerten Rundpfeilern, die auf schwachen Stylobaten stehen, durchweg die Basen. Oben sind sie nach der Analogie einer solchen „Säulen"halle im Partherpalast (s. S. 261 ff.) mit Bögen verbunden und hatten dann als Halb- oder Drittelsäulen Stuck- und Ziegelkapitelle (Abb. 235). Einen Umbau hat auch diese Säulenhalle erlebt, wie sich an ihrer Südostecke zeigt. Vom älteren Bau ist nur wenig vorhanden. Die Nordseite der Agora ist ganz verschwunden. Man wird annehmen dürfen, daß die dort zu ergänzende Stoa an die Zikkurrat-Zitadelle anstieß.

236. Iwan mit Freitreppe.
Die Zeichnung gibt die gefundenen Reste des Baues wieder, den man in Abb. 234 links ergänzt sieht.

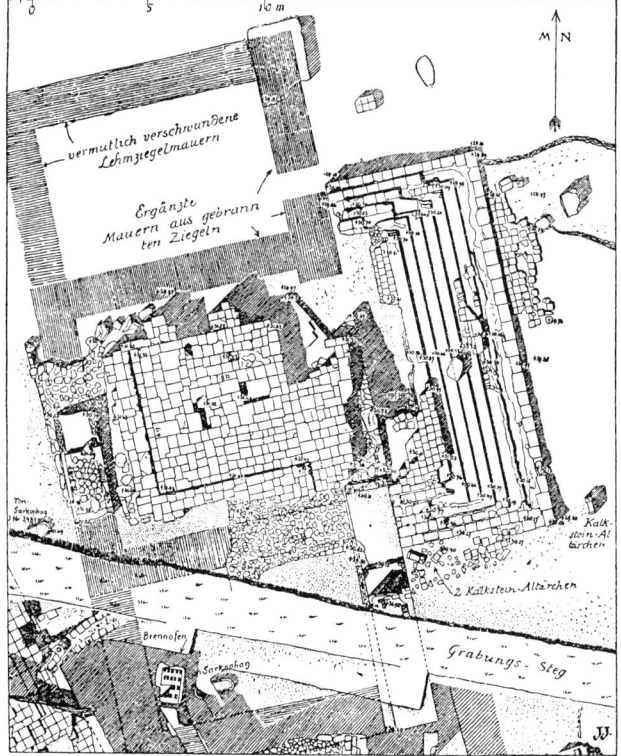

Der *Iwan mit der Freitreppe* (Abb. 236) ist dreiräumig. Zu dem nach Osten offenen Iwan führt eine vielstufige, einmal umgebaute Freitreppe hinauf. Das Pflaster des Raumes hat ähnliche Randerhöhungen wie die Iwane des Assor-Tempels. „Gedenkinschriften" fehlen hier. Die Front des Iwans war architektonisch mit einer Scheingliederung aus Gipsstuck aufgeteilt, wie wir sie unten am Partherpalast noch genau kennenlernen werden (s. S. 263). In den Friesen kommen hier Weinranken vor. Es ist denkbar, daß der Herrscher von Assur von hier oben aus Recht sprach und die Ratsversammlungen leitete.

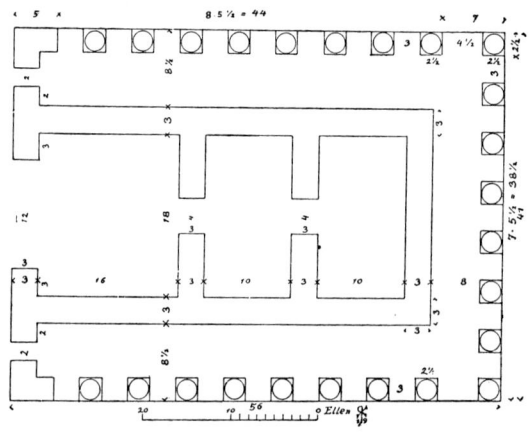

237. *Peripteros-Grundriß (nach R. Koldewey).*
In dem Grundriß hat R. Koldewey den modulus aufgesucht und gefunden. Es ist eine Elle, die, wie man sieht, zumeist einfache, ungebrochene Maßzahlen ergibt. Den Außenmaßen 56:41 Ellen, entsprechen 28,0:20,6 m.

Das *peripterale Gebäude* ist eine sonderbare Mischung des Iwangedankens mit dem des babylonischen Torkultraumes und des griechischen Tempels mit Säulenumgang. „Peripteros" ist insofern ein unzutreffender Name, als das Pteron nicht rings, sondern nur an drei Seiten umläuft. Gerade an der nach Süden sich öffnenden Vorderfront fehlt es. Das ist eine Schmalseite des Baues, die jedoch so aussieht und so gegliedert ist wie die Palast-Iwane; sie hat eine große mittlere Bogenöffnung, die fast die ganze Raumbreite einnimmt, und zwei kleine Seitentüren, die in die beiden Längspteren führen (Abb. 237). Hinter dem Iwan liegen zwei axial zugängliche Breiträume. Die Pteren werden wie die Stoën aus Ziegelrundpfeilern gebildet, denen die Basen fehlen. Den oberen Ausbau muß man frei ergänzen, am besten wohl so, wie den der Stoa. Vor dem Bau befindet sich ein mit niedriger Balustrade eingefriedeter, gepflasterter Kultplatz (ähnlich wie vor dem spätbabylonischen Tempel A). Hier sind fünf von den kleinen Kalksteinaltären (Abb. 238) gefunden worden, die am besten als Räucheraltäre erklärt wer-

238. Kalkstein-Altar. ca. 1:2.

den. Sie haben oben eine kleine Pfanne, die das Räucherbecken aufnehmen konnte.[231]

Wie der Gottesdienst in dieser Zeit vor sich ging, davon erhalten wir ein flüchtiges Bild durch die Zeichnung auf einem großen Tongefäß, von dem Teile in Assur gefunden wurden (Abb. 239). Diese Zeichnung bezieht sich vielleicht auf die Gottheiten, die im peripteralen Bau verehrt wurden. Es ist ein Götterpaar mit dem göttlichen Kind zwischen Gott und Göttin. Die aramäischen Beischriften bezeichnen das Bild der Göttin sonderbarerweise mit „Bild des Gottes B-r-m-r-t", das des Gottes, der mit Sternenmantel und Sternenkrone dargestellt ist, mit „Bild der Göttin Nanai, des Königs, unserer Herrin, der Tochter des Bêl, des Götterherren". Dieser weiblich benannte männliche Gott thront auf dem iranischen Pa-je-tacht, dem

239. Zeichnung auf Pithos. Etwa ⅕ nat. Größe. Aufbewahrungsort: Berlin, Staatliche Museen.

Throngestell, die männlich benannte Göttin liegt auf einer Kline. Das Kind reicht jedem von ihnen einen Zweig hin. Palmwedel sind unter Pa-je-tacht und Kline sowie neben dem rechts stehenden Manne aufgestellt. Wir vermuten, daß dies die im Hinterraum des Peripteralbaues im Bilde dargestellte Göttergruppe war.[232] Denn mit der obengenannten Göttergruppe Assor-Scherua-Herakles hat diese Dreiheit offenbar nichts zu tun.

Die beiden auf dem Gefäß mitdargestellten Männer in iranischer Hosentracht räuchern auf kleinen Thymiaterien, die eine entfernte Ähnlichkeit mit den kleinen Kalksteinaltärchen von der Agora haben. Deren sind im Assor-Vorhof und im Tempel A sieben, westlich der großen Zikkurrat sechs und im Stadtgebiet verstreut vierzehn aufgefunden worden. Es ist demnach ein mobiles Kultgerät, das auch im häuslichen Kult Verwendung fand. Dazu kann eine tönerne durchlochte Haube mit parthischer Inschrift gehören (Abb. 240). Eine Erfindung der Parther ist das Thymiaterion nicht. Wir kennen es aus assyrischen Kultdarstellungen gut und besitzen tönerne Räucherständer aus dem Ischtar-Tempel der G-Schicht in Assur, also aus der Mitte des 3. Jahrtausends. Auch en-face-Bilder der Götter kennen wir aus den alten Zeiten. Werden Götter so dargestellt, dann gelten sie meines Erachtens als anwesend. Die in der Kulthandlung begriffenen Menschen hingegen hat die alte Zeit im Relief dargestellt, d. h. bewegt, handelnd. Hier sind auch sie en face. Damit ist ein neues, in frühchristlicher Zeit festgehaltenes Kunstprinzip eingeleitet, das die Handlungen nicht mehr am Betrachter vorüberziehen, sondern sie auf ihn herzukommen läßt.

240. Tönerne Haube für ein Thymiaterion (Räucheraltar).

Der Partherpalast

Die Ausgrabung der obersten Schichten von Assur hat uns zwar kein vollständiges Straßennetz, aber doch einen guten Teil desselben in die Hände gespielt. Insbesondere in der Südstadt, die bei den Assyrern „Neustadt" hieß, sind Straßen und Gassen auf den ebenen Hochflächen des Stadtgebietes gut zu verfolgen. Sie sind nicht besser und nicht schlechter ausgestattet als die assyrischen, nämlich ebenso eng, ungepflastert, unvollständig entwässert, mit Schotter, Scherben, Abfällen bedeckt wie jene und wie übrigens noch die orientalischen Straßen der alten osmanischen Städte des vorigen Jahrhunderts.

Gelegentlich solcher Straßenuntersuchungen und Suchgraben-Ausschachtungen stießen die Ausgräber 1909 auf den großen „Partherpalast", d. h. auf ein sehr großes, einheitlich geplantes, aber mehrfach erweitertes und neugebautes Aggregat großer Höfe, Hallen und Iwane (Abb. 241). Kein sonstiger Partherbau in Assur kann sich mit ihm messen, auch nicht die Bauten auf der Akropolis. Zeitweise dürfte dieser Bau der Wohnsitz des parthischen Satrapen gewesen sein, der seinen Amtssitz, wie wir sahen, wohl oben auf der Burg hatte.

Wenn man, wie es durch die Arbeiten der Assur-Expedition geschehen ist, die Bauperioden dieses Palastes sauber scheidet, so ergibt sich eine altparthische Grundlage, die wir ein „Raumaggregat" nannten. Für ein „Raumkonglomerat" ist zuviel architektonischer Wille, für einen „Raumorganismus" zuwenig einheitliches Herauswachsen aus einer Grundidee zu erkennen. „Herdenweise" sind die Räume aneinandergefügt, und jede „Herde" gehorcht einem bestimmten Willen, aber von einem organischen Zusammenwachsen dieser Herden kann man eigentlich nicht sprechen.

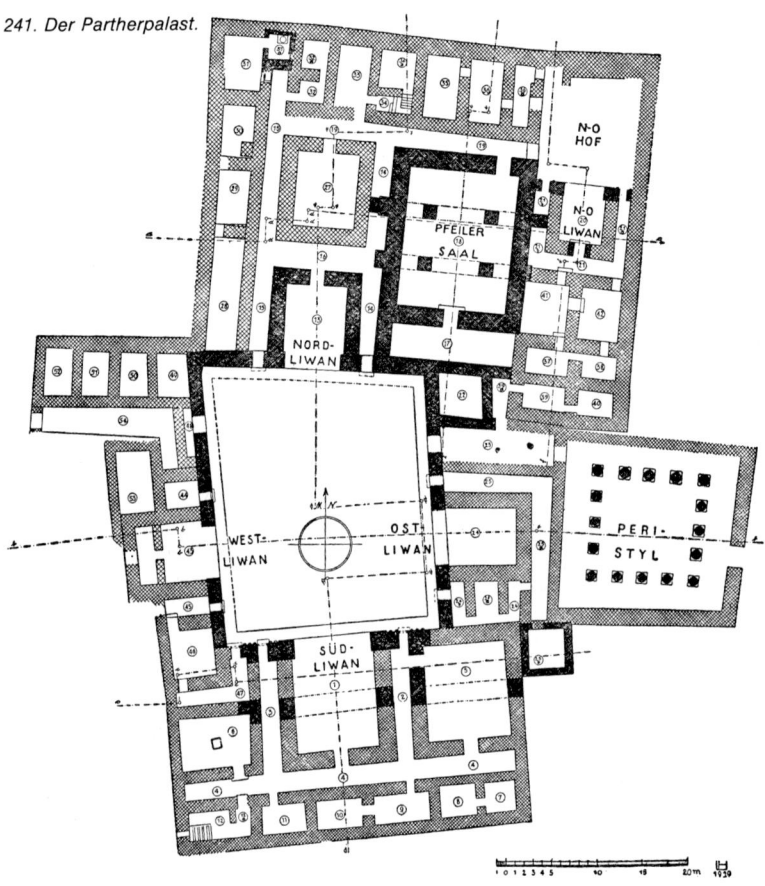

241. Der Partherpalast.

Da ist ein großer *Hof,* um den auf allen vier Seiten je ein Iwan mit zugehörigen Raumgruppen gelegt ist. Völlig entwickelt ist nur der südliche Iwanbau, der Hauptbau; der östliche und der westliche dagegen sind mehr oder minder verkümmert, zum nördlichen gehören außer den Korridoren, die ihn umgeben, gar keine Nebenräume. So ist der Hof ein rein *orientalisches* Aggregat.

Da ist ferner östlich angebaut ein Peristylhof, der, als einziger Eingang zum Palast, schon beinahe ein Sonderdasein führt. Er ist ein fast noch rein *griechisches* Requisit, dem freilich alles fehlt, was ihm bei den Griechen erst Sinn verleiht: die Wohnräume hinter den Hallen. So gibt er sich wie ein barocker Torbau, durch den man eigentlich nichts mehr richtig verschließen will, weil er nur noch dem Durchgehen dienen soll – also eine halb sinn-entleerte Gestaltung. Man kann sich im Peristyl versammeln, kann kommen und gehen; man könnte das aber geradesogut an einer anderen Stelle der Stadt oder des Palastes tun. So scheint es. Da wir aber nicht wissen, was die Parther hier taten und in welchem Zusammenhang dieses Tun mit den übrigen Vorgängen im Palaste stand, urteilen wir vielleicht zu streng.[233]

Das gleiche gilt für den großen Vierpfeilersaal nördlich des Hofes und einen kleineren, fast quadratischen, korridorumgebenen Raum (27) nördlich des Nord-Iwans. Beide sind geheimnisvollerweise nur durch je eine Tür mit dem übrigen verbunden. Was im Peristyl unter freiem Himmel, aber doch unter Ausschluß der Öffentlichkeit geschah, ist in diesen beiden Räumen nach oben hin verschlossen. Den Pfeilersaal bedecken drei Tonnengewölbe, die auf zwei von den vier Pfeilern getragenen Bogenstellungen liegen, den kleineren Raum wohl eine Balkendecke. Am Pfeilersaal gibt es im Süden noch einen Breitraum nach babylonischer Art. Endlich aggregiert sich neben zahlreichen Nebengelassen an Korridoren im Norden und Westen der Nordosthof mit dem Nordost-Iwan und den ihm anhängenden Wohnräumen dem Palaste.

Das Ganze wird äußerlich zusammengefaßt durch die gleichen Bautechniken, die hier walten. Wichtige Teile sind aus gebrannten Ziegeln in Gipsmörtel, an den Hoffassaden vielfach mit reicher Gipsstuckgliederung und -ornamentik errichtet, das übrige in Luftziegelbau, der gestuckt und bemalt sein kann. Im Plan sind diese beiden Techniken unterschieden.

Das Rein-orientalische der Anlage liegt in dem völligen Nach-innen-gekehrtsein. Nach außen hin wird nichts gezeigt, es seien denn die alles überragenden Iwanfronten, deren obere Teile über den niedrigen Dächern der Nebenräume erschienen. Fenster hatten diese Räume, wenn überhaupt, erst ganz hoch oben in der Nähe der Decke und des Daches. Zugänglich wird das Ganze lange Zeit hindurch gewiß nur von Osten her durch den Peristylhof. Ein Nebeneingang lag ihm gegenüber im Westen, ist aber zeitweise zugemauert. Sonst sind keine Außentüren mit Sicherheit festgestellt.

Was für die Plangestaltung gilt, kann auch für die architektonisch ausgestalteten Iwanfronten gesagt werden: sie sind nicht organisch entwickelte Gestaltung, sondern *Aggregate* von „Bauformen" und „Bauornamenten"; an ihnen sind aneinandergefügt Gruppen griechisch-hellenistischer und Gruppen babylonischer Gestaltungen, und beide verbinden sich mit dem großen Frontbogen des „iranischen" Iwan.[234] Als griechisch-hellenistisch wird ein jeder die Stockwerkgliederung mit Halbsäulen- und Pilasterstellungen erkennen, über denen jedesmal ein volles „Gebälk" aus Architrav, Fries und Geison liegt. Diese tektonische Gliederung ist zwei- oder dreimal übereinandergestellt, wobei jedoch die „Stockwerke" durchaus „Verblendung" sind und gar kein dahinterliegendes wirkliches Stockwerk in den Raumanlagen neben den Iwanen widerspiegeln. Diese Fassaden sind also Kulissen, ähnlich wie das Milet-Markttor, die Nymphäen und andere hellenistisch-römische Bauwerke der ersten nachchristlichen Jahrhunderte. Neben dieser tektonisch-erscheinen-wollenden Fassadengliederung stehen als weiteres (hellenistisches) Gut Kämpfergesimse, Archivoltenprofile, Mäanderbänder und Weinrankenbänder auf Friesen, Kymaprofile und -gliederungen an den Geisongesimsen.

Freilich haben sich diese Gestaltungen alle schon ziemlich weit von den kanonisch-klassischen entfernt, von denen sie ja durch mehr als ein halbes Jahrtausend getrennt sind. Zum Teil liegt das auch an der Ziegel- und Stucktechnik, in die transponiert werden mußte und eben nicht alles aus der Steintechnik transponiert werden konnte. Zum anderen Teil offenbart sich darin aber ein ganz anderer als der hellenistische Geist, nämlich der orientalische.

Das erste, was unmittelbar orientalisch, und zwar babylonisch anmutet, ist die enge Stellung der Halbsäulchen und Pilaster, die nicht ganz durch die Ziegel-Stucktechnik gerechtfertigt erscheint. Es kam den Erbauern nicht so sehr auf das Tektonisch-Harmonische an als auf das „Viel". Nicht einmal zahlenmäßige Symmetrie wurde angestrebt. Es sollten Gruppen von Rundstäben und engen, rillenartigen Zwischenräumen entstehen, die so aussehen wie die Frontgliederungen babylonischer Tempel. Damit ist allerdings etwas, das in babylonischer Zeit ganz dem kultischen Bau vorbehalten blieb, profaniert worden, mag es nunmehr auch auf den „Palast" eines hohen Beamten und auf ein Staatsgebäude, das „Buleuterion", beschränkt bleiben.

Mittlerin hierfür war die seleukidische Tempelarchitektur in Uruk-Orchoë.[235] Sie hat die babylonischen Frontgliederungen bis ins 2. vorchristliche Jahrhundert überliefert und bis in die parthische Zeit hinein sichtbar erhalten. Aus den Rundstabgruppen, die dort noch angeordnet werden, entstehen Halbsäulengruppen, aus gestuften Rillen entstehen gestufte Nischen, die über den Seitentüren und oben über dem Iwanbogen friesartig gereiht erscheinen. Das sind gänzlich unhellenistische Gedanken. Ebenso unhellenistisch ist der größte Teil der Friesbänder. Dieser Fries ist überbetont breit. Er wird offenbar als bindendes Band und gar nicht mehr als das tektonisch notwendige Friesglied empfunden. Hier sind jetzt „textile" Stuckbänder eingefügt, die ihre Herkunft aus der Web- und Flechttechnik nicht verleugnen können (Abb. 242), oder es sind liegende Blattfriese aus Stuck eingefügt, die den assyrischen Sparrenbändern nicht unähnlich sind. Und diese werden wohl von Zopfgeflechten herzuleiten sein. Diese Bänder

242. Textilmusteriges parthisches Stuckfriesband.
Die in Fallage gefundenen Fassadenteile sind hier „umgeklappt" wieder zusammengelegt. Die Ausgrabung war ungeheuer mühselig. Die Untersuchung währte fast zwei Jahre und ist hauptsächlich von Dr. W. Th. Hinrichs durchgeführt worden. Es waren drei Fassaden des Hofes übereinandergestürzt!

sind „endlos". Sie entstehen z. B. durch endloses Abrollen einer Walze, auf die sie eingraviert sind, wie auf den sumerisch-babylonischen Rollsiegeln, oder dadurch, daß man sie auf dem Rund eines Tongefäßes einritzt oder aufmalt. Dort haben sie tiefere Bedeutung. Hier am Bau sind sie wie aus einem Musterbuch abkopiert, und es fällt schwer, ihnen selbst und ihrer Verteilung an der Fassade tiefere Bedeutung für dieselbe beizumessen. Am ehesten wäre das noch bei der hellenistischen Weinranke möglich, die es im orientalischen Ornamentbestand nicht gab. Rankenartiges gab es dort in Gestalt der Wellen- und Zickzackbänder, die wie ein Fluß Grenzen bilden zwischen oben und unten und dadurch das Gegensätzliche zweier Welten symbolisieren. Es ist zweifelhaft, ob von dieser Sinngebung für die Hersteller der parthischen Bauornamente noch eine Spur zurückgeblieben ist.

Den schon erwähnten Blattfries vom Pflanzlichen her zu deuten, fällt deshalb schwer, weil er zwar Richtung und damit Bewegung hat, aber mit seiner waagerechten Lage dem biologischen Wachstum, z. B. des Baumes oder des Palmwedels, widerspricht. Überdies wechseln bei diesem Bande Spiralranken mit den schmalen Lanzettblättern ab und machen die Ableitung aus dem Palmwedel unmöglich, wie schon die Endlosigkeit. Der

Palmwedel wäre sonst im Parthischen als Symbol zu werten. Zum Beispiel trägt ihn der Satrap auf den beiden Stelen aus dem Südtor des Assor-Vorhofes, oder er erscheint in der Opferszene der Abb. 239, oder im Mäanderband zusammen mit Blütenrosetten, hier aber organisch, als aus dem fließenden Mäanderband sich entrollend, auch wenn alles schon ins Quadratische erstarrt ist.

243. Gurtbögen im Süd-Iwanbau.

Auch die Zinnenbänder, einst bedeutungsvolle Reihungen steigender und fallender Stufen, sind zu Ornamentstreifen herabgesunken. Sie stehen bald im Halsglied der Kämpfergesimse, bald im Nischenschmuck, bald wie Webmuster beliebig oft und wieder „endlos" gehäuft übereinander in den Bogenflächen eines Korridors des Süd-Iwanbaues am Palast (Abb. 243). An diesen *Gurtbögen* sind übrigens gleiche oder ähnliche Textilmuster verwendet wie in den Friesen der Fronten, als sei der Gedanke „Gurt" auch bei den Parthern lebendig gewesen. „Gurtbögen werden gespannt." Sie haben „Spannweiten". Das Textile ist für sie zuständig. Im Lande des Schilfbaues ist dieses Textile noch durchaus bodenständig. Die Schilfhütte (Srêfe) ist das Vorbild. Auch sie steht unter Bogenspannung.

Ein Wort über die Säulen- und Pilastergestaltungen ist noch nötig. Kanneluren kennen sie nicht mehr, alle Schäfte sind glatt. Auf die Basis wird meist verzichtet (vorhanden sind „attische" Basen an der Süd-Iwanfront,

Abb. 244). Als Kapitelle der Halbsäulchen wie auch der dicken Rundpfeiler der „Säulenhallen" am Peristyl und vermutlich auch an den „Stoa"hallen bei der Zikkurrat haben sich ionisierende Gestaltungen eingebürgert, ein unter einem Abakus liegendes Kyma, an dem waagerecht beiderseits angebrachte Walzen die ionischen Voluten darstellen sollen (vgl. Abb. 242). Wenn die Pfeiler oben mit Bögen verbunden werden, können sich die Kapitelle nur als „Relief" entwickeln. Sie liegen höher als die Bögen (vgl. Abb. 235). Vermutlich waren die Voluten in der Vorderansicht aufgemalt. Das feine Scamillus-Plättchen wird hier zu einem hohen Klotz, der den Architrav zu tragen hat. Es sind also alle notwendigen Bestandteile des ionischen Kapitells vorhanden, aber die sinnvolle Proportion der Glieder untereinander ist verschwunden.

244. Süd- und West-Iwanfronten.

Für die Pilaster wählte man dorisierende Einzelglieder, die einen dem Toskanischen ähnlichen Gesamteindruck hervorbringen, wie es ebenfalls Abb. 242 zeigt.

Das korinthisierende Kapitell konnte ohne große Mühe nicht aus Stuck und Ziegeln hergestellt werden. Man verzichtete darauf vermutlich ganz und wendete es nur in der Steinarchitektur an. Einige solche korinthisierende Kalksteinkapitelle zeigen rohe Blattkränze und Voluten, zwischen denen ein menschliches Köpfchen oder eine Büste erscheint, wie es in der parallelen römischen Architektur beliebt ist.[236]

Wir erwähnten soeben *Malerei*. Davon sind in der Tat Spuren an der Außenarchitektur gefunden worden. Die Farben waren wenig haltbar. Sie sind bestenfalls in den Tiefen der Ornamente stehengeblieben. Die Höhen sind weggewittert oder fortgewaschen. Ein merkwürdiger Farbgeschmack bevorzugt helle, milchige Töne: Rosa, Hellgelb, Hellgrün, die man in der gleichzeitigen späthellenistischen Malerei, z. B. in Alexandria und Pompeji, wiederfindet. Man wird sich die Fassaden also papageienbunt vorstellen müssen – ein für uns schwer erträglicher Gedanke. – Im Inneren der Gebäude begegnen hie und da Fresken, d. h. Malereien auf einem dünnen Gips-Stucküberzug des Wandputzes.[237] Die Farben, mit denen gemalt wurde, sind Pflanzen- und Erdfarben. Das Malmittel ist uns unbekannt. Die wenigen erhaltenen Reste, auf zufällig von der Wand abgeblättertem Stuck, lagen insbesondere in dem kleinen Nordost-Iwan des Palastes. Es sind fast nur figürliche Malereien, Männer und Frauen in faltigen Gewändern, Reiter in voller Rüstung lassen sich zur Not erkennen. Der Stil gleicht den Fresken parthischer Zeit in Dura-Europos, die viel besser erhalten sind und sich gut beurteilen lassen.[238] Es fehlt ihnen der scharf logische Zusammenhang altorientalischer Fresken und Reliefbilder, z. B. der assyrischen und achämenidischen. An einigen Köpfen erkennt man die krause Haartracht wieder, die die Räuchernden der auf Abb. 239 wiedergegebenen Gefäßzeichnung haben und die der fast rundplastisch und naturgroß ausgearbeitete Kopf einer Kalksteinstele trägt.[239] Letztere ist im Bezirk des Assor-Tempels gefunden worden. Auch im gleichzeitigen Hatra kehrt diese Tracht und manche andere bildnerische und architektonische Einzelheit wieder.[240] Durch die amerikanisch-französische Ausgrabung des soeben genannten Dura-Europos am Euphrat, durch die amerikanischen in Seleukia[241] am unteren Tigris, durch die deutschen in Uruk-Orchoë und in Babylon wurden weitere Parallelen hinzugefunden, und so ist die parthische Zeit in Mesopotamien jetzt nach dem Vorangang des Engländers Loftus in Warka während der fünfziger Jahre des vorigen Jahrhunderts, und in Assur während des unseren, recht gut bekanntgeworden. Jedenfalls sind wir bei diesem zähen orientalischen Gegner des Römerreiches nicht mehr bloß auf die ziemlich einseitige Geschichtsdarstellung der Römer und Griechen angewiesen, sondern erkennen ihn an seinen *eigenen* Werken.[242]

Die parthischen Gräber

Parthische Gräber sind innerhalb und außerhalb des alten Weichbildes der Stadt gefunden worden. Innerhalb desselben hielten sie sich in der alten Überlieferung der Bestattungssitten. Reichere Leute setzten ihre Toten in Tonsärgen bei, in denen die Leiche ausgestreckt liegen konnte. Manche

245. Parthisches Gefäß mit blauer Glasur. ca. 1:2,5

Särge wurden grün (blau) glasiert, wie übrigens auch die Gebrauchs-Tongefäße (z. B. die auf Abb. 245 gezeigte blau glasierte Amphora), und die reichsten dazu noch reliefiert: Weinranken und aediculae mit kleinen en-face-Bildern der Anahita, der nackten Göttin, überspannen die Außenflächen,

Bänder den Deckel. – Die Grüfte erhalten eine größere Weite als die assyrischen und eine innere Einteilung in Kammern und Gänge. Diese letztere ist am sorgfältigsten durchgeführt bei den westlich der Südstadt gelegenen oberirdischen großen Grabgebäuden, von denen Abb. 246 den Grundriß gibt. Die Ähnlichkeit mit den von der Assur-Expedition in und bei Hatra untersuchten Grabbauten[243] springt in die Augen. Es sind das zweifellos Begräbnisstätten der herrschenden Sippen.

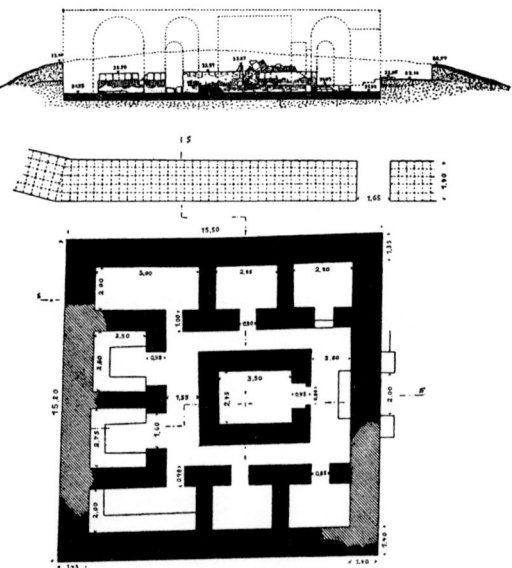

246. Parthischer Grabbau außerhalb der Stadt.

Über das Ende des parthischen Assur schweigen die Urkunden. Es ist nicht unmöglich, daß die Stadt damals Líbanae hieß, ihren Namen demnach zum zweiten Male gewechselt hat.[244] Aber über das Ende dieses Líbanae mangeln uns Dokumente. Dagegen wissen wir aus Mirkhonds Geschichte der Sasanidendynastie, daß Schapur I. (241–272 n. Chr.) im Jahre 256 n. Chr. Hatra eingenommen und zerstört hat. Die Nähe der Stadt und des Tigris läßt vermuten, daß Assur für die Belagerung als Etappe diente, da insbesondere die Versorgung des Heeres mit gutem Trinkwasser in Hatra auf Schwierigkeiten stößt. Vermutlich endete mit Hatra auch Assur (Líbanae), d. h. die Überlebenden werden deportiert und die Stadtruinen ihrem Schicksal überlassen worden sein. Damit war eine große ostwestliche Verkehrslinie für immer unterbrochen: die Seidenstraße von China zum Mittelmeer und nach Rom, auf der ein Transithandel mit kostbaren Waren auch in Mesopotamien Reichtum erzeugte, der in die Taschen der „Spediteure" floß. Das waren die Leute von Assur, Hatra, Dura, Palmyra.

Die parthische Schicht

247. Islamisches Gefäßdekor in Barbotine-Technik. ca. 1:2.

Nach Ammianus Marcellinus (XXV, 8, 5) ist das Römerheer Julians im Jahre 363 n. Chr. nicht über Assur, sondern über die „in media solitudine" liegende Ruine von Hatra gezogen. Die Tigrisstraße, an der Assur früher eine wichtige Etappe war, ist damals verlassen, und der Mangel an Funden aus nachparthischer Zeit scheint uns den eingetretenen Ruinenzustand von Assur zu bestätigen.

Das einzige nachparthische, aber vorarabische Gebäude liegt dicht südlich vor Assur, also nicht auf der Stadtruine selbst. Seine Grundrißreste veranlaßten uns, es „Karawanserei" zu nennen. Die Bautechnik z. B. der Türbögen erinnert entfernt an die heutige arabische; die wenigen Einzelfunde dagegen scheinen sasanidischen Charakter zu haben.[245]

Damals, also etwa im 5. und 6. Jahrhundert n. Chr., hatte sich wieder ein Verkehr vom sasanidischen Ktesiphon nach dem Norden auf der Tigrisstraße entwickelt, die ja bis in die jüngste, noch automobilfreie, Zeit hinein aus Sicherheitsgründen bevorzugt war. Denn die innere, am Tartharflüßchen an Hatra vorbeiführende Straße war gar zu sehr in der Kontrolle der schweifenden und raublustigen Beduinen, und nur die von diesen privilegierten oder geleiteten Kamelkarawanen gingen noch in jüngster Zeit auf ihr zwischen Baghdad und Mōṣul. Der Weg am linken Tigrisufer hingegen hat wegen des Überschreitens dreier Nebenflüsse, des Adhēm und der beiden Zāb, sehr oft Schwierigkeiten.

Im 10. nachchristlichen Jahrhundert herrschte in Mōṣul das einheimisch Mōṣuler Zengiden-Geschlecht türkischen Stammes. Sie nennen sich Atabegs, prägen eigene Münzen und haben eine eigene islamische Kunst gefördert, deren Spuren man insbesondere in Mōṣul, aber auch sonst im Gebiete des alten Assyrien nachgehen kann. Assur war in ihrem Besitz, spielt aber eine ganz untergeordnete Rolle. Eine winzige hypokaustische Badeanlage am Fuße des Tempelvorplatzes dicht am Tigrisufer und ein Rest eines quadratischen Grabkuppelbaues mit Kenotaph sind neben zahlreichen Zengiden-Münzen und einigen Gefäßen und Gefäßscherben die einzigen größeren Zeugen dieser Zeit. Die Tongefäße erkennt man leicht an der sogenannten „Barbotine"-Technik, die ihr Gefäßdekor in dünnen Ton„wülstchen" auflegt bzw. aufspritzt. Die Ornamente sind arabesk (Abb. 247), dazu tritt arabische Schrift, meist koranischen Inhalts.

Später verschwindet der Ort aus der Geschichte und tritt erst im 19. Jahrhundert und wieder unter verändertem Namen auf als Qal'at Schergât, d. h. die Feste der Schergât (so heißt die Flußaue nördlich der Ruine). Ein Beduinenscheich, Ferhân Pascha, hat diese Qal'a gebaut und hat versucht, einen Teil seiner Beduinen hier seßhaft zu machen. Als das mißlang, ging Qal'a und Ebene in den Domänenbesitz des Sultans über. So traf die Deutsche Ausgrabungsexpedition 1903 die Verhältnisse an.

Die Schrifturkunden

Die Jahreszahlen der vorstehenden Geschichte von Assur verdanken wir den aufgefundenen Urkunden.[246] In einem gewissen, ziemlich eng begrenzten Umfang hatte die Assyriologie schon vor der Ausgrabung die Geschichte Assyriens erschlossen, die von Assur so gut wie gar nicht. Die Ausgrabung brachte Tausende von Urkunden ans Licht. Es bedurfte jahrzehntelanger mühevoller Arbeit der Assyriologen, die Texte zu sichern, zu ordnen, zu veröffentlichen und zu erklären. Die Literatur, die daraus entstand (s. S. 311 ff.), hat uns befähigt, nicht bloß das historische Gerüst zu erweitern und auszubauen, sondern auch das Innere dieses Gebäudes mit Leben zu füllen, wie es sich aus den Ruinen und den übrigen Funden allein nicht hätte ermöglichen lassen.

Die Keilschrifturkunden umfassen einen Zeitraum von rund zweitausend Jahren. In dieser langen Zeit tut sich auch eine Schriftentwicklung kund, der Schriftcharakter wurde – abgesehen vom Schriftinhalt – brauchbares Datierungsmittel.

Neben die Keilschrifttexte stellen sich die späthethitischen Urkunden (Abb. 30) und die in aramäischen Buchstaben abgefaßten altaramäischen Inschriften in Assur, welche sich zeitlich mit den Keilschrifttexten überschneiden. Endlich schließen sich noch die spätaramäischen Votivinschriften aus der Partherzeit an, in der die Keilschrift untergegangen war.

Die sog. historischen Texte waren für die Ruinenbefunde am unmittelbarsten wertvoll, insbesondere wenn sie „in situ" lagen und über Bauherrn, Namen des Baues, Zeit der Gründung u. a. aussagen, d. h. wenn sie richtige Bauurkunden sind, deren Assur eine reiche Fülle herschenkte.

Dazu kommen Teile von Königslisten und anderen Zeittabellen, Annalen, Kriegsberichte, Korrespondenzen.

Über das kultische Leben unterrichten Rituale, Tempelvorschriften, Hymnen u. ä. Texte religiösen Inhalts, die in großer Zahl aus dem Gebiet des Assur-Tempels kamen. Juristische Texte, insbesondere die große schöne Tafel aus dem Gerichtstor, lassen uns tiefen Einblick in das Familien- und Güterrecht tun. Eine kaum zählbare Fülle von Geschäftsurkunden beleuchten die Wirtschaft von Assur.

Die Ausgrabung[247]

Ausgrabungsbeginn und Anlaß

Am 14. August 1903 schlug Robert Koldewey in Qal'at Schergât die Zelte auf und begann die Deutschen Ausgrabungen von Assur. In seiner Begleitung war der jüngste seiner Assistenten Julius Jordan, den er aus Babylon mitgebracht hatte. Die Deutsche Orient-Gesellschaft, für die Koldewey Babylon seit 1899 ausgrub, war 1903 zu dem Entschluß gekommen, eine zweite große Unternehmung in Mesopotamien zu beginnen. Sie wählte von den drei ihr vorgeschlagenen Stätten Qal'at Schergât, das alte Assur. Als dritte blieb Warka übrig, das sie 1913 begann. Der Entschluß, Assur auszugraben, gründete sich auf folgende Überlegung: Babylon hatte bis dahin in der vierjährigen Untersuchung neubabylonische, griechische und parthische, also verhältnismäßig junge Schichten ergeben. Man wünschte Älteres. In Qal'at Schergât war es zu erwarten. Überdies kam man in ein anderes Kulturgebiet, nach Assyrien. Dort hatten zwar schon vor fünfzig und sechzig Jahren die großen englischen und französischen Ausgrabungen von Ninive (Kujundschik), Kalchu (Nimrud), Dur-Scharrukîn (Chorsabad) zu viel bestaunten Ergebnissen geführt und die Museen in Paris und London mit großen Bildwerken und schönen Kleinfunden gefüllt. Man vermißte aber die Vorstufen dieser dem 9. bis 7. Jahrhundert angehörenden Kunstwerke, die überall nur den obersten Schichten entnommen waren. In Qal'at Schergât hatte Sir Henry Layard durch Hormuzd Rassam, einem Môṣuler Christen, ebenfalls bereits Ausgrabungen veranstalten lassen. Sie waren aber so geringen Umfanges und so mangelhaft durchgeführt, daß eine systematische Erforschung der Stätte gerechtfertigt erschien, zumal da einige Funde, wie die großen, prismaförmigen Tonurkunden Tiglatpilesars I., die Hoffnung erweckten, es möchten die gesuchten älteren Epochen sich hier in den Bauwerken und Einzelfunden offenbaren. H. Rassams Bericht ist in seinem Buche „Asshur and the Land of Nimrod" niedergelegt. Er besaß keine große Neigung, sich lange in dieser etwas abgelegenen Gegend aufzuhalten, ließ einige Arbeiter unbeaufsichtigt Löcher graben und erwartete Ablieferung der Funde im 100 km entfernten Môṣul. Fundbeobachtung unterblieb. Rassam behauptete, es gäbe keine Mauern dort, obwohl z. B. Tiglatpilesars Prismen aus dem Ziegelmassiv der Adad-Zikkurrat genommen sind, wo wir selbst noch eins in situ fanden. Sonst war über Qal'at Schergât aus der Literatur wenig zu erfahren. Reisende, die diese Stätte berührten, gingen mit wenigen Worten über sie hinweg, wenn sie es überhaupt für nötig hielten, darüber zu sprechen. Für den archäologisch ungeschulten Blick war freilich nicht viel auf Qal'at Schergât zu erkennen. Mehr ergab sich durch die Keilschriftliteratur, die größtenteils in den Ausgrabungen der weiter nördlich gelegenen assyrischen Residenzen gewonnen waren. Darin ist Assur mehrfach erwähnt, große Bauten werden beschrieben und von den Kulten in Assur ist die Rede. Das alles war also verlockend, es mochten aber auch noch andere Interessen den Entschluß zur Ausgrabung herbeigeführt haben, theologische, philologische, kulturhistorische, vielleicht sogar politische. Die Theologie suchte damals nach Kronzeugen für die Realangaben des Alten Testaments, die Philologie nach neuen Originalurkunden, die Kulturgeschichte nach Bestätigung für neue Anschauungen und in der Politik schien das freundschaftliche Verhältnis zu den Osmanen günstig. Auch Prestigefragen mögen mitgesprochen haben im Hinblick auf die Leistungen anderer Nationen auf dem Ausgrabungsgebiete. Zweifellos waren die wissenschaftlichen Gründe die vorwiegenden. Sie blieben auch bis zum Schluß das eigentliche Fundament dieser Forschung und wurden zum Schlusse von Ergebnissen gekrönt, die nicht erwartet waren und noch weit in die Zukunft ragen werden. Über sie sollte in diesen Blättern berichtet werden.

Ausgrabungsverlauf

Assur war nicht der erholsame Aufenthaltsort der mesopotamischen Ausgräber, für die sie ein unbedachtes Gutachten erklärt hatte. Koldewey und Jordan kamen bereits im August über Assur nach Mōṣul, um dort alles für die Ausgrabung zu regeln, und fanden hier die Sommerhitze des babylonischen Südens so unvermindert wie nur möglich. Dieselbe erhielt sich dauerhaft wie in Babylon während des September und Oktober. Am 29. Oktober 1903 kam Walter Andrae, damals schon im fünften Jahre Koldeweys Assistent, von seinem Urlaub in Deutschland, mit Ernst Herzfeld als neuem Assistenten, in Assur an und übernahm die Leitung der Grabung. Koldewey ging nach Babylon zurück und hat Assur erst 1917 wiedergesehen. Er half von Babylon aus mit Rat und Tat. Eine elf Jahre lang geführte Korrespondenz weist diese harmonische Führung und Zusammenarbeit aus. Bei Andraes Übernahme war die Ausgrabung in geregeltem Gang. Das Expeditionshaus befand sich im Bau, die Beziehungen zu Arbeitern, Behörden und Geschäften waren gut eingefädelt. Koldewey hatte alles mit Umsicht und Überlegenheit angeordnet. Das bedeutet viel.

Mit den heutigen Verhältnissen sind die damaligen gar nicht zu vergleichen. Es gab keine Autos, keine Straßen, keine Eisenbahn und dergleichen moderne Verkehrsmittel. Qal'at Schergât war einer der entferntesten Punkte der asiatischen Türkei. Selten benutzten Kaufmannskarawanen den Weg von Baghdad nach Mōṣul, der an Qal'at Schergât vorbeiführte. Nur der Verkehr flußabwärts, der mit den vorsintflutlichen Schlauchflößen, den Kelek, betrieben wurde, schloß Assur an den „Weltverkehr" an. Mōṣul besaß Telegraph, der leidlich arbeitete, war Sitz eines Generalgouverneurs und anderer osmanischer Behörden. Erst viel später wurde ein deutsches Vizekonsulat eingerichtet. Post ging über Land mit Staffettenreiter von Konstantinopel über Mōṣul nach Baghdad und umgekehrt. Meist brauchte sie vier Wochen von und nach Deutschland. Zwischen Mōṣul und Assur verkehrte ein eigener Postreiter der Expedition wöchentlich einmal.

Die *Versorgung* der Expedition geschah, soweit sie nicht in der recht armseligen Umgebung von Qal'at Schergât gedeckt werden konnte, von Mōṣul und Baghdad aus: von Mōṣul meist mit dem Schlauchfloß, von Baghdad mit der Esel-, Maultier- oder Kamelkarawane. Bei den halb seßhaften Fellachen vom Dscheburtstamme in der Nähe und von den Kurden jenseits des Tigris bekam man zur Not Weizen, Futtergerste und Negerhirse, ferner als Schlachtvieh Hammel und Ziegen. Die Expedition legte sich bald in eigener Regie eine Herde an, um mit Fleisch, Fett, Milch und Milchprodukten einigermaßen unabhängig zu sein. Mehl wurde in eigener Eselmühle (Abb. 248), Brot von der eigenen Bäckerin hergestellt. Fische, Geflügel und Gazellen brachte bisweilen ein Fischer oder ein Jäger auf den Tisch. Küchen- und Vorratsverwaltung waren wichtige Ressorts. In Mōṣul besorgte der Kaufmann Daud Dabbagh Tschelebi mit großer Hingabe die Expeditionsgeschäfte, in Baghdad die deutsche Firma Berk, Püttmann & Co., das übrige mußte die Expedition selbst beschaffen. Diener, Koch, Aufseher, Bäckerin, Wäscherin hatte Koldewey aus Babylon mitgebracht. Sie gehörten fast alle ein und derselben Familie an und blieben uns, soweit sie noch am Leben sind, bis heute in rührender Treue durch Krieg und Frieden zugetan.

In gewissem Sinne war die Expedition Gast der Osmanen. Grund und Boden der Ruinenstätte gehörte dem Sultan Abdulhamîd. Die Expedition erhielt anfangs einen Domänenkommissar beigegeben. Eine Besatzung lag in Qalʻat Schergât hauptsächlich wegen der Domäne und bestand aus einem Offizier mit einigen wenigen Reitern. Ihr Quartier waren die fensterlosen Gewölbe der sogenannten Kischla auf der weitvorspringenden Nordspitze des Stadtplateaus. Diese Kischla machte der Expedition nachmals viel zu schaffen, weil sie genau auf dem Haupttempel der Stadt, dem großen Assur-Heiligtum errichtet war.

Die Anwesenheit der Besatzung war in manchen unruhigen Zeiten von Nutzen. Sie bildete immerhin eine Vertretung der Regierungsgewalt, so schwach diese auch war gegenüber den Mächten der unkontrollierten Wüste und Steppe Innermesopotamiens, d. h. gegenüber den Beduinen. Der Domänenkommissar hauste ebenfalls in der Kischla. Vom Konstantinopler Antikenmuseum war überdies ein Antikenkommissar eingesetzt, den die Expedition unterzubringen hatte. Er stammte aus guter arabischer Familie in Baghdad und blieb bis zum Ende, 1914, in Assur. Er ist nicht mehr unter den Lebenden. Sein Name war Abdulkadr Effendi Patschatschi. Er verantwortete die ordnungsmäßige Buchung und Ablieferung der Funde und konnte sich häufig bei Verhandlungen mit Beduinen und Fellachen nützlich machen.

Die Arbeiterfrage löste Koldewey so, daß er gut eingearbeitete Leute und deren Familien aus Babylon mitbrachte und dann die Fellachen aus der Umgebung anwarb. Es gab im Anfang kleine Unstimmigkeiten aus überspannt hohen Forderungen dieser mit der Ausgrabungsarbeit gänzlich unbekannten Leute. Bald aber regelte sich der Streit mit Hilfe der alten Babylonarbeiter, die immer blieben und den Beweis lieferten, wie gut ein regel-

248. Mühle im Hofe des Expeditionshauses.

mäßig gezahlter Lohn das Leben gestalte, selbst wenn er nicht in kurzer Zeit reich mache. Die Dschebur-Araber, aus denen sich die meist etwa hundertfünfzig bis zweihundert Mann starke Belegschaft rekrutierte, lebten in den Flußniederungen zu beiden Seiten des Tigris in Zelt- und Hüttendörfern, zwischen denen die üblichen kleinen Araberfehden bestanden. Ein Teil von ihnen bestellte die kümmerlichen Felder mit Mais, Hirse, Negerhirse, Gerste, seltener mit Weizen, ein anderer zog mit Zelten und Herden in den Steppen herum. Von Zeit zu Zeit kamen die Schammarbeduinen aus der Steppe, übten ein althergebrachtes Hoheitsrecht, die Chûwe (das „Brudergeld"), an ihnen aus, was einer gründlichen Ausplünderung verzweifelt ähnlich sah. Auf einen grünen Zweig konnten die Bauern nicht kommen. Was sie in der Ausgrabung verdienten, war ihnen ein höchst willkommener Zuschuß zum Leben. Am Ende der Expedition war die Trauer groß; denn die Quelle hörte auf zu fließen.

Ihre Wohnung behielten die meisten Arbeiter in ihren Dörfern, die man zum Teil verlegte, um den Leuten den Arbeitsweg zu verkürzen. Ein Drittel von ihnen kam übrigens sommers und winters durch den Fluß geschwommen; insbesondere, wenn der Tigris Eisschollen trieb, ein Anblick zum Gruselnmachen. Ein weiteres Drittel hatte sich mit Kind und Kegel im Stadtgebiet angesiedelt, das anfangs außer den osmanischen Soldaten in der

Kischla und außer der Expedition im Expeditionshaus keine Bewohner mehr trug.

Eine strenge Ordnung der Arbeiterbelegschaft bildete sich sofort heraus, indem genau auf Arbeitsbeginn, Arbeitspause und Arbeitsschluß gehalten wurde. Versäumnisse und Verfehlungen ahndete man einfach durch Arbeitsentziehung auf Zeit, die schwerer traf als irgendwelche handgreiflichen oder spitzfindigen Strafen. Der Grabungskommissar, die Besatzung und zwei Aufseher sorgten für die Ordnung, die Expeditionsmitglieder für die Fundbeobachtung, die gleichzeitig eine Aufsicht über die Arbeiter ist. Jeden Abend, oft auch mittags, wurden die Kleinfunde im Hause abgeliefert. Der Dienst der Expeditionsmitglieder war so geregelt, daß ständig mindestens einer derselben in der Grabung anwesend sein mußte. Da bisweilen nur zwei, nie aber mehr als fünf in Assur anwesend waren, ergab sich für sie ein strenger Dienst. Und doch konnte hie und da dem scharfen Aufpasserauge etwas entgehen. Vorwurfsvoll wird dem Ausgräber oft gesagt, er „habe sich etwas stehlen lassen". Die hundertfünfzig oder zweihundert Arbeiter so scharf zu überwachen, daß nicht Unterschleife vorkommen konnten, war nicht möglich. Funde wurden belohnt und damit ein weiterer Anstoß zu Diebstählen weggenommen. Überdies hatte der Kommissar einen genauen Aufpasserdienst eingerichtet.

249. Das Expeditionshaus.

Die schlecht genährte Arbeitergesellschaft leistete mit europäischem Maße gemessen im einzelnen natürlich nicht viel. Jeder trug ein Körbchen zur Schutthalde oder zu der Förderbahn, die im zweiten Jahr der Grabung aus Berlin eingetroffen war. Langsam und stetig entstanden tiefe Gräben und Gruben; Gebäude und Räume kamen heraus, in denen die Arbeiter oft gänzlich vor den Aufseherblicken verschwanden. Es empfahl sich, sie dauernd anzufeuern, durch Sänger bei guter Laune zu erhalten oder sie sonstwie zur Beschleunigung zu begeistern. die Arbeitszeit schwankte, da sie sich nach Sonnenauf- und -untergang richtete, zwischen acht und zwölf Stunden je nach der Jahreszeit.

Die Ausgrabung

Zwischen der Expeditionsleitung und der Arbeiterschaft entwickelte sich bald ein patriarchalisches Verhältnis, bei dem man Rechtsfälle lieber intern als vor dem staatlichen Richterstuhl austrug, ärztlichen Rat mangels jeder sanitären Einrichtung im Lande vom Europäer beanspruchte und Hilfe in aller Not, z. B. bei Mißernte-Teuerungen, erwartete. Auch mit den Beduinenschechs unterhielt die Expedition aus naheliegenden Gründen gute Beziehungen. Sie waren die eigentlichen, wenn auch sehr entfernten „Nachbarn", ihnen „gehört" Mesopotamien; die Fellachen, ja selbst der Sultan mit seinen Domänen schien von ihnen nur geduldet zu sein. In Wirklichkeit war westlich und südlich von Assur Niemandsland, der Fluß deckte die Ostfront, die besiedelte Schergâtebene ein klein wenig die Nordfront. Von Westen erfolgte auch der einzige ernsthafte Angriff auf Assur, den die törichte Maßnahme eines Besatzungsoffiziers gegen die Beduinenherden verursacht hatte und der einige Tote und Verwundete kostete.

Das Expeditionshaus (Abb. 249) hat Koldewey gleich nach seiner Ankunft in Qal'at Schergât in Angriff genommen, weil er sich sagen mußte, daß die Expedition jahrelang arbeiten würde. Das wäre in Zelten untunlich gewesen. Es ist dann sogar elf Jahre hindurch gegraben worden und zwar ohne Unterbrechung bis auf einige kurze Pausen, die von politischen und klimatischen Zwischenfällen verursacht waren. Es lohnte sich, nicht nur für jeden Europäer ein heizbares Zimmer herzustellen, sondern ebenso für das Hofgesinde, Koch, Diener, Wasserträger, Tischler, Schmied, Hirt, Pferdeknecht, Polizeisoldaten, deren zwei bis drei anwesend waren, und für den Ausgrabungskommissar. Es mußte für Werkstätten, wie Schmiede und Tischlerei, für Vorräte und Lagerräume, insbesondere zur Aufbewahrung der Funde, für ein photographisches Atelier, für Geräteunterkunft gesorgt und gebaut werden. 1914 im Frühjahr kam die Ausgrabung zum Ende, nachdem schon Ende 1913 der größte Teil der Arbeiter entlassen war. Dann galt es noch aufzuräumen und zu vervollständigen, was an den Aufnahmen rückständig geblieben war, Einzelfragen zur Beantwortung zu bringen, kurz all das zu erledigen, was zur Liquidation einer elfjährigen, ununterbrochen fortgeführten Arbeit nötig ist.

Dann kam Teilung und Transport der Fundergebnisse. Das Istanbuler Antikenmuseum hatte als Teilungskommissar Bedri Bey, den alten Ausgrabungskommissar in Babylon, delegiert. Mit ihm und dem Kommissar für Assur, Abdulkadr Effendi Patschatschi, kam es zu einer für beide Teile befriedigenden Lösung dieses nicht ganz einfachen Problems: Es galt, rund siebenhundert Kisten voll Altertümer zu teilen, die noch nicht einmal den ganzen Bestand darstellten, da die Funde des ersten Grabungsjahres schon nach Istanbul überführt waren.

Der Transport wurde zu Wasser bewerkstelligt. Das übliche Beförderungsmittel flußabwärts war das Schlauchfloß (Kelek), deren zwölf bestellt waren (Abb. 250, 251); überdies hatte die Baghdadbahngesellschaft ihren

250. Kelek-Beladen beim Fundtransport.

251. Kelek-,,Flotte" unterwegs auf dem Tigris.

Flußschlepper und ein großes Tigrislastboot (Muheile) aus Baghdad heraufgeschickt. Es war ein besonders glücklicher Umstand, daß diese sämtlichen, so verschieden gearteten Fahrzeuge von oberhalb und unterhalb Assur etwa gleichzeitig ankamen und beladen werden konnten. Trübe Erfahrungen, die andere Ausgräber im vorigen Jahrhundert gemacht hatten, veranlaßten uns, kein Fahrzeug ohne unsere Aufsicht abgehen zu lassen. Es mußte daher heiß an der Beladung gearbeitet werden, weil überlanges Liegen des Keleks im Wasser die Schläuche undicht macht. Diese hielten die lange Fahrt gerade noch aus. Bei der Ankunft in Baghdad waren die meisten Kelek so sehr versackt, daß die Kisten am nächsten Tage das Wasser berührt haben würden. Wir brachten die ganze „Flotte" in sechs Tagen bis an den Dampfkran der Baghdadbahn (Abb. 252), wo die Kisten dann mit Leichtigkeit in einen eisernen Leichter der Tigris-Flußschiffahrt übergeladen werden konnten. Der Leichter ging als Beiboot eines Flußdampfers nach Basra, wo er längsseits des Hamburger Dampfers „Cheruskia" gebracht wurde. Dieser übernahm die Ladung für Istanbul und für Berlin getrennt in zwei Bunkern. Die Ausgrabungsleitung, die bis hierher alle Schicksale der Funde geteilt hatte, glaubte nun den Schatz geborgen und fuhr nach Europa bzw. nach Babylon. Der Dampfer jedoch ging einem unerwarteten Schicksal entgegen. Mit langer Verzögerung in Indien gelangte er nach Port Said, lud dort den Istanbuler Anteil über und kam bei Kriegsausbruch Anfang August in Lissabon an, wo er mit etwa siebzig anderen deutschen Schiffen den Neutralitätsschutz genießen wollte. Als Portugal in den Krieg eintrat, wurde er beschlagnahmt, damit auch unsere Assur-Funde. Diese lagen zuerst in Lissabon, wurden später nach Porto überführt, von wo es erst 1926 dank dem Eingreifen des damaligen deutschen Gesandten, Herrn Dr. Voretzsch, gelang, sie nach Berlin freizubekommen. Sie trafen auf dem Wasserwege in Berlin ein.

252. Überladen am Dampfkran in Baghdad.

Der Raum von Assur

Das Land ist subtropisch, wie ganz Mesopotamien, d. h. es ist regenarm und gehört zu den heißesten Gebieten der Erde. Die meteorologische Station II. Ordnung in Assur ergab folgende Resultate, die sich aus der über die Jahre 1905–1912 laufenden Beobachtung ergaben. Die Station stand mit dem Meteorologischen Institut in Berlin in Verbindung. Ein Teil ihrer Ergebnisse sollte von Hugo Grothe in seinem Buche „Meine Vorderasien-Expedition" verwertet werden, dessen III. Band bisher nicht erschienen ist. Hier genügt es, die Tabellen anzugeben, welche die klimatischen Bedingungen des Landes beleuchten werden.

Die Jahreszeiten entsprechen den unseren, freilich verzerrt, wegen des überlangen Sommers, demgegenüber Herbst, Winter und Frühling schrumpfen. Die warme Zeit beginnt im April und endet im November, ausgesprochen kalt können Januar und Februar sein. Im europäischen Sinn angenehm sind November, Dezember und März, April, letztere insbesondere nach dem Eintreffen der Frühlingsgewitter und Regen, welche die Steppe in einen riesigen Blumengarten verwandeln können. Im Sommer fehlen in der Regel Regenfälle von Mai bis Oktober. Es herrscht Trockenheit. Die Tageshitze weicht einer 15–20° betragenden nächtlichen Abkühlung.

Die geographische Lage ist Dezember 1910 von der Carnegie-Expedition für magnetische Messungen bestimmt worden mit 43° 14′ Länge ö. Gr. 35° 27,8′ nördl. Breite.

Die beste Beschreibung des Landes ist auch heute noch die von Carl Ritter in seinem Werke über „Das Stufenland des Euphrat- und Tigrisgebietes" (Erdkunde VII, 2, 1844, S. 660 ff., über Qal'at Schergât insbesondere S. 671 ff.). Sie beruht auf seinen eigenen Beobachtungen und denen anderer Reisender. Der elfjährige Aufenthalt der Expedition vertiefte diese flüchtigen Reiseeindrücke durch das Erlebnis der Jahreszeiten und der Jahrepochen. Für Assur und seine Umgebung muß da gesagt werden, daß Strenge, Kargheit, ja eine gewisse Feindseligkeit, die sich bis ins Heroische steigert, die Landschaft beherrschen. Das Liebliche scheint ihr ganz zu fehlen. Man fand es nur im blühenden Frühling und dann bisweilen über die ganze Gegend ausgegossen. Auch der Zauber orientalischer Sonnenauf- und -untergänge und der Mondnächte vermochte das nicht zu ändern. Unwetter, Staubstürme, getürmte Wolkenbänke, über die Ebenen ziehende Windhosen (Zyklone), Sturzbäche bei Wolkenbrüchen, Überschwemmungen bei Tigrishochwässern schienen besser in den Charakter der Landschaft zu passen.

Der Raum von Assur

Maxima der Temperatur

Absolute Maxima

	Januar	Febr.	März	April	Mai	Juni	Juli	August	Sept.	Oktbr.	Novbr.	Dezbr.
1905				*23.* 35.6	*27.* 39.5	*6.* 44.4	*28.* 46.5	*5.* 46.5	*1.* 44.5	*11.* 38.5	*5.* 27.1	*4.* 25.2
1906	*27.* 16.2	*26.* 18.7	*28.* 27.6	*22. 25.* 31.3	*27.* 38.1	*27.* 42.9	*11.* 45.6	*26.* 45.5	*14.* 41.0	*4.* 35.6	*1.* 28.2	*1.* 18.9
1907	*10.* 20.2	*27.* 17.8	*18.* 23.7	*23.* 29.0	*31.* 37.5	*30.* 43.2	*29.* 45.3	*3.* 47.1	*3.* 44.4	*5.* 34.4	*1.* 26.9	*9.* 19.8
1908	*13.* 16.9	*28. 29.* 21.8	*22.* 22.6	*23.* 33.4	*29,* 41.7	*9.* 45.1	*29.* 46.4	*18.* 47.3	*4. 9.* 45.3	*21.* 36.6		
1909	*3.* 16.4		*16.* 29.4	*6.* 33.2	*20.* 40.8							
1910												
1911												
1912	*31.* 17.7	*8.* 20.3	*27.* 28.4	*18.* 35.1	*29.* 41.7	*7.* 45.2	*12.13.* 45.0					

Mittlere Maxima

	Januar	Febr.	März	April	Mai	Juni	Juli	August	Sept.	Oktbr.	Novbr.	Dezbr.
1905				26.5	31.7	38.8	42.7	42.9	38.3	33.0	23.5	11.4
1906	12.2	14.8	20.5	24.2	30.9	38.5	41.7	42.1	37.3	31.4	21.4	14.4
1907	12.3	14.0	17.1	22.8	32.3	39.2	42.7	42.3	36.9	29.0	18.8	14.3
1908	11.7	13.9	18.7	25.3	33.4	40.3	43.5	44.4	41.4	32.0		
1909	12.1		22.7	25.8	36.8							
1910												
1911												
1912	11.4	16.9	21.2	27.4	33.2	40.8	40.2					
Mittel	11.9	14.9	20.0	25.3	33.0	39.5	42.2	42.9	38.5	31.3	21.2	13.4

Die Kursivziffern bedeuten den Tag des Maximums.

Minima der Temperatur. Absolute Minima

	Januar	Febr.	März	April	Mai	Juni	Juli	August	Sept.	Oktbr.	Novbr.	Dezbr.
1905				*30.* 8.8	*3.* 10.0	*20.* 18.5	*3.* 22.1	*11.* 20.6	*26.* 15.3	*31.* 8.1	*8.* 4.4	*27.* −14.2
1906	*1.* −4,1	*23.* −1.5	*13.* −0.2	*6.* 4.6	*5.* 9.0	*4.* 17.5	*26.* 20.7	*21.* 20.5	*20.* 14.9	*29.* 11.5	*18.* 3.4	*15.* −0.7
1907	*24.* −4.9	*9.* −3.6	*5.* 0.0	*3.* 3.0	*12.* 11.2	*8.* 19.9	*6.* 22.3	*7.* 21.5	*19.* 13.1	*29.* 9.5	*13.* 0.6	*24.27.* −1.9
1908	*22.* −4.6	*16.* −3.4	*3.* 1.0	*7.* 4.4	*1.* 10,1	*4.18.* 20.2	*21.* 23.6	*29.* 21.7	*28.* 18.3	*14.* 10.6		
1909	*10.* −3.2		*2.* 2.5	*9.* 6.8	*1.* 16.1							
1910												
1911												
1912	*27.* −1.6	*21.* 1.7	*1.* 3.7	*4.* 7.1	*2.* 12.0	*2.* 18.1	*8.* 16.4					

Die Kursivziffern bedeuten den Tag des Minimums.

Mittlere Minima

1905				12.6	16.4	22.8	25.3	25.9	21.0	16.5	8.7	1.7
1906	1.0	4.9	6.6	11.6	16.0	21.7	24.9	24.0	18.7	14.8	9.1	4.5
1907	2.0	3.5	6.3	10.7	16.9	22.5	25.0	25.2	18.5	13.0	6.7	3.7
1908	2.3	2.8	7.3	11.3	17.1	23.1	25.5	26.1	22.8	15.1		
1909	1.8		9.3	12.5	19.9							
1910												
1911												
1912	2.4	6.4	7.6	12.4	16.2	23.7	23.7					
Mittel	1.9	4.4	7.4	11.8	17.1	22.8	24.9	25.3	20.2	14.9	8.2	3.3

Temperaturmittel $\dfrac{7\mathrm{a} + 2\mathrm{p} + 2 \times 9\mathrm{p}}{4}$.

	Januar	Febr.	März	April	Mai	Juni	Juli	August	Sept.	Oktbr.	Novbr.	Dezbr.	Jahr
1904					25.3*	33.4*	36.0*	36.2*	30.0*	22.8*	16.6*	8.3*	
1905	[1])	8.2*	13.0*	19.9	24.8	31.6	35.3	34.6	30.6	23.8	15.6	6.4	
1906	5.9	9.7	13.7	18.0	24.3	31.2	34.8	34.4	30.9	23.5	15.2	9.4	
1907	6.8	8.7	11.7	16.7	24.8	32.1	35.0	34.3	28.5	21.2	12.5	9.3	
1908	6.9	8.9	12.7	18.0	26.0	32.3	35.1	35.5	32.2	23.4	[2])	[3])	
1909	6.6	[2])	15.9	19.2	29.3								
1910													
1911													
1912	6.9	11.5	14.4	20.2	26.5	34.2	33.2						
Gesamtmittel	6.6	9.4	13.6	18.7	25.9	32.5	34.9	35.0	30.4	22.9	15.0	8.4	21.1

* Ablesungen meist nur in ganzen Graden, und zwar ausgeführt jeweils 7^h (= 7a), 14^h (= 2p) und 21^h (= 9p).   [1]) Vom 7. bis 25. keine Beobachtungen.   [2]) Fehlt.
[3]) Nur vom 1. bis 13. beobachtet.

Monatliche Niederschlagsmenge in mm

	Januar	Febr.	März	April	Mai	Juni	Juli	August	Sept.	Oktbr.	Novbr.	Dezbr.	Jahr
1904											13.0	10?	
1905		15?	42.0	3.8	50.3	0.0	0.0	0.0	0.1	10.2	16.7	29.1	
1906	18.8	38.3	25.0	23.2	21.9	0.0	0.0	0.0	0.0	13.4	32.2	18.1	190.9
1907	29.6	75.0	36.2	62.2	26.8	0.0	0.0	0.0	0.0	9.8	32.5	21.9	294.0
1908	40.7	22.4	50.1	22.0	18.1	0.0	0.0	0.0	0.0	2.6		44.0	
1909	12.1		16.9	16.6	0.1								
1910													
1911													
1912	46.0	29.9		30.9									
Gesamtmittel	29	36	34	26	23	00	00	00	00	9	23	25	205

Größte Tagesmenge:

1905 36.9 am 5. V.   1907 31.0 am 9. IV.
1906 17.0 am 11. II.   1908 22.5 am 1. XII.

Der Raum von Assur 285

Regenlose Zeit:

1905 6. V. bis 17. IX. = 131 Tage (am 12. u. 14. VI. u. am 14. IX. einige Tropfen)
1906 28. V. „ 23. X. = 146 „ (am 10. u. 12. X. Tropfen)
1907 26. V. „ 18. X. = 144 „
1908 15. V. „ 25. X. = 163 „

Winddiagramme

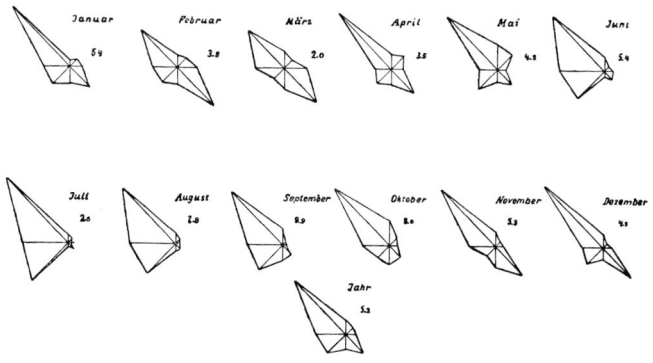

Mittlere Häufigkeit der Windrichtungen in Prozenten aller Beobachtungen: Sept.-Nov. 04; Febr. 05 — Mai 09; Januar — Juli 12. $^1/_3$ mm Länge der Richtung = 1 % der Häufigkeit. Die neben den Winddiagrammen stehenden Zahlen bezeichnen die Stillen in %.

Häufigkeit der einzelnen Windrichtungen in Prozenten der Gesamtbeobachtungen

	N	NE	E	SE	S	SW	W	NW	Stillen
Januar	2.9	4.5	5.4	12.9	7.7	10.9	11.9	38.2	5.4
Februar	5.5	5.1	9.2	24.1	7.9	9.2	11.2	24.3	3.8
März	7.7	4.9	10.4	21.5	9.5	6.2	13.4	24.5	2.0
April	6.9	8.5	5.4	14.9	7.6	9.3	7.4	36.5	3.5
Mai	11.6	9.7	3.8	9.7	5.8	12.5	8.8	33.8	4.2
Juni	6.2	2.9	3.9	4.8	2.7	18.1	21.3	34.4	5.4
Juli	4.0	2.4	1.3	2.2	1.5	24.4	21.3	40.2	2.6
August	4.9	2.7	1.9	3.0	3.2	19.4	21.6	35.6	7.8
September	7.1	2.0	1.8	5.7	7.0	15.9	16.9	33.7	9.9
Oktober	11.4	4.6	3.9	7.0	8.1	7.3	12.3	37.4	8.0
November	6.7	2.8	3.2	18.3	9.4	5.6	12.1	36.5	5.3
Dezember	5.7	2.2	3.8	18.4	5.1	10.8	9.8	40.2	4.1
Jahr	6.7	4.4	4.5	11.9	6.3	12.5	14.0	34.6	5.2

Diese Werte liegen den Winddiagrammen zugrunde.

Die Armut der Gegend, von der wir sprachen, kennzeichnet auch den Boden. Gips- und Sandsteinbänke herrschen vor, sie sind steril im Vergleich zu den Kalkbänken der Gegend um Mōṣul-Ninive, die eine fruchtbare Verwitterungserde erzeugen und den Getreidereichtum Assyriens begründen. Die menschenleere Gegend westlich und südlich von Assur war durch glitzernde weiße Gipstafeln ausgezeichnet, die Ränder der Schergât-Ebene durch Sandfelskuppen, die als „Zeugen" zwischen den Tälern und Tälchen der Steppe stehengeblieben sind. In den Flußauen war das Alluvium leidlich fruchtbar und wurde bestellt. In den ansteigenden Steppentälern und -ebenen unterließ man den Anbau. Hinzu kam Wassermangel. Die Regenfälle waren so gering, weil die Wolkenzüge in der Regenzeit sich erst an den Kurdenbergen und in deren Vorland, also im eigentlichen Assyrien um Ninive, ausschütteten. Das Gebet um Regen wurde selten erhört, seine Dringlichkeit war verständlich, wenn man so oft die Enttäuschung erlebte, daß schwere Wolkenbänke ergebnislos vorüberzogen. Den Wassermangel verursacht im Innern der mesopotamischen Steppe auch die Karstformation, die in Steppenländern mit Kalk- und Gipsbänken leicht alle Wasserläufe verschluckt und unterirdisch weiterführt. Etwa 40 km westlich von Assur liegt Hatra, wo diese Erscheinungen ganz besonders gut zu erkennen sind. Es gibt dort, gar nicht tief, unterirdische Wasserläufe, die im Altertum gefunden und verwertet wurden und noch heute werden.

Die Karstformation verschuldet auch die Erdbeben. Sie sind gewiß tektonischer Art, da die vulkanischen Zentren, wie es scheint, still sind und viel zu weit entfernt liegen, nämlich am Chabur und nördlich des Sindschar-Gebirges. Die Expedition erlebte zwei nicht unbeträchtliche Beben, die manche Sturzerscheinungen in den Ruinen des parthischen Assur und Hatra erklären helfen: diese mögen von heftigen Beben im Altertum herrühren.

Wasserverhältnisse

Das Wasser, das zum Leben gehört, liefert hauptsächlich der Tigris. Es ist nicht so gesund wie das Euphratwasser. In Assur war es rein und konnte unbedenklich genossen werden, als die Expedition dort arbeitete. Die Siedlungen sind so selten und klein und liegen so weit oberhalb, daß jede Verunreinigung ausgeschieden wurde. Aber die seitlichen kleinen Quellzuflüsse und Quellen im Flußbett bringen schwefliges und naphthahaltiges Wasser hinein, das sich zwar allmählich aufs feinste verteilt, aber doch eben spürbar werden kann. Nördlich vom Naphthagebiet Gajjâra liegt Hammâmʿ Ali mit einer starken heißen Schwefelquelle, die als Heilbad benutzt wird und ebenfalls in den Tigris abläuft. Auch unterhalb von Assur, insbesondere beim Durchbruch des Flusses durch den Hamrîn, der Fatḥa, gibt es Schwefel- und Naphthaquellen.

Die Bewohner von Assur haben Brunnen bis zum Grundwasser geteuft.

Im Assur-Tempel sind zwei, im Anu-Adad-Tempel einer, in der Nähe des Expeditionshauses ein weiterer wieder ausgeschachtet worden. Das Wasser aus ihnen war weniger geeignet zum Trinken als das Flußwasser. Man kann sich aber denken, daß in Kriegszeiten das Wasserholen vor den Toren gefährlich war und daß deshalb die Brunnen ihren Wert hatten. so war es damals auch noch in Baghdad, das heute Wasserleitung hat. Man trank dort früher Tigris- und kein Brunnenwasser.

In der Steppe hilft man sich mit Regentümpeln oder mit Quellwasser. Das letztere ist in der Regel schweflig oder salzig.

Gebirge

In den Horizont von Assur fallen folgende Gebirge: Im Süden der Dschebel Hamrîn, den der Tigris bei der Enge Fatḥa durchbricht. Dieser Höhenzug setzt sich von hier nordwestwärts als Dschebel Chanûka fort bis in die Gegend von Assur, um flacher werdend in die wellige Steppe der Dschezîre überzugehen. Statt des Steilabfalles mit seinen Felsschluchten bilden sich nun die bereits genannten längeren trockenen Bachbetten und langgestreckte Hügelrücken, die sich sanft zur Schergât-Ebene abdachen. Einer der ersten dieser Hügelrücken von Süden her stößt bis an den Tigris vor und bildet die kleine, etwas wellige Hochebene, auf der Assur lag. Die Sicht nach Westen und Nordwesten war durch den Scheitel jenes abgeflachten Gebirges begrenzt, auf dem sich Landmarken – vermutlich von Wachtposten errichtet – am Himmel abzeichneten.

Im Norden liegt ein niedriger Höhenzug, wie ein Tafelberg gestaltet und mit je einer Kuppe zur Rechten und zur Linken: Gajjâra. Die Naphtha- und Asphaltquelle entspringt zu seinen Füßen. Vermutlich gehört zu diesem Höhenzug geologisch die Kette des Karatschok im Nordosten von Assur, die sich östlich des Tigris lang hinzieht bis zum unteren Zāb. Diese Kette erscheint von Assur aus gesehen zweigeteilt durch einen Sattel in der Mitte. Hinter ihr liegt die fruchtbare, von Kurden besiedelte Ebene von Gaugamela und Arbela (dem heutigen Erbil). Im übrigen erscheint das Land östlich des Tigris, soweit man blicken kann, wie eine große Ebene. Es ist aber doch eine höher gelegene Stufe, die Steppencharakter hat, von den Flußauen zu unterscheiden, in denen Bewässerung möglich war und in alter Zeit auch durchgeführt wurde: das Kanalsystem ist von der Expedition bei Tulūl Aqir aufgenommen worden. Die Sicht reicht nach Norden und Nordosten infolge der Kimmung oft noch doppelt und dreimal so weit als der normale Horizont, nämlich bis zu den schneebedeckten Gebirgen nördlich von Mōṣul und nordöstlich von Erbil. Diese Berge erscheinen bald hängend (in einfacher Strahlenbrechung), bald aufrechtstehend (in doppelter).

Dem geologischen Betrachter drücken sich die tertiären Ablagerungen vorherrschend in der Landschaft aus. Ein breites diluviales Stromtal wird vom heutigen Tigris durchflossen wie von einem Rinnsal, das dieses Urbett auch in Hochwasserzeiten nicht füllt und die alluvialen Flußauen anlandet oder abträgt. Deren eine ist die Schergât-Ebene mit ihren 8 km Länge und 1–2 km Breite. Hier gehen Flußverschiebungen noch in historischen Zeiten vor sich. Eine davon haben wir bei Assur kennengelernt. Den Tigris kann man mit Elbe und Oder vergleichen. Seine Wasserführung schrumpft im Sommer, läßt aber dauernd den Schlauchfloßverkehr zu. Kraftbootverkehr flußaufwärts ist schwierig und wird im Sommer an Schnellen und Untiefen zwischen Baghdad und Mōṣul mehrfach verhindert. Das kleine Winter- und das große Frühjahrshochwasser macht den Fluß schiffbar, oft aber auch reißend und gefährlich. In Assur wurde ein Schwellen von sechs und mehr Metern fast jedes Frühjahr beobachtet. Dann saust eine Flut von 3 km Breite an Qalʻat Schergât vorbei. Aber diese Wassermenge ist oft nutzlos vertan, die Flußauen und die Steppe können dabei staubtrocken sein, wenn der Regen ausblieb und nur im Gebirge fiel.

Heroisch sah diese Landschaft nicht nur aus, sie war es auch und forderte zu einem höchst aktiven Kampf gegen Naturgewalten heraus. Wir beschreiben dieselben deshalb ausführlich. Diesen Kampf haben die Assyrer, die sich diesen Erdstrich zur Wohnung wählten, schicksalsmäßig und späterhin ganz bewußt gekämpft. Er erzog sie zum Heldentum, das in ihren großen Zeiten zwischen 1500 und 1100 und endlich im 9. bis 7. Jahrhundert die stärkste Note ihres Volkstums ist. Sie hatten gegen Staub und Hitze, gegen Stein und Erde, gegen Wassergewalten und Wassermangel den gleichen Kampf zu bestehen, der auch heute noch, meist mit unzureichenden Kräften, gekämpft werden muß.

Gestein

Zum Siedeln gehören Baustoffe. Man fand folgende in und bei Assur vor: *Gipsstein* liegt in Bänken in unmittelbarer Nähe von Assur, in den Schluchten und Tälern des Chanûke-Gebirges und der Steppe. Er ist von wenig gleichmäßiger Struktur, kaum zu Bildwerken zu benutzen, es sei denn im kleinen und kleinsten Maßstab.

Der *Kalkstein* aus der Nähe ist ein Muschelkalk (Hellân genannt), als Baustoff geeignet, für Bildwerke weniger, weil zu rauh und bröckelig. Aus dem Norden, d. h. von den Bänken in der Nähe von Mōṣul, kommt ein dichterer Kalkstein (Semmân genannt), aus dem Großbildwerke hergestellt wurden. Er ist auf Schlauchflößen hergebracht, in Steinfundamenten der Tempel und Paläste sowie im Wasserbau am Tigrisufer verwendet worden.

Basalt (Dolerit) kommt in der Nähe nicht vor, er bricht erst nördlich von Mōṣul an vulkanischer Stelle (bei Zacho, Dschezîret ibn Omar=Cizre). Er kann also nur als Luxuszugabe beim Bau verwendet werden, so als Pflaster-

und als Orthostat- (Wandschutz-)Platte. Doleritsärge konnten nur Könige herstellen lassen, ebenso Großbildwerke aus Dolerit.

Der *Sandstein* der Felsbank, auf der Assur steht, eignet sich wenig zum Bauen. Er ist zu jung und zu wenig abgebunden, hat also geringe Festigkeit.

Lehm, wie überall das Haupt- und Volksbaumaterial, wird teils in Gruben in der Ebene, teils auf dem Stadtgebiet selbst entnommen. Die letztere Entnahme ist freilich allermeist sekundärer Art: Man plünderte Ruinen älterer Bauwerke, insbesondere die ergiebigen alten Königsbauten an den Festungswerken, Palästen, Tempeln, und machte aus deren Lehmziegelschutt neue Ziegel. Oft auch einfach aus Schutt und Erde, wie sie gerade vorgefunden wurden. Die Güte des Ziegels hängt natürlich von der Reinheit oder Verschmutzung des Lehms ab. Für die gebrannten Ziegel griff man meist zu reinem Lehm aus der Grube. Privatleute konnten sich selten den Luxus gebrannter Ziegel gestatten, es sei denn zu Pflasterung oder in Grüften. Könige statten auch Wände damit aus. Auf die Formate der Ziegel baut sich ein chronologisches System auf; denn ihre Maße verändern sich nach einer gewissen Gesetzmäßigkeit im Laufe der Zeiten. Ziegeldicke, -länge und -breite nehmen von der alten nach der neuen Zeit hin zu. –

Mörtel ist allermeist ebenfalls Lehm und Lehmerde verschiedener Reinheit. Bindende Mörtel (Gips- oder Kalkmörtel) kommen beim Mauern und Putzen der Wände, auch beim Abdichten der Kanäle sparsam verwendet, schon im 2. Jahrtausend vor. Erst die Parther wenden Gips in unserem Sinne beim Bauen als bindenden Mörtel an.

Asphalt lieferte die schon genannte, heute wieder ausgebeutete Schwerölquelle Gajjâra, etwa 30 km nördlich von Assur (die sog. Mōṣul-Petroleumquelle). Dort gewann man auch Naphtha für Öllampen; das ist aber wohl erst spät und sparsam geschehen. Asphaltmörtel entstand durch Vermischung von Kalk und Kalkerde mit Asphalt oder Schweröl, ein Erzeugnis, das wohl gleich an der Quelle gefunden oder hergestellt wurde. Es ist an der Ufermauer in Assur in großem Maßstab und sehr erfolgreich verwendet worden.

Fauna und Flora

Tiere und Pflanzen mußten die Assyrer, wenn sie hier siedelten, mehr als irgendwo anders pflegen und betreuen. Es stand ihnen kein überquellendes Wachstum, kein freiwilliges Schenken der Natur zu Gebote. Sie mußten karg und bescheiden leben. Dem Weidevieh, d. h. den Ziegen und Schafen, verblieb die dürre Steppe. Nur im März und April gab es fette Zeiten für die Herden. Die Flußauen wurden aufgeteilt und künstlich bewässert durch Hebewerke; zeitweise hielt man den alten Tigrislauf, der am Hügelrand der Steppe vorbeiführt, offen und gewann hier mit Schöpfwerken das Wasser für die Felder. Die Stadtversorgung wird kaum von dieser einen Ebene bestritten worden sein. Es kommen die Auen flußaufwärts in Frage, wo sich Dorfsiedlungen nachweisen lassen. Ebenso das andere Ufer, mit dem man durch eine Furt bei Tulūl'Aqir und durch Boote verkehren kann. Tulūl'Aqir war im 13. vorchristlichen Jahrhundert eine kurzlebige Königsstadt: Kar-Tukulti-Ninurta (S. 174 ff.). Sonst gibt es auch auf dieser Flußseite bis weit hinab und hinauf nur Dorfruinen, keine größeren antiken Siedlungen. In den Flußauen gedeihen und gediehen auch damals verschiedene Getreidesorten, darunter Emmer oder Weizen, Fruchtbäume, darunter die Granate, der Weinstock, die Feige; nach modernen Versuchen wächst auch noch anderes, was in assyrischer Zeit nicht nachzuweisen ist, die Bamie, die Eierpflanze, der Mandelbaum, viele Gemüse und Gartenblumen, verschiedene Melonen- und Gurkenarten.

Den Rest einer assyrischen Gartenanlage haben wir kennengelernt am Festhaus (S. 62, 219 ff.); ein arabischer Garten jüngster Zeit war noch im Verfall zu sehen. Melonen und Gurken wurden im trockenen Flußbett während des Sommers gezüchtet, wie überall am Tigris flußauf und flußab.

Ob Nutzhölzer gepflegt wurden, ist zweifelhaft. Populus euphratica gedeiht ebenso wie Tamariske. Früher waren die Flußauen große Tamariskendschungel, in denen es reichlich Holz gab. C. Ritter beschreibt sie a. a. O. nach Angaben durchreisender Europäer. Zur Zeit der Ausgrabung gab es Dschungel nur noch in den schwerer zugänglichen kleinen Auen am Fuße des Steilhanges des Chanûke-Gebirges südlich von Assur.

Die Tierwelt, die außer den genannten Haustieren die Landschaft belebt, lohnt es wenigstens kurz zu streifen, weil sie ja gewiß ebenfalls zur Umwelt der alten Assyrer gehörte und in der hinterlassenen Kunst eine gewisse Rolle spielen muß. Sie hat selbst dann noch Bedeutung, wenn sie in der Kunst fehlt; denn dieses Schweigen kann innere Gründe haben, auf die zum mindestens geachtet sein will.

Beobachtet hat die Expedition: Gepard (selten), Schakal (häufig), Hyäne, Fuchs, Hase, Wildschwein (in den Dschungeln), Gazelle (in großen Rudeln in der Steppe), Wühlmaus; ferner: Trappe, Flamingo, Kranich, Pelikan (in großen Trupps ziehend und schwimmend), Enten verschiedener Art, Schnepfe u. a. Wasservögel, Wildgans, Störche (die in den Dörfern weiter nördlich nisteten), Feldhuhn, Wachtel (arab. gata', in Millionenschwärmen), Spatz, Lerche; Schildkröte, Hautschildkröte, Eidechse, Arwal (harmlose Großechse), Chamäleon, Schlangen verschiedener Art und Größe. Im Tigris leben Fische, wie Karpfen, Barsch u. a. Barsche bis fast 2 m Länge kommen vor, einer davon wurde gefangen. Insekten wimmeln reichlich in der Luft und auf der Erde: Fliege, Mücke (Anopheles nur in Sumpfgegend), Sandfliege, gegen die man sich durch ganz dichte Mückennetze schützen muß, Spinnen, Gottesanbeter, Käfer vieler Arten, besonders Skarabäen (Micipsa), die in Schwärmen auftreten können, Wanderheuschrecken, die jedes

253. Heuschrecken am Expeditionshaus.

Jahr die Felder verwüsten (Abb. 253), Großheuschrecken (Dschirdim), Skorpione u. a.

Besiedelung

Schon im kleinen gesehen, liegt Assur „am Rande"; es hat kein „Hinterland", es nimmt, was es braucht, „von vorn". Nach „hinten" hat es sich zu decken und zu wehren. Umgekehrt und im großen gesehen, ist es Grenzfeste. Bis zu den nächsten Siedlungen im Süden gelangt man auf zweitägiger Wegstrecke durch trockene Steppe, durch Niemandsland, gegen das man wachsam sein muß. Dahinter liegt eine andere Kultur, die südliche, babylonische. Das ist auch heute nicht viel anders. Dort im Süden, bald unterhalb Samarra, beginnt die Palme als Wahrzeichen dieser Kultur. Die Palme gedeiht nicht in Assyrien.

Assurs „Gesicht" ist nach Norden gewendet. Des näheren erleben wir diesen Eindruck an der antiken Stadt selbst. Der Süden geht diese Stadt, zunächst rein geographisch gesehen, wenig an. Die hier siedelten, hatten die Absicht, ihr Leben nach Norden hin zu leben, vielleicht noch nach dem Nordosten und dem Osten, von dem der Fluß sie allerdings trennte. Ob die Ursiedler von Süden oder von Norden hierhergezogen kamen, vermag man nicht zu entscheiden. In den geschichtlich erhellten Zeiten finden wir bald südlichen, bald nördlichen Einfluß in den Hinterlassenschaften bezeugt. Das ist aber für die Frage des *Entstehens* dieser Siedlung nicht ausschlaggebend. Die Gegend war auf der rechten Flußseite, wo Assur lag, recht einsam. Nur im Norden in den Flußauen fanden sich die wenigen, schon genannten Fellachensiedlungen. Im Westen dehnten sich die unendlichen welligen Flächen der Dschezîre, des Zwischenstromlandes, das eine meist trockene, im Frühling dagegen eine buntblühende Steppe ist. Sie war denn auch, außer im Frühling, menschenleer oder von unsteten Beduinenschwärmen durchzogen, denen zu begegnen man gerne vermied.

Im Süden von Assur befinden sich die Schluchten und Hänge des Chanûkegebirges, an das sich der Tigris dicht herandrängt, für Siedlungen keinen Raum lassend: Jagdgründe oder Schlupfwinkel, die man nur mit Vorsicht betrat.

Völkisches

Den Beruf des Jägers und den des Fischers übten wenige von den dort lebenden Arabern aus, dann allerdings meisterhaft. Erstere waren zähe, schnelle Läufer und Wegkenner, letztere zielsichere Harpunenschützen, sie schossen die Fische mit dem Zweizack.

Man kann auch den Hirten einen Meister nennen, wenn er die Tiere seiner Herde so gut kennt, daß er die verlaufenen unter Tausenden einer fremden Herde wiederfindet. Ein solcher Hirte stand im Dienste der Expedition. Weniger gut gefiel dem Europäer die Behandlung des Pferdes und des Esels. Die Assyrer waren große Pferdeliebhaber und wohl auch -züchter; das beweisen die Darstellungen von Pferden, in denen ganz offensichtlich die Pferdeschönheit betont wird; sie verraten des Assyrers Sinn für edle Haltung und Stellung, schlanke Formen und Fesseln, zartes Gesicht und gute Behaarung.

Die heutigen Bewohner der Landschaft Schergât vom Stamme der Dschebûr siedelten noch nicht sehr lange. Rassam und frühere Reisende nennen andere Stämme, die sie hier getroffen. Auch die Beduinen, die sich in Schêrgat sehen ließen, mögen früher nicht zu den heute hier schweifenden Schammar, sondern zu anderen Stämmen gehört haben. Die Assyrer hatten es mit aramäischen Beduinen, aber auch bereits mit Arabern zu tun.

Jenseits des Tigris begann bald das kurdische Gebiet. Kurden kamen bis an den Tigris, heirateten hier, und es ergab sich eine arabisch-kurdische Mischbevölkerung.[248]

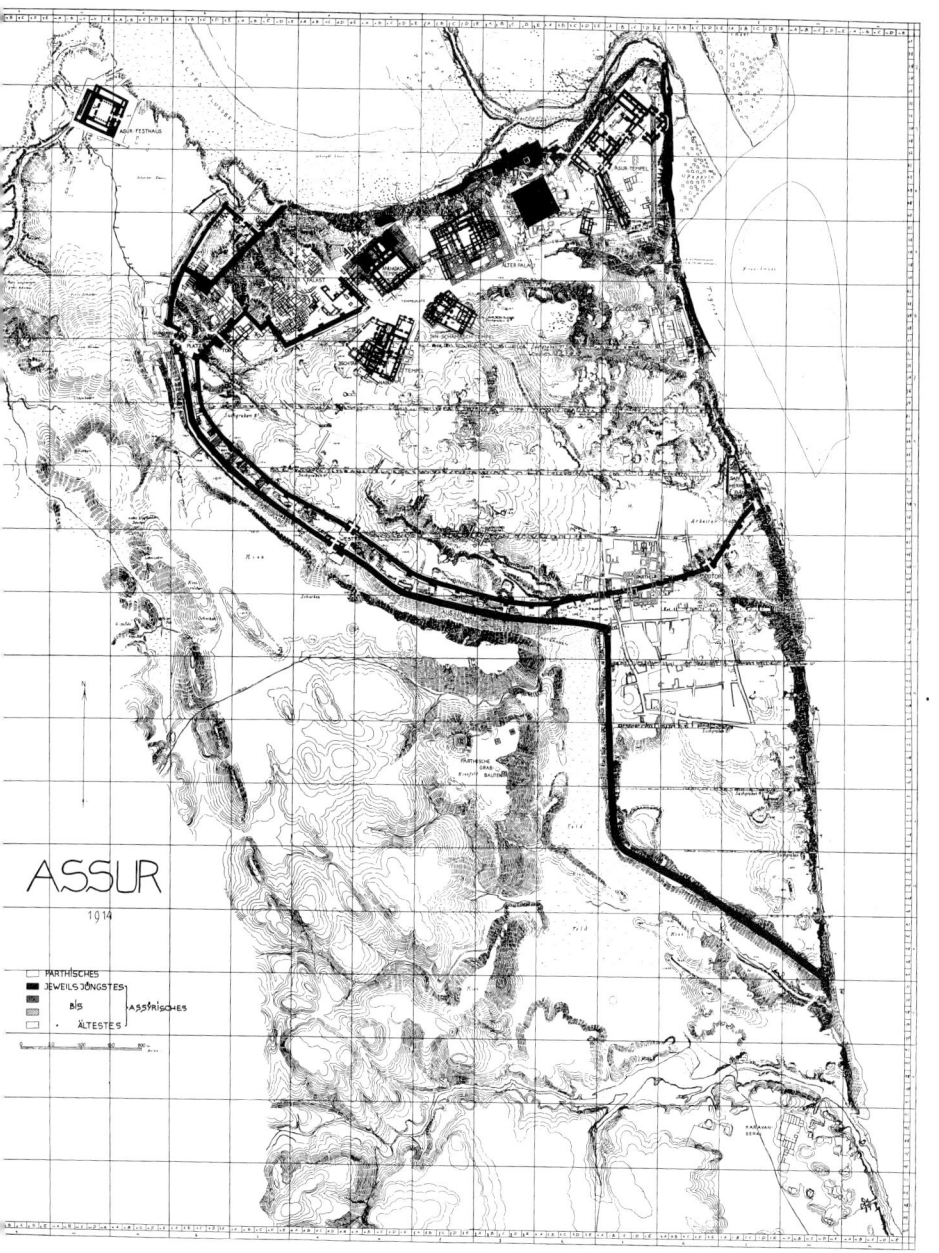

Plan von Assur

Dritter Teil

Anmerkungen

Zur Einleitung

1. RlA I (1928). Zum Kult: G. *von Driel,* The Cult of Aššur (Assen 1969)
2–4. Zusammenstellung der Literatur bei *A. Parrot,* Archéol. Mésopotamienne I (Paris 1948) S. 37 ff.
5. *Sir Max E. L. Mallowan,* Nimrud and its remains I–II (London 1966)
6. *M. Damerji,* AfO 24 (1973) 188 ff. *I. Salman,* Sumer 28–31 (1972–75) Foreword
7. *J. Meuszyński* ist leider 1976 verstorben. Sein 1. Vorbericht ist erschienen in: Iraq 38 (1976) S. 37 ff. u. Etudes et Travaux 9 (1975). Vgl. ferner Sumer 30 (1974) S. 111 ff.
8. *J. M. Fiey,* ‚Assyriens' ou Araméens, L'Orient Syrien 10 (1965) S. 141 ff.
9. Ausgräber T. Özgüç, umfangreiche Literatur. Vgl. HdArch Vorderasien I (München 1971) S. 153
10. *F. R. Kraus,* Könige, die in Zelten wohnten (Amsterdam 1965)
11. *D. O. Edzard,* Die ‚zweite Zwischenzeit' Babylonien (Wiesbaden 1957)
12. 1. Bericht auf der Rencontre Assyriologique Internationale in Göttingen 1975
13. Wir sind uns klar darüber, daß es den Begriff Volk, so wie wir ihn heute verstehen, nicht im Alten Orient gegeben hat. Es handelte sich damals um die Bevölkerung einer Stadt oder eines Landes mit gemeinsamer Sprache und Religion. Trotzdem haben wir die Bezeichnung „Volk" benutzt, weil sie einfacher zu handhaben ist und nicht weitschweifige Umschreibungen benötigt.
14. *W. Schwenzner,* AfO 7 (1931–32) 239 ff. AfO 8 (1932–33) 34 ff. u. AfO 9 (1933–34) 41 ff. Zum Kult: *G. van Driel,* The Cult of Aššur (Leiden 1969)
15. Die Regierungszeiten sind der Fischers Weltgeschichte 3 u. 4 entnommen.

Zum Text

1. Es ist wohl nicht anzunehmen, daß zu Beginn des 7. Jahrh. v. Chr. ein Ionier aus Westkleinasien als Reisender, „den der Drang, die Umwelt kennenzulernen, aus seiner ephisischen Heimat auf die Wanderschaft getrieben hat", nach Assyrien gekommen ist. Vgl. dazu auch die Bemerkungen von *E. Weidner* in seiner Rezension, AfO 13 (1939–41) S. 158. Wir haben aus diesem Grund den Ionier allgemein als Griechen bezeichnet und lassen ihn aus Kilikien kommen. Zu dem Auftreten von Griechen in der Keilschriftliteratur: *W. Röllig,* RlA III, S. 643 ff. Bei den Achaemeniden: *C. Nylander,* Ionians in Pasargadae (Uppsala 1970) u. Die Völkerschaften auf den Reliefs von Persepolis, TehForsch 2 (1966) S. 35.46 f. 56. 64. 81. 87. Zu den Bewohnern Südwestkleinasiens in dieser Zeit vgl. *M. Wäfler,* Nicht-Assyrer neuassyr. Darstellungen, AOAT 26 (1975) S. 158 ff. [Hrsg.]

2. Das Festhaus in Assur als separates Gebäude (akît šêri) ist von den bekannten das bisher älteste. Das Festhaus in Babylon (vgl. *I. Salman,* Sumer 26, 1970, S. i.) ist seleukidisch wie das im Norden von Uruk aufgefundene: *H. J. Lenzen,* UVB 12/13, 1956, S. 35ff.). Zum Festhaus in Assur jetzt auch: *W. Andrae-A. Haller,* WVDOG 67 (1955) S. 74ff. Zum akîtu-Fest: *S. A. Pallis,* The Babylonian Akîtu Festival (Kopenhagen 1926). *A. Moortgat,* Tammuz (Berlin 1948) S. 138ff. u. *W. v. Soden,* ZA 51 (1955) S. 130ff. *R. Frankena,* Takūltu (Leiden 1954). *G. van Driel,* The Cult of Aššur (Assen 1969) S. 162ff. *J. N.* Postgate, Sumer 30 (1974) S. 51 ff. [Hrsg.].
3. Der Stadtplan bei *E. Unger,* RlA I, Taf. 30 zeigt fälschlicherweise einen mit Wasser angefüllten Festungsgraben. Im Gegensatz dazu *E. Unger,* AO 27 (1929) S. 20. Wie in RlA I, Taf. 30 ist aber dort derselbe Plan (links neben der Titelseite) abgebildet. [Hrsg.]
4. abul qurqurri und abul tabira sind Synonyma und bedeuten beide Tor der Metallarbeiter, Kunsthandwerker. Der Name des Tores wurde aber ausschließlich abul tabira ausgesprochen. [W. A.] Vgl. *E. Weidner,* AfO 13 (1939-41) S. 158 u. *B. Meissner,* DLZ 1939, Sp. 228f.
5. Zu den Belagerungsmaschinen vgl. *Y. Yadin,* The Art of Warfare in Biblical Lands (London 1963) S. 16ff. u. S. 313ff., *B. Hrouda,* Die Kulturgesch. d. assyr. Flachbildes (Bonn 1965) S. 91f. u. *T. A. Madhloom,* The Chronology of Neo-Assyrian Art (London 1970) S. 33ff. [Hrsg.]
6. Zu den technischen Ausdrücken von Befestigungsanlagen vgl. die Zusammenstellung auf S. 323.
7. Das assyrische Heer war wohl niemals ein reines Söldner-Heer. Soldaten mit Raupenhelm tauchen zum ersten Male auf den Orthostaten-Reliefs Tiglatpilesars III. (745-727) auf. Vgl. *R. D. Barnett-M. Falkner,* The Sculptures of Tiglatt-Pileser III (London 1962) Taf. LXXIII. Es handelt sich hierbei wohl in erster Linie um Söldner aus den ehemaligen späthethitischen Fürstentümern von Karkemisch bis Karatepe. Vgl. *M. Wäfler,* Nicht-Assyrer neuassyr. Darstellungen, AOAT (1975) S. 158ff. [Hrsg.]
8. Siehe dazu *M. Damerji,* Die Entwicklung der Tür- und Torarchitektur in Mesopotamien, Diss. München (1973).
9. In dem Tabira-Tor waren zwei Statuen Salmanassars III. aufgestellt. Einmal die von H. Rassam dort aufgefundene, heute im British Museum befindliche Sitzfigur (hier Abb. 8) und zum anderen die nach ihrer Inschrift hierher gehörige, stark zerstörte und an anderer Stelle gefundene Standfigur dieses Königs. Sie ist jetzt nach dem Standbild des Assurnasirpal II. aus Nimrud (British Museum, BM 118871) ergänzt worden und steht im Altorient. Museum (Eski Şark Ezerlī Müzesi) in Istanbul, Nr. 4650. Vgl. dazu *E. Strommenger,* Die Neuassyr. Rundskulptur, ADOG 15 (Berlin 1970) S. 15f. [Hrsg.]
10. Eine Stele Salmanassars III. oder eines anderen assyrischen Königs stand im Tor wohl in 2. Verwendung (vgl. Beschreibung zu Abb. 7).
Nach den Beobachtungen *A. H. Layards* in Nimrud war ein Standort von Stelen z. B. der Platz vor dem Eingang zum Ninurta-Tempel. Die Königsstele erfuhr selbst göttliche Verehrung, wie der Opfertisch davor bezeugt (*A. H. Layard,* Discoveries in Nineveh and Babylon, London 1853, Taf. bei S. 350/351). Über altvorderas. Reliefsstelen demnächst *J. Börker-Klähn* (München 1978). Assyr. Stelen: *H. Genge,* Stelen neuassyr. Könige Teil I, Diss. Freiburg (1964/65). [Hrsg.]

11. Der ‚Neue Palast' war nach W. Andrae damals schon verfallen. Vgl. dazu C. Preußer, Die Paläste in Assur, WVDOG 66 (1955) S. 30f. u. Ders., Die Wohnhäuser in Assur, WVDOG 64 (1954) S. 15ff.
12. B. Landsberger, Der kultische Kalender d. Babylonier u. Assyrer, LSS VI (1915) S. 6 u. A. Falkenstein, Die Inschriften Gudeas v. Lagaš, Einleitung. (Rom 1966) S. 138ff.
13. Zum altoriental. Haus jetzt der ausgezeichnete Artikel von E. Heinrich, RlA IV, S. 176ff. Zur Baugeschichte Mesopotamiens im allgemeinen: E. Heinrich, Propyläen-Kunstgeschichte Bd. 14 (Berlin 1975) S. 131ff. u. 241ff.
14. Der Kronprinz, also Asarhaddon, hat wohl nicht in Assur residiert. [Hrsg.]
15. Zur Entstehung und Ableitung des assyrischen Wohnhauses vertritt jetzt E. Heinrich eine andere, plausiblere Ansicht. Das assyr. Haus ist nicht wie das babylonische aus der Hürde zu einem injunktiven Hofhaus geworden, sondern seine Keimzelle war der Einraum. Der Hof kam sekundär hinzu, und wenn Ähnlichkeit mit dem babylonischen Haus bestand wie z. B. bei den Anlagen in Abb. 96 und Abb. 159, so sind sie mehr oder minder zufällig. Nicht zufällig ist, daß der Mitteltrakt im assyrischen Haus meist lang-rechteckig, nicht quadratisch war. Er wird daher von Heinrich bei dem ersten der oben genannten Beispiele nicht als Hof, sondern als Raum mit überhöhter Decke ergänzt (E. Heinrich, Propyl. Kunstgeschichte Bd. 14, S. 150). In jüngeren Perioden findet sich unter dem Einfluß des Südens auch das babylonische Hof-/Hürdenhaus in Assur (Vgl. C. Preußer, WVDOG 64 (1954) Taf. 11 u. 17. [Hrsg.]
16. Über diese ‚Wächterfiguren' jetzt D. Rittig, Assyr.-babyl. Kleinplastik magischer Bedeutung vom 12.–6. Jahrh. v. Chr. Diss. München (1977).
17. Zu Grabformen und Grabbeigaben in Mesopotamien: E. Strommenger, RlA III, S. 581ff. In Assur: A. Haller, WVDOG 65 (1954).
18. Blaustein = Lapis Lazuli. Bluteisenstein = Hämatit. Zu den Materialien in der Glyptik s. U. Moortgat-Correns, RlA III, S. 455f.
19. Zu den Königsgrüften vgl. Anm.173. Die Gruft des Assurnasirpal II. ist von W. Andrae in der Vorderasiatischen Abteilung der Staatl. Museen zu Berlin wieder aufgebaut worden und ursprünglich durch die Eingangstür zugänglich gewesen. Heute betritt man sie wie ein Grabräuber. Auf eine solche Idee sollte man in einem Museum nicht gebracht werden. Auch der Sarkophag Schamschi-Adads V. befindet sich in Berlin (hier Abb. 178, 179). [Hrsg.]
20. Der hier besprochene und auf Abb. 172 abgebildete Lamassu-Kopf kann aufgrund seines Stiles und des Federpolos nicht in das 9. Jahrh., in die Zeit Assurnasirpal II., gehören. Er datiert an das Ende der neuassyr. Periode, um oder nach 700 v. Chr. Die erwähnte Inschrift hat auch nicht auf diesem Kopf gestanden (vgl. C. Preußer, WVDOG 66, 1955, S. 27). „Lamassu" war mit Sicherheit nicht die richtige assyrische Bezeichnung für diese Türhüter (vgl. W. v. Soden, BaM 3, 1964, S. 148ff.
Von weiteren „Lamassu"- und Orthostaten-Überresten aus dem Bereich des Alten Palastes geben jetzt mehrere Photos bei C. Preußer a. a. O. Taf. 12–13 und besonders bei E. Weidner, AfO 18 (1957–58) S. 357f. Auskunft. Diese sind wiederum älter und datieren in die Periode Tiglatpilesars I. um 1100 v. Chr. Sie beweisen, daß bei den Assyrern ein derartiger Fassadenschmuck mit religiöser Bedeutung schon relativ früh bekannt war, also nicht erst von den Königen des

1. Jahrt. v. Chr. in Assyrien eingeführt wurde, nachdem sie auf ihren Kriegszügen im Westen derartige Bauplastiken kennengelernt hatten. [Hrsg.]
21. Die Wasserwege waren wohl auch Verkehrsadern in Mesopotamien, vielleicht aber weniger der relativ gefährliche Tigris. Bei seiner Beschreibung des Angelns und Fischens denkt wohl Andrae an Darstellung auf Orthostaten-Reliefs aus Ninive wie *A. Paterson,* Assyrian Sculptures (Den Haag o. J.) Taf. 24–28. 46–47. 49. 80. [Hrsg.]
22. Man legte sie auch auf Regale, wie uns jetzt der Befund in Ebla = Tell Mardich erneut zeigt (vgl. *G. Pettinato,* AfO 25, 1977).
23. Wie die Untersuchungen in Pylos beispielsweise zeigen, wurde in Griechenland ebenfalls auf Ton geschrieben (AfO 13, 1939–41) S. 94 u. *E. Bennet,* The Pylos Tablets (1955), in Fortsetzung mit *J. P. Olivier.* Ferner *A. Lindgren,* The people of Pylos I–II (Stockholm 1973/75). [E. W.]
24. Die Verwendung des Pergamentes oder des Papyros durch aramäische Schreiber im assyrischen Heer ist seit Tiglatpilesar III. (745–727) bezeugt: *R. D. Barnett-M. Falkner,* The Sculptures of Tiglath-Pileser III (London 1962) Taf. VI. Der Gebrauch der aramäischen Schrift war wohl nicht allein Kriegsgefangenen oder Deportierten zu verdanken. Sie war als Buchstabenschrift ganz einfach praktikabler. Neben Ton, Pergament und Papyros bediente man sich als Schreibunterlage bzw. als Schreibgrund auch zusammenklappbarer Wachstäfelchen (Iraq 16, 1954, S. 98 ff. u. Iraq 17, 1955, S. 3 ff.) [Hrsg.]
25. Die Annahme, daß Bazare in den Städten des Alten Orients gefehlt haben, ist wohl nicht ganz berechtigt. Zumindest gab es Verkaufsläden und Handwerkerstände an bestimmten Straßen einer Stadt, wie das Beispiel der Isin-Larsa-Stadt bekundet (*Sir Leonard Woolley-Sir Max Mullowan,* UE VII, 1977). Über den modernen Bazār-Sūq in Baghdad informiert jetzt: *H. K. N. Al-Genabi,* Der Suq (Bazar) von Baghdad, Erlang. Geogr. Arbeiten 36 (1976). [Hrsg.]
26. Mit Ausnahme von Rollsiegeln, die auf Vorrat hergestellt wurden. Das beweisen viele halbfertige Stücke, bei denen die Inschrift noch fehlt. Sie wurde offenbar erst nach Angaben des Käufers angebracht. [Hrsg.]
27. Die Erhöhung des Vorhofes erfolgte schon zu Anfang der Regierungszeit Sanheribs, kurz nach 705 (vgl. *E. Weidner,* AfO 3, 1926, S. 6). S. auch die nächste Anm. 28.
28. Da die Erhöhung des großen Vorhofes um ca. 2 m. 688 v. Chr. bereits geschehen war, konnte der Grieche von den glasierten Bildern, die in der Hauptsache aus der Zeit Sargons II. stammten, nichts mehr sehen (vgl. *E. Weidner,* AfO 3, 1926, S. 1 ff.). [W. A./E. W.]
29. Hier müssen wohl einige Abstriche an den Überlegungen von W. Andrae gemacht werden. Die Welt von damals war doch wohl eine andere als die von heute, auch in der Sicht des Archäologen. Über Fragen der Religion und den damit verbundenen zeitgenössischen Vorstellungen und Anschauungen wissen wir doch immer relativ wenig (vgl. compte rendu 20. rencontre Assyr. Intern., Leiden 1972, Istanbul 1975, S. 151 ff. u. Anm. 31.) [Hrsg.]
30. Wie *E. Weidner* in seiner Rezension, AfO 13 (1939–41), auf S. 158 angemerkt hat, erfahren wir einiges über die Felsspitze an der Nordostecke durch die Inschrift Assurnadinaplis, die Weidner selbst in AfO 6 (1930–31) S. 11 ff. veröffentlicht hat. Sie wurde von *F. J. Stephens,* YOS IX, Nr. 71 mit einigen Verbes-

serungen neu publiziert. Danach standen dort in der Tat eine oder mehrere kleine Kapellen mit Königsstatuen. [W. A.]
31. B. *Meißner* nennt dies in seiner Rezension DLZ 1939, Heft 7, Sp. 230 „Expektorationen über Fragen, die wohl mehr moderne Architekten als alte Priester beschäftigten." – Demgegenüber vertrat *W. Andrae* die Ansicht, daß er doch das Recht für sich in Anspruch nehmen müsse, das, was die alten Priester zu diesem Gestalten antrieb, in seiner/unserer Sprache auszudrücken. Wie sollten wir sonst nach seiner Meinung Klarheit darüber gewinnen [W. A.]. Dies ist natürlich im Prinzip richtig, nur dürfen moderne Gesichtspunkte nicht auf die Antike übertragen werden. [Hrsg.]
32. Dem Herausgeber ist nicht ganz klar, warum W. Andrae auf S. 31 (1. Auflage) die Kassiten als den „dritten Teil des (assyrischen) Volksgeistes" angesehen hat, „der auch schon tausend bis zweitausend Jahre früher in der Landschaft von Ninive wirksam war." Auch die Rezensenten geben dazu keine Stellungnahme ab.

Wir wissen heute, daß die Kassiten inschriftlich zum ersten Male in der Zeit Samsuilunas, des Nachfolgers Hammurabis von Babylon, erwähnt werden und damals hauptsächlich von Babylonien und am mittleren Euphrat ansässig waren, bevor sie nach dem Kriegszug von Murschili I., dem Hethiter-König, im 16. Jahrh. v. Chr. die Macht in Babylonien ergriffen hatten (Vgl. Fischer Weltgeschichte 3, 1966, S. 9ff.)

Die von *K. Jaritz* in Anthropos 55 (1960) S. 79f. vertretene Ableitung kassitischen Kulturguts aus dem Nordwesten beruht auf falschen Voraussetzungen.

Auch der Langraum des assyrischen Tempels scheint weniger kassitisches Gedankengut zu sein, wie noch von *K. Jaritz* 1958 vertreten (ZfE 83, S. 110ff.). – In jüngster Zeit sind mehrere Langraum-Anlagen mit Vorhallen, wohl ebenfalls als Tempel zu deuten, in Nordsyrien und dem südwestlichen Kleinasien gefunden worden. (Vgl. *B. Hrouda,* Anatolia-Anadolu 14, 1972, S. 1ff.) Man darf sie wohl zusammen mit den Gebäuden in Tepe Gaura (*E. A. Speiser,* Tepe Gawra I, 1935, Taf. XI) zu einer Bautradition der frühen Bevölkerung des 3. Jahrt. in diesen Gebieten zählen. Vgl. auch Anm. 41. [Hrsg.]
33. Vgl. zum akîtu-Fest Anm. 2. Daß Götter-Symbole in Schiffen „transportiert" wurden, zeigt eine Darstellung auf dem Fragment eines Kudurru des Melischipak II. (1188–1174) aus Sūsa: *A. Moortgat,* Die Kunst des Alten Mesopotamien (Köln 1967) Taf. 233.
34. Die Führung der Treppe bei der assyrischen Zikkurrat ist auch heute noch ungeklärt. Wahrscheinlich konnte man die oberen Stockwerke über die Dächer der vorgelagerten „Tempel zu ebener Erde" erreichen. (Vgl. jetzt auch Tell Rimah: *D. Oates,* Iraq 29, 1967, S. 70 u. 30, 1968, S. 115ff.) Aber auch ein eigenes Treppenhaus mit brückenartiger Verbindung zur Zikkurrat (Beispiel Kar-Tukulti-Ninurta, hier Abb. 117) wurde angenommen (Vgl. Anm. 154). W. Andrae hat in seiner Rekonstruktion der Nordostspitze von Assur, Abb. 37, eigentümlicherweise die babylonische Treppenführung verwendet. [Hrsg.]
35. Der künstlich geschaffene Baum-Strauch-Bewuchs erinnert an die Gartenanlage bei Chinnis-Bavian (*W. Bachmann,* Felsreliefs in Assyrien, WVDOG 52, 1927, Taf. 7. Vgl. aber dazu OIP 24, 1935, S. 49).

Man wird beim Festhaus in Assur an den Garten in Eden (sumerische Bezeichnung edinû für Wüste/Steppe) erinnert. In dem Festhaus von Uruk schien ein entsprechender Pflanzenbewuchs zu fehlen. [Hrsg.]

36. Derartige Türen, die mit getriebenem Relief aus Kupfer oder Bronze beschlagen waren, hat es auch anderen Stellen gegeben (vgl. S. 212 u. Abb. 195). Solche mit Bronzestreifen verzierten Türen – dies war wohl die übliche Art, am Festhaus in Assur war es wohl wegen der Darstellung (vgl. das Orthostaten-Relief E. A. Budge, Assyrian Sculptures in the British Museum, London 1914, Taf. XXXVII) eine große Platte – haben sich zu mehreren Exemplaren in Tell Balawat am Tempel des Traumgottes Mâmu gefunden. Von dem am besten erhaltenen Tor Salmanassars III. im British Museum ist vor kurzem durch R. D. Barnett eine neuere Rekonstruktion vorgenommen worden.
Bereits im 15. Jahrh. v. Chr. muß es solche mit Metall beschlagenen Tore, in diesem Falle war es Silber und Gold, in Assur gegeben haben. Denn der mitannische König Sausschatar entführt eine derartige Tür nach Waschukanni, seiner Hauptstadt, und stellte sie dort auf (BoSt 8, 1923, S. 38f., Vs. 8). Sie wurde später wieder zurückgeholt. [Hrsg.]

37. tarbaṣ šurinnê ist die richtigere Lesung für tarbaṣ nišê: E. Weidner, AOB I (1926) S. 106, Anm. 1. [E. W./W. A.]

38. Stelen und Obelisken haben wohl nicht dort gestanden. Obelisken wohl an Eingängen zu Palästen, wie die neue polnische Untersuchung am Zentral-Palast in Nimrud beweist: J. Meuszynski, Iraq 38 (1976) Abb. 1, S. 38 u. S. 41.
Stelen mit den Darstellungen des betenden Königs vor Tempeleingängen, vgl. Hinweise in Anm. 10. [Hrsg.]

39. Zu den „kassitischen" Langräumen vgl. Anm. 32. In Abb. 50 andere (ältere) Rekonstr. der Hochtempel als in Abb. 168.

40. Zu den Türbeschlägen aus Metall vgl. die Anm. 36.

41. „Herdhaus" bzw. „churrischer Breitraum" wurden von W. Andrae als Bezeichnungen für sogenannte Knickachsanlagen verwendet. Dieses Grundrißschema scheint im Norden oder im Osttigrisland beheimatet gewesen zu sein, wo wir sein Auftreten schon seit dem frühen 3. Jahrt. v. Chr. nachweisen können (vgl. H. J. Lenzen, ZA 51, 1955, 35). Er kam in Assur im frühen Assur-Tempel und vor allem im Kultgebäude der Ischtar, dort von Anbeginn bis zum Ende des assyrischen Reiches, zur Anwendung. Die Bezeichnung „churrischer Breitraum" war in der Zeit W. Andraes noch nicht berechtigt, da nach dem damaligen Wissen die Churriter erst frühestens zu Beginn des 2. Jahrt. v. Chr. im Osttigrisland und in Nordmesopotamien ansässig waren. Heute glauben wir aber, annehmen zu dürfen, daß sich diese Bevölkerung schon zu Beginn des 3. Jahrt. v. Chr. im nördlichen Zweistromland und in den östlichen Randzonen niedergelassen hatte. Nach Zeit und Verbreitung würde sich der „Knickachsgrundriß" mit dem Auftreten der Churriter decken. Es fragt sich nur, ob man völkische Bezeichnungen auf Grundrisse übertragen sollte. [Hrsg.]

42. Die Ischtar war wohl nie eine Muttergöttin. Es gibt keine Darstellung von ihr, auf der sie mit einem Kind abgebildet ist. Sie hatte mehr das Wesen der griechischen Athene, wenn sie auch nicht gerade eine jungfräuliche Göttin war. (Vgl. RlA IV, 1977). [Hrsg.]

43. Zur altorientalischen Gebetshaltung vgl. entsprechenden Artikel in RlA III, S. 175 ff. Die Assyrer beteten wohl mit ausgestrecktem Zeigefinger bei ge-

schlossener Hand (vgl. hier Abb. 54). Die Ansicht, daß auch gefaltete Hände wie bei uns einen Gebetsgestus wiedergeben, bedarf erst noch des Beweises. Es könnte sich hierbei auch um den Ausdruck einer friedlichen Haltung handeln. Durch das Falten werden die Hände gebunden, es geht von ihnen keine Gefahr aus. Diesen Gestus könnte man auch in dem ‚Händeschütteln' des assyrischen und des babylonischen Königs auf dem Thronpostament aus Nimrud erblicken: Propyläen-Kunstgeschichte Bd. 14 (Berlin 1975) Taf. 208. [Hrsg.]

44. Zu Kult und Kulthandlungen s. H. Schmökel, Kulturgeschichte des Alten Orient (Stuttgart 1961) S. 269 ff. u. Le Temple et le Culte. Compte rendu 28. rencontre (Leiden/Istanbul 1975).
45. Ob die geflügelte Sonnenscheibe den Staatsgott Assur vertritt, ist nicht ganz sicher. Der in ihr häufig erscheinende Gott (vgl. *R. D. Barnett*, Assyr. Sculpt. in the British Museum, Recklinghausen 1975, Taf. 37–38 oder hier Abb. 171, ist aufgrund seiner Hörnermütze eine niedere Gottheit. [Hrsg.]
46. Zu den Symbolen jetzt *U. Seidl*, RlA III, S. 483 ff.
47. Der Ischtar-Tempel ist der älteste Tempel in Assur, älter als der Enlil-Assur-Tempel. Daraus ist wohl zu schließen, daß auch eine weibliche Gottheit, die später als Ischtar von Assur (Aššurîtu) erscheint, zunächst Stadtgöttin von Assur gewesen ist. Es ist wohl nicht nur reiner Zufall, daß in Arbela und in Ninive weibliche Gottheiten auch später noch die erste Rolle in der Stadt gespielt haben. Hinter der Bevorzugung der Frau verbirgt sich vielleicht eine vorassyrische religiöse Vorstellung. [Hrsg.]
48. Vgl. zu dieser Figur jetzt auch *E. Strommenger*, Die neuassyrische Rundskulptur, ADOG 15 (1970) S. 11 ff.
49. Mit der legendären Semiramis-Schamuramat hat sich in jüngerer Zeit *W. Eilers* beschäftigt: Semiramis, Entstehung u. Nachhall einer altorient. Sage (Wien 1971).
50. Über die uns bekannten Straßen von Assur gibt *J. Schmidt* in einem Aufsatz Auskunft: BaM 3 (1964) S. 146.
51. Die Festungsbegriffe sind auf S. 323 zusammengestellt und erklärt worden.
52. s. S. 201 f.
53. Zu den Torformen: *M. Damerji*, Die Entwicklung der Tür- und Torarchitektur, Diss. München (1973).
54. Die ersten 8 Tore werden in gleicher Reihenfolge auch auf dem Sitzbild Salmanassars III. (hier Abb. 8) erwähnt: 1. Tabira-Tor, 2. Muschlalu-Tor, 3. Zikkurrate-Tor, 4. Assur-Tor, 5. Tor der Kakme, 6. Schamasch-Tor, 7. Tigris-Tor, 8. Tisari-Tor, 9. Scherûa-Tor, 10. Berg-Tor, 11. Tor der Hochsitze (šubâti), 12. Illat-Tor und 13. Tor ihrer Einsicht. [B. M./W. A.]
55–59. Zu den Festungsbegriffen s. S. 323.
60. Vgl. *E. Weidner*, AOB I (1926) S. 67, Anm. 9.
61. Hier lagen vielleicht die AOB I, S. 81, Anm. 4 genannten ‚Gärten der Innenstadt'. [E. W./W. A.]
62. Dies scheint die bei Adadnarari I. bîbu genannte Anlage gewesen zu sein: AOB I, S. 102, Anm. 1. [E. W./W. A.]
63. Die in Abb. 71 a–d, 72 wiedergegebenen Ritzzeichnungen datieren wohl in die frühe Frühdynastische Zeit, also zu Beginn des 3. Jahrt. v. Chr. Zu dieser Zeit wurde auch der erste „Ischtar"-Tempel (Schicht H) errichtet. Die Gründung von Assur erfolgte zur gleichen Zeit wie Tell Billah (MJ 23, 1932/33, S. 249 ff.)

- Vielleicht gehen diese Städte auf das Konto der zu dieser Zeit aus dem Osten eingewanderten Churriter: *B. Hrouda*, Arch. Geogr. 7 (1958) S. 18. [Hrsg.]
64. Sie fehlen, weil die Gründung, wie oben schon angemerkt, erst im 3. Jahrt. v. Chr., also in der frühen Bronze-Zeit erfolgte.
65. Das Heiligtum der Ischtar ist älter als das des National-Gottes Assur, der zum ersten Mal während der altassyrischen Zeit in zeitgenössischen Quellen erscheint. Die Erwähnung des frühdynastischen Herrschers Uschpia als Erbauer des Assur-Tempels ist sekundär; Hinweis auf die Stadt findet sich aber jetzt in Ebla-Tell Mardich aus der frühdynast. Periode III a (jüngere Fara-Texte). [Hrsg.]
66. Es liegen aber die wichtigsten Tempel in Assur zusammen, abseits oder getrennt von der eigentlichen Stadt, die sich westlich und südlich davon erstreckte.
67. *W. Andrae*, Die Festungswerke von Assur, WVDOG 23 (1913), S. 164.
68. Zur frühesten Geschichte Assurs: *F. R. Kraus*, Könige, die in Zelten wohnten (Amsterdam 1965)
69. In der Frühdynastischen Zeit bestand bereits ein enger Kontakt mit Syrien, so nach den neuesten Ergebnissen in Ebla, aufgrund von Erwähnungen in den dort gefundenen Texten der Fara-Zeit. [Hrsg.]
70. Zum „churrischen Breitraum" s. Anm. 41.
71. Der Tempel G hat bis in die Akkade-Zeit bestanden, ist also wie W. Andrae schon vermutet hat, beim Guti-Einfall zugrunde gegangen. Akkadisch im Tempel sind die Tonhäuschen (vgl. *W. Khayata*, Der Altar im Alten Orient. Magisterarbeit Berlin FU 1968). Der Statuen-Torso auf Abb. 106, 107, 108, heute in Berlin, und die anderen Bruchstücke datieren ebenfalls in die Akkadische Zeit (vgl. *A. Moortgat*, Die Kunst des Alten Mesopotamien, Köln 1967, S. 55). Von Moortgat aber irrtümlicherweise dem akkadischen König Manischtusu zugeschrieben. Die Statue aus Assur ist unbeschriftet. [Hrsg.]
72. Die Zottenröcke als Schafspelze zu bezeichnen, ist wohl richtig, aber noch nicht zu beweisen. Die glatte „Außenseite" ist wohl eine ältere Trachtsitte! [Hrsg.]
73. Das bemalte Gipsstuckrelief, heute im British Museum, darf wohl nicht als Nachbildung eines Kultreliefs angesprochen und für die Rekonstruktion in der Kultnische des Tempels G herangezogen werden. Es handelt sich hierbei doch anscheinend um eine Frau oder Göttin auf einem Bett liegend. Nach der Art der Bemalung frühdynastisch I = Übergang von der Dschemdet Nasr- zur Mesilim-Zeit. [Hrsg.]
74. Zu den Tonhäuschen vgl. auch *E. Heinrich*, Bauwerke in der Altsumerischen Bildkunst (Wiesbaden 1957) S. 64ff.
75. Daß es sich hierbei um Räucherständer gehandelt habe, ist nicht gesichert. Es fehlen in der Regel Brandspuren. Wahrscheinlich haben sie oben Schalen getragen oder nahmen Libationen auf. [Hrsg.]
76. *P. Delougaz*, Pottery from the Diyala-Region, OIP 63 (1952) Taf. 172–174. *A. Parrot*, Le Temple d'Ishtar (Paris 1956) S. 214, Abb. 105.
77. Die Guti gelangten auch nach dem Süden und herrschten dort, bis sie von Utuchengal aus Uruk besiegt wurden, der sich dann wieder um Urnammu aus Ur beugen mußte (vgl. Fischer Weltgeschichte 2, 1965, S. 132f. [Hrsg.]
78. Zu den ältesten Herrschern von Assur s. Anm. 68.

79. W. Andrae, Die Archaischen Ischtar-Tempel in Assur, WVDOG 39 (1922) S. 108f. 106f. Taf. 63 u. 64.
80. W. Andrae, a.a.O. Taf. 60 oben.
81. Zu den Gräbern und Grüften von Assur: A. Haller, WVDOG 65 (1954).
82. A. Moortgat, Vorderasiat. Rollsiegel (Berlin 1940) Nr. 506–508. Alle drei zeigen den assyr-kappadokischen Stil, 506 ursprünglich wohl neusumerisch wurde in Kappadokien nachgeschnitten. Wichtigste assyrische Handelsstadt in Kappadokien war Külltepe, das antike Kanesch bzw. Nescha, die erste Hauptstadt der Hethiter. Literatur-Hinweise zu den türkischen Ausgrabungen unter T. Özgüç: B. Hrouda, HdArch, Vorderasien I (München 1971) S. 153. [Hrsg.]
83. W. Andrae, Die Archaischen Ischtar-Tempel, WVDOG 39 (Berlin 1922) S. 84ff.
84. Zu den Terrakotta-Reliefs: R. Opificius, ZA-Erg.Bd. 2 (1961)
85. Mit diesem Tempel hat das Haus offenbar nichts zu tun, auch nicht als archaischer Vorläufer, wie G. Martiny in „Gegensätze im bab. und ass. Tempelbau" (Abh. f. Kunde d. Morgenlandes 21, 1936, S. 14ff.) es glaubhaft machen wollte. [W. A.] – Im Grunde kann man die Theorien von G. Martiny heute ad acta legen. [Hrsg.]
86. Zu den Wohnhäusern in Assur jetzt: C. Preußer, WVDOG 64 (1955). Vgl. auch E. Heinrich, RlA IV (1973) S. 176ff. „Haus".
87. Zu den Churritern vgl. Anm. 41. S. auch Fischer Weltgeschichte 3 (1966) S. 128ff. u. A. Kammenhuber, Die Arier im vorderen Orient (Heidelberg 1968)
88. Inschrift des Iluschuma: ZA 43 (1936) S. 114ff. Die Inschriften der altassyr. Könige bei B. Meißner, E. Ebeling u. E. Weidner, AOB I (1926) [E. W.]
89. Eine Alabaster-Statuette dieser Zeit, Ass. 1737+1761 (MDOG 25, 1904, S. 30f.), stellt einen sitzenden Mann im Toga-Gewand dar. An der rechten Thronseite steht eine zwölfzeilige, sehr verwitterte Inschrift, die nach E. Weidner entweder auf Iluschuma oder auf Irischum zu beziehen ist. Die ebenfalls sehr verwitterte Figur ist im Gebiet des Assur-Tempels gefunden worden und noch nicht publiziert. [W. A.] (Vgl. E. Weidner, AfO 13, S. 159, dort auch die Kopie der Inschrift, sowie E. Strommenger, BaM 1, 1960, S. 78.)
90. Ass. 17 186 = VA 8835.
91. Vgl. S. 14 u. Anm. 82. Für die Regierungszeiten benutzen wir vor 1500 die Kurzchronologie.
92. Seine Familie stammte aus Tirqa = Tell Aschara am mittleren Euphrat. Er kam aber von Babylonien nach Assur, nachdem schon vor ihm dort ein Herrscher aus Eschnunna, Naramsin, regiert hatte. Zu den Inschriften des Schamschi-Adad I. B. Meißner, AOB I (1926) S. 22ff. L. Messerschmidt, KAH, 1. Heft, WVDOG 16 (1911) u. allgemein zu den assyrischen Königsinschriften R. Borger, HdO-Erg.Bd. 5, I. u. II. Teil (1964 u. 1973). Vgl. auch die Zusammenstellung von C. Wilcke auf S. 315ff. [Hrsg.]
93. Zum Assur-Tempel: A. Haller, WVDOG 67 (1955).
94. Eine Anzahl davon ist veröffentlicht in KAH, KAR und KAV (vgl. die Literaturaufstellung auf S. 315ff.). Es darf wohl angenommen werden, daß im Südwesthof der Sitz der Tontafelherstellung bzw. -aufbewahrung gewesen ist, wenigstens insoweit beide mit dem Assur-Tempel im Zusammenhang standen. Über ihre Einrichtung bleiben wir im dunkeln, da die Urkunden unordentlich verstreut lagen und meist beschädigt sind. Es sind dies literarische, historische und

baugeschichtliche Texte, Reste eines Brennofens im Tor nach Nordwesten liegen so hoch, daß man sie kaum mit der assyrischen Zeit in Beziehung setzen kann. [W. A.] (Vgl. dazu E. *Weidner*, AfO 12, 1937–39, S. 49 u. AfO 13, 1939–41, S. 159.)

95. *W. Schwenzner*, AfO 7 (1931–32) S. 239 ff. AfO 8 (1932–33) S. 34 ff. 113 ff. AfO 9 (1933–34) S. 41 ff.
96. Zum „churrischen" Breitraum s. Anm. 41
97. Zusammengestellt bei *G. Martiny*, Die Kultrichtung in Mesopotamien, Stud. z. Bauforschung 3 (Berlin 1932) S. 8. [W. A.]
98. Bei den hier erwähnten Diorit-Standbildern handelt es sich um Werke der Akkade-Zeit. Vgl. *A. Moortgat*, Die Kunst des Alten Mesopotamien, S. 55 f. u. Taf. 139–140. 143. Ferner *E. Strommenger*, BaM 1 (1960) S. 52 f. [Hrsg.]
99. Einige Königsstatuen könnten auf der Nordostspitze der Stadt beim Assur-Tempel gestanden haben, andere waren in Tempeln aufgestellt (vgl. Anm. 30). Nach KAV 42, Vs. I, 12 stand eine Statue Tiglatpilesars I. im Assur-Tempel, drei Königsstatuen standen im Anu-Adad-Tempel (a. a. O. Vs. II, 6.9), eine im Ischtar-Tempel (a. a. O. Vs. II, 29), zwei im Gula-Tempel (a. a. O. Vs. III, 6). [E. W./W. A.]
100. Die Einteilung in Hoch- und Tief-Tempel geht auf W. Andrae zurück: Das Gotteshaus und die Urformen des Bauens im Alten Orient, Studien z. Bauforsch. 2 (Berlin 1930). Man sollte diese Begriffe aber nur dann anwenden, wenn, wie es in späterer Zeit üblich war, am Fuße der Zikkurrat, neben den Treppen ein oder zwei Tempel lagen, die dann als Tief-Tempel zu bezeichnen wären, im Gegensatz zu dem oben auf der Zikkurrat befindlichen, dem Hochtempel, oder wie ihn Andrae auch genannt hat, Erscheinungstempel. Von Hoch- und Tieftempel kann wohl auch noch beispielsweise bei Anlagen wie in Babylon, Etemenanki und Esangila gesprochen werden, nicht aber bei den frühsumerischen Tempelbauten, wo in Eanna/Uruk V–IV Tempel zu ebener Erde gestanden haben, die keinen Bezug zu einer Hochterrasse hatten (vgl. *H. J. Lenzen*, ZA 49, 1950, S. 1 ff.). [Hrsg.]
101. Der Lehm ist rein, gelb und in trockenem Zustand sehr hart. Das Format $34^2 \times 10$ cm typisch für die Stadtmauer- und die anderen Tempelbauten (z. B. Sin-Schamasch) dieser Zeit der ersten Hälfte des 2. Jahrt. [W. A.] Vgl. *A. Haller*, WVDOG 67 (1955).
102. ZDMG 91 (1937) S. 50 ist darüber Näheres ausgeführt.
103. Dort hat nie ein Tieftempel gestanden, wohl aber ein Palast, an dem Salmanassar I. und vor allem Tukulti-Ninurta I. gebaut haben (s. Anm. 104). Vielleicht gehören ihm die Reste eines „monumentalen Baues des 2. Jahrt." an. Aus der in Anm. 104 zitierten Inschrift ergibt sich auch, daß die große Zikkurat bereits unter Tukulti-Ninurta I. dem Gotte Assur zugeeignet war. [E. W./W. A.]
104. *W. Schwenzner*, AfO 8, S. 35, Anm. 11. Eine noch ältere Erwähnung der Assur-Zikkurat ist für Arik-dēn-ilū (1319–1308) nachgewiesen: *D. O. Edzard*, Sumer 20 (1964) S. 49 ff. [Hrsg.]
105. Zur Entstehung und Ausbildung von Hochterrassen bzw. Zikkurrate s. *E. Heinrich*, Festschrift A. Moortgat (Berlin 1964) S. 113 ff. u. *H. J. Lenzen*, IrAn 6 (1966) S. 25 ff. [Hrsg.]
106. Zur Treppenführung assyrischer Tempeltürme vgl. Anm. 34.

107. Verwandt mit der Anlage von Kar-Tukulti Ninurta ist der ältere Tempel von Tell Rimah (vgl. die Anm. 34 und E. Heinrich, Propyl. Kunstgesch. Bd. 14, Berlin 1975, S. 263). [Hrsg.]
108. In der Abb. 37 rekonstruierte aber W. Andrae vor der Zikkurrat einen ‚babylonischen' Treppenaufgang, vgl. auch Anm. 34.
109. V. Place, Ninive et l'Assyrie I (Paris 1867) S. 137 ff. u. A. Parrot, Assur (München 1961) S. 11 u. Abb. 13
110. Die E. Ungersche, mehrfach wiedergegebene Ergänzung der Zikkurrat des Marduk in Babylon, des babylonischen Turmes, setzt oben auf den hohen Unterbau, der über die drei nachgewiesenen Südfronttreppen erstiegen wird, eine Wendeltreppe, die durch nichts erwiesen ist, außer durch Herodots auch ganz anders deutbaren ἐν κύκλῳ-Aufweg, der bei Benjamin von Tudela „in gyrum" gehen soll. Keinesfalls beginnt die Wendeltreppe ganz unten, wie es in Dur-Scharrukin der Fall sein soll. [W. A.] Zu modernen Rekonstruktionen der Zikkurrat von Babylon vgl. das Modell in Berlin, Staatlich. Museen: F. Wetzel-F. H. Weißbach, WVDOG 59 (1938) Taf. 17. Zu den überlieferten Darstellungen in der europäischen Malerei: R. Fritz, MDOG 71 (1932) S. 15 ff. Zur Verbreitung vgl. die Karte bei M. A. Beek, Bildatlas der assyrisch-babylonischen Kultur (Gütersloh 1961) S. 151, Karte 21. [Hrsg.]
111. z. B. F. Thureau-Dangin, Rituels Accadiens (Paris 1921). B. Landsberger, Der Kultische Kalender der Babyl. u. Assyrer, LSS VI (1915). A. Falkenstein, Topographie von Uruk (Leipzig 1941) S. 27 ff. Herodot I, 181–182.
112. Die Hochterrasse in Eridu läßt sich bis in die frühe Obed-Zeit zurückverfolgen. Auch die sogenannte Anu-Zikkurrat von Uruk dürfte so alt sein (vgl. J. Schmidt, BaM 5, 1970, S. 52 ff.). Die Datierung des Weißen Tempels in die späte Dschemdet Nasr- bzw. frühe Frühdynastische Zeit durch H. J. Lenzen, in erster Linie mit einer datierenden, von ihm als Dschemdet-Nasr-Scherbe angesprochenen, muß wohl aufgegeben werden: MDOG 83 (1951) S. 1 ff. [Hrsg.]
113. Vgl. dazu C. Preußer, Die Paläste von Assur, WVDOG 66 (1955). Bis zum Erscheinen dieser Publikation war die mittelassyrische Anlage unbekannt a. a. O. Taf. 4.
114. Der ‚Urplan' läßt sich wohl in die Akkade-Zeit datieren a. a. O. S. 6 ff. und A. Moortgat, Die Kunst des Alten Mesopotamien, (Köln 1967) S. 52 f. Für die Kunst der Akkade-Zeit jetzt P. Amiet, L'art d'Agadé au Musée du Louvre (Paris 1976). [Hrsg.]
115. Zu der Periodeneinteilung s. die Tabelle S. 13. Jungassyrisch bei W. Andrae entspricht hauptsächlich der Epoche Assurnasirpals II. und seines Sohnes Salmanassars III. im 9. Jahrh. Eine Untergliederung der Neuassyr. Zeit in 5 Phasen findet sich bei E. Strommenger, ADOG 15 (1970) S. 32 f. [Hrsg.]
116. Vgl. Anm. 92.
117. Neue Publikation: A. Haller, Die Heiligtümer des Gottes Assur und der Sin-Šamaš-Tempel in Assur, WVDOG 67 (1955)
118. AOB I, S. 29 u. KAH II, WVDOG 37 (1922) S. 19 – E. Weidner, MVAeG 26 (1921) S. 65. – Dieser Assurnarari nennt sich auch „Erbauer des Tempels des Enlil šipria" und „Erneuerer des umschlossenen Vorhofes", beides Bauten, die man an der großen Zikkurrat und am Assur-Tempel vermuten darf, die aber durch die Ausgrabung nicht ermittelt sind. [W. A.]

119. Zu den Straßen und Plätzen vgl. *J. Schmidt*, BaM 3 (1964) S. 140ff.
120. *G. Martiny*, Die Kultrichtung in Mesopotamien, Studien z. Bauforschung 3 (Berlin 1932)
121. *Ders.*, Abh. f. d. Kunde d. Morgenl. 21, (1936) S. 1ff. Dagegen *W. Andrae-A. v. Haller*, ZDMG 91 (1937) S. 49ff.
122. Der Sin-Schamasch-Tempel des Assurnarari I. (1518–1493) wäre nach wie vor die älteste assyrische Anlage mit Vorzella als Breit- und Hauptzella als Langraum.
123. Dieses geht hervor aus Sinscharischkuns Bauinschriften bei *F. M. Th. Böhl*, Mededeelingen uit de Leidsche Verzameling van Spijkerschrift-Inscripties III (Amsterdam 1933), S. 35, Z. 31ff. [E. W./W. A.]
123a. Eine neue Betrachtung und Ordnung der Beamten-Stelen bei *C. Saporetti, Assur I, 2 (1974) S. 1ff.*
124. Frühe Stelen mit Bildern (Frühdynast. II) fanden sich in Nordostsyrien auf dem Dschebel el-Beidha: *U. Moortgat-Correns*, Die Bildwerke vom Djebelet el Bēḍā (Berlin-New York 1972).
125. Nach *E. Strommenger*, ADOG 15 (1970) S. 11f. 10. Jahrh. v. Chr. oder früher.
126. Veröffentlichung: *W. Andrae*, Die jüngeren Ischtar-Tempel, WVDOG 58 (1935). Die weiter unten von W. Andrae geprägte Charakterisierung Tukulti-Ninurtas I. als einen „unruhigen Feuergeist" wird von *E. Weidner* in seiner Besprechung AfO 13, S. 160 abgelehnt. Andrae hat sie von der gewaltsamen Bautätigkeit dieses Herrschers abgeleitet. Zu den Inschriften Tukulti-Ninurtas I.: *E. Weidner*, AfO-Beih. 12 (1959). [Hrsg.]
127. Die Stellung der Ischtar Dinitu ist noch unklar.
128. Zwar ist dicht dabei ein ungeheures Lehmgebilde vorgefunden worden, es lag jedoch auf einem höheren, späteren Fußboden und gehört nicht auf die Platte. Man kann es als Phallus deuten: *W. Andrae*, WVDOG 58 (1935) S. 34 u. Taf. 15. [W. A.]
129. a. a. O. Taf. 35. 38. S. 87, Abb. 69.
130. a. a. O. S. 57ff.
131. In die gleiche Zeit gehört die reliefierte Steinscheibe, Deckel, VA 7989 Abb. 137 [W. A.]
132. So wird das nicht verbrauchte Weihwasser, der konsekrierte Wein noch heute der Erde feierlich in einem Brunnenschacht zurückgegeben. [W. A.]
133. *W. Andrae*, WVDOG 58 (1935) S. 76ff. u. *M. Falkner-B. Hrouda*, RlA III, S. 297ff.
134. Übersetzungen bei *B. Meißner, E. Ebeling, E. Weidner*, Die Inschriften der altassyrischen Könige, AOB I (1926) S. 88ff. u. Literaturverzeichnis auf S. 316.
135. *W. Andrae*, WVDOG 58 (1935) Taf. 26b. [W. A.]
136. *C. Preußer*, Die Paläste in Assur, WVDOG 66 (1955) S. 30f.
137. *W. Andrae*, Die Festungswerke von Assur (Text) WVDOG 23 (1913) S. 164f. [W. A.]
138. Näheres darüber: *W. Andrae*, WVDOG 58 (1938) S. 104ff., Taf. 45–47. [W. A.]
139. S. dazu jetzt: *C. Preußer* a. a. O. Taf. 25–26 (Ass. 10015/18=VAAss. 981).
140. *W. Andrae*, Kultrelief aus dem Brunnen des Assur-Tempels zu Assur, WVDOG 53 (1932), (Ass. 17566 = VAAss. 1358). [W. A.]
141. Wohl nicht kassitisch sondern churrisch-mitannisch, vgl. *A. Moortgat*, Die Kunst des Alten Mesopotamien (Köln) S. 115f.

142. Vgl. Abb. 147–149 u. S. 122. Zu den Inschriften Salmanassars I. AOB I, S. 110 ff.
143. Zur assyrischen Königsliste: *I. J. Gelb*, JNES 13 (1954) S. 209 ff. u. *F. Schmidtke*, Der Aufbau der babylonischen Chronologie (Münster 1952)
144. Die Tonknäufe mit der Bauinschrift Salmanassars I. sind nicht alle zu Bruch gegangen. Ein komplett erhaltenes Exemplar ist Ass. 1803 = AOB I, S. XXXII f. [E. W.]
145. AOB I, S. XXVII u. 71 ff. Ferner WVDOG 23 (1913) S. 161.
146. z. B. schon Irischum I. (Ass. 17747 = KAH II, 5 = WVDOG 23, S. 63, Taf. LXXXV), der „den mušlalu des Assur" baut. Dann Adadnarari I. (Ass. 781 = KAH I, 66 = WVDOG 23, S. 63. Taf. LXXXVIII), der vom „mušlalu des Tempels Assur" spricht. Dazu *E. Weidner*, AOB I, S. 67 f. [W. A.]
147. AOB I, S. 42 f.
148. *E. Weidner* hält AfO 13 (1939–41) S. 160 diese Darstellung für „schwerlich zutreffend", da die Anlage der neuen Residenz gewiß erhebliche Zeit nach dem Sieg über Babylon erfolgt sei und Angst und Mißtrauen des Gewaltherrschers zu ihr geführt habe. Dagegen scheint nach W. Andrae die Sorgfalt der Ausführung zu sprechen, z. B. die Wandmalereien des Palastes (*W. Andrae*, Farbige Keramik aus Assur, Taf. 1–4). Für Andraes Auffassung spricht auch die Angleichung des Tempelgrundrisses an den babylonischen, hier Abb. 117. [E. W./W. A.] Eine nachträgliche Bearbeitung erfährt diese Ausgrabung durch T. Eickhoff in einer Magisterarbeit an der FU-Berlin. [Hrsg.]
149. Wie lange Kar-Tukulti-Ninurta bewohnt war, läßt sich nicht sagen, jedenfalls „wohnten" unter Tiglatpilesar I. die Götter von Kar-Tukulti-Ninurta bereits in Assur (vgl. *K. F. Müller*, MVAeG 41, 3, 1937, S. 16, Z. 40 f., wo gewiß zu übersetzen ist: „Die Götter von Kar-Tukulti-Ninurta sind [jetzt] in der Stadt Assur ansässig"). Bemerkenswert ist andererseits, daß noch die Eponymen Ili-ittija (804 v. Chr.) und Adad-bêla-ukīn (748. 738 v. Chr.) sich in ihren Steleninschriften (*W. Andrae*, Stelenreihen, S. 47 f., Nr. 37 u. 38) als „Statthalter von Kar-Tukulti-Ninurta" bezeichnen. Die Stadt muß also damals noch bewohnt gewesen sein und kann jedenfalls keine nebensächliche Rolle gespielt haben. Die Tontafeln, die in Kar-Tukulti-Ninurta gefunden wurden (größtenteils unpubliziert), stammen allerdings, soweit es *E. Weidner* feststellen konnte, sämtlich aus der Zeit Tukulti-Ninurtas I. Die Stadt wird noch erwähnt: KAR III, Nr. 139 (Ass. 14462 = VAT 15421), Rs. 10. KAJ 129, 11 (Eponym: ^{m}Ta-[ḫu-l] u). VAT 8722, Vs. 6 (AfO 13, S. 122 f. u. Taf. VII, Eponym: ^{m}kaš-ti-li-a-šu). [E. W.]
150. Teile davon sind in: *W. Andrae*, Farbige Keramik aus Assur (Berlin 1923) Taf. 1–4 veröffentlicht. [W. A.]
151. *R. Koldewey*, Tempel von Babylon und Borsippa, WVDOG 15 (1911) Taf. XII.
152. *W. Andrae* u. *J. Jordan*, Iraq 1 (1932) Aus altbabylonischer Zeit jetzt auch Tell Rimah: *D. Oates*, Iraq 29 (1967) S. 70. Iraq 30 (1968) S. 115 ff.
152a. Vgl. die Luftaufnahme von *G. Gerster*, Bild der Wissenschaft (1975) S. 70 f.
153. TA. 350 = VA 8253 = KAH II, S. 31 ff. [W. A.]
154. Die Anlage der Treppe und ihr Verlauf ist nach wie vor unklar. Am wahrscheinlichsten ist aber wohl, daß man den Turm wie in Tell Rimah über die Dächer des „Tieftempels" bestieg. Ein gesondertes Treppenhaus scheint daher nicht notwendig gewesen zu sein. Die Anlage hinter der Zikkurrat muß wohl anders gedeutet werden. Vgl. auch Anm. 34. [Hrsg.]

155. Einige Kleinfunde sind zitiert u. abgebildet in: WVDOG 58 (1935) S. 104 ff. Farbige Keramik (Berlin 1923) Taf. 5
156. Vgl. Anm. 149.
157. Herdhaus = churrischer Breitraum = Knickachsanlage, s. dazu Anm. 41. Zu den grundsätzlichen Unterschieden zwischen babylonischen und assyrischen Wohnhäusern Anm. 15.
158. Vgl. A. Haller, WVDOG 67 (1955)
159. Vgl. A. Haller, WVDOG 65 (1954)
160. Vgl. R. Koldewey, Das wiedererstehende Babylon (Leipzig 1925[4]) S. 265 ff. O. Reuther, WVDOG 47 (1926) u. E. Strommenger, BaM 3 (1964) S. 157 ff.
161. Vgl. E. Ebeling, Tod und Leben nach den Vorstellungen der Babylonier (Berlin/Leipzig 1931). Bei den Assyrern scheint die Beziehung der Lebenden zu ihren Toten stärker als bei den Babyloniern ausgebildet gewesen zu sein. Auch der Hang, in der Heimat bestattet zu werden (Überführung der Toten aus Kanesch nach Assur) bzw. an einem bestimmten dafür vorgesehenen Platz (Alter Palast als Begräbnisstätte der assyrischen Könige bis Sanherib) findet sich bei den Assyrern. [Hrsg.]
162. Also nicht wie G. Martiny, Abh. f. d. Kunde des Morgenlandes 21 (1936) S. 1 ff. es glaubhaft zu machen versucht, vom schmalen Gang in der Mitte aus, der nach ihm auch von Nordwesten her einen Zugang gehabt haben soll, d. h. von außen; eine unwahrscheinliche Annahme, die in der Ruine durch nichts gerechtfertigt ist. [W. A.]
163. W. Andrae, WVDOG 10 (1909) Taf. VIII, mit zweifellos unrichtiger Ergänzung der Zikkurrate, ist überholt. [W. A.] Bei der hier abgebildeten Rekonstruktion meint man noch eine Ähnlichkeit mit dem Turm von Babylon in der Ergänzung nach Koldewey zu erblicken. Die Hochtempel scheinen etwas zu breit geraten zu sein. [Hrsg.]
164. Vgl. die Abb. 51, die den Brunnen noch im Hofe der Zeit Salmanassars III. (2. Hälfte 9. Jahrh.) zeigt. [W. A.]
165. Jetzt im Britischen Museum, BM 91034 u. 91033. [W. A.] Mit ihrem Inhalt wurde 1857 die Probe aufs Exempel gemacht, ob die bisherigen Entzifferungen der Keilschrift durch G. F. Grotefend und H. C. Rawlinson stimmten. Vier gleichlautende Abschriften des Tiglatpilesar I.-Text wurden den damals besten „Assyriologen" Rawlinson, Hincks, Talbot und Oppert in London von der mit dem Auftrag an die „Sachverständigen" getrennt voneinander, also ohne gegenseitige Beeinflussung Übersetzungen vorzunehmen. Das Ergebnis von nahezu gleichlautenden Übersetzungen war die Bestätigung, daß die Entzifferung der Keilschrift vor allem durch die Vorarbeiten Grotefends und Rawlinsons gelungen war. (Vgl. dazu J. Friedrich, Entzifferung verschollener Schriften und Sprachen, Berlin/Heidelberg 1954).
166. Das mittelassyrische Gesetz ist, wie E. Weidner, AfO 12 (1937–39) S. 46 ff. nachgewiesen hat, in der Zeit Tiglatpilesars I. geschrieben worden. Veröffentlicht ist es (abgesehen von den von Weidner aufgefundenen neuen Fragmenten) von O. Schroeder, KAV, WVDOG 35 (1920) Nr. 1 ff. [B. M.]
Vgl. auch H. Ehelolf u. P. Koschaker, Ein altassyrisches Rechtsbuch (Berlin 1922) und RlA III „Gesetze".
167. Vgl. Anm. 20 u. 134.

168. s. die Tabelle S. 13 u. Anm. 115. Zu Assurnasirpal II. und seinem Sohn s. *W. G. Lambert*, Iraq 36 (1974) S. 103 ff.
169. Von Tukulti-Ninurta II. ist jetzt auch eine Siegesstele bekannt. Sie wurde in Tell Aschara (antik Tirqa) entdeckt und nimmt auf seinen Kriegszug gegen die Aramäer von Laqê Bezug. Gute Abbildung bei *H. Schmökel*, Ur, Assur und Babylon (Stuttgart 1962⁶) Taf. 83. [Hrsg.]
170. *J. Meuszyński*, Archäol. Anz. (1976), S. 423 ff. Vgl. dazu: *B. Hrouda*, Die Kulturgeschichte des assyrischen Flachbildes (Bonn 1965) u. *T. Madhloom*, The Chronology of Neo-Assyrian Art (London 1970).
171. Nicht von Assurnasirpal II., sondern von einem späteren König, Asarhaddon oder Assurbanipal (1. Hälfte 7. Jahrh.), vgl. Anm. 20. [Hrsg.]
172. Der Ziegel Ass. 81 und vielleicht die Bruchstücke Ass. 1443. 2058 u. 13 323 sind dicke Mauerziegel des Formats $36 \times 36 \times 12$ cm = KAH I, 46. [W. A.] Inschrift: Ekal tap-šu-uh-ti/šu-bat da-rat/bīt kim-ti šur-šu-du/ša ^{Id} Šin-aḫḫē ^{meš}-erība/šarri$_2$ dan-nu šar$_2$ kiššati$_3$ šar$_2$ māt Aš-šur. [C. W.] Ziegel Ass. 1870 hat das Format $35 \times 35 \times 11$ cm (dazu Ass. 272. 990. 1556) = KAH I, 47. [W. A.] Inschrift: Ekal ṣa -la-li / kimaḫ tap-šu-uh-ti / šu-bat da-ra-a-ti / ša^{eld} Sin-ahhē$_2$^{mes}-erība šar$_2$ kiššati$_3$ māt Aš-[sur]. [C. W.]
173. Zu den Grüften: *A. Haller*, WVDOG 65 (1954) S. 170 ff. Aus dem Grabungsbefund läßt sich folgende Abfolge der Grüfte ermitteln:
I+III (älteste Grüfte; III = Assur-bêl-Kala 1074–1057)
IV = unbekannter Herrscher
V = Assurnasirpal II. (884–858)
II = Schamschi Adad V (824–811)
VI = Sanherib ? (705–681) [Hrsg.]
174. Folgende „Lamassu"-Typen lassen sich bisher unterscheiden, so vor allem nach den Ausgrabungen von Sir Max E. L. Mallowan in Nimrud.
Der am häufigsten zu belegende Typ Nr. 1 setzt sich zusammen aus Stierkörper mit Flügeln und Menschenkopf.
2. Geflügelter Löwenkörper mit Menschenkopf.
3. Geflügelter Stierkörper mit Menschenkopf u. „Fischmütze".
4. Geflügelter Löwenkörper mit menschl. Oberkörper u. Kopf.
5. Löwen.
Zur Bezeichnung „Lamassu-Schedu" *W. v. Soden*, BaM 3 (1964) S. 148 ff.
175. Sie lauten:
Aššur-nāsir-apli, šar kiššati šar māt Aššur
apil Tukultī-Ninurta šar kiššati šar māt Aššur
apil Adad-narārī šar kiššati šar māt Aššur [C. W.]
Der Großvatername Adadnarāri fällt bisweilen fort. Die Schreibweise variiert. [W. A.]
176. Nach *A. Haller*, WVDOG 65, S. 176 ff.
177. *W. Andrae*, WVDOG 23 (1913) insbesondere auf S. 21 ff. 45 ff. u. 99 ff.
178. s. dazu die Zusammenstellung auf S. 323.
179. Zu den Straßen in Assur *J. Schmidt*, BaM 3 (1964) S. 140 ff.
180. Bei diesen Pfeilspitzen handelt es sich um sog. skythische Pfeilspitzen (vgl. *R. M. Boehmer*, Die Kleinfunde aus Boğazköy, WVDOG 87, 1972, S. 109 ff.) Sie könnten von den Medern stammen, die Assur eingenommen haben. [Hrsg.]

181. W. Andrae, WVDOG 23, Taf. LXXVIII.
182. Lesung bzw. Schreibung nach B. Meissner, AOB I, S. 19, Anm. 5. Sikkatu = Nagel. Die ältesten Sikkatu mit Platten datieren in die Frühdynast. Zeit (3. Jahrt. v. Chr.). Vgl. J. Boese, Altmesopotamische Weihplatten, ZA-Erg. Bd. 6 (1971). Es bleibt aber zu fragen, ob die Weihplatten der Mesilim und Ur I-Zeit Verwandte der späteren Sikkatu waren. Die letzteren scheinen, wie auch W. Andrae schon festgestellt hat, ursprünglich zum Befestigen von Wandbehängen gedient zu haben (vgl. dazu die Löcher in dem Thronsaal des Palastes von Mari, HdArch. Vorderasien I, S. 157f.). Eine derartige Verwendung läßt sich hingegen für die älteren Weihplatten mit ihren Nägeln nicht voraussetzen. [Hrsg.]
183. s. S. 168
184. Im Berliner Museum, Vorderasiatische Abteilung (Staatliche Museen zu Berlin, Vorderasiatisches Museum) Saal 12, sind eckige und runde glasierte Knauffliesen aus Assur zu Reihen zusammengestellt. Sie bilden Wandfriese in Übermannshöhe. An ihre Stelle können gemalte Friese treten, welche solche Knauffliesen darzustellen scheinen, so z. B. in Til Barsib u. Chorsabad: A. Parrot, Assur (München 1961) S. 266f. Abb. 342–343. [W. A.]
185. W. A. Budge, Assyr. Sculpt. in the British Museum (London 1914) Taf. VII, 2. VIII. IX veröffentlicht eine ähnliche Steinkiste Assurnasirpals II. aus Balawat, die zwei Steintafeln mit Inschrift enthielt. [W. A.]
186. W. Andrae, WVDOG 23 (1913) S. 37f. Abb. 34. (Blatt 13). E. Strommenger, ADOG 15 (1970) S. 16f. Abb. 5. Taf. 6a.
187. W. Andrae a. a. O. S. 38. Abb. 38. (Blatt 14). E. Strommenger a. a. O. S. 15.
188. Vgl. Anm. 54.
189. Inschrift: E. Michel, WdO I (1947–52) S. 57ff. Aus ihr geht klar hervor, wie E. Weidner schon festgestellt hat, daß das Tabira-Tor der ursprüngliche Standort der Statue war. Vgl. auch Anm. 9.
190. Vgl. S. 188
191. s. S. 75.
192. Einer davon im Berliner Museum, VA 8364 = Ass. 10 201; ein weiterer, Ass. 14 623 in Istanbul. [W. A.]
193. KAV I, 42, Rs. Z. 6. KAH II, 98. MDOG 48 (1912) S. 27. W. Andrae, WVDOG 58 (1935) S. 114. Taf. 32 b–c. [W. A.]
194. Abgebildet: W. Andrae a. a. O. Taf. 59.
195. Teile dieses Knauf- und Ziegelfrieses befinden sich im Vorderasiatischen Museum zu Berlin, Saal 12. Auf hellblauem Grund große geränderte, gelbe Rosetten, in deren Mitte die Knäufe mit hellblauweiß glasierten Köpfen stecken. [W. A.]
196. E. Weidner, AfO 3 (1926) S. 1ff. AfO 13 (1939–41) S. 160 und hier Anm. 28.
197. s. S. 77 nach der Haartracht etwas älter!
198. In einer Inschrift aus Ninive (K. 1356) sagt er, er habe es „wieder eingeführt". Vermutlich war der in Assyrien gar nicht zuständige Brauch nach Tukulti-Ninurta I. wieder eingeschlafen. [W. A.]
199. Zum Festhaus: A. Haller, WVDOG 67 (1955) S. 74ff. Vgl. auch J. N. Postgate, Sumer 30 (1974) S. 51ff.
200. Vgl. A. Moortgat, Tammuz (Berlin 1948) S. 138.
201. Vgl. dazu W. Andrae, Alte Feststraßen im Nahen Osten, 10. Sendschrift der DOG (Stuttgart 1964²)

202. Zum Assur-Tempel: *A. Haller*, WVDOG 67, S. 6ff.
203. Zum Prinzen- oder Kronprinzenpalais vgl. jetzt *C. Preußer*, Die Paläste in Assur, WVDOG 66 (1955).
204. Vielleicht nach urartäischen Vorbildern errichtet (s. *B. Hrouda*, Bonner Jahrbücher 164, 1964, S. 24f. [Hrsg.]
205. Dazu s. die Zusammenstellung auf S. 323.
206. *W. Andrae*, WVDOG 23 (1913) S. 108ff.
207. s. S. 206f.
208. Wohl keine Bildhauermodelle, dafür sind sie zu gut und mit allen Einzelheiten ausgeführt. [Hrsg.]
209. *W. Bachmann*, Assyrische Felsreliefs, WVDOG 52 (1927).
210. Alabastertafel Ass. 900 (Bau des Dûru) sowie die Prismenfragmente Ass. 825 c. 6707. 19 286 u. 19 393 (vgl. auch KAH I, Nr. 75, Rs. 4. KAR I, Nr. 55, Rs. I u. KAR III, Nr. 122, Rs. 14). *E. Nassouhi*, MAOG III, 1–2 (1927) S. 26. Z. 40. [E. W.]
211. *W. Andrae*, WVDOG 58 (1935) Taf. 54a.
211a. Vgl. dazu *E. Heinrich-U. Seidl*, MDOG 99 (1968) S. 5ff.
212. Für Sin-schar-ischkun vgl. auch KAV 171, ferner den Text Ass. 1328 = VAT 9948. Über den Neubau des Nabû-Tempels wird ausführlich in der Bauinschrift Sin-schar-ischkuns berichtet, die *F. M. Th. Böhl*, Mededeelingen uit de Leidsche Verzameling van Spijkerschrift-Inscripties III (1933) S. 33ff. behandelt hat. Darin heißt es, daß zuletzt Adadnarari III. (811–781) das Heiligtum erneuert hatte. Es war dann so gründlich verfallen, daß Nabû und Taschmêtu im „Tempel der Ischtar von Assur" wohnen mußten. Sin-schar-ischkun baute den Nabû-Tempel neu auf und führte Nabû und Taschmêtu zurück. Daraus ergibt sich, daß der nördliche Teil des Tempelkomplexes, dessen Plan W. Andrae auf S. 234 gibt, der Ischtar von Assur geweiht war und zunächst allein bestand (wohl schon von einem Vorgänger Sin-schar-ischkuns gebaut). Der größere südliche Teil wurde später als Heiligtum des Nabû und der Taschmêtu angefügt. [E. W.]. *J. N. Postgate*, Sumer 30, S. 51ff. bezweifelt aber das Vorhandensein einer Ischtar-Zella zugunsten seiner bīt akītu-Idee. [Hrsg.]
213. Die fünfzig Steinurkunden mit den Inschriften assyrischer Könige sind gewiß in die Pflaster und Fundamente des Tempels A eingemauert worden, weil der Erbauer des Tempels die in den Fluchformeln der Inschriften angedrohte Rache der Götter fürchtete, wenn er die Tafeln ohne Schutz in den Ruinen der zerstörten Stadt liegen ließ. [E. W.]
214. Zu gemalten Knauffliesen vgl. Anm. 184.
215. Ein Teil davon ist farbig dargestellt in: *W. Andrae*, Farbige Keramik aus Assur (Berlin 1923) Taf. 31–36.
216. Z. B. kurz vor Erscheinen der 1. Auflage (1938) von *H. Körtings* Werkstatt, in der die babylonischen Schmelzfarbenflächen in den Berliner Museen ergänzt wurden. [W. A.]
217. Schon altbabylonisch beispielsweise in Isin (vgl. Sumer 1977) [Hrsg.]
218. Wohl nicht identisch mit Kainai bei Xenophon, Anabasis II, 4. 28; denn es gibt ja keine Anzeichen für eine Besiedlung in Assur um diese Zeit des 5./4. Jahrh. v. Chr. *R. D. Barnett* setzt Kainai mit Tekrit, südlich von Assur, gleich: JHS 83 (1963) S. 25. [Hrsg.]

219. R. *Koldewey* u. F. *Wetzel*, Die Königsburgen in Babylon I, WVDOG 54 (1931) S. 110. 112. Bd. II, WVDOG 55 (1932) S. 2f. 5. 12. 42. [W. A.]
220. Ob die Iwane die ‚Bergvölker' mitgebracht haben, ist fraglich. Diese Architekturform könnte auch in seleukidischer Zeit in Mesopotamien entstanden sein. (Vgl. *E. Heinrich-U. Seidl*, MDOG 99, 1968, S. 36ff.) [Hrsg.]
221. *W. Andrae*, Hatra I u. II (WVDOG 9 u. 21, 1908. *Fuad Safar-Muhammed A. Mustafa*, Hatra, The City of the Sun-God (Baghdad 1974) arabisch.
222. Das Nähere findet sich bei *W. Andrae-H. J. Lenzen*, Die Partherstadt Assur, WVDOG 57 (1933). [W. A.]
223. a. a. O. S. 8ff.
224. a. a. O. S. 53 ff. 68 f. 86 ff.
225. a. a. O. S. 91 ff.
226. a. a. O. 105 ff.
227. a. a. O. S. 105 f. Taf. 59. Alle drei befinden sich in Istanbul. [W. A.]
228. MDOG 22 (1904) S. 51 u. MDOG 60 (1920) S. 23.
229. *W. Andrae-H. J. Lenzen*, WVDOG 57 (1933) S. 89f. Taf. 4
230. a. a. O. S. 58 ff.
231. a. a. O. S. 70 f.
232. *P. Jensen*, MDOG 60 (1920) S. 31 ff. Deutet das Vertauschen der Namen auf die Heilige Hochzeit hin?
233. Den Griechen war die Säulenhalle das, was im Orient das Tor war: Ort für die Abwicklung von Geschäften aller Art, vornehmlich von Rechtsgeschäften. Das dem Palast vorgelegte Peristyl ist ein ‚Torbau' im griechischen Gewande. [L. T.]
234. Der Iwan hat später in der iranischen Architektur eine dominante Rolle gespielt. Es ist jedoch fraglich, ob diese Bauform in Iran entstanden ist. Wahrscheinlich ist, daß sie aus Formen und Anregungen geschaffen wurde, die im Zweistromland und in Syrien zu suchen sind. Vgl. Anm. 220. [L. T.]
235. *J. Jordan-C. Preußer*, Uruk-Warka, WVDOG 51 (1928).
236. z. B. *W. Andrae-H. J. Lenzen*, WVDOG 57, S. 69. Abb. 38.
237. Dargestellt a. a. O. Taf. 61.
238. *M. Rostovtzeff*, Dura-Europos and its Art (Oxford 1938) Taf. XIII–XVII.
239. *W. Andrae-H. J. Lenzen*, WVDOG 57, Taf. 58 e.
240. *W. Andrae*, Hatra II, WVDOG 21 (1912) Taf. XVII–XVIII. *F. Safar-M. Ali*, Hatra, S. 60 ff.
241. Hier gräbt jetzt eine italienische Mission aus Turin: *J. N. Postgate*, Iraq 35 (1973) S. 195 f. u. Iraq 37 (1975) S. 61 f.
242. *D. Schlumberger*, Der Hellenisierte Orient, Kunst der Welt (Baden-Baden 1969)
243. *W. Andrae*, Hatra II, WVDOG 21, S. 75ff.
244. *Stephanus Byzant.* bezeichnet Ἄτραι (Hatra) als der „Stadt Libanae in Syria" benachbart. Vgl. *C. Ritter*, Erdkunde von Asien VII, 1 (1844) S. 125. [W. A.]
245. *W. Andrae-H. J. Lenzen*, WVDOG 57 (1933) S. 102ff. Taf. 55–56.
246. Zur Chronologie s. die Literaturangaben auf S. 320.
247. Vgl. dazu: *W. Andrae*, Lebenserinnerungen eines Ausgräbers (Berlin 1961) S. 143 ff.
248. Heute wohnen nördlich von Assur die Nachkommen der in Assur tätig gewesenen Arbeiter, die sich stolz Schergâti nennen und als solche die Spezialarbeiten in den meisten Ausgrabungen des Iraq verrichten.

Bibliographie zu den Keilschrifttexten aus Assur

(in Auswahl)

Die Titel der Sekundärliteratur behandeln fast immer auch Textmaterial, das nicht aus Assur stammt. – Zu allen angeführten Titeln ist grundsätzlich heranzuziehen: R. Borger, Handbuch der Keilschriftliteratur I–II. Berlin 1967; 1975. Dort findet man (oft erheblich) weiterführende Literatur. [C. W.]

W. Andrae, Die Stelenreihen in Assur, WVDOG 24 (1913).
W. Andrae, Hethitische Inschriften auf Bleistreifen aus Assur, WVDOG 46 (1924).
W. Andrae, Anu-Adad-Tempel, Archaische Ischtar-Tempel, Farbige Keramik, Festungswerke, Jüngere Ischtar-Tempel: zu den dort veröffentlichten Inschriften s. bei R. Borger, HKL I und II.
E. Ebeling, Keilschrifttexte aus Assur juristischen Inhalts, WVDOG 50 (1927).
E. Ebeling, Keilschrifttexte aus Assur religiösen Inhalts, WVDOG 28. 34 (1919.1920).
E. Ebeling, Parfürmrezepte und Kultische Texte aus Assur = OrNS 17, 1948, 129 ff.; 299 ff; 18, 1949, 404 ff; 19, 1950, 265 ff.
E. Ebeling-F. Köcher, Literarische Keilschrifttexte aus Assur (Berlin 1953).
H. Freydank, Mittelassyrische Rechtsurkunden und Verwaltungstexte. Vorderasiatische Schriftdenkmäler NF 3. 1977.
A. Haller, Gräber und Grüfte, Heiligtümer: s. bei R. Borger, HKL zu den Texten dort.
F. Köcher, Die babylonisch-assyrische Medizin I–IV (Berlin 1963–1971).
F. Köcher, Keilschrifttexte zur assyrisch-babylonischen Drogen- und Pflanzenkunde (Berlin 1955).
M. Lidzbarski, Altaramäische Urkunden, WVDOG 38 (1921).
L. Matouš, Die lexikalischen Tafelserien der Babylonier und Assyrer in den Berliner Museen I (Berlin 1933).
L. Messerschmidt, Keilschrifttexte aus Assur historischen Inhalts. 1. Heft, WVDOG 16 (1911).
E. Nassouhi, Textes divers relatifs à l'histoire de l'Assyrie, MAOG 3/1–2 (1927).
O. Schröder, Keilschrifttexte aus Assur historischen Inhalts. 2. Heft, WVDOG 37 (1922).
O. Schröder, Keilschrifttexte aus Assur verschiedenen Inhalts, WVDOG 35 (1920).
W. von Soden, Die lexikalischen Tafelserien der Babylonier und Assyrer in den Berliner Museen II (Berlin 1933).
Zahlreiche Einzelveröffentlichungen von Texten in Zeitschriften, besonders im Archiv f. Orientforschung; dort von E. Weidner, E. Ebeling, M. Falkner, H. Hirsch, F. Köcher, B. Landsberger-O. R. Gurney, G. Meier, B. Meißner, E. Nassouhi, D. Opitz, O. Schröder, W. Schwenzner, H. Tschinkowitz.

Zu den Königsinschriften aus Assur

R. *Borger*, Einleitung in die assyrischen Königsinschriften I. Das zweite Jahrtausend v. Chr. HdO-Erg.Bd. 5 (Leiden 1961. 1964²).

R. *Borger*, Die Inschriften Asarhaddons, Königs von Assyrien, AfO-Beih. 9 (1956).

E. *Ebeling-B. Meissner-E. Weidner*, Die Inschriften der altassyrischen Könige, AOB I (1926).

A. K. *Grayson*, Assyrian Royal Inscriptions I (Wiesbaden 1972).

L. W. *King*, Annals of the Kings of Assyria (London 1902).

D. D. *Luckenbill*, Ancient Records of Assyria and Babylonia I–II (Chicago 1926–1927).

D. D. *Luckenbill*, The Annals of Sennacherib (Chicago 1924).

E. *Michel*, Die Assur-Texte Salmanassars III, WdO I–III (1947–1964).

W. *Schramm*, Einleitung in die assyrischen Königsinschriften II. 934–722 v. Chr. HdO-Erg. Bd. 5 (Leiden 1973).

J. *Seidmann*, Die Inschriften Adadnirâris II., MAOG 93 (1935).

E. *Weidner*, Die Inschriften Tukulti-Ninurtas I. und seiner Nachfolger, AfO-Beih. 12 (1959).

E. *Weidner*, passim in Archiv f. Orientforsch. (AfO)

Zu den Eponymen

M. *Falkner*, AfO 17 (1954/6) S. 100ff.

H. A. *Fine*, Hebrew Union College Annal 24 (1952/3); 25 (1954).

C. *Saporetti*, Onomastica Medio-Assira; s. u.

C. *Saporetti*, Mesopotamia 8–9 (1973/4) S. 167ff.

A. *Ungnad*, RlA II, s. v. Eponymen.

E. *Weidner*, AfO 13 (1939/41) S. 308ff.

C. *Wilcke*, ZA 66/2 (im Druck).

Zu den Stelenreihen

C. *Saporetti*, Assur 1/2 (1974) S. 1ff.

Zum Onomastikon

E. *Ebeling*, MAOG 13/1 (1939).

C. *Saporetti*, Onomastica Medio Assira, Studia Pohl 6 (Rom 1970).

Zu den Gesetzen und Erlassen

G. *Cardascia*, RlA IV, s. v. Gesetze.

G. *Cardascia*, Les Lois assyriennes (Paris 1969).

G. R. *Driver-J. C. Miles*, The Assyrian Laws (Oxford 1935).

H. *Ehelolf*, Ein altassyrisches Rechtsbuch . . . (Berlin 1922).

E. *Weidner*, AfO 12, 1937/9, S. 46ff.

E. *Weidner*, AfO 17, (1954/6), S. 257ff.

Zu Pantheon und Kult

G. van Driel, The Cult of Aššur (Assen 1969).
E. Ebeling, OrNS 17 (1948) S. 129ff.; 299ff.; 18 (1949) 404ff.; 19 (1950) 265ff.; 20 (1951) 399ff.; 21 (1952) 129ff.; 22 (1953) 25ff.; 23 (1954) 114ff.; 24 (1955) 1ff.
R. Frankena, Tākultu. De sacrale maaltijd in het Assyrische Rituel (Leiden 1954).

Zu literarischen Texten

L. Cagni, L'Epopea di Erra (Rom 1969).
J. Cooper, Angimdimma (Rom im Druck).
J. J. A. van Dijk, Lugale (in Vorbereitung).
E. Ebeling, MVAeG 23/1–2 (1918–19).
E. Ebeling, Tod und Leben nach den Vorstellungen der Babylonier (Berlin/Leipzig 1931).
E. Ebeling, MAOG 1/1 (1925); 2/3 (1927); 5/3 (1931); 12/2 (1938); 12/4 (1939).
E. Ebeling, OrNS 17 (1948) S. 416ff.; 18 (1949) 30ff.
E. Ebeling, WdO 1/6 (1952) S. 476ff.
E. Ebeling, RA 46 (1954) S. 25ff.; 48 (1954) 1ff.; 76ff.; 130ff.; 178ff.; 49 (1955) 32ff.; 50 (1956) 22ff.; 86ff.
R. Frankena, in: Gilgameš et sa légende (Hrsg. P. Garelli). Paris 1960, S. 113ff.
R. Labat, Le Poème babylonien de la Création (Paris 1935).
R. Labat, Hémérologies et ménologies d'Assur (Paris 1939).
R. Labat, Mitt. des Instituts f. Orientforsch. 5 (1957) S. 299ff.
R. Labat, Un calendrier babylonien de travaux, de signes et de mois (séries iqqur îpuš) (Paris 1965).
W. G. Lambert, Babylonian Wisdom Literature (Oxford 1960).
G. Meier, Die assyrische Beschwörungssammlung Maqlû, AfO-Beih. 2 (1937).
E. Reiner, Šurpu, A Collection of Sumerian and Akkadian Incantations, AfO-Beih. 11 (1958).
W. von Soden, ZA 40 (1931) S. 167ff.; 43 (1936) 1ff.; 47 (1942) 1ff.

Zu den Briefen

E. Ebeling, MAOG 7/1–2 (1933).
C. Saporetti, Annali dell'Istituto Orientale di Napoli 30 (1970) S. 141ff.

Zu Rechts- und Verwaltungsurkunden

K. Deller-C. Saporetti, Oriens Antiquus 9 (1970) S. 29ff.; 285ff.
V. Donbaz, JCS 24 (1972) S. 24ff.
E. Ebeling-M. David, Assyrische Rechtsurkunden (Stuttgart 1929).
E. Ebeling, MAOG 7/1–2 (1933).
E. Ebeling, Bruchstücke einer mittelassyrischen Vorschriftensammlung für die Akklimatisierung und Trainierung von Wagenpferden (Berlin 1951).
E. Ebeling, Stiftungen und Vorschriften für assyrische Tempel. (Berlin 1954).
B. Kh. Ismail, Sumer 24 (1968) S. 17ff.

P. *Koschaker*, Neue Keilschriftliche Rechtsurkunden aus der El-Amarna-Zeit. = Abh. Sächs. Akad. d. Wiss. 39, phil. hist. Kl. Nr. 5 (Leipzig 1928).
J. N. *Postgate*, Taxation and Conscription. Studia Pohl, Series Maior 3. (Rom 1974)
E. *Weidner*, AfO 10 (1935/6) S. 32ff.
C. *Wilcke*, ZA 66/2 (im (im Druck).

[C. W.]

Bibliographie der archäologischen Veröffentlichungen über Assur

(in Auswahl)

W. *Andrae*, Der Anu-Adad-Tempel in Assur. Die älteste Anlage. Diss. TH.-Dresden (Leipzig 1909)

W. *Andrae*, Der Anu-Adad-Tempel, WVDOG 10 (1909)

W. *Andrae*, Die Festungswerke von Assur, Text und Tafeln, WVDOG 23 (1913)

W. *Andrae*, Die Stelenreihe in Assur, WVDOG 24 (1913)

C. *Saporetti*, Some Considerations on the Stelae of Assur, Assur I, 1 (1974) S. 1ff.

J. V. *Canby*, The Stelenreihen at Assur, Tell Halaf and Maṣṣēbôt, Iraq 38 (1976) S. 113ff.

W. *Andrae*, Die archaischen Ischtar-Tempel in Assur, WVDOG 39 (1922)

W. *Andrae*, Kultrelief aus dem Brunnen des Assur-Tempels zu Assur, WVDOG 53 (1931)

W. *Andrae u. H. J. Lenzen*, Die Partherstadt Assur, WVDOG 57 (1933)

W. *Andrae*, Hatra I u. II, WVDOG 9 u. 21 (1908 u. 1912)

Fuad Safar-Muhammed A. Mustafa, Hatra, the City of the Sun God, (Baghdad 1974) arabisch

H. J. *Lenzen*, Der Altar auf der Westseite des sog. Feuerheiligtums in Hatra, Festschrift A. Moortgat (1964) S. 136ff.

D. *Homès-Fredericq*, Hatra et ses Sculptures Parthes. Etude stylist. et iconogr. (Istanbul 1963)

W. *Andrae*, Die jüngeren Ischtar-Tempel in Assur, WVDOG 58 (1935)

C. *Preußer*, Die Wohnhäuser in Assur, WVDOG 64 (1954)

A. *Haller*, Die Gräber und Grüfte von Assur, WVDOG 65 (1954)

C. *Preußer*, Die Paläste in Assur, WVDOG 66 (1955)

A. *Haller*, Die Heiligtümer des Gottes Assur und der Sin-Šamaš-Tempel in Assur, WVDOG 67 (1955)

W. *Andrae*, Farbige Keramik aus Assur (Berlin 1923)

W. *Andrae*, Coloured Ceramics from Ashur (London 1925)

B. *Hrouda*, Die bemalte Keramik des zweiten Jahrt. i. Nordmesopotamien und Nordsyrien, Istan. Forsch. 19 (1957) (Chabur- und Nuzi-Keramik aus Assur.)

E. *Brandt-Klengel*, Terrakotten aus Assur (i. Vorb.)

Vorberichte über die Ausgrabung in Assur sind in den MDOG erschienen. Index in MDOG 100 (1968) S. 57ff.

E. *Unger*, Das Stadtbild von Assur, AO 27, 3 (1929)

E. *Unger*, „Assur", RlA I, S. 170ff.

W. *Schwenzner*, Der Assur-Tempel in Assur, AfO 7 (1931–32) S. 239ff.; 8 (1932–33) S. 34ff. 113ff.; 9 (1933–34) S. 41ff.

G. *van Driel*, The Cult of Assur (Assen 1969)

W. v. Soden, Der Aufstieg des Assyrer-Reiches als geschichtl. Problem, AO 37, 1–2 (1938)

W. v. Soden, Propyläen-Weltgeschichte (Berlin 1958) S. 39 ff.

D. Oates, Studies in the Ancient History of Northern Iraq (London 1968)

E. Cassin, Fischer Weltgeschichte 3, Die Altorientalischen Reiche II (Frankfurt/M. 1966) S. 9 ff.

R. Labat, Fischer Weltgeschichte 4, Die Altorientalischen Reiche III (Frankfurt/M. 1967) S. 9 ff.

M. T. Larsen, The Old Assyrian City-State and its Colonies (Kopenhagen 1976)

C. Ritter, Das Stufenland des Euphrat- und Tigrisgebietes, Erdkunde von Asien VII, 2 (Berlin 1844)

E. Herzfeld, Untersuchungen über die historische Topographie der Landschaft am Tigris, kleinen Zâb und Ğebel Ḥamrîn, Memnon I (1907) 89 ff. 217 ff.

Climatological Atlas for Iraq (Baghdad 1962)

E. Wirth, Agrargeographie des Irak, Hamb. Geogr. Stud. 13 (Hamburg 1962)

Les Guides Bleus, Moyen Orient (Paris 1965[3])

Sven Hedin, Bagdad, Babylon, Ninive (Leipzig 1918)

W. Andrae, Lebenserinnerungen eines Ausgräbers (Berlin 1961)

Zur Assyrischen Chronologie

F. Schmidtke, Der Aufbau der babylonischen Chronologie (Münster 1952)

F. Cornelius, Die Chronologie des Vorderen Orients im 2. Jahrt. v. Chr., AfO 17 (1954/56) S. 294 ff.

I. J. Gelb, Two Assyrian Kinglists, JNES 13 (1954) S. 209 ff.

F. R. Kraus, Könige, die in den Zelten wohnten (Amsterdam 1965)

Vgl. ferner die Literaturangaben auf S. 316 und im HdArch, Vorderasien I (München 1971) S. 151. 175. 218 f.   [Hrsg.]

Abkürzungsverzeichnis

ADOG	= Abhandlungen der Deutschen Orient-Gesellschaft (Berlin)
AfO	= Archiv für Orientforschung, Beih. = Beiheft
AMI NF.	= Amtliche Mitteilungen aus Iran, Neue Folge (Berlin)
AmtlBer	= Amtliche Berichte aus den preußischen Kunstsammlungen (Berlin)
Anatolia	= Anatolia. Revue annuelle de l'Institut d'Archéologie de l'Université d'Ankara (Ankara)
AO	= Der Alte Orient (Leipzig)
AOAT	= Alter Orient und Altes Testament (Sonderreihe) (Kevelaer/Neukirchen-Vluyn 1969 ff.)
AOB	= Altorientalische Bibliothek (Leipzig)
Arch. Geogr.	= Archaeologia Geographica (Hamburg)
Ass.	= Assur-Inventar
Assur	= Monographic Journals of the Near East, (Malibu/California)
BaM	= Baghdader Mitteilungen (Berlin)
BM	= Inventarbezeichnung des British Museum in London
BoSt	= Boghazköy-Studien, hrsg. von O. Weber (Leipzig)
DLZ	= Deutsche Literatur-Zeitung (Berlin)
DOG	= Deutsche Orient-Gesellschaft (Berlin)
HdArch	= Handbuch der Archäologie im Rahmen des Handbuchs der Altertumswissenschaft. Hrsg. von W. Otto, fortgef. von R. Herbig, neu hrsg. von U. Hausmann
HdOr	= Handbuch der Orientalistik, hrsg. von B. Spuler
HdO Erg.-Bd	= Handbuch der Orientalistik Ergänzungsband
IrAn	= Iranica Antiqua (Leiden)
Iraq	= Zeitschrift Iraq (London)
JHS	= Journal of Hellenic Studies (London)
JNES	= Journal of Near Eastern Studies (Chicago)
K	= Tafelsignatur der Kuyunjik-Collection des British Museum (soweit unv. s. Cat. I ff.)
KAH	= Keilschrifttexte aus Assur historischen Inhalts (= WVDOG 16. 37, 1911. 1922)
KAI	= H. Donner/W. Rölling, Kanaanäische und aramäische Inschriften (Wiesbaden 1962–64)
KAJ	= Keilschrifttexte aus Assur juristischen Inhalts (= WVDOG 50, 1927)
KAR	= Keilschrifttexte aus Assur religiösen Inhalts (= WVDOG 28. 34, 1919. 1920)
KAV	= Keilschrifttexte aus Assur verschiedenen Inhalts (= WVDOG 35, 1920)
LSS	= Leipziger Semitistische Studien (Leipzig)

MAOG	= Mitteilungen der Altorientalischen Gesellschaft (Berlin)
MDOG	= Mitteilungen der Deutschen Orientgesellschaft (Berlin)
MVAeG	= Mitteilungen der Vorderasiatisch (ab 1922 – Ägyptisch)en Gesellschaft (Berlin)
OIP	= Oriental Institute Publications (Chicago)
OrNS	= Orientalia Nova Series (Rom)
RlA	= Reallexikon der Assyriologie und Vorderasiatischen Archäologie. Begr. von E. Ebeling u. B. Meißner, fortgef. von E. Weidner u. W. v. Soden, hrsg. von D. O. Edzard (Berlin)
Sumer	= Zeitschrift Sumer (Baghdad)
TehForsch	= Teheraner Forschungen (Berlin)
UE	= C. L. Woolley u. a., Ur Excavations. Publications of the Joint Expedition of the British Museum and of the Museum of the University of Pennsylvania to Mesopotamia (Oxford/Philadelphia)
UVB	= Vorläufige Berichte über die Ausgrabungen in Uruk-Warka (Berlin 1930ff.)
VA	= Berlin, Vorderasiat. Museum der Staatlichen Museen, Inventar.
VAAss	= Berlin, Vorderasiat. Museum, Inventar. d. Funde aus Assur
VAT	= Berlin, Vorderasiat. Museum, Tontafelsignaturen
WdO	= Die Welt des Orients (Wuppertal/Göttingen)
WVDOG	= Wissenschaftliche Veröffentlichungen der Deutschen Orient-Gesellschaft (Leipzig/Berlin)
YOS	= Yale Oriental Series, Babylonian Texts (New Haven)
ZA	= Zeitschrift für Assyriologie und verwandte Gebiete bzw. Vorderasiatische Archäologie (Berlin)
ZA Erg.-Bd.	= Untersuchungen zur Assyriologie und Vorderasiatische Archäologie (Berlin)
ZDMG	= Zeitschrift der Deutschen Morgenländischen Gesellschaft (Leipzig/Wiesb.)
ZfE	= Zeitschrift für Ethnologie (Berlin, Braunschweig)
W. A.	= Walter Andrae
Hrsg.	= Herausgeber (Barthel Hrouda)
B. M.	= Bruno Meißner (Rezension in DLZ 1939, Heft 7, Sp. 224–233)
L. T.	= Leo Trümpelmann
C. W.	= Claus Wilcke
E. W.	= Erich Weidner (Rezension AfO 13 (1939–41) S. 157–161)
NF	= Neue Folge

Technische Ausdrücke zu Befestigungsanlagen

nach W. Andrae

Breschieren oder Brescheschlagen: Dies geschah in assyrischer Zeit durch Mauerbrecher, Sturmböcke und Rammwidder. Vgl. dazu die Hinweise auf S. 24 u. Anm. 5.

Eskarpe-Kontreeskarpe: Die erste ist die innere, die zweite die äußere Grabenwand (s. Abb. 64).

Faussebraie: So nannte man den Wehrgang am Fuße der Festungsmauer. Von ihm aus konnte man Angriffe auf den Mauerfuß abwehren. Zugänglich war er von innen durch poternenartige enge Pforten. Dieser Wehrgang, den man auch Niederwall nennen konnte, war mit Zinnen bewehrt (s. Abb. 5 u. 182).

Glacis: Künstliches Vorfeld vor Befestigungsanlagen.

Kavaliertürme: Es waren Türme, die gleichsam auf der Festungsmauer ritten, also nach innen wie nach außen vorsprangen; daher auf der Mauerkrone meist einen Durchgang erhielten, weil sie sonst den Verkehr unterbrochen hätten.

(Wall-)Kurtine: Hierbei handelte es sich um den zwischen den Türmen gelegenen Teil der Festungsmauer, auf dem sich der Verteidiger während des Kampfes hin und her bewegen konnte.

Machicouli: Darunter verstand die französische Festungsbaukunst „Senkscharten", durch die der auf der Mauerkrone, gedeckt hinter dem Zinnenkranz, stehende Verteidiger fast senkrecht auf einem nahe am Mauerfuß operierenden Angreifer schießen konnte (vgl. W. Andrae, Die Festungswerke von Assur, WVDOG 23, 1913, S. 115 ff. Abb. 186. 189–190), hier Abb. 182–83.

Mesopyrgon: Darunter versteht man den Abstand zweier Mauertürme des Festungswalles.

Minieren: Dies war die Tätigkeit der Mineure, d. h. von Pionieren, die Minengänge durch die Festungsmauer der belagerten Stadt zu schlagen versuchten, um jene zum Einsturz zu bringen oder um ins Innere der Stadt zu dringen (vgl. zu dieser Tätigkeit Abb. 6 und zu den Geräten Abb. 184).

Poternen: Hiermit bezeichnet man tunnelartige, enge Mauerdurchlässe am Fuße der Festungsmauern. Sie erlaubten den Verteidigern heimliche Ausfälle und verhinderten das Nach- und Eindringen des Angreifers durch ihre Enge (s. Abb. 60).

Skäisch: Dieser Ausdruck bezog sich bei den Griechen auf ein Tor, das so angelegt war, daß der Angreifer gezwungen war, sich ihm mit der vom Schilde ungedeckten rechten Flanke zu nähern.

Verzeichnis der Abbildungen

Frontispiz nach G. Gerster 2
1. Zeittafel 13
2. Die Assur-Aue von Norden 18
3. Orthostatenrelief aus Ninive 20
4. Die Nordfront von Assur 21
5. Das Tabira-Tor von außen 22
6. Mauerbrecher Assurnasirpals II. (884–858) 23
7. Durchblick durch das Tabira-Tor von außen 25
8. Das Sitzbild Salmanassars III. aus dem Tabira-Tor 26
9. Die Festungswerke am Tabira-Tor während dessen Neubau unter Salmanassar III. 27
10. Straße am Binnenwalltor im Nordwesten 29
11. Vorhof eines großen Wohnhauses 29
12. Der Frauenraum im „Roten Haus" 30
13. Ziegelkapseln mit Weihfiguren im Hause des „Beschwörungspriesters" . 32
14. Tonfiguren (Fischmann) 32
15. Tonreliefs (Adlergenius, Sechslockiger Held) aus dem Hause des „Beschwörungspriesters" 33
16. Basalt-Wassertrog Sanheribs 34
17. Gruft 30 und ihr Einsteigeschacht 36
18. Gruft-Inneres mit Tonsärgen 36
19 a–c. Grabbeigaben: Bemalte Keramik 36
20 a, b. Grabbeigaben: Bemalte Keramik 37
21 a–f. Grabbeigaben: Bemalte Keramik 37
22. Totenbeigaben: Perlenkette, Rollsiegel aus Lapislazuli und Goldschmuck, um 1900 v. Chr. 38
23. Grabbeigabe: Alabaster-Gefäß mit Reliefschmuck 39
24. Grabbeigaben: Alabastergefäße 39
25. Beisetzung in der Gruft 40
26. Doppeltopfgrab und zweiteilige Wannensärge 40
27. Dachförmiges Ziegelgrab 40
28. Die Tigrisfront am Assur-Tempel 43
29. Gesiegelte Tontafel 44
30. Hethitische Hieroglypheninschrift auf Bleistreifen 44
31. Brennofen (Töpferofen) 47
32. Querschnitt der Steinbahn 49
33. Toreingang des Assur-Tempels, alter Zustand (Anbau im Beginn) 51
34. Vorhof des Assur-Tempels Sanheribs (alter Zustand) 52
35. Grundriß des Assur-Tempels mit dem Anbau Sanheribs 53

Verzeichnis der Abbildungen

36. Blick vom Assur-Tempel nach der Süd-Stadt (Aufnahme G. Bell) — 53
37. Nordostspitze der Stadt mit dem Assur-Tempel — 54
38. Anhängekreuze aus Silber, Bronze und Gold, Rollsiegel aus Glas (kassitisch) — 58
39. Blick vom Dache des Assur-Tempels nach Westen — 59
40. Der Muschlal und die große Zikkurrat — 61
41. Ruinengelände beim Festhaus — 63
42. Blick vom Festhaus nach der Stadt — 64
43. König Assurbanipal im Streitwagen — 65
44. Hof des Festhauses — 66
45/46. Die beiden Festhaus-Grundrisse — 66
47. Der Tarbaṣ šurinnê und die Götterprozession — 68
48. Am Gerichtstor — 69
49. Hof des jungen Sin-Schamasch-Tempels beim Einzug der Götterprozession — 70
50. Die Tempel und Paläste am Tarbaṣ šurinnê — 71
51. Hof des Anu-Adad-Tempels Salmanassars III. — 72
52. Türkonstruktion im Anu-Adad-Tempel — 73
53. Symbolsockel des Tukulti-Ninurta I. und Standbild des Zariqum (?) vor dem Ischtar-Tempel des Tukulti-Ninurta I. — 75
54. Glasierter Ziegelorthostat. Assyrischer Beter vor Kultbild — 77
55. Frau in grüßender Haltung (Gold) — 77
56. Gipsstein-Relief. Assyrischer Beter vor Gottheit — 78
57. Gipsstein-Relief. Assyrischer Gott (Assur?) auf Attribut-Tier — 79
58. Die Stelenreihen — 81
59. Stele der Assur-scharrat — 83
60. Die Poternenmauer — 90
61. Außenhaken der Befestigung am Tabira-Tor — 90
62. Die Bastionen der Westfront — 91
63. Stadttor in Kar-Tukulti-Ninurta — 93
64. Die Westtore (ältere Anlage) — 94
65. Treppenraum im Muschlal — 99
66. Die Muschlal-Ruine von Norden — 99
67. Die rechte Muschlal-Bastion — 100
68. Verstärkungen und Blockmassiv Asarhaddons am Muschlal — 100
69. Pilzförmiqe Bauurkunde Assur-rim-nischêschus (1411–1402) — 101
70. Bauurkunde Puzur-Assurs III. (1490–1477) — 101
71 a–d. Vier Gipssteinplättchen — 101
72. Gipssteinplättchen mit Ritzzeichnung einer Frau — 101
73. Tiefe Stein- und Lehmziegelfundamente des Assur-Tempels — 105
74. Der Kultraum des Ischtar-Tempels der G-Schicht von Nordosten gesehen — 105
75. Plan des Ischtar-Tempels der Schicht G, darübergelagert der Tempelplan der Schicht E — 106
76/77. Alabaster-Köpfchen — 107
78. Köpfchen einer Statuette — 107
79/80. Gipsstein-Statuette einer Frau — 108

Verzeichnis der Abbildungen 327

81/82. Gipsstein-Statuette einer Frau 108
83/84. Gipsstein-Statuette eines Mannes 108
85. Wiederherstellung des Kultraumes im Ischtar-Tempel der G-Schicht ... 109
86. Tonhäuschen als Altäre 109
87. „Relief" aus bemaltem Gipsstuck aus der H-Schicht 110
88. Räucherständer, Herdständer 111
89. Grundriß des Ischtar-Tempels der Schicht E 112
90. Gipsstein-Statuette des Zariqum (?) 113
91. Gipsstein-Relief. Sitzender Herrscher (?) und Diener 114
92. Grabinhalt um 2000 v. Chr. 114
93. Erdgrab, Ende 3. Jahrtausend 115
94. Streitwagen-Terrakotta 116
95. Tonfiguren der E-Schicht, um 2000 v. Chr. 117
96. Grundriß des archaischen Wohnhauses 118
97. Irischum-Ziegelinschrift 120
98. Vorratsraum vor dem Assur-Tempel 120
99/100. Schamschi-Adads I. Alabaster-Tafel 122
101. Rundstab-Mauerwerk im Vorhof des Assur-Tempels 123
102. Ziegel-Inschrift Schamschi-Adads I. 123
103. Türangelstein Schamschi-Adads I. 124
104. Torrampe mit Podium-Wangen 124
105. Assur-Tempel Schamschi-Adads I. vor Anbau des südwestlichen Innenhofes 125
106–110. Teile von Diorit-Statuen der Akkade-Zeit 128–29
111. Die Zikkurrat-Ruine von Süden 131
112. Perlen-Muschel-„Kissen" in der alten Enlil-Zikkurrat 131
113. Goldurkunden Salmanassars III. 132
114. Goldurkunde z. T. in Perlen 132
115. Wandgliederung der großen Zikkurrat an der Nordostfront 135
116. Der Assur-Tempel in Kar-Tukulti-Ninurta, von Osten gesehen 134–35
117. Grundriß des Assur-Tempels in Kar-Tukulti-Ninurta 136
118. Baugraben-Plan des ältesten Palastes 138
119. Grundriß des alten Sin-Schamasch-Tempels 143
120. Front des alten Sin-Schamasch-Tempels 143
121. Plan der Stelenreihen 147
122. Beamtenstelen in situ 148
123. Teil der Königsstelenreihe 148
124. Sockelsteine und Königsstelen 149
125–127. Die drei Basaltpfeiler 150
128. Grundriß des Ischtar-Tempels Tukulti-Ninurtas I. 153
129. Front des Ischtar-Tempels Tukulti-Ninurtas I. 154
130. Tontafel mit Siegelabrollung 155
131/132. Siegelbilder, Tempelfronten 155
133. Stufenpostament im Kultraum der Ischtar von Assur 155
134. Kultraum, Stufenpostament, ergänzt 156
135. Symbolsockel des Schamasch 157
136. Symbolsockel (des Nusku?) von Tukulti-Ninurta I. 157

137. Reliefscheibe (Deckel) aus Marmor 159
138/139. Fritte-Kopfgefäß 159
140. Adadnararis I. Urkunden (oben) und die großen Urkunden Tukulti-Ninurtas I. 161
141/142. Goldtäfelchen Tukulti-Ninurtas I. 161
143. Elfenbeinfries 164–65
144. Kultrelief (Kalkstein) aus dem alten Brunnen des Assur-Tempels 166
145. Uferbefestigung Adadnararis I. am Tigris 167
146. Kapsel im Ziegelmauerwerk des Kais Adadnararis I. 167
147/148. Steintafel mit Inschrift Salmanassars I. (1274–1245) 168
149. Basaltangelstein Salmanassars I. im Assur-Tempel 169
150. Halbovales Sammelbecken und Ausfluß des dahinterliegenden Wasserbehälters 171
151. Wasserbecken im Vorhof des Assur-Tempels 171
152. Abort am Vorhof des Assur-Tempels 172
153. Ufermauer am Tigris 172
154. Fliegeraufnahme von Assur 174
155. Stadtplan von Kar-Tukulti-Ninurta 175
156. Postament und Nische des Assur-Tempels in Kar-Tukulti-Ninurta 177
157. Symbolsockel in Kar-Tukulti-Ninurta 179
158. Alabaster-Urkunde der Zikkurrat in Kar-Tukulti-Ninurta 179
159. Wohnhausgrundriß beim Assur-Tempel in Assur 180
160. Kraggruft an der großen Zikkurrat 181
161. Wölbgruft mit Seiteneingang 181
162. Schultereimer 183
163. Altbabylonische Flaschen 183
164. Glasierte Fläschchen, bemalter Zitzenbecher und bemaltes Fläschchen .. 185
165. Bronzeschale des Assurtaklak 186
166. Tonprisma Tiglatpilesars I. (1117–1077) 187
167. Grundriß des Anu-Adad-Tempels Tiglatpilesars I. 189
168. Anu-Adad-Tempel Tiglatpilesars I., älterer Ergänzungsversuch 189
169. Ischtar-Tempel Assur-rêsch-ischis I. 191
170. Schmelzfarbengemälde. Ziegelorthostat Tukulti-Ninurtas II. 195
171. Bruchstück eines glasierten Tonorthostaten 196
172. „Lamassu"-Kopf, um 700 v. Chr. 196
173. Inneres der Gruft Assurnasirpals II. 197
174. Versetzen des Deckels auf den Sarg Assurnasirpals II. 198
175/176. Falkenkopf als Griff einer Steinlampe 200
177. Grufttür von außen 202
178. Grufttür Assurnasirpals II. von innen 203
179. Basaltsarg Schamschi-Adads V. 203
180. Königsgruft mit Kalksteinsarg eines unbekannten Herrschers (Gruft III) . 204
181. Plan des Tabira-Tores 205
182. Ergänzung des Außenhakens 206
183. Erhaltene Mauerbrüstung an der Außenhaken-Faussebraie 207
184. Mineur-Bronzehacken vom Südwall 208
185. Bronze-Pfeilspitzen vom Südwall 208

Verzeichnis der Abbildungen 329

186. Zinnen aus glasierten Ziegeln Salmanassars III. 209
187. Sikkatuformen 210
188. Alabasterkiste Salmanassars III. 210
189. Knauffliesen 211
190. Südostfront der Adad-Zikkurrat Salmanassars III. 213
191. Ruine der Adad-Zikkurrat Salmanassars III. 213
192. Türangelsteine im Anu-Adad-Tempel 214
193/194. Bronzenes Schwert- und Axtmodell 214
195. Bronzeblech-Beschlag der Tempeltür (des Adad?) 214
196. Der Goldblitz des Adad 216
197. Grundriß des Ischtar-Tempels Salmanassars III. 216
198. Pflanzgrubenanlage am Festhause 216
199. Das Festhaus, Ausgrabung 220
200. Pflasterbahn mit (parthischem) Postament im Festhaus-Kultraum 222
201. Rillenblöcke aus dem Kultraum des Festhauses 222
202. Steinbahn im Assur-Tempel 225
203. Vorhof-Tor des Assur-Tempels mit der Steinbahn 225
204. Der Brunnen Sanheribs 226
205. Plan des Sin-Schamasch-Tempels der spätassyrischen Zeit 227
206. Halbovale Quaderbastion Sanheribs 229
207. Ägyptisches Alabastergefäß 231
208. Ägyptisches Alabastergefäß 231
209. Ägyptisches Alabastergefäß 231
210. Kleines Relief (Gottesanbetung durch den assyr. König Sanherib?) aus fossilem Tonstein 233
211. Kleines Relief (Reiter, Assurbanipal?) aus fossilem Tonstein 233
212. Nabû-Ischtar-Tempel Sin-schar-ischkuns (Wiederherstellungsversuch) . . 234
213. Plan des Nabû-Ischtar-Tempels 234
214. Kultraum des Nabû 235
215. Postament im Nabû-Tempel 236
216. Grundriß des Tempels A und des kleinen Kultraumes daneben 239
217. Ruine des Tempels A von Nordosten gesehen 241
218. Nischenraum mit Steingeleise 241
219. Fliesenspuren im Thronraum des alten Palastes 242
220. Türen im großen Wohnhaus am Tabira-Tor 242
221. Bruchstück eines glasierten Tongefäßes 243
222. Glasiertes Tongefäß 244
223. Glasiertes Tongefäß 244
224. Glasierte Salbfläschchen 245
225. Hauseingang eines späten Wohnhauses 246
226. Gruft mit Ringschichtengewölbe 247
227. Stadtbild in parthischer Zeit 250
228. Front des Assor-Tempels 251
229. Kalkstein-Stele des Herakles (Melkart?) aus Tempel A 253
230–232. Die drei Kalkstein-Stelen aus dem Südtor des Assur-Vorhofes 253
233. Das Assur-Tempel-Plateau in parthischer Zeit 255
234. Die parthische Agora 256

235. Kapitelle der Peristyl-Bogenhallen 256
236. Iwan mit Freitreppe 257
237. Peripteros-Grundriß (nach R. Koldewey) 258
238. Kalkstein-Altar 259
239. Zeichnung auf Pithos 260
240. Tönerne Haube für ein Thymiaterion (Räucheraltar) 261
241. Der Partherpalast 262
242. Textilmusteriges parthisches Stuckfriesband 265
243. Gurtbögen im Süd-Iwanbau 266
244. Süd- und West-Iwanfronten 267
245. Parthisches Gefäß mit blauer Glasur 269
246. Parthischer Grabbau außerhalb der Stadt 270
247. Islamisches Gefäßdekor in Barbotine-Technik 271
248. Mühle im Hofe des Expeditionshauses 277
249. Das Expeditionshaus 278
250. Kelek-Beladen beim Fundtransport 280
251. Kelek-„Flotte" unterwegs auf dem Tigris 280
252. Überladen am Dampfkran in Baghdad 281
253. Heuschrecken am Expeditionshaus 291

Plan von Assur 293

Der Verlag C. H. Beck dankt den Staatlichen Museen zu Berlin, Vorderasiatisches Museum, für die Überlassung der Bildvorlagen und für die freundliche Reproduktionserlaubnis.
Bei der Beschaffung einiger Fotos, die sich nicht im Berliner Besitz befinden, waren das British Museum London und das Altorientalische Museum Istanbul behilflich, auch ihnen sei an dieser Stelle gedankt.

Register

Abdulhamîd, Sultan 276
Abdulkadr Effendi Patschatschi 276, 279
Abort 169
Abul tabira = Tor der „Metallarbeiter" 24
Achäer, Schiffslager der 91
Achämeniden 248
Adad, Gott, 21, 65, 212, s. a. Anu-Adad
Adadnarari I. 41, 46, 82, 96, 151, 158f., 164, 170
Aedicula 156
Ägypten, Ägypter 67, 230
Agora 254ff.
akîtu oder *qirêtu* 67
Akkade, Dynastie von 103f.
Akkader 14f.
Akropolis von Assur 102, 255
Alabaster-Gefäße 45, 230
- -Kiste (Urkunde) 209
- -Tafeln 160
- -Urkunden 165, 178
„Alter Palast" 21, 41f., 68, 81, 97f., 102, 138f., 145, 151f., 192, 239
âlu eššu, s. Neustadt
Amar-Sin von Ur 112
Ammianus Marcellinus 272
Amuriter 14
Andrae, Elisabeth 255
Andrae, Walter 275
Angelstein 168
Angriff auf Assur 207, 237
Antikenkommissar 276
Anu, Gott 21
Anu und Adad 45, 57, 69f., 102
Anu-Adad-Tempel 21, 50, 97, 142, 188ff., 211, 239
Anu-Antum-Tempel in Uruk 176
Anubêlschunu 137
Araber, Dschebûr- 277
Aramäer 15

Arbeiterfrage in Assur 276
Arbela 15
Asarhaddon 95, 97, 168, 228, 230, 254
Aspergillum 224
Assor-Tempel 250ff., 254f.
Assur, Gott 10, 14, 16, 52, 54, 65, 98, 102
- in Wolken 193
- -Bild 232
Assur, Stadt 10, 14ff., 275
- -Aue 18
-, Ausgrabung von 273f.
-, Fauna und Flora 289f.
-, Gebirge bei 287f.
-, Geologischer Charakter von 287ff.
-, Hauptwege nach 88
-, Jahreszeiten in 282
-, Landschaft von 282
-, Stadtbild von 87
-, Ursiedlung von 87
-, Wasserverhältnisse in 286f.
-, Wetterbeobachtungen in 283ff.
Assurbanipal 12, 146, 151
Assur-ilu-muballitsu 48, 228
Assur-rim-nischêschu 97
Aššurîtu-Assurîtu 80, 152ff., 176, 191
Assurnasirpal II. 15f., 41, 96, 152, 193f., 200, 240
Assur-rêsch-ischi I. 71, 74, 145, 191
Assurscharrat 146, 151
Assur-Tempel 21, 42, 46, 48f., 52, 54f., 95, 97, 103, 119, 165, 168ff., 218, 223, 230, 250, s. a. Ê-ḫursag-kurkurra
- - Schamschi-Adads I. 121ff.
- - Südostanbau 224
- - in Kar-Tukulti-Ninurta 134, 136f., 178
- -Tor 93
Assurtaklak 186
Assuruballit I. 12, 41, 55, 158, 173
- II. 232

Assyrer (Nestorianer) 11
Astronomie 190
Attribute der Gottheit 80
Außenhaken 95, 205 f.
Außenmauer 28
Außenwall 87, 94 f., 205

Babylon (zerstört) 19
- -Kult 24
- 65, 67, 74, 84, 89, 145, 176, 178, 182, 218, 221, 268
Babylonier 232, 238
Bachmann, W. 175
Bad 215
Baldachin 154
Balkonaufbauten 230
Basaltangelsteine 204, 212
Basaltobelisk 69
Basaltsarg 41, 198, 202 f.
Basalttrog 33
Bastionen 91, 140, 163, 228
Bauformen, hellenistische 263 f.
Baugraben-Plan 138
Bauinschriften 46, 212
Baumaterial der Partherzeit 249
Bauopfer 141
Baustoffe 288 f.
Bauurkunden 141, 158, 160, 165, 178, 218
Bauzylinder 232
Beamtenstelen 146
Beduinen 277, 292
- und Fellachen 279
Bedri Bey 279
Befestigungen 23 f., 26 f., 88 f., 91, 140 f., 170, 201 f., 204 ff., 228, 230
- am Tigriskai 43
Beigaben 35
Beisetzung der Leichen 35, 38, 40, 158, 211
Belagerungsmaschinen 24
Bêlit-nipḫa 215
Bell, Gertrude 53
Bêl zu Babel 218
Berggötter 163
Berk, Püttmann u. Co. 276
Beschwörungspriester 31, 35

Besiedlung von Assur 291 f., s. auch Assur-Stadt
Bestattung 35, 182
Beutelisten 45
Beutestücke 230
Bewässerung der Felder, s. Assur-Aue
Bildhauermodelle 230
Bildkunst 127
Binnenwall 28, 48, 87, 93, 95, 204
Binnenwalltore 92, 206
bît akîtu 23, 219
Bleiplaketten 163, 178
Bleireliefs 163
Bleiurkunden 160
Blockinschriften 221
Borsippa 145, 176
Botta, Paule-Êmilie 10 f.
Branderpfeile 207
Brandopfer 182
Bresche 208
Breitraum 180, 221
Breitraumhaus 176
Brennöfen 47
Bronzehacken 173, 207, 237
Bronzeblechschuh 217
Bronzeschuh (Türpol) 212
Brunnen 121, 224, 286 f.
- im Anu-Adad-Tempel 72, 287
Buchstabenschrift 44
Bürgermeister 186

Carnegie-Expedition 282
Chafadschi 104, 111
Chanûke-Gebirge 20, 48, 88, 287, 292
Charrau-Charrae 11, 16
Chatti-Land 55
Chicago-Institute 165
Chorsabad 11, 16, 165
Churri-Churriter 14, 55, 127
Cubiculum 154

Dämonologie 33
Daud Dabbagh Tschelebi 276
Debîr 215
Deckelloch 199
Delitzsch, Fr. 254
Deportierte, israelitische, westsemitische 44

Dêr-ez-Zôr 111
Deutsche Orient-Gesellschaft 92
Dinitu, Göttin 75 f., 145, 152, 160
Diorit-Bildwerke 127
Dolerit-Inschriften 194, 197
- -Löwe 192
- -Stier 192
- -Särge 197
Doppeltempel 21, 69
Dschezîre = Mesopotamien 287, 292
Dura-Europos 268
Dur-Scharrukîn 10, 16, 134, 136, 165, 218

Ea, Gott 154, 188
E-am-kurkurra (Enlil-Tempel) 121, 129
Ebla (Tell Mardich) 14
Echte Gewölbe 181
Ehe 83
E-ḫursag-kurkurra (Assur-Tempel, s. a. dort) 21, 121 f., 126 f., 224, 237 f.
„Eindringen des Westens" 248
Eingeweihte 52, 78
Ekal tapšuḫti 193
Elemente 162
Elfenbeineinlagen 163
Enlil, Gott 102
Enlil-Tempel s. E-am-kurkurra
Eponymen 151, 186
Erdbeben 286
Erdhöhlengräber 115, 182
Eriba-Adad I., König 12, 82, 146
Esagila, Marduk-Tempel 178
Eschnunna 111, 126, 139
Eskarpe 24
Expeditionshaus 275, 279

Falkenkopf-Lampe 200
Faussebraie 28, 228
Fellachen 92, 279
Felsrampe 205
Festhaus Sanheribs 23, 46, 48, 62 f., 96, 219, 249, 254, 290
Festhaus-Kultraum 64 f., 67
- -Bankettsaal 67
Feststraße 48, 88
Festungsmauern 21
Festzug 57, s. auch Neujahrsfest

Feuersbrunst 165
Fischer 42
Fischgewand 224
Flankierung 205 f.
Flechtschild 19, 63
Flügelstier 164
Flüssigkeiten (Opfer) 160, 162
Frankfort, H. 138
Frauenraum 28, 30
Frauenrecht 192
Fritte 156, 158

Garten 23, 219
Gedenkinschriften, aramäische 251
Gemeindebildung 103
Gerichtsstätte 68
Gerichtstor 69, 93, 142, 192
Gesetztafeln 192
Gipfelbau 137
Gipsmörtel 249
Gipsstuckplatten 249
Goldblitz 71, 212
Goldtäfelchen 209
Goldurkunden 160, 217
Gottesbild (Adad) 212
Gottesdienst in parthischer Zeit 259
Gottesschiff 62
Gottessiegel (?) 217
Götterbilder 52, 56, 60, 68
Götterdoppelung 145
Göttergefolge 67, 156, 221, 223
Götterhütte 237
Götterschiffe 62, 224
Götterwagen 224
Grabbeigaben 115, 184
Gräber 247
Grabungsbetrieb 278
Griechen 89
Grothe, Hugo 282
Grüfte 35, 38, 40 f., 181, 194, 197, 199 ff., 237, 270
Grufttür 194
Guffa 170
Gula, Göttin 188

Hack-Gold 237
- -Silber 237

Hammurabi 14, 41, 89, 121, 126
Handwerker 45
Hassuna, Tell 14
Hatra 184, 249f., 251, 268, 270, 272, 286
Herakles-Melkart 238, 252
Herdhaus 176, 180
- -Form 232
Herdräume 56f., 139
Herodot von Halikarnass 84
Herrscherstatue 156
Herzfeld, E. 275
Hethiter 12
Hethiterland 67
Hethitische Inschrift 44
Hethitisches Figürchen 160
Hieroglypheninschrift 230
Hinrichs, W. Th. 265
Hiram von Tyrus 151
Hof der Embleme 68, 70, 73, 141f., 145, 151, 162, 192
Hofhäuser 180
Holzbohlen 223
Hütten an der Zikkurrat 181

Illat-Tor 93
Iluschuma 74, 119, 145, 152, 158
Inschriften, aramäisch-parthische 249
- um 1800 v. Chr. 119
Irischum I. 119, 121
Ischtar von Assur 15, 52, 73, 80, 102, 116
- -Bild 154, 156, 232
- -Kultrichtung 74f.
- -Tempel 69, 74, 92, 98, 103, 112, 126, 145, 152ff., 158, 191f.
- -Tempel D 119
- - Salmanassars III. 215, 217
Istanbul 211
Ititi 111, 158
Iwan-Bau 250
- - mit Freitreppe 258

Jachin und Boas 151
Jensen, P. 254
Jerusalem 151
Jonien 19
Jordan, J. 273, 275

Julian, Kaiser 272
Jupiter Dolichenus 163

Kaimauer 96
Kaitreppen 96, 170
Kalchu-Kalach 10f., 16, 134, 136, 193, 209
Kalender 151
Kalksteinaltäre 260
Kampfhöfe 141
Kampfweise 140
Kanalisation 42, 121, 175, 219
Kanal am Palast 152
Kanesch 14, 121
Kapellen 126
Kapitell 150
„Karawanserai" 272
Kar-Tukulti-Ninurta 60, 74, 91, 126, 134, 136f., 152, 174ff., 178, 221, 290
Kaššû 56
Keilschrift 44
- -Urkunden 184
Keramik 184
kia-naga 28
Kisal 46
Kisch 126
Kischla 21, 276
Kleinbildwerke 104
Kline 260
Knauffliesen 209, 211, 240
Knäufe, Stiel- 27, 168, 208
-, Keulen- 205
Königsbild 27
Königsgrüfte 41, 194, 197, 199ff., 237
Königs-Inschriften 27f., 46, 149
- -Statue 149
- -Stelen 28, 146
Koldewey, R. 274ff., 279
Konsole 240
Kontereskarpe 24
Kopfgefäß 158
Kopfstehen 149
Kornspeicher 215
Kraggewölbe 181
Kraggrüfte 118
Kriegsgefangene 48

Kult-Bilder 52, 104
- -Geräte 111
- -Handlung 78
- - auf Zikkurrat 137
- -Kammer 104
- -Nische 154, 237
- -Raum 55, 73, 104, 221
- - -Inneneinrichtung 104
- -Richtung 31, 57, 127, 144, 152, 211, 215, 226
- -Reliefs 80, 164
- -Stätten 98
Kültepe 14, 121
Kurden 292

Laban, Libanon 141
Lagasch 104
Lamassu 41
Lampennische 194, 200
Langhaus 227
Langhaus-Tempel 144
Langraum 127, 188, 212, 236
- -Haus 176
Langräume, kassitische 69, 71
Lapislazuli 160, 163
Layard, Sir Austen Henry 10f., 274
Lebensbaum 164
Lehmziegel, „Leitfossil" 133
-, als Datierungsmittel 133
Libanon, s. Laban
Libanae 270
Loftus 268

Magie 46, 82, 150
Makedonen 184
Mallowan, Sir Max E. L. 10
Marduk, Gott 12, 48, 65, 152, 218, 237
- -Assur 174, 223
Marduk-nadin-ache 186
- -Zikkurrat 137
Mâri (Tell Hariri) 14, 111
Martiny, G. 127, 144, 176, 224
Martu, Gott 65
Mauerbrecher 25
Mauerkrone 151
Meder 11, 95, 232
Megaron 56

Menhir 146
Mesopyrgion 204
Metallplatten 223
Metallschienen 223
Meteorologische Beobachtung und Tabellen 282ff., s. auch Assur
Meuszyński, J. 10
Milet-Markttor 264
Mineure 207, 237
Mitanni 12, 15
Modellaxt 212
Modellschwert 212
Mörtel, Gips-, Kalk- 249
Mōṣul 11, 274ff.
- -Alabaster 193
Muschlal, Muschlalu 57, 61, 93, 97, 119, 173, 201, 228
Muschlal-Tor 57
- -Treppe 173
Musikinstrumente 57

Nabupolassar 238
Naphtha 199, 201
Nabû, Gott 158, 176
- -Tempel 145
- -Ischtar-Tempel 230
Nawar 15
Nebukadnezar II. 248f.
Nescha 14, 121
„Neuer Palast" 21, 28, 151, 162f., 202, 204
Neujahrsfest 48f., 61, 66f.
Neujahrsritus 57
Neujahrstag, Festmahl am 67
Neustadt von Assur (âlu eššu) 42, 88, 170, 173, 204, 206
Niederwall 28
Nimrud s. Kalchu-Kalach
Ninive 10f., 16, 50
Ninurta (Nimrod) (Gott) 11
Nippur 60
Nische 176
Nordfront 21, 96f.
Nusku, Gott 158

Opfer 162
Opferschutt 113

Oppenheim, M. Frhr. von 241
Orchöe = Uruk = Warka 264, 268

Pa-je-tacht 259f.
Palast 176
Palastfrau 151
Palmyra 184
Parther 184, 238, 248
Partherpalast 261–268
–, Bauformen 264
–, Bemalung 268
–, Ornamentik 265
–, Säulen und Pilaster 266
Parthische Schicht 249ff.
–, Stadtbild in der 249f.
–, Gräber aus der 268ff.
Parthisches Tor 205
Peripteros 130, 258
Perlenpolster 158, 211, 217
Personennamen, assyrische 251
Pfeilerhallen 67, 82f., 221
Pflanzgruben 19, 219, 223
Phönikien 230
piscina 224
Place, V. 72, 136
Postament 152, 160, 176, 191, 215, 221, 237
Postamenttreppe 154
Poternen 140
Poternenmauer 89, 170
Priester 137
Priesterfürst 102, 137
Priester-Versammlung 221
Prinzenpalais 228
Prothyse 238
Prozession 57, 68, 80, 176
Prozessionsbahn 221
Prozessionsstraße 46, 88, 152, 218, 223, 254
Puzur-Assur I. 97, 119
– -Assur II. 158
– -Assur (IV.?) 173

Quaderfronten 228
Quadermauern 25
Qual'at Schergât 92, 272–276
Qujundschik/Nebi (Ninive) 16

Rassam, H. 25, 190, 211, 274
Räucheraltäre 258
Räucherständer 111
Raupenhelm 19, 63
Reiter 232
Reliefplakette 217
Reliefsockel 156, 158
Richtung, Tempel-, Zikkurrat- 130
Riegel 199
Rillen 133, 153
Rillenfront 133
Rillengliederung 217
„Ringschichten"-Gewölbe 247
Ritter, C. 282, 290
Rollsiegel 38, 44
„Rotes Haus" 30
Rundblick vom Tempeldach 58f.
Rundstäbe 153

Salam = Bild 149
Šalḫû = Binnenwall 209
Salimachum 119
Salmanassar I. 46, 82, 122, 126, 151, 164f., 168, 208
– III. 15f., 27, 45, 69, 71, 73, 75, 91f., 94, 103, 129f., 152, 158, 173, 201, 208f., 215, 217
– – Inschriften 133
– – Sitzbild 211
– – Standbild 211
Salomo 151
Salomonischer Tempel 151, 212
Samarra (Keramik) 14
Sanherib, König 12, 16, 19, 33, 41, 46, 49f., 57, 65, 74, 83, 88, 92, 95, 102, 218f., 221, 223f., 228, 230
Sargon II. 16, 215, 218, 247
Sargoniden 218, 232
Sargsprengen 201
Satrap 256, 261, 266
Säule, ionische, korinthische 150
„Säulen"-Halle 257
Schamasch, Gott 65, 176
– -Tor 93
Schamschi-Adad I. 14, 46, 50, 121, 126f., 129, 137, 139f., 165, 169
Schamschi-Adad V. 16, 150, 194, 200

Register 337

Schapur I. 251, 270
Schar-pati-beli 82
Scheintür 55
Schiffswagen 80
Schilfhütte (Srêfe) 266
Schmelzfarben 245
- -Bilder 49, 218
- -Gemälde 193, 243
- -Kunst 193
Schmuck 38f.
Schreibkunst 42, 44ff.
Schrifturkunden aus Assur 273
Schultereimer 184
„Seidenstraße" 270
Selamik 119
Seleukia 268
Seleukiden 249
Semiramis 82f.
Senkscharten 95, 230
Septimius Severus 251
Siegel 184
Siegelbilder 154, 188
Siegelbild (Tempelfront) 154
Sikkatu, 208ff., 218, s. a. Stielknäufe
Silberurkunden 160, 217
Sinacherib s. Sanherib
Sin und Schamasch, Götter 57, 69, 102
Sin-Schamasch-Tempel 118, 141f., 145, 151, 188, 223, 226f.
Sin-schar-ischkun, König 103, 145, 230
Sippar 145, 176
Situla 224
Söldner 24
Spätassyrer 218
Stadtbefestigung Salmanassars III. 201
Stadtgraben 24, 140, 170, 173
Stadtmauern 23, 89, 140f., 170, 228, 230
Stadttore 23, 88, 91ff., 204ff.
-, längsgerichtet 91, 175
Steinamulette 33
Steinbahn 227
Steinkeulenknauf 217
Steinmörser 247
Steinplatte Tiglatpilesars 192
Steinsarg 194, 201
Steinschlägel 200
Steinurkunden 45, 158, 160, 237f.

Steinzeit 98
Stelenreihen 81, 88, 145f.
Stelen aus parthischer Zeit 254
Sternblume 158, 217
Stielknäufe (Sikkatu) 208f., 212, 218, s. a. Knäufe
Stoa 257
Stollengrabung (Alter Palast) 138
Straßen 206, 218, 223, 240
Straßennetz der Südstadt 261
Straßenpflasterung 89
Streitwagen 63
Streugaben 156, 158, 237
Subartu 14
Sumerer 34, 60, 153
Susa 141
Symbolik 151
Symbolpfeiler 149, 151
Symbolsockel 75, 156, 158, 178, 188
Symposion 221

Tabira-Tor 22, 25ff., 62, 88, 92, 142, 204f., 237, 249, s. a. Abul tabira
tarbas šurinnê 68, 145
Taschmētu, Göttin 145, 235
Teilung der Funde 279
Tell Asmar 104, 139
Tell Halaf 241
Tempel A 165, 238f., 252, 254f.
Tempelbrunnen 50, 188, 190
Tempeldienst 76
Tempelfronten (Siegelbilder) 153, 188
Tempelschulen 46
Tempelturm 20, 55, s. a. Zikkurrat
Tempelvorplatz 153
Terrasse 162f.
Thronsaal 176
Thureau-Dangin, F. 242
Thymiaterion 260
Tiamat 65, 223
Tiglatpilesar I. 42, 45, 50, 71, 74, 145, 186, 188, 190f., 211, 274
- III. 16
Tigris 88
Tigrisarm 163, 205, 219
Tigrisfront 170
Tonfässer 39, 121

Tonfiguren (weibliche) 115
–, Sinn 115f.
Tongefäße 245
– aus der Zengidenzeit 272
Tonhäuschen 104, 110
Tonherde 111
Tonnägel 208
Tonprismen 190, 211
Tonsärge 35, 39, 268
Tonständer 56, 104
Tonstifte 208
Tontafelurkunden 96, 126, 173
Tonurkunden 45, 274
– in Pilzform 97, 101
Tor, Metallarbeiter- 24, s. a. Tabirator
–, Süd- 206
–, West- 207
–, Tigris- 93
Torhüter 193
Torrampen 24
– (am Assur-Tempel) 122, 126
Torraum (Breitraum) 236
Totenfeuer 38
Totenhaus 35
Totenmahl 38
Totenopfer 182
Totenpalast 194
Totenritual 62
Trajan 251
Trankopfer 28, 104
Transport der Funde 279f.
Treppenrampe 27
Treppenspindel 180
Troja 91
Tukulti-Ninurta I. 12, 46, 74ff., 82, 91, 102, 151, 162ff., 169f., 173, 209
Tukulti-Ninurtas I. Urkunden 160
Tukulti-Ninurta II. 193
Tulul Aqir 287, 290
Turmabstände 140
Turm zu Babel 190
Türangeln 124, 238
Türangelpfannen 122
Türbeschlag (Bronze) 212
Türkonstruktion 71
Türpole 212

Uferbefestigungen (Kaimauern) 95f., 170
–, Nordfront 201
Unger, E. 92
Untergang von Assur 237
Ur 104, 194
–, Zikkurrat 137
–, III. Dynastie von 75, 112, 115, 156, 181, 194
–, Uruk, Nippur 60
Urbesiedlung 98, 103
Urkisch (Tell Amuda) 15
Urkunden 42, 44, 46, 165, 188
–, Gold-, Silber- 133
– –„Kissen" 133
Urnammu, König 60, 137
Uruk 60, 101, 110, 126, 134, 141, 176
–, Zikkurrat 129f., 137
– -Orchoë 264, 268

Verteidigung 94
Völkisches aus Assur 292
Voretzsch, Dr. E. 281
Vorratsraum 121

Wandgliederung 126
Warka 274, s. auch Uruk
Wasserbecken 49, 169, 224
Wasserdurchlaß 206
Wasserpforten 42
Wassertrog 34
Wasserweihe 224
Wehrgang 70
Weihgegenstände 158
Weihgeschenk 217
Weihwasser-Basalttrog 33
Wendelrampe 136
Westmassiv 97
Westsemiten 14f.
Wohnhaus 28, 31
–, archaisch 118
Wohnhäuser 180, 240
Wohnquartiere 240
Wohnstadt 21
Woolley, Sir Leonard 138

Xenophon 11, 248

Zariqum 112f.
Zedernbalken 27, 141, 237
Zedernholz 205
Zengiden (Ata Begs) 92, 272
Zepter 217
Ziegelaltar 238
Ziegelbecken 224
Ziegel, emaillierte 27, 208, 218
Ziegelinschriften 232
Ziegelorthostaten 193, 218
Ziegelstempel 122
Ziegenfische 154
Zikkurrat 20, 48, 60, 97, 176, 178, 188
Zikkurrat des Adad 274
– des Anu und des Adad 70f., 211
– des Assur-Tempels 55
–, große, des Enlil-Assur 57, 60, 92, 96f., 103, 118, 129f., 137, 201, 254
– Salmanassars III. 217
Zikkurrataufbau 133
Zikkurrataufgang 130, 134
Zikkurrathöhe 133f.
Zikkurrat, Treppenhaus der 136
Zikkurrattreppe 178
Zincirli 254
Zingel 74
Zinnen 27, 95, 168, 208, 230
Zitzenbecher 184
Zottengewänder 104, 111
Zweigbahn 223

Buchanzeigen

Beck'sche Sonderausgaben
Geschichte und Archäologie

Hermann Bengtson
Griechische Geschichte
Von den Anfängen bis in die römische Kaiserzeit.
4., unveränderte Auflage 1976. XI, 588 Seiten
mit 4 Karten im Text sowie 8 zweifarbigen Kartenbeilagen. Leinen

Hermann Bengtson
Römische Geschichte
Republik und Kaiserzeit bis 284 n. Chr.
2., unveränderte Auflage 1976. XI, 389 Seiten. Leinen

Michael Grant
Das Römische Reich am Wendepunkt
Die Zeit von Mark Aurel bis Konstantin.
Aus dem Englischen übertragen von Ernst Cahn und Lotte Stylow
1972. XIII, 349 Seiten und 9 Abbildungen. Leinen

Michael Grant
Klassiker der antiken Geschichtsschreibung
Aus dem Englischen von Lotte Stylow. 1973. 414 Seiten. Leinen

Michael Grant
Mittelmeerkulturen in der Antike
Aus dem Englischen von Grete und Karl-Eberhard Felten.
1974. XII, 354 Seiten. Leinen

Friedrich-Karl-Kienitz
Das Mittelmeer
Schauplatz der Weltgeschichte von den frühen Hochkulturen
bis ins 20. Jahrhundert.
1976. 345 Seiten mit 24 Abbildungen. Leinen

Verlag C. H. Beck München

Beck'sche Sonderausgaben
Geschichte und Archäologie

Ranuccio Bianchi Bandinelli
Die römische Kunst
Von den Anfängen bis zum Ende der Antike.
1975. 318 Seiten. Mit 4 Textabbildungen
und 63 Abbildungen auf Tafeln. Leinen

Leo Deuel
Das Abenteuer Archäologie
Berühmte Ausgrabungsberichte aus dem Nahen Osten.
Aus dem Englischen von Gerda Peters.
5. Auflage. 1977. 336 Seiten mit 30 Abbildungen auf Tafeln
und 10 Abbildungen im Text sowie 1 Karte. Leinen

Leo Deuel
Kulturen vor Kolumbus
Das Abenteuer Archäologie in Lateinamerika.
Ein historischer Überblick mit Originalberichten.
Aus dem Englischen von K. E. und G. Felten.
1975. 391 Seiten mit 26 Abbildungen und 2 Karten im Text,
sowie 28 Abbildungen auf Tafeln. Leinen

Leo Deuel
Flug ins Gestern
Das Abenteuer der Luftarchäologie.
Aus dem Englischen von Rolf Hellmut Foerster.
Mit einem Nachwort von Irwin Scollar.
1977. 303 Seiten mit 35 Abbildungen im Text und 27 Abbildungen auf Tafeln.
Leinen

Hermann Müller-Karpe
Geschichte der Steinzeit
2., durchgesehene und ergänzte Auflage. 1976.
395 Seiten und 33 Bildtafeln. Leinen

Verlag C. H. Beck